中国会计学会会计教育专业委员会会计高等教育改革研究系列报告

中国会计教育改革与发展蓝皮书（2020）
——应用型本科人才培养

王华　赵栓文　舒伟　曹健／编著

图书在版编目(CIP)数据

中国会计教育改革与发展蓝皮书.2020：应用型本科人才培养/王华等编著. —上海：立信会计出版社，2021.5
中国会计学会会计教育专业委员会会计高等教育改革研究系列报告
ISBN 978-7-5429-6823-4

Ⅰ.①中… Ⅱ.①王… Ⅲ.①高等学校－会计教育－教育改革－研究报告－中国 Ⅳ.①F230

中国版本图书馆CIP数据核字(2021)第072906号

策划编辑　　窦瀚修
责任编辑　　窦瀚修
封面设计　　南房间

中国会计教育改革与发展蓝皮书(2020)——应用型本科人才培养
Zhongguo Kuaiji Jiaoyu Gaige yu Fazhan Lanpishu 2020 Yingyongxing Benke Rencai Peiyang

出版发行	立信会计出版社		
地　　址	上海市中山西路2230号	邮政编码	200235
电　　话	(021)64411389	传　真	(021)64411325
网　　址	www.lixinaph.com	电子邮箱	lixinaph2019@126.com
网上书店	http://lixin.jd.com	http://lxkjcbs.tmall.com	
经　　销	各地新华书店		
印　　刷	上海盛通时代印刷有限公司		
开　　本	787毫米×1092毫米	1/16	
印　　张	18.75	插　页	2
字　　数	410千字		
版　　次	2021年5月第1版		
印　　次	2021年5月第1次		
书　　号	ISBN 978-7-5429-6823-4/F		
定　　价	78.00元		

如有印订差错，请与本社联系调换

序　言

《中国会计教育改革与发展蓝皮书(2020)——应用型本科人才培养》是我国第一部研究高等会计教育改革与发展的蓝皮书(以下简称"蓝皮书"),由中国会计学会会计教育专业委员会和会计教育专家委员会(以下简称"专家委")发起,并由专家委组织撰写。在撰写过程中,专家委多次组织研讨会讨论本书的框架和内容,提出了很多方向性、建设性的意见和建议,并为相关资料的收集和调研提供鼎力支持。蓝皮书还得到了教育部高等学校会计学专业教学指导分委员会和中国高等教育学会高等财经教育分会的指导和大力支持,并由上述四家组织联合发布。

现代会计已经诞生500多年,在它的发展历史上,一直与科技进步相伴相随,始终借助科技力量使自己成为持续助推经济社会发展的重要动力。从蒸汽机时代到电气化时代,再到电子计算机时代,会计从未落下紧跟科技的脚步。在21世纪初叶"大智移云区"时代的今天,它再度与现代信息科技发展相拥,在企业价值创造实践中擦出了炫目多彩的火花。那么,作为培养会计人才的高等会计教育又会以怎样的节奏追赶这时代的步伐?

中国特色社会主义已经迈入了波澜壮阔的新时代,新时代产生新思想,赋予新使命,焕发新精神。处在新时代的会计更是重任在肩:既要适应经济高质量发展、重大风险防控、国家治理体系和治理能力现代化的新要求,又要面对以大数据、云计算、移动互联、物联网、人工智能、区块链等为代表的科技创新给会计带来的新挑战。新要求将会进一步证明"经济越发展,会计越重要"的著名论断,新挑战则预示着会计若固步自封、不进行自我革命必将失去往日辉煌。在企业的实践中,会计的发展已经健步如飞,信息科技的迅猛进步,催生了以新产业、新业态、新商业模式为代表的新经济,进而激发了服务于企业的会计变革需求,共享服务中心、业财融合等新的财务组织结构推陈出新,以客户为中心的成本管理体系的打造、企业生态圈的构建,以及以业务财务、战略财务、会计服务、司库长、风险控制、管理会计、智能财务分析、智能财务审计等为代表的新型岗位应运而生,凡此等等,高校会计教科书上从未见过的新鲜理论和实践经验不断涌现。

同时我们看到,新兴科技发展带来了企业会计人员的分野:由于初级的、重复性、程序性的会计工作将逐步被人工智能所替代,低端会计人员面临转型压力;而为企业价值增值和经营决策服务的数据分析、企业目标与市场预测、管理咨询与建议、投融资决策、风险预警与管控等中高端的会计人员成为稀缺资源;同时,利用"大智移云区"技术重新解构企业业务、为企业决策服务、为企业管理赋能、为企业增值助力的岗位正在不断被创造出来。截至2019年年底的数据显示,中国注册会计师协会(简称中注协)个人注册会员约27万人(中注协,2020),高级会计师约18万人(财政部会计资格评价中心,2020),以此可见,高端会计人员数量与数字经济时代我国经济高质量发展的需求严重不匹配。

会计职业受到冲击,作为培养会计人才的高校也面临着挑战。会计专业是我国高校中普遍设置的专业之一。据教育部数据显示,截至2019年6月30日,全国1265所本科院校中,开设会计学专业的有661所(占比52.25%)、开设财务管理专业的有706所(占比55.81%)、开设审计学专业的有195所(占比15.42%),开设任意一个会计类专业的院校数量则达到了942所(占比74.47%)。以2015年为例,会计专业本科生在校生人数64万人左右,约占当年普通高校本科在校生人数的4.07%。另据财政部会计资格评价中心2016年10月的数据,我国会计从业人员已达2050万人,如此庞大的会计人员队伍,其市场供需状况又如何呢?据《YCY会计行业观察》2018年的分析数据显示,在我国初级会计人员供需现状方面,58.1%的受访者认为属于严重供过于求,34.1%的受访者认为属于比较供过于求,两者合计占比92.2%;而在我国高级会计人员供需现状方面,40.8%的受访者认为属于严重供不应求,38.4%的受访者认为属于比较供不应求,两者合计占比79.2%。也就是说,会计虽然是我国经济社会中从业人数最多的职业之一,但会计人员供需的结构性矛盾却非常突出:低端会计人员严重过剩,高端会计人员严重短缺。因此,作为人才供给侧的高校,当务之急和重大使命就是:加大力度培养符合经济转型、产业升级、企业创新需要的会计人才,加速改变会计人员结构性供需矛盾。

那么,我国会计本科教育现在到底处于什么状况?社会对数字经济环境下会计人员的能力素质要求是什么?行业企业对会计本科教育的期许是什么?高校教师对会计本科教育改革的态度如何?会计教育改革的方向和出路在哪里?应当如何重构会计教育体系?如何构建新时代会计专业及其课程体系?这一系列问题需要我们逐一进行全面总结、深入研究、仔细梳理,以期为我国高等会计教育改革探索方向与出路,这就是我们撰写蓝皮书的缘由。

当今承续着历史,也连接着未来。作为第一部关于我国会计本科教育改革与发展的蓝皮书,需要以史为鉴,谋划长远。我们试图梳理和勾勒新中国成立后,尤其是改革开放以来会计本科教育人才培养改革历程和研究热点,希望可以较为全面、系统地回顾和展示改革开放40多年中国会计本科教育的发展脉络。通过回顾我们发现,改革开放40多年的发展为我国会计教育奠定了良好的基础,本科会计教育事业取得了令人瞩目的成就。

回顾历史,是为了着眼当前、面向未来。我们的基本思路是:第一,当今中国会计本科教育的状况如何,应当有一个完整、详细的资料展示和客观描述;第二,当前的会计本科教育状况会发生哪些变化,未来走向、趋势会是怎样,必须从宏观环境、科技进步、国家高等教育发展政策规划等方面进行系统分析;第三,在如此大环境下,企业和高校如何判断会计专业的发展、对当今会计人才培养有什么认识,需要我们分别从需求侧和供给侧取得实际数据进行分析、归纳和判断,通过系统的调查数据说明和解释问题;第四,一部分嗅觉敏锐、先知先觉的高校已经行动起来,开始了会计专业课程体系重构的改革,很值得我们搜集、总结和提炼。所以,我们根据网络媒体的披露和业内人士的介绍去寻索有关高校(分为综合、理工和财经三大类),分别选择了部分典型案例进行深入分析(典型案例由各高校按照我们设计的模板自行撰写并提供),以期从中发现普遍规律;第五,在以上各环节基础上,我们提出了以"新时代高教四十条"为主要指引的基本原则,构建了以数字经济时代会计人员能力框架为参照的基本思路,并提供了完整的人才培养方案供有需要的高校参考。

我们认为,高校会计教育课程体系重构的实施,要切实满足数字经济时代国家与社会发展对会计专业人才的现实需要,更新教学目标,优化课程设置,编写特色教材,构建实践体系,建设高质量师资队伍,遵循教育规律,提升学生能力,建立具有在各类、各层次大学广泛推广应用价值的会计人才培养体系。蓝皮书还重点阐述了课程体系重构的基本思路,为保证课程体系重构的顺利进行和有效实施提出了相关建议。在附录中,我们还提供了会计学专业(管理会计方向)、会计学专业(智能会计方向)、财务管理专业和审计学专业的人才培养方案样板,希望可以为各高校(主要是应用型人才培养高校)的会计教育改革提供参考与借鉴。

一个不可回避的问题是:为什么蓝皮书研究的是本科会计教育改革,最后却只落脚在课程体系上?诚然,会计本科教育改革需要研究的问题林林总总,涉及方方面面。从学科角度看,会计学是二级学科,隶属于管理学学科门类下的工商管理一级学科,其知识体系系统、完整、丰富。但是一门学科知识体系并不能涵盖一个专业所需的所有知识内涵,因为专业与社会职业紧密关联,它关系到未来从事会计及相关职业的人才培养,如果只提供一门学科甚至是一门二级学科的知识,那无异于办会计职业培训班。常识告诉我们,一个专业的知识体系需要若干学科知识的选择、组合、汇聚而成,只有如此才能满足专业人才培养的需要。另一方面,教师归属于某一学科,学生却选择喜欢的专业,师生之间存在目标的差异性。怎样把学科和专业联系起来,或者说如何把教师的学科知识体系与学生的专业所需的知识、能力、素养连接起来呢?唯有通过课程或课程体系,所以人们常说课程是连接学科与专业的桥梁。而且,课程改革是教育教学改革的核心,教改如果不从课程改起,那就失去了教改所需的承载平台,所谓教改也就成了空谈。这就是本部蓝皮书把课程体系重构作为支点的主要原因。

综上所述,蓝皮书旨在以会计高等教育课程体系重构的视角,通过对会计教育的现状、环境、政策制度以及调研情况等的梳理,明确了当下会计教育改革的必要性,分析了在数字经济时代下我国会计教育的改革方向,设计了课程体系重构的基本原则与实施思路,提出了为保障课程体系重构顺利进行和有效实施的相关建议,以期能为当下本科会计高等教育的发展和改革提供一定的借鉴和指导,助力我国会计高等教育高质量、高水平快速发展。

蓝皮书是在专家委策划的若干研究课题基础上开展的进一步研究,这些课题被中国会计学会作为重点会计研究课题立项,它们包括:"环境变迁对会计职业的影响研究"(佟岩等)、"互联网时代会计人员能力框架研究"(王华等)、"互联网对会计教育的冲击"(刘永泽等)、"国外会计教育改革对我们的启示与借鉴"(刘峰等)、"本科层次的会计教育改革——智能化时代会计本科专业人才培养"(陈信元等)和"会计人员后续教育改革"(杨政等)。我们试图从纵深度和横拓面上做得更深入细致一些,在资料的丰富性、数据的准确性、归纳的逻辑性、表述的客观性、观点的严谨性等方面做得更到位一些,为我们今后持续、深入、专题研究我国会计高等教育改革与发展问题建立良好的开端。这个目标可能没有完全达到,但我们尽力做了。

感谢所有对蓝皮书的立意、起草、修改和完成贡献过智慧的专家。特别感谢刘永泽教授、孙铮教授、陈信元教授、王化成教授、张国才教授、杨政教授、王斌教授、汤谷良教授、胡玉明教授、夏立军教授、胡仁昱教授、程平教授、陈虎总裁、时现教授、温素彬教授、朱海涛副教授、邓德强副教授、张多蕾副教授等在不同会议上对蓝皮书修改完善提出的宝贵意见和建议!

感谢西安财经大学商学院硕士研究生陈伟昌、张咪、郝文娟、王兆楠、蔡显、王静怡、王郝婕、曹晶、李富坤、王袁玺、郭奕杉、黄瑜、闫祖威、王璐、陈雪姣、马一桐、郭小瑛等同学的大力协助!

感谢立信会计出版社的大力支持。立信会计出版社窦瀚修董事长对会计教育发展的热情关注和专业敬业精神,确保了本书按时付梓。

特别感谢正保远程教育集团提供的技术协助、平台支持和经费资助。广东省管理会计师协会也为蓝皮书的撰写提供了诸多支持,在此一并表示感谢。

蓝皮书由广东外语外贸大学南国商学院执行校长、广东财经大学原校长王华教授,西安财经大学商学院赵栓文教授,西安财经大学商学院副院长舒伟副教授,哈尔滨工业大学(深圳)经济管理学院曹健助理教授执笔撰写。限于水平,书中难免出现错漏,恳请各位读者批评指正。

蓝皮书撰写组
2020 年 8 月 31 日

欢迎读者扫描下方二维码,观看本书首发式。

目 录
Contents

第一章 改革开放40年来我国会计本科教育改革回顾 ······················· 1
  一、改革开放后我国会计本科人才培养简述 ······················· 1
    （一）会计本科教育教学规模扩张迅速 ······················· 1
    （二）会计本科教育培养目标愈发精准 ······················· 2
    （三）会计本科教育专业及课程设置逐步调整 ······················· 5
    （四）会计类专业核心教材多次改版贴合人才培养需求 ······················· 6
    （五）会计本科教育教学手段推陈出新 ······················· 13
  二、改革开放以来会计本科教育改革研究热点的发展趋势 ······················· 14
    （一）会计人才培养目标日渐明晰 ······················· 15
    （二）会计教育国际化不断成熟 ······················· 18
    （三）会计专业建设与课程设置不断完善 ······················· 19
    （四）会计教学方法逐步多样化 ······················· 19
    （五）会计教育信息化与时俱进 ······················· 20
  三、本章小结 ······················· 21

第二章 我国会计教育现状 ······················· 23
  一、我国院校会计类专业开设现状 ······················· 23
    （一）超过半数本科院校开设会计学和财务管理专业 ······················· 23
    （二）各省份开设会计类专业数量相差较大 ······················· 24
    （三）中东部地区开设会计类专业数量较多，西部地区开设较少 ······················· 26
    （四）综合类和理工类院校开设会计类专业数量最多，财经类院校开设比例最高 ······················· 27
  二、国家级一流、省级一流本科会计类专业点建设现状 ······················· 29
    （一）"双万计划"建设原则和方式 ······················· 29
    （二）全国会计类一流本科专业建设点现状 ······················· 30
  三、我国本科院校会计类专业改革现状 ······················· 37

（一）我国本科院校会计类专业国际化人才培养现状 ········· 37
　　（二）本科会计类专业信息化改革情况 ················· 44
　　（三）本科会计类专业产学合作近况 ·················· 47
四、我国本科院校会计类专业线上课程开设现状 ············· 51
　　（一）我国主流慕课平台中会计类相关课程描述性统计 ······· 51
　　（二）"中国大学MOOC"会计类专业课程描述性统计 ········· 52
　　（三）国家级精品课程 ·························· 56
五、会计教育改革取得的成果 ······················· 62
　　（一）教育部高等教育会计类专业国家级教学成果奖 ········ 62
　　（二）教育部国家级教学名师 ····················· 64
　　（三）财政部会计名家培养工程 ···················· 65
　　（四）财政部学术类全国会计领军（后备）人才及国际化高端会计人才 70
六、本章小结 ······························· 74

第三章　新形势下会计教育面临的挑战 ················· 76
一、宏观环境对会计的影响 ························ 76
　　（一）政治环境对会计的影响 ····················· 76
　　（二）经济环境对会计的影响 ····················· 78
　　（三）社会环境对会计的影响 ····················· 80
　　（四）技术环境对会计的影响 ····················· 80
二、数字经济时代技术发展的挑战 ···················· 82
　　（一）互联网思维与技术对会计工作的冲击 ············· 85
　　（二）数字经济时代技术发展对会计职业的影响及挑战 ······· 87
　　（三）会计专业人才培养的新要求 ·················· 92
三、国家高等教育改革相关政策要求 ··················· 94
　　（一）大数据相关政策 ························· 96
　　（二）人工智能相关政策 ······················· 96
　　（三）区块链相关政策 ························· 97
　　（四）会计改革、人才培养与学科建设相关政策 ··········· 98
四、本章小结 ······························· 99

第四章　会计教育改革调查数据分析 ·················· 100
一、会计人员市场供需情况 ························ 100
　　（一）总体供需情况 ·························· 100
　　（二）企业对会计人员的需求情况 ·················· 102
　　（三）高校对会计人员的供给情况 ·················· 106
二、会计教育体系存在的问题及专业课程重构方向 ··········· 107

（一）会计教育体系存在的问题 ……………………………… 107
　　（二）会计教育专业课程重构的必要性及方向 ……………… 109
三、新冠肺炎疫情对会计教学方式的影响调查结果 ……………… 111
　　（一）教师积极完成在线教学工作 …………………………… 112
　　（二）部分主客观因素降低了学生的学习效率 ……………… 112
　　（三）在线教学应用平台和资源多样化 ……………………… 113
　　（四）在线教学存在的诸多困难 ……………………………… 114
　　（五）教师和学生对在线教学效果基本满意 ………………… 116
　　（六）在线教学将有力推动未来会计教学的改变 …………… 116
　　（七）需要加强对教师的培训和教学资源开发力度 ………… 117
四、本章小结 ………………………………………………………… 118

第五章　我国会计教育改革典型案例 …………………………… 120
一、西南财经大学 …………………………………………………… 120
　　（一）会计学科发展历程 ……………………………………… 120
　　（二）发展阶段、改革原因及内容 …………………………… 121
　　（三）现阶段改革存在的问题和困难 ………………………… 124
　　（四）未来改革方向 …………………………………………… 125
二、山东财经大学 …………………………………………………… 127
　　（一）会计学科发展历程 ……………………………………… 127
　　（二）发展阶段、改革原因及内容 …………………………… 128
　　（三）未来改革方向 …………………………………………… 131
三、兰州财经大学 …………………………………………………… 131
　　（一）会计学科发展历程 ……………………………………… 131
　　（二）发展阶段、改革原因及内容 …………………………… 132
　　（三）现阶段改革存在的问题和困难 ………………………… 136
　　（四）未来改革方向 …………………………………………… 137
四、广东财经大学 …………………………………………………… 138
　　（一）会计学科发展历程 ……………………………………… 138
　　（二）发展阶段、改革原因及内容 …………………………… 138
　　（三）现阶段改革存在的问题和困难 ………………………… 140
　　（四）未来改革方向 …………………………………………… 141
五、南京理工大学 …………………………………………………… 142
　　（一）会计学科发展历程 ……………………………………… 142
　　（二）发展阶段、改革原因及内容 …………………………… 142
　　（三）现阶段改革存在的问题和困难 ………………………… 145

（四）未来改革方向 …………………………………………………… 146
六、重庆理工大学 ………………………………………………………… 149
　　（一）会计学科发展历程 ……………………………………………… 149
　　（二）发展阶段、改革原因及内容 …………………………………… 150
　　（三）现阶段改革存在的问题和困难 ………………………………… 154
　　（四）未来改革方向 …………………………………………………… 154
七、杭州电子科技大学 …………………………………………………… 154
　　（一）会计学科发展历程 ……………………………………………… 154
　　（二）发展阶段、改革原因及内容 …………………………………… 155
　　（三）现阶段改革存在的问题和困难 ………………………………… 157
　　（四）未来改革方向 …………………………………………………… 158
八、上海交通大学 ………………………………………………………… 158
　　（一）会计学科发展历程 ……………………………………………… 158
　　（二）发展阶段、改革原因及内容 …………………………………… 158
　　（三）现阶段改革存在的问题和困难 ………………………………… 162
　　（四）未来改革方向 …………………………………………………… 163
九、中国人民大学 ………………………………………………………… 163
　　（一）会计学科发展历程 ……………………………………………… 163
　　（二）发展阶段、改革原因及内容 …………………………………… 164
　　（三）现阶段改革存在的问题和困难 ………………………………… 167
　　（四）未来改革方向 …………………………………………………… 167
十、厦门大学 ……………………………………………………………… 168
　　（一）会计学科发展历程 ……………………………………………… 168
　　（二）发展阶段、改革原因及内容 …………………………………… 168
　　（三）现阶段改革存在的问题和困难 ………………………………… 172
　　（四）未来改革方向 …………………………………………………… 173
十一、浙江大学 …………………………………………………………… 173
　　（一）会计学科发展历程 ……………………………………………… 173
　　（二）发展阶段、改革原因及内容 …………………………………… 174
　　（三）现阶段改革存在的问题和困难 ………………………………… 179
　　（四）未来改革方向 …………………………………………………… 180
十二、嘉兴学院 …………………………………………………………… 180
　　（一）会计学科发展历程 ……………………………………………… 180
　　（二）发展阶段、改革原因及内容 …………………………………… 181
　　（三）现阶段改革存在的问题和困难 ………………………………… 185

（四）未来改革方向 · 185
　十三、本章小结 · 186
第六章　我国会计本科课程体系重构思路 · 190
　一、我国会计人员能力框架的构建 · 190
　　（一）培养会计人才的目标 · 191
　　（二）国外会计人员能力框架概述 · 191
　　（三）我国会计人员能力框架的构建 · 196
　二、会计本科课程体系重构的基本原则 · 201
　三、会计本科课程体系重构实施思路 · 202
　　（一）重塑人才培养目标 · 202
　　（二）制定科学专业标准 · 203
　　（三）专业融合与重构 · 203
　　（四）课程体系重构 · 205
　　（五）教学内容重构 · 205
　　（六）教材体系重构 · 206
　　（七）教学手段方法重构 · 208
　四、会计本科课程体系重构的建议 · 209
　　（一）尽快转变高校会计人才培养目标理念 · 210
　　（二）加快推进课程体系改革 · 210
　　（三）加强师资队伍建设 · 211
　　（四）加速推动教材建设 · 212
　　（五）创新教学方法 · 213
　五、本章小结 · 214
结束语 · 216
主要参考文献 · 218
附录1　会计类国家级一流专业建设点院校名单 · 223
附录2　会计类省级一流专业建设点院校名单 · 226
附录3　教育部高等教育国家级教学成果奖获奖项目名单 · 231
附录4　财政部2013—2019年"会计名家培养工程"入围人员名单 · 234
附录5　财政部学术类全国会计领军（后备）人才及国际化高端会计人才名单 · 237
附录6　本科院校会计类专业课程体系重构示例 · 245
　一、会计学专业（管理会计方向）人才培养方案示例 · 245
　　（一）基本认识及设计思路 · 245
　　（二）培养方案总体架构 · 245
　　（三）课程体系设计 · 246

（四）课程—能力矩阵图 ·· 247
（五）专业课学期安排及学程规划 ·· 250

二、会计学专业（智能会计方向）人才培养方案示例Ⅰ ·· 254
（一）基本认识及设计思路 ·· 254
（二）培养方案总体架构 ·· 255
（三）课程体系设计 ··· 256
（四）课程—能力矩阵图 ·· 256
（五）专业课学期安排及学程规划 ·· 259

三、会计学专业（智能会计方向）人才培养方案示例Ⅱ ·· 265
（一）基本认识及设计思路 ·· 265
（二）培养方案总体架构 ·· 265
（三）课程体系设计 ··· 265
（四）专业课学期安排及学程规划 ·· 266

四、财务管理专业人才培养方案示例 ·· 271
（一）基本认识及设计思路 ·· 271
（二）培养方案总体架构 ·· 271
（三）课程体系设计 ··· 273
（四）课程—能力矩阵图 ·· 274
（五）专业课学期安排及学程规划 ·· 276

五、审计学专业人才培养方案示例 ·· 280
（一）基本认识及设计思路 ·· 280
（二）培养方案总体架构 ·· 280
（三）课程体系设计 ··· 280
（四）课程—能力矩阵图 ·· 282
（五）专业课学期安排及学程规划 ·· 285

第一章

改革开放 40 年来我国会计本科教育改革回顾※

改革开放 40 多年来,伴随着时代的进步和体制的变化,我国会计教育事业经历了渐进式的改革历程,实现了巨大的飞跃,为我国社会进步和经济发展做出了卓越贡献。在此过程中,我国众多相关部门、机构与专家学者对会计本科教育改革问题进行了探索,涵盖了教育体系、专业人才培养、考核评价机制等方面的内容,鉴于我们无法对以上全部内容一一进行叙述,特选取了教学规模、培养目标、专业及课程设置、经典教材、教学手段五个维度来对我国会计本科教育进行简要回顾,并通过对中国会计学会会计教育专业委员会历年(2008—2019 年)年会的回顾,梳理会计本科教育改革研究的热点,以期对我国会计本科教育与人才培养提供借鉴。

一、改革开放后我国会计本科人才培养简述

(一) 会计本科教育教学规模扩张迅速

1949 年建国初期,我国设有会计专业的大专院校共 53 所(含私立学校),后由于受到"文革"的冲击,我国会计教育规模急剧缩小,1977 年全国各财经院校的会计专业只招收了 400 多名新生;1978 年是恢复高考的第二年,招生人数有所增加。1978 年全国设立财会专业的院校达 21 所,当年招生数增加至 1 314 人,在校总人数为 2 024 人[1]。

随着我国改革开放的逐步深入,市场经济不断发展,特别是中国加入 WTO 后,国家对会计人才的需求日益增长,我国会计本科教育规模迅速扩大,如图 1-1 和图 1-2 所示。1995 年我国设置会计本科专业的普通高等学校为 219 所,在校会计专业本科生 45 967 人,2000 年增加至 262 所和 96 232 人,2005 年该数据达到 475 所和 208 145 人,2015 年已增长至 630 所,在校会计专业本科生达 642 288 人。教育部披露的数据显示,截至 2019 年 6 月 15 日,我国开设会计专业的本科院校达 661 所,占全国 1 265 所本科高校的

※ 本章各项统计数据均未包括港澳台地区。
[1] 项怀诚.新中国会计 50 年[M].北京:中国财政经济出版社,1999.

52.25%[1]。此外，2005年至2015年会计专业普通本科的招生人数与毕业生人数也实现了跨越式的增长，招生人数由2005年的58 366人增长至2015年的131 617人，增长了1.25倍；毕业生人数由2005年的42 700人增长至2015年的167 442人，增长了近3倍。

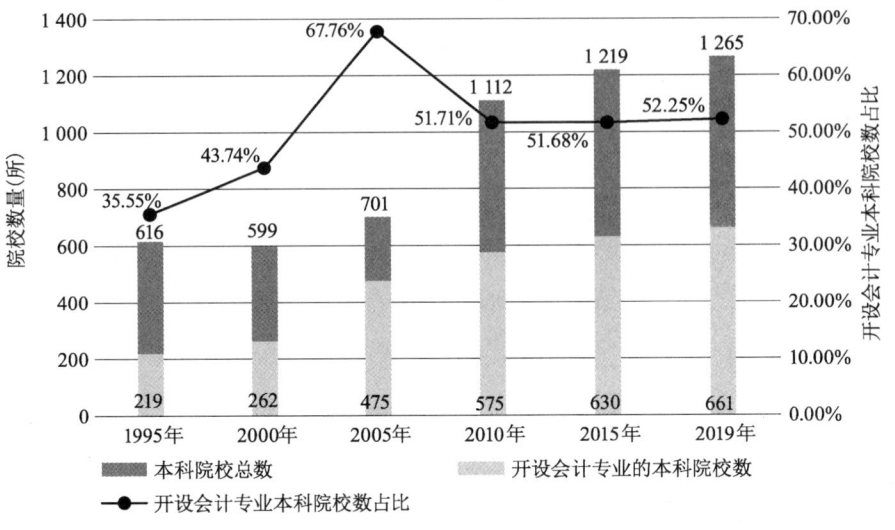

图1-1 我国开设会计专业本科院校数量变化情况※

（二）会计本科教育培养目标愈发精准

自改革开放之初，会计教育到底是培养"通才"，还是"专才"？是培养应用型人才，还是研究型人才？是精英教育，还是大众教育？是素质教育，还是技能教育？是培养高级人才，

---

[1] 开设会计专业的本科院校数据来源：
中国会计年鉴编辑委员会.中国会计年鉴1996[M].北京：中国财政经济出版社，1997：1037-1047.
中国会计年鉴编辑委员会.中国会计年鉴2001[M].北京：中国财政经济出版社，2001：393-396.
中国会计年鉴编辑委员会.中国会计年鉴2006[M].北京：中国财政经济出版社，2006：322-329.
中国会计年鉴编辑委员会.中国会计年鉴2011[M].北京：中国财政经济出版社，2011：399-405.
中国会计年鉴编辑委员会.中国会计年鉴2016[M].北京：中国财政经济出版社，2016：281-296.
2019年数据来自手工统计整理。

※ 本科院校总数数据来源：
中华人民共和国教育部.1995年全国教育事业发展统计公报[EB/OL].(2001-08-23)[2020-08-15]. http://www.edu.cn/zhong_guo_jiao_yu/tjsj/zhsj/jiao_yu_fa_zhan/200603/t20060323_11629.shtml.
中华人民共和国教育部.2000年全国教育事业发展统计公报[EB/OL].(2001-06-01)[2020-08-15]. http://www.moe.gov.cn/s78/A03/ghs_left/s182/moe_633/tnull_843.html.
中华人民共和国教育部.2005年全国教育事业发展统计公报[EB/OL].(2006-07-04)[2020-08-15]. http://www.moe.gov.cn/s78/A03/ghs_left/s182/moe_633/tnull_15809.html.
中华人民共和国教育部.2010年全国教育事业发展统计公报[EB/OL].(2012-03-21)[2020-08-15]. http://www.moe.gov.cn/srcsite/A03/s180/moe_633/201203/t20120321_132634.html.
中华人民共和国教育部.2015年全国教育事业发展统计公报[EB/OL].(2016-07-06)[2020-08-15]. http://www.moe.gov.cn/srcsite/A03/s180/moe_633/201607/t20160706_270976.html.
中华人民共和国教育部.2019年全国教育事业发展统计公报[EB/OL].(2020-05-21)[2020-08-15]. http://www.moe.gov.cn/jyb_sjzl/sjzl_fztjgb/202005/t20200520_456751.html.

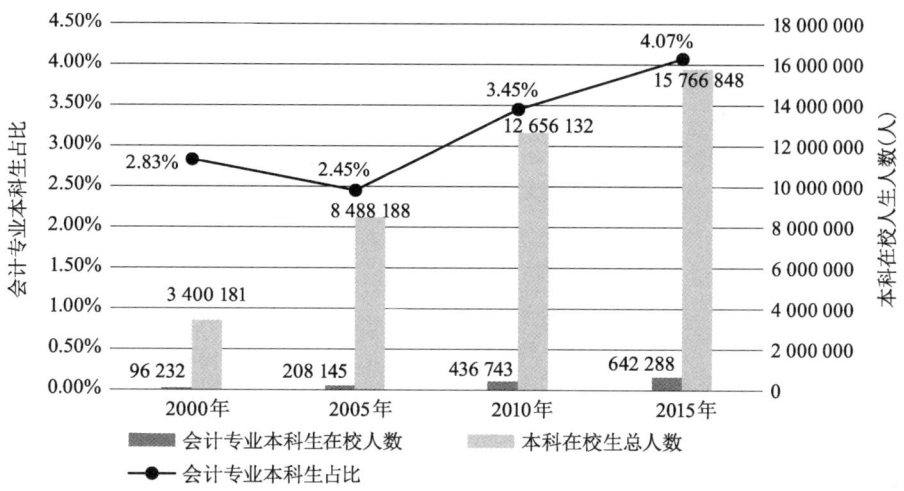

图 1-2 我国本科院校会计专业在校人数及其占本科生在校总人数变化情况※

还是普通人才？对于这些问题的答案，一直未形成统一的结论（刘永泽和孙光国，2004；刘慧凤和姜苏娱，2015）。基于此，部分专家学者在传统培养目标的基础上结合市场需求，提出了多层次的培养目标（苑泽明等，2018；诸波等，2019）。本部分内容将对改革开放以来我国会计本科教育培养目标的变化进行大致梳理（详见图 1-3）。

改革开放初期，针对会计本科教育培养目标的讨论，学者们主要围绕"专才"这一观点展开。1988 年，中国会计学会会计教育改革组首次讨论会提出，我国会计教育总目标是培养适应商品经济发展需要的会计专门人才；1992 年的第二次研讨会进一步将该目标具体化，指出"会计教育的培养目标必须强调又红又专、德才兼备"（刘峰，1988；刘峰，1992）。对此，刘长翠（1998）也提出，我国高等学校本科会计教育的培养目标是由国家统一规定的，一般表述为："培养能在企业事业单位、会计师事务所、经济管理部门、学校、研究机构从事会计实际工作、本专业教学和研究工作的德才兼备的高级专门人才。"

※　各年本科生在校总人数数据来源于中华人民共和国教育部官网：
中华人民共和国教育部. 2000 年普通高等学校分科学生数［EB/OL］.（2000-05-10）[2020-08-15]. http://www.moe.gov.cn/s78/A03/moe_560/moe_566/moe_589/201002/t20100226_7886.html.
中华人民共和国教育部. 普通本、专科分学科学生数［EB/OL］.（2007-10-09）[2020-08-15]. http://www.moe.gov.cn/s78/A03/moe_560/moe_1651/moe_1653/201002/t20100226_27154.html.
中华人民共和国教育部. 普通本、专科分性质类别学生数［EB/OL］.（2012-01-17）[2020-08-15]. http://www.moe.gov.cn/s78/A03/moe_560/s6200/201201/t20120117_129596.html.
中华人民共和国教育部. 普通本科分学科学生数［EB/OL］.（2016-10-16）[2020-08-15]. http://www.moe.gov.cn/s78/A03/moe_560/jytjsj_2015/2015_qg/201610/t20161018_285267.html.
会计专业本科在校人数数据来源：
中国会计年鉴编辑委员会.中国会计年鉴 2001[M].北京：中国财政经济出版社，2001：393-396.
中国会计年鉴编辑委员会.中国会计年鉴 2006[M].北京：中国财政经济出版社，2006：322.
中国会计年鉴编辑委员会.中国会计年鉴 2011[M].北京：中国财政经济出版社，2011：399.
中国会计年鉴编辑委员会.中国会计年鉴 2016[M].北京：中国财政经济出版社，2016：281.

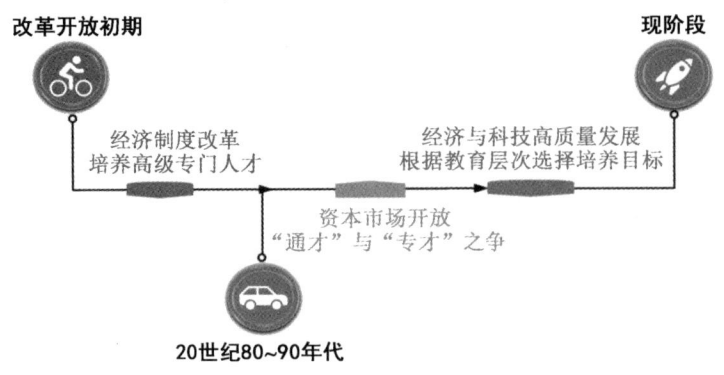

图 1-3 我国本科会计人才培养目标阶段发展情况

20 世纪 90 年代中后期,关于本科教育培养目标的讨论,开始围绕"通才"与"专才"展开(刘峰和王华,1996)。1995 年,朱镕基副总理为全国会计工作会议起草"约法三章",对各级财政部门、企事业单位、教学和科研单位等开展会计教育作出重要指示,培养政治素质高、业务能力强、职业道德好、能够适应我国经济社会发展要求、能够胜任并履行其任务和职责的现代会计人才,成为会计教育的总体目标(陆兵和高大平,1996)。随着研究生教育的发展,李心合(1998)指出,本科会计教育的目标虽然仍聚焦于高级专门人才的培养,但在功能上,应由学术型和应用型并重退位到应用型会计人才培养,以应用型为主,教学型为辅。阎达五教授也在"专才"的基础上将会计类本科教育培养目标进行了拓展:"以提高全面素质为基础,培养具有较强市场经济意识和社会适应能力,具有较为宽广的经济和财会理论基础以及相关学科的原理性知识,具备较好地从事会计工作所需一定专业技能的专门人才",强调提升会计本科学生的综合素质能力(阎达五和王化成,1998)。

进入 21 世纪后,关于会计本科教育培养目标的讨论出现了新的主张,提出高校应依据教育层次选择培养目标。2004 年,刘永泽和孙光国提出,对于会计教育目标存在的问题,应树立"分阶段、分层次确定教育目标"的观念,本科教育应区分精英教育和大众教育两个层次,对于大众教育应注重培养应用型人才。2009 年,会计教育专业委员会年会暨第二届会计学院院长(系主任)论坛会议正式指出,我国本科教育已由"精英教育"转向"大众教育"阶段[1]。张多蕾等(2019)通过对改革开放以来我国会计教育改革历程的回顾表示,当前我国会计教育已经实现了从精英教育向大众教育的转变。在会计教育从精英教育转向大众教育的过程中,也有专家学者指出,不同层次的会计教育培养目标与人才培养模式也不尽相同(刘永泽和池国华,2008;王开田和胡晓明,2009),这种因地制宜、因材施教的多层次会计教育目标的观点在 2018 年中国会计学会会计教育专业委员会年会中也得到延续。

---

[1] 中国会计学会. 会计教育改革:理论探讨与经验总结——会计教育专业委员会 2009 年年会暨第二届会计学院院长(系主任)论坛会议综述[EB/OL].(2009-12-13)[2020-08-15]. http://www.asc.net.cn/News/NewsContent.aspx?NewsID=45bc823672304b6182aacd896fe36fa1.

（三）会计本科教育专业及课程设置逐步调整

高素质会计人才的培养，还依赖于科学的专业和课程设置。伴随着学校人才培养目标的变化，会计本科院校的专业及课程体系设置也随之进行调整，具体调整过程见图1-4。

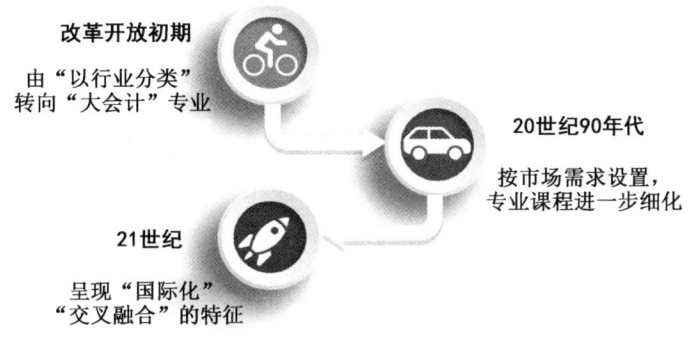

图 1-4　我国本科院校会计专业及课程设置发展情况

改革开放初期，我国会计教育体系的整体架构基本沿用苏联20世纪50年代的会计教育模式，会计教育体系处于初创期。在专业设置方面，大多院校以行业为标准进行分类，如"工业会计""商业会计"等专业。后来因"两则"[1]颁布，取而代之的是口径宽广的大"会计"专业（陈玮和刘峰，1993）。同时，伴随乡镇企业的崛起以及计算机技术的快速发展，部分高校开设了"乡镇企业会计"和"会计电算化"专业，逐渐重视理论与实践相结合。

20世纪90年代后，中国会计教育从计划经济会计教育体系蜕变为市场经济教育体系，废止了20世纪50年代苏联的做法，转而与欧美等发达国家的国际惯例接轨。会计专业不再按照部门行业分类，而是根据市场需求进行相应设置。"国际会计"和"管理会计"等专业应运而生，工业企业会计中的产品成本核算部分被单独设定为"成本会计"，"会计电算化"进一步扩展为"会计信息系统"，同时也取消了一些不适用的课程（徐玉德和马智勇，2019）。与此同时，1996年中国会计学会会计教育改革研究组第四次会议指出，会计专业、审计专业和注册会计师专业成为各高校的常设专业，建议取消过细的专业划分，逐步过渡到只设一个会计专业（刘峰和王华，1996）。1998年，阎达五教授也提出，会计学类今后可只设一个专业，即会计学专业，在此基础上可设置会计学、审计学和财务管理三个专业方向。同年教育部颁布《普通高等学校本科专业目录》，在管理学门类下只设置会计学和财务管理两个二级相关专业，全国大部分院校取消了会计电算化专业的招生，但仍有会计电算化方向（刘勤和杨寅，2019）。1999年，会计学专业由原来的经济学门类划入管理学门类，成为工商管理学科下的二级学科，学位由经济学改授管理学，学科定位仍属于经济学，但会

---

[1]　财政部颁布的《企业财务通则》与《企业会计准则》，简称"两则"，1993年7月开始实施。

计工作开始向管理性质转变(栾甫贵,2013)。

21世纪,伴随着我国对外开放程度的深入和市场经济的快速发展,会计教育进入国际化发展阶段(张多蕾等,2019;董南雁等,2020),在传统会计课程设置的基础上,高校专业及课程体系呈现出国际化的特征。2001年,西安交通大学在国内首次把英国特许公认会计师公会(ACCA)考试课程纳入本科生培养方案,设立国际注册会计师ACCA建制班,融学历教育与国际职业资格教育于一体(董南雁等,2020)。此外,美国注册管理会计师(CMA)、英国皇家特许管理会计师公会(CIMA)、国际注册内部审计师(CIA)和英国皇家特许会计师(ACA)等国际课程也开始融入本科会计教育课程体系中[1]。与此同时,部分院校开设了中英、中法等会计专业双语班,有的高校结合自身教学优势,更是开展了会计专业全英文教学,以促进会计学课程教学与国际接轨,比如广东外语外贸大学的ACCA教学就已全面采用全英教学(何传添等,2014)。在会计教育改革国际化的过程中,我国也并没有一味地追求全盘国际化,而是将会计"本土化"与会计"国际化"有机地结合,以构建具有中国特色的会计教育体系(张多蕾等,2019)。

另外,我国传统会计本科教育课程体系推行以学科供给为导向制定课程培养方案,会计教育的专业理论、专业教学和实训实习之间的融合性较差,各门课程之间也缺乏交叉和融合(孙铮和李增泉,2014;鲁芳,2017)。随着会计教育国际化进程的加快以及数字经济时代的到来,会计本科教育课程体系中学科"交叉融合"的呼声渐起,不少学校的会计专业人才培养方案逐渐体现了"交叉融合"的趋势[2]。中国会计学会会计教育专业委员会2019年年会暨第十二届会计学院院长(主任)论坛的主题是"智能化时代会计教育的转型与发展",参会专家学者共同讨论智能化时代会计人才培养标准,设计特色性、参考性、融合性的会计学培养方案,为高等学校会计专业变革提供依据与路径。张多蕾等(2019)也指出,智能化时代下,以互联网为代表的新技术正迅速瓦解着目前已有的学科体系,为不同学科、不同层次知识的贯通和融合创造条件,会计专业跨界与融合成为趋势。

(四) 会计类专业核心教材多次改版贴合人才培养需求

我国会计教材建设也紧随会计大环境的变革,以求更加贴合我国会计教育的基本国情,满足会计教育人才培养的需求,在这期间涌现了大量优秀教材。这些教材多次改版重印,深受全国会计类专业师生青睐。因此,蓝皮书撰写组专门邀请了刘永泽教授、王化成教授、秦荣生教授和胡玉明教授分别对其主编的《会计学》《财务管理学》《审计学》和《高级管理会计》教材的改版历程进行回顾与总结[3]。我们希望通过对上述四本经典教材的回顾,展现中国国情下会计学学科建设的创新发展历程,以及会计教材建设体系的变化,从而更进一步了解高校会计人才的培养过程。

---

[1] 参见本书第二章。
[2] 参见本书第二章和第五章内容。
[3] 为了体现撰写材料的原汁原味,我们对四门课程的改版概述文字上没有做修改,仅调整了部分格式。

1.《会计学》教材(刘永泽,东北财经大学出版社)

《会计学》教材由刘永泽教授主编,东北财经大学出版社出版,属于国家重点学科东北财经大学会计学系列教材,2005年8月推出第一版,至今已改版7次。经历数十年改编历程,该书曾被评为全国优秀畅销教材,并入选辽宁省"十二五"普通高等教育本科规划教材,具体改版历程见表1-1。

表1-1　　　　　　　　　　《会计学》教材改版情况概述※

版本	年月	目的	历次版别特点	改革大环境
第一版	2005.8	探索和研究会计教育改革,建立和完善会计教材体系	(1)理论与实践相结合,既讲清理论,又注重应用,建设配套习题与案例; (2)教学与科研相结合,根据教学中的问题和教学改革要求进行专题研究,完善教材内容,提高教材质量; (3)中国特色与国际化相结合,既立足中国实际,又尽量与国际接轨,反映国际会计理论与实务的发展潮流	国际会计环境变化,中国会计改革深化
第二版	2007.2	适应新会计准则的要求,适应普通高等学校会计学专业的教学需要,满足社会经济建设对会计知识的需求,确保教材建设与东北财经大学会计学全国重点学科地位相匹配	(1)全面按照2006年财政部发布的39项企业会计准则修订; (2)广泛征求高校教师、学生及实务界的意见和建议,保留原系列教材的精华和特色,并注重新法规、新政策、新理论、新方法的充实与完善; (3)注重讲解会计的基本原理、会计处理中各项政策和方法的选择,由浅入深、通俗易懂; (4)建设配套习题与案例,涵盖练习题与微型案例,方便教师教学、学生自学	国际国内经济的发展与会计环境的变化,我国与国际惯例趋同的企业会计准则体系正式建立
第三版	2009.6	满足适应社会主义市场经济建设的会计人才培养的需要	(1)依据《企业会计准则讲解2008》,反映最新增值税、消费税、营业税等税收法规调整内容; (2)配套建设立体、全面的资源平台,涵盖习题与案例、电子课件,加大习题量,提高习题难度,增加案例的实践性; (3)建立作者与读者的沟通渠道,开展财务会计教学研讨会,搜集一线教师用书反馈,据此完善教材	经济与社会的发展变化,新法规颁布实施

※ 该资料由东北财经大学刘永泽教授提供。刘永泽,东北财经大学会计学院教授、博士生导师,中国内部控制研究中心主任,兼任中国会计学会副会长、中国会计学会会计教育专业委员会主任;曾任东北财经大学会计学院院长、国务院学位委员会学科评议组成员、全国MPAcc教学指导委员会委员;国务院政府特殊津贴获得者,2007年被评为国家级教学名师。

(续表)

版本	年月	目的	历次版别特点	改革大环境
第四版	2012.5	适应会计准则和实务变化,满足教师教学需求	(1) 以最新准则解释和税收法规为修订依据; (2) 注重提升资源平台建设质量,增强电子课件的互动性和形象性,内容逻辑更符合教学设计; (3) 配有电子版教学大纲,提供教学参考信息,方便教学; (4) 依据研讨会搜集的意见和建议加以完善,真正满足教师用户教学需求	中国会计准则趋同不断深入,法规不断完善
第五版	2015.2	适应准则的修订和发布,会计相关法规的发布实施	(1) 依据修订、制定的7项准则,及若干准则解释,结合实务变化要求全面修订; (2) 融入读者反馈信息和建议	中国会计准则不断完善,全面推进管理会计体系建设
第六版	2016.8	适应新法规新制度要求	(1) 依据2016年《会计档案管理办法》,结合最新的长期股权投资、财务报表列报准则应用指南和讲解修订,体现"营改增"对会计业务的影响; (2) 继续融入读者反馈信息和建议	新法规颁布实施、中国税收制度改革
第七版	2018.7	适应会计准则修订,税收制度变化	(1) 依据新金融准则、新收入准则、新财务报表格式修订; (2) 体现全面"营改增"对会计业务的影响,按照最新税收政策调整增值税税率; (3) 继续融入读者反馈信息和建议,真正体现教材为教学服务	国际会计准则变化,中国会计准则深入趋同,税收制度改革进展
第八版（立体化可视化教材版）	2020.12	适应信息技术发展对会计人才培养的新要求,适应新技术环境下教学模式和方法的转变	(1) 配套互动教学平台※和课程资源库,以接口的方式与平台打通,学生所有学习行为的数据都记录在平台,教师可在第一时间看到这些数据,并据此随时调整教学内容和方式,借以优化教学活动,真正做到学习效果、教学效果的立体化、可视化; (2) 内容主线不再以核算为主,更注重数据应用、业财融合	大数据、云计算、物联网等信息技术快速发展

从表1-1可以看出,《会计学》教材编订的目的基本都是围绕社会需求、会计准则和法规制度的完善而展开,改版的特点与改革大环境密切相关。《会计学》首次出版后,企

※ 可参考正保·网中网高校一体化教学平台：http://netinnet.edu.chinaacc.com/student/mycenter/index.shtm.

业会计准则体系正式建立,对会计人才有了明确的需求,为适应新会计准则的要求,更加贴合企业对于会计人才的需求,第二版教材修订完成。随着会计准则的趋同与新法规的实施与完善,自第三版教材起,教材修订的途径直接将作者与读者相联系,并利用互联网平台,配有电子课件,为会计教学提供了进一步的便利。2016年5月起,我国全面推开营业税改增值税(简称"营改增")试点,2016年编订的第六版《会计学》开始体现"营改增"对会计业务的影响,一直延续到第七版教材。日新月异的新技术在教育领域快速渗透,2020年年底第八版立体可视化教材版即将面世,真正做到了学习效果、教学效果的立体化、可视化。

2.《财务管理学》教材(王化成等,中国人民大学出版社)

《财务管理学》由王化成教授等人编著,中国人民大学出版社出版,是中国人民大学会计系列教材之一,自1993年开始策划,至今已经推出第八版,目前正在修订第九版。近30年来,主教材和相关辅导材料总销售量已经超过500万册,成为中国非考试类最畅销的财务管理教材,许多大学将其作为财务管理学课程的指定教材。本书也是教育部推荐教材,并被评为普通高等教育"十五""十一五"和"十二五"规划教材,2005年和2014年获得教育部高等教育国家级教学成果奖,2011年被评为教育部普通高等教育精品教材,具体改版情况见表1-2。

表1-2　　　　　　　　　《财务管理学》教材改版情况概述※

版本	年份	目的	历次版别特点	改革大环境
第一版	1993	探索会计政策变革对会计教育以及教材建设带来的影响	(1)吸收西方国家市场经济条件下财务管理的理论化方法; (2)总结吸收我国财务管理的精华,保持合理的继承性; (3)按新的思路安排教材的理论结构和内容体系	中国会计体系正在发生重大变革,有关会计准则取代传统的会计制度已经提上改革日程
第二版	1998	根据时代发展的要求,培养适应市场经济建设的会计人才	(1)在财务管理原理部分增加了证券股价方面的内容; (2)在筹资管理部分增加了混合型融资,重点阐述优先股、可转债和认股权证等新的融资方式; (3)在投资部分增加了期权投资和证券投资组合方面的内容	我国的市场经济蓬勃开展,资本市场发展迅速,上市公司不断增加
第三版	2002			
第四版	2006			

※　该资料由中国人民大学王化成教授提供。王化成,中国人民大学二级岗位教授,博士生导师,享受国务院政府特殊津贴;担任或曾任教育部本科工商管理教学指导委员会委员,中国会计学会理事,中国会计学会会计教育专业委员会副主任委员,中国总会计师协会常务理事,中国成本研究会理事,中国会计准则委员会咨询专家,中国财务学年会共同主席,东南大学、中国矿业大学、天津财经大学等十余所院校兼职教授,《会计研究》《中国会计与财务研究》等杂志特邀编审,《中国人民大学学报》《财会通讯》《新理财》杂志编委。

(续表)

版本	年份	目的	历次版别特点	改革大环境
第五版	2010	适应新法律法规要求	（1）篇章结构略有变动，章节有增有减，总体章节精简为13章； （2）2008年金融危机后，预算管理受到空前重视，教材中增加了财务战略与预算相关内容； （3）根据证券法规和资本市场的发展，完善了制度背景方面的内容； （4）根据我国财务理论研究的进展，吸收了相关理论成果	我国国民经济得到快速发展，与资本市场和上市公司相关的法律法规进一步完善，基于中国背景的财务管理理论不断丰富
第六版	2012			
第七版	2015			
第八版	2018	加强精细管理，提高对未来的洞见性	（1）强化了财务预测的相关内容，把筹资数量预测改为财务预测； （2）进一步加强了财务风险管理，在筹资决策、投资决策、营运资金管理等部分都强化了风险管理； （3）根据资本市场的发展和上市公司的相关情况，更新了一些重要数据	我国经济由高速增长转为中速增长，国际贸易争端频繁发生，资本市场动荡起伏
第九版	修订中	适应准则、制度的修订，探索疫情环境对教育教学的影响	（1）增加短视频、音频、文献阅读等相关内容，通过教材，倡导线上线下相结合的教学改革； （2）根据资本市场政策的变化，更新教材内容，体现最新法律制度的要求； （3）适当增加财务管理与相关学科的互动融合，推动学生整合性思维方式的提升，不断产生创新理念	2018年后我国经历了证券法的修改，注册制的改革和科创板上市，资本市场环境发生了重要变化；2020年年初爆发的新冠肺炎疫情，也会对教育教学带来严重影响

1991年，在中国会计体系酝酿重大变革的背景下，本书根据中国人民大学会计系列教材的总体要求开始编写，于1993年出版。第一版教材主要是在借鉴西方国家财务管理理论方法体系的基础上，对我国财务管理进行的探索，是实行两则两制后最早推出的财务管理教材。之后的几年，我国市场经济蓬勃发展，资本市场发展迅速，上市公司也不断增加，这无疑为财务管理教材的编写提供了丰富的素材，由此，第二版、第三版、第四版陆续开始修订。2010年之后，我国国民经济得到快速发展，与资本市场和上市公司相关的法律法规进一步完善，基于中国背景的财务管理理论不断丰富，这也为第五版至第七版教材的编订提供了契机。从2015年第七版修订以后，我国经济由高速增长转为中速增长，资本市场动荡起伏，为加强精细管理，提高对未来的洞见性，第八版教材强化了财务预测与风险管理的相关内容。2018年以来，考虑到我国资本市场环境发生重要变化，加之新冠肺炎疫情的影响，为满足最新经济、技术、制度环境的需求，第九版正在修订中。

3.《审计学》教材（秦荣生、卢春泉，中国人民大学出版社）

《审计学》由秦荣生教授和卢春泉教授编著，中国人民大学出版社出版，1994年开始正式出版发行,截至 2019 年,在初版的基础上,已改版 9 次,目前第十一版正在修订中,是教育部经济管理类主干课程教材,曾入选普通高等教育"十一五"与"十二五"国家级规划教材。

表 1-3 《审计学》教材改版情况概述※

版本	年月	目的	历次版别特点	改革大环境
第一版	1994.1	适应大学本科教学	以注册会计师审计为主线,兼顾其他	市场经济发展和会计改革进展
第二版	1996.10	适应新形势发展和变化	增加独立审计准则的新要求和新内容	经济改革深入和新法规颁布实施
第三版	1998.10	紧密结合新法规和制度	增加第二、三批独立审计准则的内容	经济体制和经济法规不断完善
第四版	2003.3	采用国际审计体系方法	按风险导向审计要求进行业务循环审计	按国际惯例和中国审计改革进程
第五版	2006.10	适应新法规新制度要求	采用与国际审计准则趋同的执业准则体系	中国会计、审计的国际化趋同
第六版	2008.6	适应国际审计发展趋势	采用国际审计的基本原则和核心审计程序	中国审计国际化趋同不断深入
第七版	2011.4	适应新法律新制度	增加内部控制评价与审计、新审计准则	审计行业法律环境重大变化
第八版	2014.3	适应法规的修改和完善	内部审计准则、注册会计师审计准则修订	法规的完善和改革措施的出台
第九版	2017.4	适应审计新法规的实施	修改审计报告内容、增加关键审计事项段	与国际审计准则体系的深入趋同
第十版	2019.6	适应改革后审计新体制	增加中央审计委员会成立后提出的新要求	与建设中国特色审计制度相适应
第十一版	修订中	适应审计法规修改要求	《审计法》《中国注册会计师法》正在修改中	审计法律体系和环境不断完善

通过表 1-3 对《审计学》各版本的梳理可以看到,最早版本的教材是以注册会计师审计为原型进行内容编订,之后鉴于经济体制与新法规的要求,增加了独立审计的内容。修订第四版教材时,审计开始体现国际化特征,教材内容的构建也开始采用国际审计准则与体系。随着审计国际化趋同,不断对教材内容进行深化,《审计学》教材第六版由此更贴近国

※ 该资料由北京国家会计学院秦荣生教授提供。秦荣生,北京国家会计学院教授、博士生导师,十三届全国政协委员、著名会计学家、审计学家。现任北京国家会计学院院长、党委副书记。主要学术兼职有中国审计学会副会长、中国内部审计协会副会长、全国审计教育委员会副主任委员、中国内部审计准则委员会主任、首届全国区块链和分布式记账技术标准委员会委员、中国会计标准战略委员会委员、财政部中国注册会计师考试委员会委员、全国会计硕士专业学位指导委员会委员、全国审计硕士专业学位指导委员会委员、四川省人民政府决策咨询委员会特聘委员等。

际审计的核心准则。但建立中国特色的审计制度是审计环境的大势所趋,我们可以看到,第十版与第十一版教材开始加入具有中国特色的审计元素,以更好地实现审计教材本土化。

4.《高级管理会计》(胡玉明,厦门大学出版社)

《高级管理会计》由胡玉明教授编著,厦门大学出版社出版,2002年至2016年已修订了三次,当前为第四版,该教材旨在将中国管理会计丰富多彩的实践特色更好地融入管理会计学,努力呈现"中国素材、中国语境、中国视角"的"本土化案例",具体改版情况见表1-4。

表1-4 《高级管理会计》教材改版情况概述※

版本	年月	出发点	目的	历次版别特点	改革大环境
第一版	2002.8	为高年级本科生和研究生继续学习管理会计提供素材	传播、普及管理会计理念	在基础管理会计的基础上,较为全面地阐述20世纪80年代之后的管理会计前沿主题	20世纪初,中国股票市场处于起步阶段,如何运用管理会计提升上市公司质量,促进中国股票市场发展
第二版	2005.6	提升高年级本科生和研究生学习与研究管理会计的兴趣	赋予会计学专业学生的战略思维,并普及管理会计特有的研究方法	凸显管理会计的战略思维和研究方法	事事强调战略定位,时时强调战略定位
第三版	2009.12	为高年级本科生和研究生理解管理会计理念及其实践提供基本素材	塑造会计学专业学生的"战略思维、市场意识和国际视野"	拓展"进一步阅读的文献",引导学生广泛阅读相关文献,以体现"横看成岭侧成峰,远近高低各不同"的境界	中国财政部已经基本完成财务会计改革的路线图,逐步重视管理会计,管理会计的春天即将到来
第四版	2016.7	为高年级本科生和研究生理解管理会计基本理念及其中国管理会计实践提供基本素材	提升会计学专业学生运用管理会计的实践能力,推动管理会计的"落地"与"升华"	(1)进一步凸显全员全方位和全过程的成本思维、战略绩效评价和管理会计的中国特色; (2)以注释的方式体现作者对中国管理会计实践的"点滴思考"	中国经济发展进入"新常态",精细化管理成为提升中国企业国际竞争力的重要途径,中国财政部开始重视管理会计,把管理会计作为会计改革的重点,管理会计进入了"最佳战略机遇期"

※ 该资料由暨南大学胡玉明教授提供。胡玉明,厦门大学经济学(会计学)博士,暨南大学会计学系教授、广东省管理会计师协会监事长。2016年入选财政部全国"会计名家"培养工程,暨南大学会计、审计硕士专业学位研究生教育联合指导委员会主任,曾获第六届、第七届广东省教学成果奖一等奖。长期关注管理会计理论与方法及其在中国的实践。目前兼任中国会计学会管理会计专业委员会委员、美国管理会计师协会(IMA)中国管理会计教育指导委员会副主任,获得美国管理会计师协会(IMA)中国管理会计教育指导委员会颁发的"管理会计教育杰出贡献奖"。

20世纪90年代,市场经济教育体系兴起,我国会计教育机制朝着中国特色化的目标又前进了一步,"管理会计"于此时诞生。对于《高级管理会计》教材,编著者胡玉明教授也指出,会将中国管理会计的特色更好地融入其中,讲好中国故事。由表1-4梳理教材编制的出发点,可以得出,《高级管理会计》教材正由基础理论概念向案例实践延伸,在单方向输出管理会计理念的基础上,推动管理会计的"落地",提升学生运用管理会计的实践能力。尤其在管理会计的全面改革中,考虑到财务会计与管理会计今后发展的侧重点,胡玉明教授在第三版与第四版教材中皆强调了全方位的立体思维,以求更好地体现管理会计"最佳战略机遇期"对于管理会计人才的需求。

(五)会计本科教育教学手段推陈出新

自1978年改革开放以来,科学技术日新月异,会计教学手段也由千篇一律的"粉笔+黑板"的传统模式,发展到现在的多媒体、慕课(MOOC,大型开放式在线课程)、互联网+远程教育等多种依托于现代信息技术的新模式(张多蕾等,2019)(详见图1-5)。

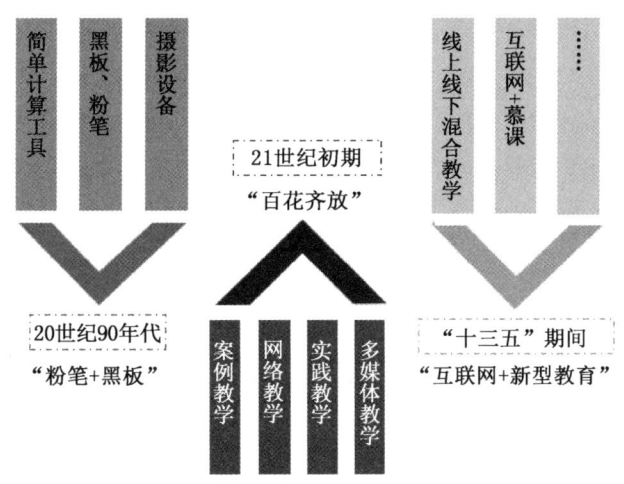

图1-5 我国本科院校会计教学手段发展情况

20世纪90年代,我国高校会计教学过程普遍采用的是"粉笔+黑板"模式,教学手段主要以黑板、粉笔以及简单的计算工具和投影设备为主,稍微现代化的教学手段是用于视听教学的录像带(刘峰,1992;阎达五和王化成,1998)。1998年,阎达五和王化成教授指出,现代教育是建立在现代化科学技术和先进教学手段的基础之上,21世纪大学本科会计教学手段应当是计算机网络教学、会计教学软件加上传统的教学手段三者相结合的新模式。

21世纪初期,多媒体教学成为实现教学手段现代化和教学方法科学化的重要方式之一。多媒体课件的开发,也得到了教育部的重视。教育部于2000年组织了"新世纪网络课程建设工程",东北财经大学刘永泽教授主持的"会计学专业系列课程网络教学资源建设"项目,开发出"基础会计""财务会计""成本会计""管理会计""审计"等课程在内的系列多媒体课件;西南财经大学赵德武教授也主持开发了"财务管理"课程网络教学资源(刘永泽和孙光国,2004)。伴随着知识经济和网络经济的兴起,再加上经济全球化的影响,会计教育手段彻底走出了过去"粉笔+黑板"千篇一律的传统模式,出现了"百花齐放"的现象。一时之间,案例教学备受推崇,实践教学也开始崭露头角(孟焰和李玲,2007)。2008年,刘永泽教授指出,多媒体教学、网络教学已经比较普及,案例教学已有应用,情景式教学、互动式教学等教学手段也在普及过程中,现代化先进手段开始纷纷被引入到会计教育领域(刘永泽和池国华,2008)。

"十三五"期间,国家大力推进"互联网+"行动计划,对传统高校会计教育人才培养造成了冲击,催生了"互联网+"新型会计教育模式。线上教学开始在会计本科院校中萌芽,其中"互联网+慕课"的影响较为广泛。2013年5月,我国清华大学、香港大学和香港科技大学正式加盟edX[1],成为其首批亚洲高校成员。在教育部的推动下,2014年5月,"中国大学MOOC"频道,面向全国高校提供MOOC课程平台[2]。2016年下半年,中国会计学会会计教育专业委员会委员率先在嘉兴学院试点实施"互联网+会计教学一体化改革",实现以学生为中心的线上线下混合教学模式。2019年"两会"首次将"互联网+教育"写入政府工作报告,各高校迎来黄金发展机遇,积极创新教学管理模式,大力发展线上线下混合式课堂,多媒体、慕课、"互联网+远程教育"等纷纷融入会计教学体系中。

二、改革开放以来会计本科教育改革研究热点的发展趋势

1978年至2008年是改革开放的30年,也是会计教育改革的30年,在这30年间,会计教育改革经历了全面恢复(1978—1985年)、改革探索(1986—1991年)、飞跃发展(1992—1999年)、国际化(2000年至今)四个阶段(刘永泽和池国华,2008)。

王华教授与刘永泽教授分别从不同的角度对这30年间我国会计教育改革的变化进行了总结。其中,王华教授从文献的角度归纳了会计教育改革的研究重点与热点情况,发现我国对于会计教育研究的文献主要集中于以下九个方面:(1)教育观念、环境、体制和目标;(2)学科与课程体系、专业设置;(3)课程或教学内容、教材编写;(4)教学手段和教学方法;(5)师资队伍建设;(6)职业道德;(7)职业教育与后续教育;(8)会计教育改革的国际化;(9)其他。

刘永泽教授从会计教育体制、会计教学手段、会计人才培养情况、会计人才培养模式等

---

[1] edX是麻省理工和哈佛大学于2012年4月联手创建的大规模开放在线课堂平台。
[2] 具体见第二章。

角度阐述了改革开放 30 年来我国会计教育的发展情况。简单来讲,改革开放 30 年间,会计人才培养模式不断得到创新,会计教育国际化持续推进,优秀会计人才辈出,如今,会计教育体系愈发多元化、教学层次不断提升、教学手段更是"百花齐放"。此外,刘永泽教授还归纳了会计教育改革 30 年中存在的问题:教育理念相对落后、培养目标定位较为模糊、教学方法与手段缺乏创新性、教育评价体系存在不科学之处等。

鉴于以上两位教授对改革开放 30 年来我国会计教育变化的详尽研究,在此不再重复赘述,我们将对中国会计学会会计教育专业委员会历年年会(2008—2019 年)的主题及主要讨论内容进行归纳,分析 2008 年之后中国会计教育改革热点发展的主要趋势(详见图 1-6、表 1-5)。整体上看,中国会计学会会计教育专业委员会历年年会将"会计教育改革"的会议主题贯彻始终,以探讨如何更好地培养符合社会需求的会计人才。近年来,年会紧跟时代潮流,会议主题也呈现出明显的新时代特征,大数据、互联网、智能化等概念开始与会计人才培养挂钩。接下来,我们根据图 1-6 所展示的会议主题词的出现频次情况,主要从会计培养目标、会计教育国际化、会计专业建设及课程设置、会计教学方法、会计教育信息化五个方面对会计教育热点的发展趋势展开详细阐述。

(一)会计人才培养目标日渐明晰

中国会计学会会计教育专业委员会就会计人才培养目标问题的讨论趋于明确,这对于会计教育人才的培养也具有更加清晰有力的指导作用。年会举办初期,与会代表们构建了一个较为宏观的人才培养目标框架,提出要培养多元化、管理型等符合社会需求的会计人才。随后,关于人才培养目标的讨论开始具体化,会议上提出了"三 A 标准""三商要求"[1]、"五力"等会计专业人才培养目标,并以具体的学校培养方案为例进行详细说明。鉴于智能化新技术的兴起,2018 年会议明确讨论了"大智移云"背景下的会计人才培养问题。

具体来说,中国会计学会会计教育专业委员会 2008 年年会暨首届会计学院院长(系主任)论坛提出培养通才、多元化、管理型的会计人才。2009 年年会指出要培养适应社会需求的会计人才,与会代表们就财务管理双语教学培养目标、CPA 专业方向人才培养目标以及高校会计学专业培养目标差异性等观点进行了讨论。2011 年年会提出要培养平衡发展的适应性会计人才。2012 年年会指出要培养能力驱动型高素质会计人才,并提出了会计人才培养的"三 A 标准"和"三商要求"。2013 年年会从优化 ACCA 方向教学的角度提出应加大培养应用型、外向型的会计专门人才。2014 年年会提议会计教育的目标要回归人本。2015 年年会提出会计人才培养应以市场为导向,实现人才培养的层次化,并构建包括"专业能力""整合能力""决策能力""内控能力"和"公信能力"等五种能力在内的"五力"会计专业人才培养体系。2016 年年会除了讨论会计学专业人才培养模式,还讨论了审计学专业

---

[1] 三 A:道德品质高,实现人才的"成人";专业知识扎实,实现人才的"成才";应用能力强,实现人才的"成功"。三商:"智商、财商与情商"。

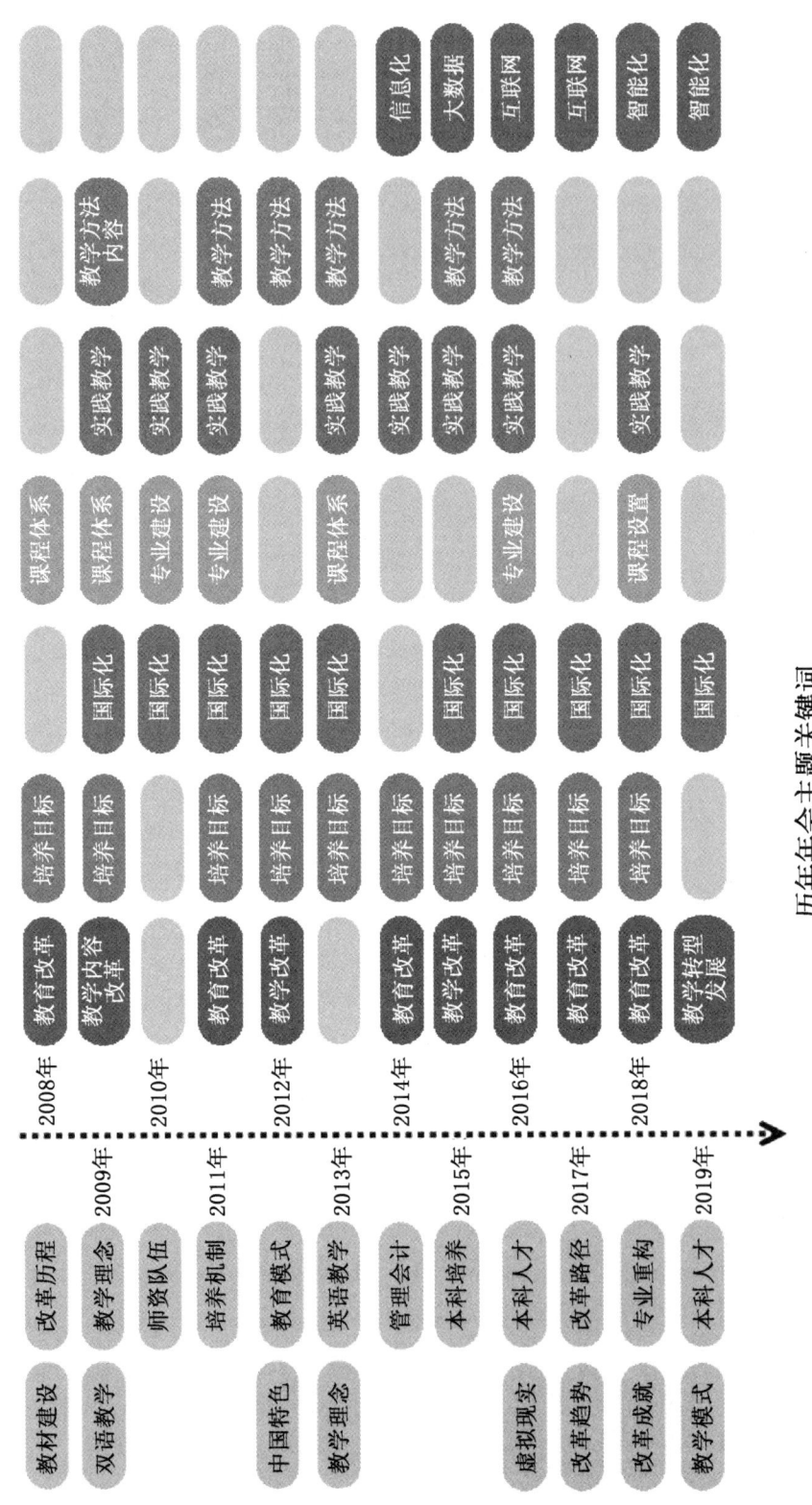

图 1-6　中国会计学会会计教育专业委员会历年年会主题关键词情况※

※ 资料来源：中国会计学会会计教育专业委员会年会（2008—2019年）的会议综述与简讯。

表 1-5　中国会计学会会计教育专业委员会历年年会主题(2008—2019 年)

年份	主题	会议讨论内容※
2008	回顾改革开放以来我国会计教育改革和发展历程,总结和交流会计教育改革和发展的成功经验	高校会计人才培养目标
		会计教育改革与研究历程
		会计学教材建设与课程设置
		会计教育改革未来趋向
2009	金融危机、风险管理、审计变革	会计教育国际化
		会计专业教学理念
		会计课程体系建设
		财会类专业实践教学
		财会专业人才培养目标及模式
		财会专业教学方法和教学内容改革
2010	会计学专业人才培养目标及培养机制问题	会计教育国际化
		会计特色专业建设
		会计本科生教育改革
		会计本科教学方法与质量工程建设
2011	会计学专业教育教学改革及人才培养目标与培养机制问题研究	会计教学探讨与质量工程建设
		会计教育改革与特色专业建设
2012	会计学专业教育理念与教学改革问题研究	会计教育国际化
		会计教育改革与教学工程建设
		会计教育理念与课程教学探讨
2013	高素质国际化会计专业人才培养体系的构建:理念与实践	会计教育国际化
		会计专业人才培养
		会计专业课程体系设置与教学方法
2014	会计学专业教育教学改革与实践	会计实践教学
		会计教育国际化
		会计人才培养模式改革
2015	会计教育教学改革与实践	会计人才培养模式与教学改革
		研究生培养、学科建设与国际化教学
		会计教育理念与互联网、大数据时代的会计教育改革

※ 因本蓝皮书以应用型本科会计人才为研究对象,故剔除了与研究生教育及高职教育相关的内容。

(续表)

年份	主题	会议讨论内容
2016	"互联网+"时代的会计学专业人才培养与教育教学改革研究	会计教育教学管理
		会计课堂教学与实践教学
		"互联网+"时代的会计专业人才培养
2017	互联网时代会计教育创新发展——供给侧结构性改革与会计人才培养	会计人才培养模式创新
		国际化教育与供给侧改革
		供给侧改革与会计教学质量工程建设
		互联网时代会计高等教育改革路径与发展趋势
2018	新时代会计教育改革与发展	会计教育国际化
		会计实验实践教学
		智能时代的会计教育
		会计教学组织与手段创新
		新时代会计类专业融合与重构
2019	智能化时代会计教育的转型与发展	财务数字化
		教学模式改革研讨
		智能共享服务体系建设
		本科特色人才培养方案研讨
		中国特色会计理论体系构建
		AACSB国际商科与会计认证问题
		国际会计人才培养与教学论文研讨

本科人才培养模式,并分享了南京审计大学"审计"特色人才培养方案。2017年年会再次提出了会计人才培养模式创新的重要性。2018年年会提出信息化条件下审计学本科专业人才培养方案以及"大智移云"背景下管理会计专业方向人才培养方案的创新与重构问题。2019年年会正式提出构建智能化时代会计类本科特色人才培养方案。

(二)会计教育国际化不断成熟

创新会计教育理念,是时代发展的要求,也是国际社会发展形势所迫,目前我国会计教育国际化框架已实现了"从无到有,从有到优"的变化过程。从第二届论坛提出会计教育国际化方向发展这一话题,到CGA[1]、ACCA[2]会计教育国际化人才培养和AACSB[3]

---

[1] CGA:Certified General Accountants,加拿大注册会计师。
[2] ACCA:The Association of Chartered Certified Accountants,特许公认会计师公会。
[3] AACSB:The Association to Advance Collegiate Schools of Business,国际商学院协会,是全球首屈一指的商学院和会计项目非政府认证机构。

认证体系等问题,会计教育国际化发展越来越成熟。

具体来看,中国会计学会会计教育专业委员会2009年年会暨第二届会计学院院长(系主任)论坛将会计教育国际化与中国特色结合,初步探讨了如何实现会计教育国际化的问题。2010年年会进一步讨论了会计教育国际化的原则、培养目标、课程体系与师资队伍等问题。2011年与会代表介绍了CGA国际化人才培养模式。2012年,论坛表示应将会计专业国际化与本土化相结合,提出了中国会计教育国际化的特色和指导思想。2013年年会总结了广东外语外贸大学会计学专业国际化人才培养的经验,就如何开展全英文教学以促进高校会计学课程教学与国际接轨提出了建议。2015年,论坛再一次强调了会计教育国际化与中国会计教育本土实践相结合的问题。2016年,南京审计大学的会计教育国际化合作教学的创新引发了与会代表们对会计教育国际化的进一步思考,同时会议就"互联网+"时代会计教育国际化的相关问题进行了讨论。2017年年会主题涉及了国际化教育与供给侧改革的问题。2018年年会讨论了"一带一路"发展背景下国际会计教育中国化问题。2019年年会就国际会计人才培养与教学论文、AACSB国际商科与会计认证的问题进行了研讨。

(三)会计专业建设与课程设置不断完善

自2008年年会首次提出建立宽领域的课程体系这一观点以来,关于推进会计专业建设及课程设置的改革观点不断得到充实与完善,就如何打造特色专业、构建全方位的课程体系等问题一直在探索更新中,以着重突出高校会计专业学生的专业优势。

会计专业建设角度方面,2010年年会暨第三届会计学院院长(系主任)论坛从特色专业的性质、改革与保障机制等角度阐述了如何开展特色专业建设。2011年年会探讨了会计特色专业建设的目标、思路与方案。2012年论坛提出了"高校专业建设负责人制"这一新观点。2016年年会就如何建设国际一流学科的问题展开了讨论。

会计课程设置方面,2008年年会暨首届会计学院院长(系主任)论坛表示,应建立宽领域的课程体系,会计教学需与经济学、管理学、心理学、社会学及统计分析等领域相结合,会计本科课程设置应反映人才能力培养要求,以突出能力为导向。2009年年会探讨了CPA专业方向人才的课程体系改革问题,并提出要加强大学生创新思维培养。2010年,论坛指出应根据学生的研究能力、创新能力与交流能力来设置课程。2011年年会指出高校需学会利用信息技术创新课程教学模式。2013年年会基于CPE课程体系(基础核心课程+专业课程模块+就业导向课程模块)的设计和特点,探讨了具有金融行业特色的会计人才培养问题。且有与会代表提出了重构会计信息化课程体系的思路,并阐述了创建精品资源共享课程的重要性。2018年年会就"大智移云"时代背景下课程内容重构的问题进行了深入讨论。

(四)会计教学方法逐步多样化

基于互联网技术的发展对传统会计教学方式的挑战,中国会计学会提出了现代网络环境下创新性人才培养中教学方法变革的重要性,提倡在传统教学方法的基础上进行高效切实的创新,并推出了诗意教学、情景教学法、在线网络课程等丰富多样的教学方法和手段。

具体来说,2009年年会暨第二届会计学院院长(系主任)论坛初次讨论了会计教育实验教学与方法的相关议题。2011年年会提出了"三明治"教学模式(校内教学+校外实践+校内教学)与"2+2"人才培养模式(基础教学阶段2年与专业教学阶段2年)的创新教学方法。2012年年会讨论了诗意教学、"博客"辅助教学、研究型教学等教学方法。2013年年会提出将情景教学法应用于会计课程,并强调要加强会计专业学生的创新意识与创新能力。2015年年会大力倡议开发在线网络课程。2016年,论坛表明应实现互联网资源的共享,将线上线下教学有机结合起来,实施一体化教学改革。

在会计教学方法的改革进程中,会计实践实验教学尤为突出,学者们主要从会计实践实验教学的目标、类型、方法等角度进行了讨论。2009年年会阐述了会计实验教学的认识误区、SRT教学质量问题、会计实验教学设计思想及原则,并分享了东北财经大学会计模拟实验室建设的经验。2010年年会,与会者交流了实践教学模式的改革目标、实施计划、具体方案和预期效果。2011年年会,有代表提出了实验实践教学的创新设计——基于实验教学的设计思想,构建课程实验教学体系与课程实验教学模块。2012年,论坛提出要构筑递进式实验教学内容结构、网状式实验教学方法体系、集成式实验教学组织策略以及综合式实验教学评价模式。2013年,年会与会者在提出重构会计信息化课程体系的思路时,重点介绍了实验原型教学法,以及实施个性化的实验教学方式。2014年年会分享用友新道未来产学研发展计划与实践实验教学的协同。2015年年会表示,会计实践教学应充分整合学校资源,发挥网络化、数字化的特色,改革会计实验教学,并提出了"递进式"实验实践实训课程、"立体化"实践教学的新观点。

(五)会计教育信息化与时俱进

我国信息技术进入蓬勃发展阶段,特别是互联网、物联网、云计算的高速发展,带动了会计教育与信息化的融合,呈现出与时俱进的发展态势,近几年的年会提倡将信息技术充分运用到教学手段、课程设置等方面,以进一步提高会计教育的水平与效率。

2014年有学者阐述了会计教育与信息化的密切关系及其未来的发展趋势。2015年年会提出在大数据时代需要调整教学重心、转变教学手段和考核方式,突出教师的引导者角色,大力开发在线网络课程。针对该讨论主题,中国会计学会副会长刘永泽教授提出,在当今时代背景下,包括教材编制、教学大纲设计、课堂讲授等各方面,应将传统会计专业教学与会计信息化相结合。在2016年年会上,学者们就会计教育信息化与会计教育国际化、实践实验教学进行了共同探讨,提出了推进"互联网+"会计教育国际化、深化改革"互联网+"经管实验教学等观点。此外,有专家表示要实现互联网下资源共享,促进线上线下教学有机结合。2017年年会就互联网时代会计教育创新发展——供给侧结构性改革与会计人才培养的主题展开讨论。2018年年会探讨了"大智移云"时代背景下管理会计专业方向人才培养方案的创新与重构问题。2019年年会,与会者提出了智能共享服务体系建设的观点。

三、本章小结

本章从会计本科教育的人才培养历程与改革研究热点两个维度，对我国会计本科教育40多年的改革演进进行了梳理与分析。首先从会计本科教育的教学规模、培养目标、专业课程设置、经典教材回顾以及教学手段这五个方面对我国会计本科教育的改革发展历程进行了简要回顾；然后，基于中国会计学会会计教育专业委员会的会议主题内容，对本科会计教育改革研究热点进行梳理与总结，希望可以较为全面、系统地回顾和展示改革开放40多年中国会计教育工作者对会计教育改革的思考与实践。

通过上述研究，我们可以发现，改革开放40多年来，我国会计本科教育事业取得了瞩目的成就，主要体现在以下六个方面：

第一，会计本科教育教学规模实现了质的飞跃。1978年改革开放初期，我国仅有21所院校开设财会专业，截至2019年年底，我国开设会计专业的本科院校已多达661所，院校数翻了30倍之多，会计专业本科在校人数在本科在校生总人数中的占比也节节攀升。

第二，会计本科教育培养目标与时俱进。改革开放初期，受经济制度改革的影响，我国会计本科教育对于人才的培养定位为德才兼备的"专才"；后续随着资本市场的开放，全面发展的"通才"培养目标进入本科会计教育的视野；目前随着我国对国际会计人才需求的增加，一些高校对会计教育的培养目标进行了重新的定位，开始根据教育层次制定培养目标，以期更加贴合社会对会计本科人才的需求。

第三，专业课程设置紧跟时代发展战略。废止苏联会计教育模式，建立具有中国特色的人才培养机制，与国际惯例接轨并趋同，新世纪的会计本科课程已呈现出国际化与学科交叉融合的趋势。

第四，会计教材逐步向中国特色化过渡。经济与社会的发展、制度与准则的完善、科技与技术的进步，随着这些改革大环境的变化，会计教育学者的优秀会计教材也随之进行修订与改编，体现出国际化、互联网化和本土化相结合的特征，以更好地适应中国特色会计体系下的人才培养规划与模式。

第五，会计教育教学手段不断推陈出新。新技术的引进与发展，改变了原本单一刻板的教学方式，"互联网+智能"时代的到来，促进了线上线下混合教学模式的兴起，信息技术与网络资源的结合为会计人才的培养提供了更为丰富的信息获取渠道和手段。

第六，中国会计学会会计教育专业委员会年会一直紧跟时代潮流，探讨会计教育的前沿热点，对我国会计教育改革起到了风向标的作用。通过对历届年会主题内容进行梳理，我们发现近十年来"教育改革""培养目标""国际化""课程体系""教学方法""实践教学"和"大数据"等关键词在年会上频频出现，说明无论时代如何发展，如何培养社会主义会计人才一直是全国会计教育工作者最关心的重大问题！同时，随着全球化的发展、社会环境的改变及智能科技的进步，未来会计教育需要向智能化、职业化、国际化和全面化发展。在宏观潮流趋势的推动下,高校会计教育的人才培养模式也正在朝信息化、智能化与国际化的大方向靠拢,具体体现在会计人才培养目标、会计教育国际化、会计专业建设与课程设置、会计教学方法和会计教育信息化等方面。总体来看,中国会计学会会计教育专业委员会成立以来,一直在思考、探讨、总结和引领我国会计专业教育教学改革的根本问题,未来也期待更多的教育工作者参与其中,共同推动高等院校会计专业教育教学改革与发展。

第二章

我国会计教育现状※

本科教育在人才培养工作中占据基础地位。《会计行业中长期人才发展规划(2010—2020年)》中提出了我国会计人才发展的战略目标。而在制定人才培养方案之前,首先需要准确地了解现有的会计人才状况和供需结构。因此,本章通过以下几个维度展示我国会计教育的现状:第一,我国本科院校会计类相关专业的开设概况;第二,我国院校在会计类一流本科专业建设方面的情况;第三,从国际化人才培养、信息化课程改革和产学合作三个方面描绘会计类专业改革的现状;第四,从慕课和国家精品课的角度出发,展示我国本科会计类专业线上课程的开设情况;最后,结合我国教育部及财政部相关数据,对截至2020年6月30日的会计教育改革取得的成果进行梳理。

一、我国院校会计类专业开设现状

本节主要以会计学、财务管理和审计学三个专业作为研究对象,首先从整体上介绍我国本科院校会计类专业的开设情况,其次根据省份、地理与经济区域和院校类型维度,分别描述不同维度下会计类专业的开设情况。

(一)超过半数本科院校开设会计学和财务管理专业

根据教育部相关数据[1],截至2019年6月15日,全国高等院校共计2 956所,其中普通高等学校2 688所,包含本科院校1 265所,专科院校1 423所。在1 265所本科院校中,开设会计学专业的有661所,占比为52.25%;开设财务管理专业的有706所,占比为55.81%;开设审计学专业的有195所,占比为15.42%。整体来看,开设会计学专业和财务管理专业的院校相对较多,均达到了半数以上,开设审计学专业的院校数量相对较少。

在对同时开设多个会计类专业院校数量的统计中,同时开设会计学和财务管理专业的院校有431所,同时开设会计学和审计学专业的院校有150所,同时开设财务管理和审计学专业的院校有181所,而同时开设上述三个专业的院校则有142所,占比达到11.23%。

※ 本章各项统计数据均未包括港澳台地区。全国本科院校相关数据来源于各院校官方网站,均通过手工方式收集,数据截至2020年6月30日。
[1] 中华人民共和国教育部. 2019年全国高等学校名单[EB/OL].(2019-06-15)[2020-08-15]. http://www.moe.gov.cn/jyb_xxgk/s5743/s5744/A03/201906/t20190617_386200.html.

通过条件概率的计算可以得知：如果一个院校开设了会计学和审计学，那么其同时开设财务管理专业的可能性达到了94.67%。尽管同时开设有三个专业的院校数量仅有142所，但是开设其中任一专业的院校数量则达到了942所，占到了院校总数的74.47%（见表2-1与图2-1）。

表2-1　　　　　我国开设会计类专业的本科院校数量情况（所）

专业开设情况	院校数量	开设会计类专业本科院校占本科院校之比
本科院校数量	1 265	100.00%
开设会计学专业	661	52.25%
开设财务管理专业	706	55.81%
开设审计学专业	195	15.42%
同时开设会计学与财务管理专业	431	34.07%
同时开设会计学与审计学专业	150	11.86%
同时开设财务管理与审计学专业	181	14.31%
同时开设会计学、财务管理与审计学三个专业	142	11.23%
开设会计类专业	942	74.47%

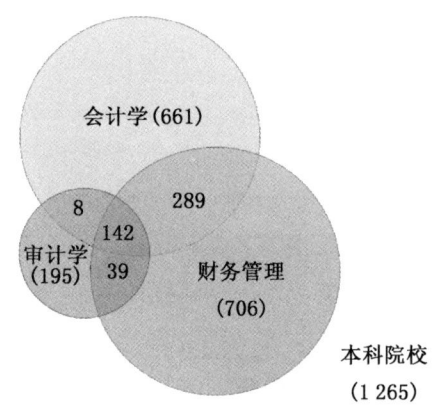

图2-1　我国开设会计类专业的本科院校数量情况

（二）各省份开设会计类专业数量相差较大

如表2-2所示，在31个省（自治区、直辖市）中，开设会计学专业的院校数量相差较大，但是平均开设比例较高，达到52.25%。开设会计学专业院校数量前六的省份依次是江苏、广东、陕西、河南、湖北、湖南。中东部地区开设会计学专业的院校数量相对较多，而西部地区相应的较少。

表2-2　　　　　我国开设会计类专业本科院校数量(所)——分省份[1]

省、自治区、直辖市	院校数量	开设会计学专业的院校数量	所占比例	开设财务管理专业院校数量	所占比例	开设审计学专业的院校数量	所占比例
安徽	46	25	54.35%	35	76.09%	10	21.74%
北京	68	33	48.53%	26	38.24%	4	5.88%
福建	39	16	41.03%	25	64.10%	9	23.08%
甘肃	22	14	63.64%	16	72.73%	4	18.18%
广东	67	44	65.67%	39	58.21%	14	20.90%
广西	38	13	34.21%	20	52.63%	7	18.42%
贵州	29	6	20.69%	10	34.48%	3	10.34%
海南	8	4	50.00%	5	62.50%	1	12.50%
河北	60	30	50.00%	32	53.33%	10	16.67%
河南	57	37	64.91%	39	68.42%	14	24.56%
黑龙江	39	20	51.28%	23	58.97%	5	12.82%
湖北	68	36	52.94%	43	63.24%	7	10.29%
湖南	51	34	66.67%	30	58.82%	3	5.88%
吉林	37	18	48.65%	26	70.27%	4	10.81%
江苏	77	48	62.34%	49	63.64%	8	10.39%
江西	45	27	60.00%	30	66.67%	5	11.11%
辽宁	64	32	50.00%	14	21.88%	2	3.13%
内蒙古	17	10	58.82%	11	64.71%	3	17.65%
宁夏	8	4	50.00%	5	62.50%	1	12.50%
青海	4	3	75.00%	3	75.00%	0	0.00%
山东	70	33	47.14%	42	60.00%	16	22.86%
山西	33	13	39.39%	19	57.58%	7	21.21%
陕西	58	37	63.79%	33	56.90%	9	15.52%
上海	39	21	53.85%	17	43.59%	4	10.26%
四川	52	27	51.92%	26	50.00%	17	32.69%
天津	31	12	38.71%	17	54.84%	4	12.90%
西藏	3	1	33.33%	1	33.33%	0	0.00%

[1] 由于数据收集的限制,本蓝皮书对省份数据进行的统计仅包含以上31个省、自治区、直辖市,并未涉及港澳台地区。

（续表）

省、自治区、直辖市	院校数量	开设会计学专业的院校数量	所占比例	开设财务管理专业院校数量	所占比例	开设审计学专业的院校数量	所占比例
新疆	18	5	27.78%	6	33.33%	3	16.67%
云南	32	18	56.25%	18	56.25%	7	21.88%
浙江	59	27	45.76%	35	59.32%	7	11.86%
重庆	26	13	50.00%	11	42.31%	7	26.92%
合计	1 265	661		706		195	

（三）中东部地区开设会计类专业数量较多，西部地区开设较少

在按照地理区域进行分组数据统计的结果中（表 2-3 和图 2-2），华东地区的院校数量最多，开设会计学专业、财务管理专业和审计学专业的院校数量也最多。而华中地区和西北地区开设会计类相关专业的院校比例相对较高，西南地区的开设比例在所有地区中最低。

表 2-3　　　我国开设会计类专业本科院校数量（所）——分地理区域

地理区域	院校数量	开设会计学专业的院校数量	所占比例	开设财务管理专业院校数量	所占比例	开设审计学专业的院校数量	所占比例
华北地区	205	97	47.32%	103	50.24%	27	13.17%
东北地区	142	71	50.00%	64	45.07%	11	7.75%
华东地区	375	197	52.53%	233	62.13%	59	15.73%
华中地区	176	107	60.80%	112	63.64%	24	13.64%
华南地区	113	61	53.98%	64	56.64%	22	19.47%
西南地区	142	65	45.77%	66	46.48%	34	23.94%
西北地区	112	63	56.25%	64	57.14%	18	16.07%
全国合计	1 265	661		706		195	

在按照经济区域[1]进行的分组统计中（表 2-4 和图 2-2），东部率先发展地区开设会计类相关专业的院校数量最多，中部崛起地区会计类相关专业的开设比例较高，其中开设

---

[1] 东北振兴地区包括：黑龙江省、吉林省、辽宁省、内蒙古自治区东部的呼伦贝尔市、兴安盟、通辽市、赤峰市、锡林郭勒盟；中部崛起地区包括：山西省、河南省、湖北省、湖南省、江西省、安徽省；东部率先发展地区包括：北京市、天津市、河北省、山东省、江苏省、上海市、浙江省、福建省、广东省、海南省；西部开发地区包括：重庆市、四川省、广西壮族自治区、贵州省、云南省、陕西省、甘肃省、内蒙古自治区西部、宁夏回族自治区、新疆维吾尔自治区、青海省、西藏自治区。

会计学专业和财务管理专业的比例最高,而东北振兴地区无论在院校数量还是开设比例上都与其他地区存在较大差距。

表2-4　　　　　我国开设会计类专业本科院校数量(所)——分经济区域

经济区域	院校数量	开设会计学专业的院校数量	所占比例	开设财务管理专业院校数量	所占比例	开设审计学专业的院校数量	所占比例
东北振兴地区	143	72	50.35%	64	44.76%	11	7.69%
中部崛起地区	300	172	57.33%	196	65.33%	46	15.33%
东部率先发展地区	518	268	51.74%	287	55.41%	77	14.86%
西部开发地区	304	149	49.01%	159	52.30%	61	20.07%
全国合计	1 265	661		706		195	

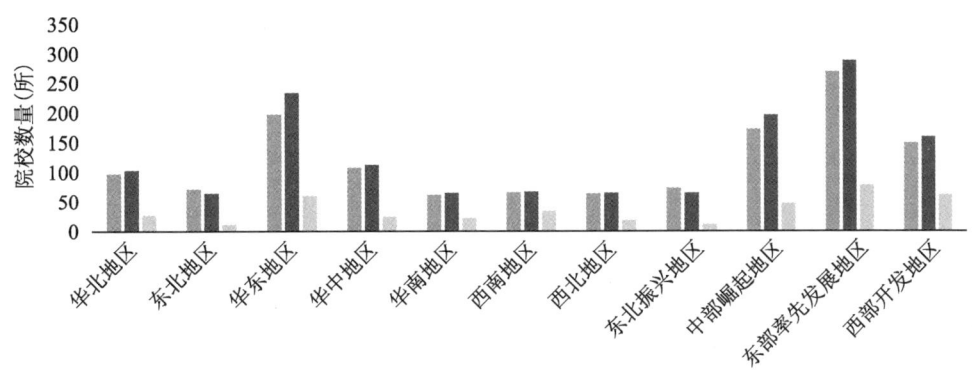

图2-2　我国开设会计类专业本科院校数量——分地理、经济区域

(四)综合类和理工类院校开设会计类专业数量最多,财经类院校开设比例最高

本蓝皮书依据学科门类将所有院校划分为综合类、理工类、财经类、师范类、农林类、民族类、语言类、政法类、医药类、艺术类和体育类等11个院校类型,展示不同类型的院校开设会计学、财务管理和审计学专业的情况。

如表2-5、表2-6和图2-3所示,开设会计学和财务管理专业数量最多的前5类院校分别为：综合类、理工类、财经类、师范类和农林类院校，审计学专业开设数量较多的分别为财经类、综合类和理工类院校。但在开设会计学、财务管理和审计学专业的比例上，最高的是财经类院校，分别达到了93.33%、95.24%和74.29%。由于审计学专业的专业性较强，财经类院校开设比例远远高于其他类型院校。在院校数量上占优势的理工类和综合类院校，其会计学和财务管理专业开设比例为60%左右。虽然农林类和民族类院校开设会计学专业的数量只有32所和11所，但是其开设的比例却达到了72.73%和68.75%，仅次于财经类院校。

表2-5　　　　我国开设会计类专业本科院校数量(所)——分院校类型

院校类型	院校数量	会计学专业开设数量	会计学专业开设比例	财务管理专业开设数量	财务管理专业开设比例	审计学专业开设数量	审计学专业开设比例
综合类	367	239	65.12%	250	68.12%	53	14.44%
理工类	344	205	59.59%	204	59.30%	36	10.47%
财经类	105	98	93.33%	100	95.24%	78	74.29%
师范类	149	60	40.27%	87	58.39%	10	6.71%
农林类	44	32	72.73%	23	52.27%	5	11.36%
民族类	16	11	68.75%	12	75.00%	0	0.00%
语言类	25	10	40.00%	16	64.00%	7	28.00%
政法类	38	3	7.89%	8	21.05%	5	13.16%
医药类	108	2	1.85%	5	4.63%	0	0.00%
艺术类	53	1	1.89%	1	1.89%	1	1.89%
体育类	16	0	0.00%	0	0.00%	0	0.00%
合计	1 265	661		706		195	

表2-6　　　　我国本科院校会计类专业开设比例排名前五名——分院校类型

会计学专业		财务管理专业		审计学专业	
院校类型	开设比例	院校类型	开设比例	院校类型	开设比例
财经类	93.33%	财经类	95.24%	财经类	74.29%
农林类	72.73%	民族类	75.00%	语言类	28.00%
民族类	68.75%	综合类	68.12%	综合类	14.44%
综合类	65.12%	语言类	64.00%	政法类	13.16%
理工类	59.59%	理工类	59.30%	农林类	11.36%

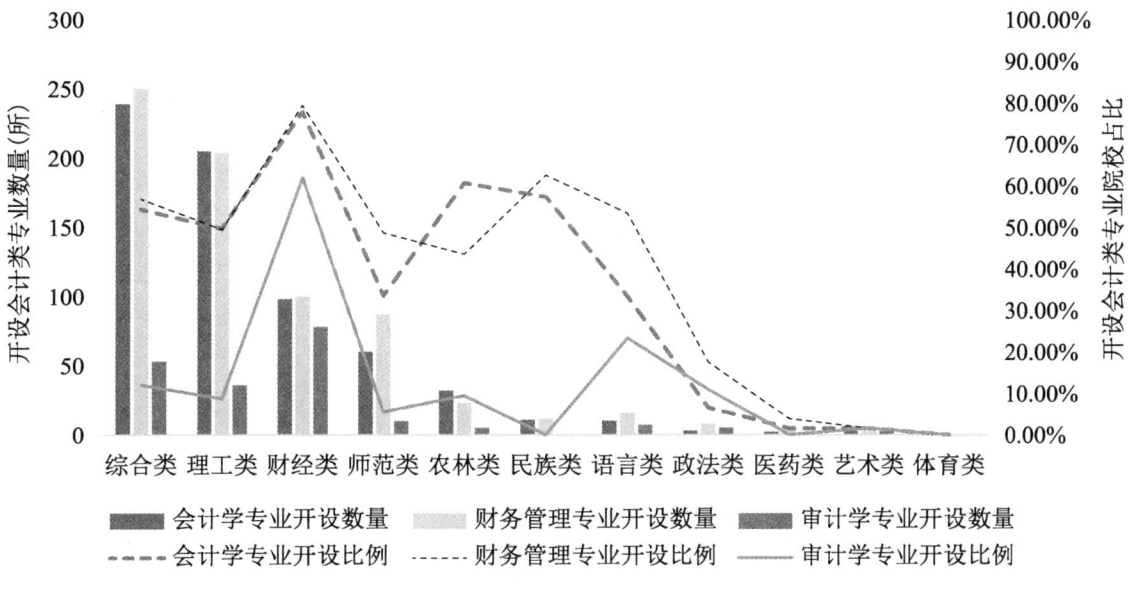

图 2-3 我国本科院校会计类专业开设情况——分院校类型

二、国家级一流、省级一流本科会计类专业点建设现状

根据教育部办公厅于 2019 年 4 月发布的《关于实施一流本科专业建设"双万计划"的通知》[1]，为推动新工科、新医科、新农科、新文科建设，做强一流本科、建设一流专业、培养一流人才，全面振兴本科教育，提高高校人才培养能力，实现高等教育内涵式发展，教育部计划 2019—2021 年在全国建设 10 000 个左右国家级一流本科专业点和 10 000 个左右省级一流本科专业点（以下简称"双万计划"）。教育部首批共认定 4 054 个国家级一流本科专业建设点（其中中央赛道 1 691 个、地方赛道 2 363 个[2]），确定 6 210 个省级一流本科专业建设点。

（一）"双万计划"建设原则和方式※

1. 建设原则

一流本科专业建设面向各类高校，在不同类型的普通本科高校建设一流本科专业，鼓励分类发展、特色发展。面向全部专业，覆盖全部 92 个本科专业类，分年度开展一流本科专业点建设。突出示范领跑，建设新工科、新医科、新农科、新文科示范性本科专业，引领带

---

[1] 中华人民共和国教育部办公厅.关于实施一流本科专业建设"双万计划"的通知[EB/OL].(2019-04-04)[2020-08-15]. http://www.moe.gov.cn/srcsite/A08/s7056/201904/t20190409_377216.html.

[2] 中央赛道是指教育部直属高校和中央部委所属高校进行评选的赛道，地方赛道是指地方所属高校进行评选的赛道。

※ 中华人民共和国教育部办公厅. 关于实施一流本科专业建设双"双万计划"的通知[EB/OL].(2019-04-04)[2020-08-15]. http://www.moe.gov.cn/srcsite/A08/s7056/201904/t20190409_377216.html.

动高校优化专业结构、促进专业建设质量提升,推动形成高水平人才培养体系。分"赛道"建设,中央部门所属高校、地方高校名额分列,向地方高校倾斜;鼓励支持高校在服务国家和区域经济社会发展中建设一流本科专业。"两步走"实施,即报送的专业第一步被确定为国家级一流本科专业建设点;教育部组织开展专业认证,通过后再确定为国家级一流本科专业。

2. 建设方式

(1)国家级一流本科专业建设工作分三年完成。每年3月启动,经高校网上报送、教育主管部门或高校提交汇总材料、高等学校教学指导委员会提出推荐意见等,确定建设点名单,当年10月公布结果。

(2)省级一流本科专业建设方案由各省级教育行政部门制订,按照建设总量不超过本行政区域内本科专业布点总数的20%,分三年统筹规划,报教育部备案后与国家级一流专业建设同步组织实施。每年9月底前,各省级教育行政部门将本年度省级一流本科专业建设点名单报教育部,当年10月与国家级一流本科专业建设点名单一并公布。

(3)入选省级一流本科专业建设点的专业,如同时入选国家级一流本科专业建设点,按照国家级一流本科专业建设点公布。空出的省级一流本科专业建设点名额可延至下一年度使用。

(4)根据2019、2020年一流本科专业点建设情况,2021年将对各专业类国家级一流本科专业的建设数量和建设进度进行统筹。

(二)全国会计类一流本科专业建设点现状

1. 全国会计类一流本科专业建设点概况

2019年会计类一流本科专业建设点[1]总数为240个,其中国家级为85个,省级为155个[2]。

开设会计学专业的661所院校中,共有167所院校开设有国家级或省级一流本科专业建设点,占开设该专业院校总数的25.26%。其中会计学国家级一流本科专业建设点62所,占开设该专业院校总数的9.38%;会计学省级一流本科专业建设点105所,占开设该专业院校总数的15.89%。

开设财务管理专业的院校共706所,共有62所院校拥有国家级或省级一流本科专业建设点,占开设院校数8.78%。其中财务管理国家级一流本科专业建设点20所,省级一流本科专业建设点42所,分别占开设该专业院校总数的2.83%和5.95%。

开设审计学的195所院校中,共有11所院校拥有审计学国家级或省级一流本科专业

---

[1] 根据教育部办公厅《关于公布2019年度国家级和省级一流本科专业建设点名单的通知》(教高厅函〔2019〕46号)文件,全国各省、自治区、直辖市公布详略情况略有不同,因此国家级一流本科专业建设点参照"会计学术联盟汇总数据"(https://mp.weixin.qq.com/s/ufAi_92EeKThdQhwcDUAEA);省级一流本科专业参照各省、自治区、直辖市教育厅(教委)及各院校网络资源信息手工搜集。由于该信息未公开,与最终数据可能略有差异。

[2] 国家级、省级会计类一流专业建设点名单见附录1和附录2。

建设点,其中拥有国家级一流本科专业建设点 3 所,省级一流本科专业建设点 8 所,分别占开设该专业院校总数的 1.54%和 4.10%(如表 2-7 所示)。

表 2-7　　　　　　　　　会计类一流本科专业建设点汇总表

专业	开设该专业院校总数(所)	一流本科专业建设点总数(所)	占院校总数比	国家级一流本科专业建设点(个)	占院校总数比	省级一流本科专业建设点(个)	占院校总数比
会计学	661	167	25.26%	62	9.38%	105	15.89%
财务管理	706	62	8.78%	20	2.83%	42	5.95%
审计学	195	11	5.64%	3	1.54%	8	4.10%
合计		240		85		155	

在会计学、财务管理及审计学三个专业中,会计学一流本科专业建设点数量最多,国家级一流和省级一流建设点数量占所有开设该专业院校总数的比例也最大,其次为财务管理专业,最后为审计学专业(如图 2-4 所示)。

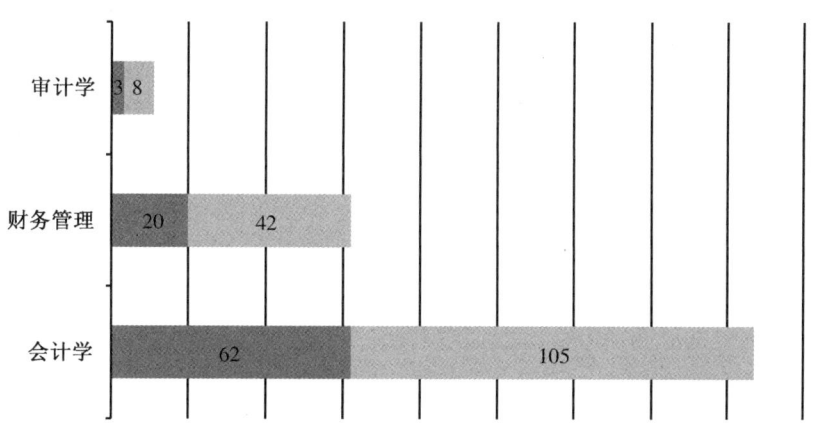

图 2-4　会计类一流本科专业建设点汇总

2. 不同行政区域间存在差异,江苏省建设点居多

表 2-8 为按照行政区域划分的会计类一流本科专业建设统计结果。拥有会计类一流本科专业建设点最多的省份(自治区、直辖市)是江苏,共有 21 个会计类一流本科专业建设点,其次为安徽(15 个),再次为北京、广东、河南、陕西以及浙江,均有 14 个会计类一流本科专业建设点。在所有省份(自治区、直辖市)中,只有新疆、海南以及西藏无会计类一流本科专业建设点。

表 2-8　　　　　会计类一流本科专业建设点汇总表——分行政区域

省、自治区、直辖市	会计学(个)		财务管理(个)		审计学(个)		合计(个)	占比
	国家级一流	省级一流	国家级一流	省级一流	国家级一流	省级一流		
安徽	2	6	1	6			15	6.25%
北京	8		1	5			14	5.84%
福建	2	2	1	1			6	2.50%
甘肃	2	3		1			6	2.50%
广东	5	4	2		1	2	14	5.84%
广西		2					2	0.83%
贵州	1		1			1	3	1.25%
海南							0	0.00%
河北	2	2		4			8	3.33%
河南	3	7	1	3			14	5.84%
黑龙江	2	7					9	3.75%
湖北	2	8	1	1			12	5.00%
湖南	1	9	1	1			12	5.00%
吉林	1	5		5			11	4.58%
江苏	5	12		2	1	1	21	8.75%
江西	2	3	1				6	2.50%
辽宁	2	2	1	1			6	2.50%
内蒙古	1						1	0.42%
宁夏		2		1			3	1.25%
青海		1					1	0.42%
山东	3	2	1			2	8	3.33%
山西	1	1	1	1			4	1.67%
陕西	2	9		3			14	5.83%
上海	4				1		5	2.08%
四川	2	5	1				8	3.33%
天津	1	1	1				3	1.25%
西藏							0	0.00%
新疆							0	0.00%
云南	1	2	1	3			7	2.92%
浙江	4	4	2	3		1	14	5.83%
重庆	3	6	1	2		1	13	5.42%
合计	62	105	20	42	3	8	240	100.00%

3. 华东地区建设点居多,华南地区较少

根据地理划分的七大区域中(见表 2-9 和图 2-5),华东地区拥有会计类一流本科专业建设点的数量最多,共 75 个,占所有建设点数量的 31.25%;其次是华中地区,共 38 个,占所有建设点数量的 15.83%;华南地区的数量较少,共 16 所,占比仅为 6.67%。

表 2-9　　　　　　会计类一流本科专业建设点汇总表——分地理区域

地理区域	会计学(个)		财务管理(个)		审计学(个)		合计(个)	占比
	国家级	省级	国家级	省级	国家级	省级		
华北地区	13	4	3	10			30	12.50%
东北地区	5	14	1	6			26	10.83%
华东地区	22	29	6	12	2	4	75	31.25%
华中地区	6	24	3	5			38	15.83%
华南地区	5	6	2		1	2	16	6.67%
西南地区	7	13	4	5		2	31	12.92%
西北地区	4	15	1	4			24	10.00%
合计	62	105	20	42	3	8	240	100.00%

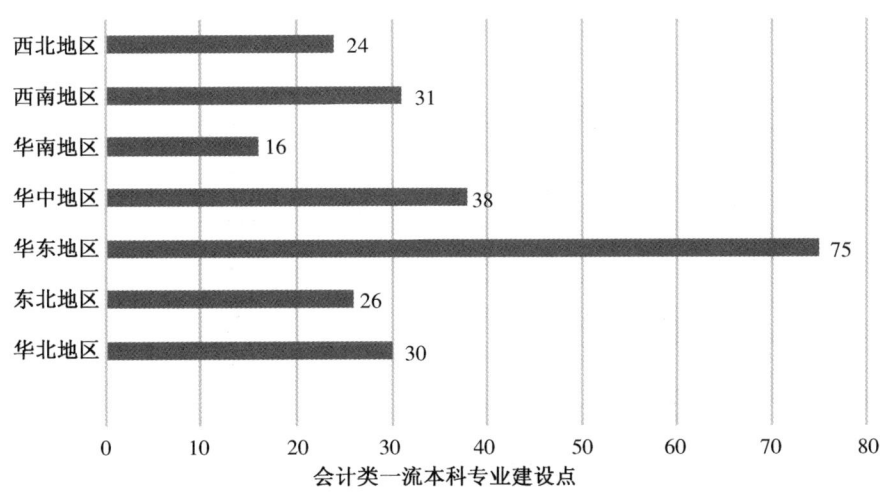

图 2-5　会计类一流本科专业建设点(个)汇总情况——分地理区域

4. 东部率先发展地区建设点较多,东北振兴地区较少

根据经济划分的四大区域中,东部率先发展地区拥有会计类一流本科专业建设点最

多,共103个,占建设点总数的42.92%,其中会计学、财务管理及审计学一流本科专业建设点分别为71个、23个、9个。东北振兴地区建设点的数量相对较少,会计学和财务管理一流本科专业建设点分别为19个和7个,审计学专业没有一流本科专业建设点。此外,中部崛起地区与西部开发地区拥有的会计类一流本科专业建设点数量接近(见表2-10、表2-11和图2-6)。

表2-10　　　　会计类一流本科专业建设点(个)汇总表——分经济区域

经济区域	会计学		财务管理		审计学		合计	占比
	国家级	省级	国家级	省级	国家级	省级		
东北振兴地区	5	14	1	6			26	10.83%
中部崛起地区	11	24	6	12			53	22.08%
东部率先发展地区	34	37	8	15	3	6	103	42.92%
西部开发地区	12	30	5	9		2	58	24.17%
合计	62	105	20	42	3	8	240	100.00%

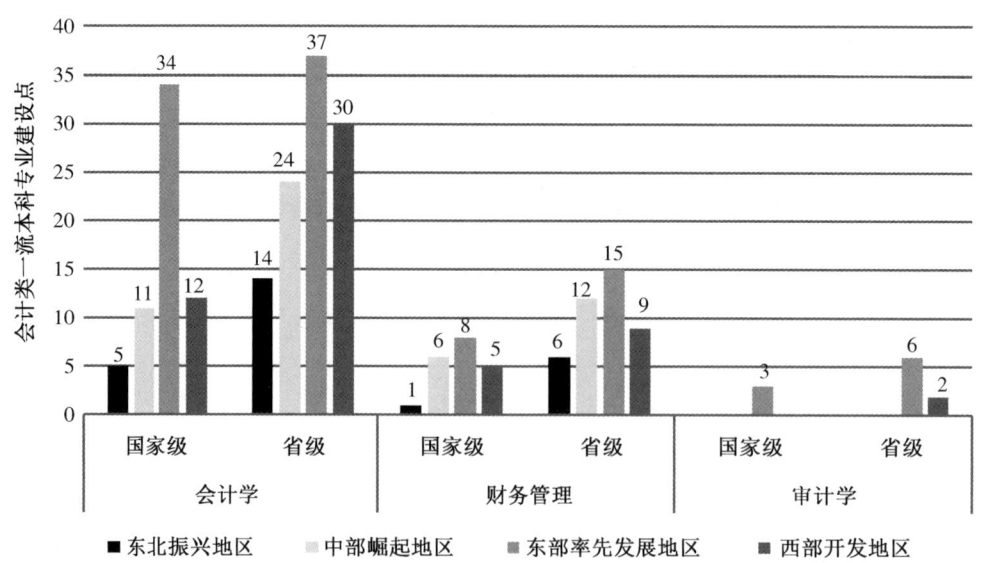

图2-6　会计类一流本科专业建设点(个)汇总情况——分经济区域

表2-11 会计学、财务管理、审计学一流本科专业建设点(个)汇总表——分经济区域

Panel A：会计学

经济区域划分	国家级一流	占比	省级一流	占比	合计
东北振兴地区	5	26.32%	14	73.68%	19
中部崛起地区	11	31.43%	24	68.57%	35
东部率先发展地区	34	47.89%	37	52.11%	71
西部开发地区	12	28.57%	30	71.43%	42
合计	62		105		167

Panel B：财务管理

经济区域划分	国家级一流	占比	省级一流	占比	合计
东北振兴地区	1	14.29%	6	85.71%	7
中部崛起地区	6	33.33%	12	66.67%	18
东部率先发展地区	8	34.78%	15	65.22%	23
西部开发地区	5	35.71%	9	64.29%	14
合计	20		42		62

Panel C：审计学

经济区域划分	国家级一流	占比	省级一流	占比	合计
东北振兴地区					
中部崛起地区					
东部率先发展地区	3	33.33%	6	66.67%	9
西部开发地区			2	100.00%	2
合计	3		8		11

5. 财经类院校会计类一流本科专业建设点数量高于非财经类院校

在按照院校类型划分的维度中，拥有会计类一流本科专业建设点最多的是财经类院校，共有90个，其次为综合类和理工类院校，分别为68个和53个，其他类型院校共有29个(见表2-12和图2-7)。

表2-12　会计类一流本科专业建设点(个)汇总表——分院校类型

院校类型	会计学		财务管理		审计学		合计	占比
	国家级	省级	国家级	省级	国家级	省级		
综合类	14	33	4	16		1	68	28.34%
财经类	31	26	14	11	3	5	90	37.50%
理工类	15	28	1	9			53	22.08%
其他类	2	18	1	6		2	29	12.08%
合计	62	105	20	42	3	8	240	100.00%

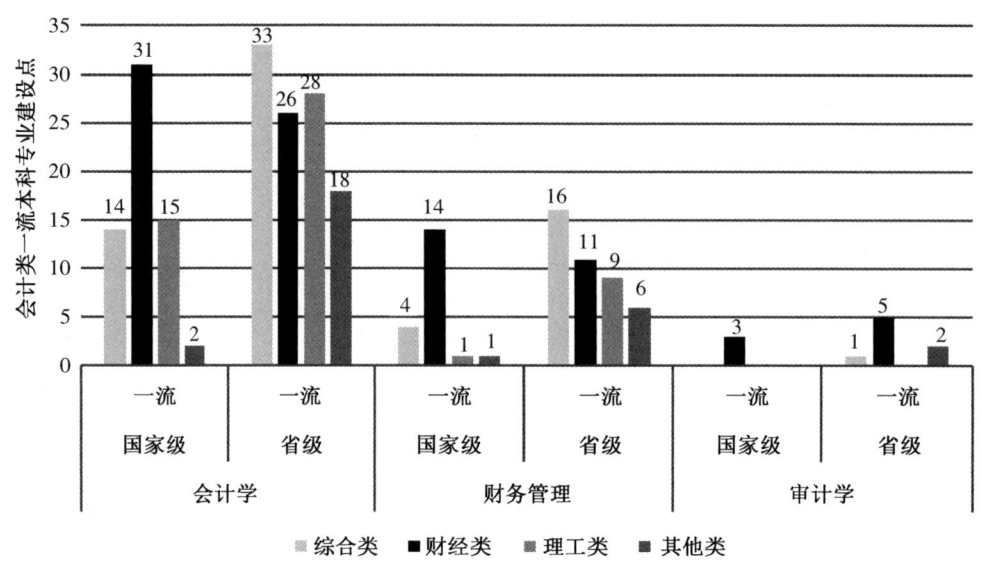

图 2-7 会计类一流本科专业建设点(个)汇总情况——分院校类型

在会计学专业中,财经类院校的一流专业建设点最多,国家级、省级分别为31个和26个,这也是所有院校类型中唯一一个国家级一流专业建设点多于省级的。综合类院校的省级一流专业建设点数量为所有院校类型中最多,共有33个。在财务管理专业中,建设点最多的也是财经类院校,国家级、省级分别为14个和11个。综合类院校紧随其后,国家级和省级分别为4个和16个。在审计学专业中,3个国家级建设点均在财经类院校中。8个省级一流专业建设点中,财经类院校有5个,综合类1个,其他类院校2个(见表2-13)。

表2-13 会计学、财务管理、审计学一流本科专业建设点(个)汇总表——分院校类型

Panel A:会计学

院校类型	国家级一流	占比	省级一流	占比	合计
综合类	14	29.79%	33	70.21%	47
财经类	31	54.39%	26	45.61%	57
理工类	15	34.88%	28	65.12%	43
其他类	2	10.00%	18	90.00%	20
合计	62		105		167

(续表)

Panel B：财务管理

院校类型	国家级一流	占比	省级一流	占比	合计
综合类	4	20.00%	16	80.00%	20
财经类	14	56.00%	11	44.00%	25
理工类	1	10.00%	9	90.00%	10
其他类	1	14.29%	6	85.71%	7
合计	20		42		62

Panel C：审计学

院校类型	国家级一流	占比	省级一流	占比	合计
综合类	0	0.00%	1	100.00%	1
财经类	3	37.50%	5	62.50%	8
理工类	0	0.00%	0	0.00%	0
其他类	0	0.00%	2	100.00%	2
合计	3		8		11

三、我国本科院校会计类专业改革现状

本节基于全国1 265所本科院校，从会计类专业国际化人才培养、信息化改革、产学合作三个方面，对我国本科会计类专业的改革现状进行梳理分析，为我国会计类专业高等教育的改革发展提供参考。

（一）我国本科院校会计类专业国际化人才培养现状

作为当前会计类专业的重要改革方向，国际化人才培养一直为各大院校所重视。特许公认会计师公会（ACCA）、美国注册管理会计师（CMA）、国际注册内部审计师（CIA）、英国皇家特许会计师（ACA）和英国皇家特许管理会计师公会（CIMA）等持续深化和扩大与国内教育机构的合作，与我国越来越多的高校开办国际方向班或实验班。本部分以这五类方向[1]为例，对我国院校会计类专业国际化人才培养现状进行描述。

1. 我国院校国际化会计人才培养概况

如图2-8所示，在开设会计类专业的942所院校中，开展国际化人才培养的院校为350

---

[1] 此处的方向包括院校引入的国际项目及开设的精英班、方向班、实验班等。

所[1]，占比达到37.15%，说明我国院校对会计类专业的国际化发展较为重视，已有相当一部分院校开始了国际化人才培养的尝试。

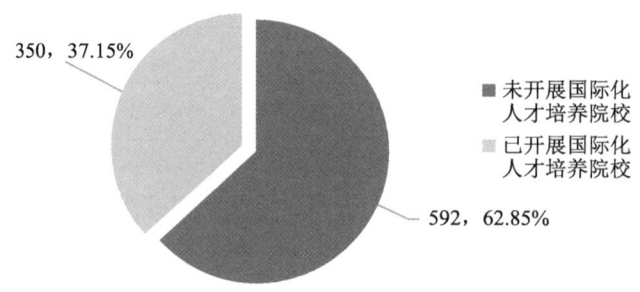

图2-8 我国本科院校开设会计类专业国际化人才培养情况

2. 我国开设ACCA方向国际化人才培养的院校数量占比较大

如表2-14和图2-9所示，在已开设会计类专业国际化人才培养的350所院校中，部分院校同时开设多个国际化人才培养方向，开设ACCA方向国际化人才培养的院校数量最多，达到322所，占比高达92.00%；而开设CMA、CIMA、ACA、CIA方向培养的院校数量分别为97、42、24和7所，所占比例分别为27.71%、12.00%、6.86%和2.00%。开设ACCA方向国际化人才培养的院校数量约为其他4个方向院校数量之和的两倍。而数量最少的是CIA方向，院校数量仅为7所，存在较大的上升空间。

表2-14 我国本科院校开设会计类专业国际化人才培养五大方向数量(所)和占比情况

人才培养方向	开设院校数量	占开设五大方向院校数比例
ACCA	322	92.00%
ACA	24	6.86%
CMA	97	27.71%
CIMA	42	12.00%
CIA	7	2.00%

注：部分院校同时开设多个国际化人才培养方向。

3. 我国本科院校开设会计类专业国际化人才培养区域分布不均衡

如表2-15和图2-10所示，在东部率先发展地区所有开设会计类专业的381所院校中，有171所开设了国际化人才培养，占比达44.88%，在所有区域中最高。而东北振兴地区仅为18所(占比18.18%)，在所有区域中排名靠后。

---

[1] 开展国际化人才培养的院校数是指至少开设五大方向之一的院校数，下同。

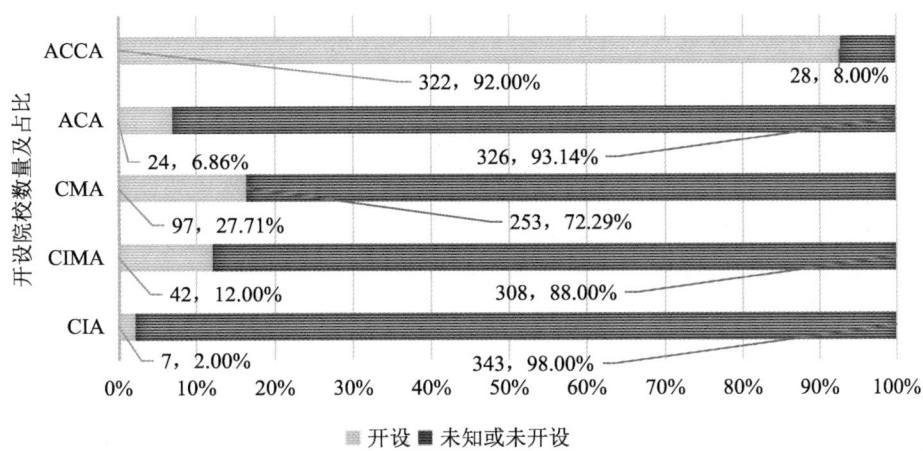

图 2-9 我国本科院校开设会计类专业国际化人才培养五大方向数量(所)和占比情况

表 2-15 我国本科院校开设会计类专业国际化人才培养情况(所)——分经济区域

经济区域	开设会计类专业院校	开设五大方向院校	所占比例
东北振兴地区	99	18	18.18%
中部崛起地区	247	74	29.96%
东部率先发展地区	381	171	44.88%
西部开发地区	215	87	40.47%
合计	942	350	

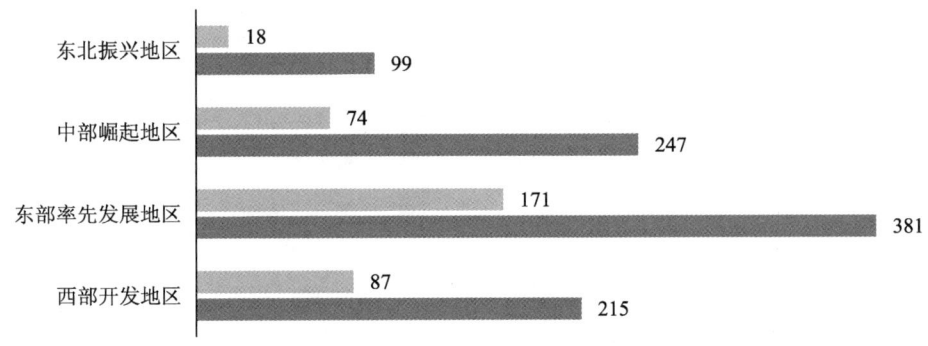

图 2-10 我国本科院校开设会计类专业国际化人才培养五大方向数量(所)情况——分经济区域

如表2-16和图2-11所示,ACCA方向目前成为国际化人才培养的主要方向,各个地区开展该培养方向的院校数量均超过了总数的80%。此外,东北振兴地区开展ACA方向国际化人才培养的院校占比达22.22%,为所有地区占比最高。西部开发地区开展CMA方向国际化人才培养的院校数量比例达到34.48%,为所有地区占比最高。CIMA方向则为东部率先发展地区和中部崛起地区的院校所青睐。而全国仅有7所院校开展CIA方向国际化人才培养,数量较少。

由此可见,一方面,我国东部率先发展地区院校会计类专业国际化程度高,另一方面,我国开展各个方向国际化人才培养的院校区域分布不均衡。

表2-16 我国本科院校开设会计类专业国际化人才培养方向数量(所)一览表——分经济区域

经济区域	开设五大方向院校数	ACCA	所占比例	ACA	所占比例	CMA	所占比例	CIMA	所占比例	CIA	所占比例
东北振兴地区	18	15	83.33%	4	22.22%	1	5.56%	0	0%	0	0%
中部崛起地区	74	65	87.84%	4	5.41%	20	27.03%	14	18.92%	0	0%
东部率先发展地区	171	160	93.57%	10	5.85%	46	26.90%	18	10.53%	5	2.92%
西部开发地区	87	82	94.25%	6	6.90%	30	34.48%	10	11.49%	2	2.30%
合计	350	322		24		97		42		7	

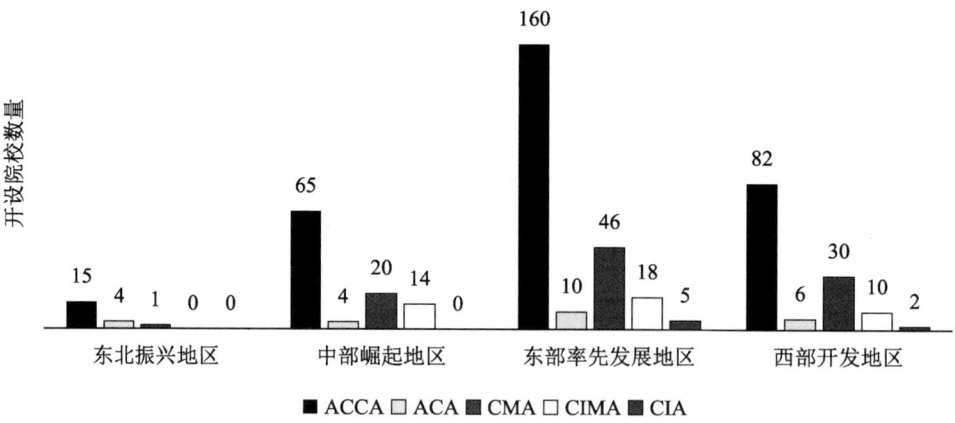

图2-11 我国本科院校开设会计类专业国际化人才培养方向数量(所)情况——分经济区域

4. 综合类、理工类、财经类院校会计类专业国际化程度较高

如表2-17和图2-12所示,在所有开设会计类专业的院校中,综合类、理工类、财经类院校在开展国际化人才培养的数量上占据优势,分别为121、109、68所。但从比例来看,财经类院校的比例最高,达到65.38%,其次为语言类和政法类院校,占比分别为44.44%和40.00%。

表2-17 我国本科院校开设会计类专业国际化人才培养方向数量(所)一览表——分院校类型

院校类型	开设会计类专业院校	开展国际化人才培养院校	所占比例
综合类	337	121	35.91%
理工类	294	109	37.07%
财经类	104	68	65.38%
农林类	40	15	37.50%
语言类	18	8	44.44%
民族类	14	1	7.14%
医药类	6	0	0.00%
艺术类	2	0	0.00%
政法类	10	4	40.00%
师范类	117	24	20.51%
合计	942	350	

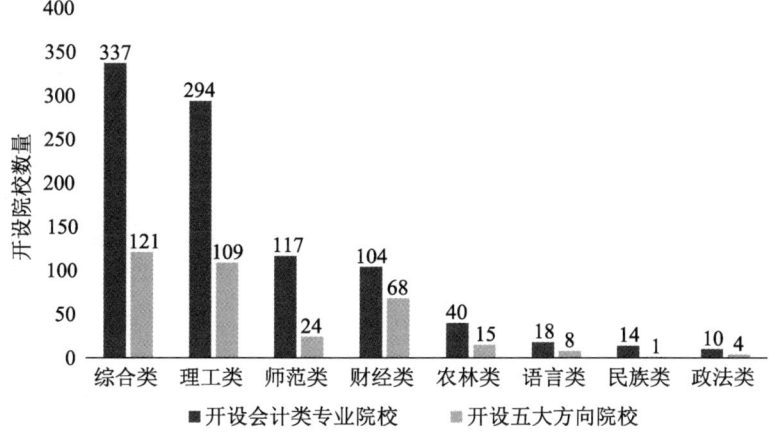

图2-12 我国本科院校开设会计类专业国际化人才培养方向数量(所)情况——分院校类型

在开展各国际化方向人才培养的院校数量上,综合类、理工类、财经类院校优势较为明显,如综合类院校在除 CIA 方向外的其他四个方向开展比例中均位于第一名。而除上述三类院校外的其他类型院校的开设数量则明显较少(如表 2-18 和图 2-16 所示)。从开展各方向国际化人才培养的院校数占开设会计类专业院校数量的比重情况来看,财经类院校在 ACA、CMA、CIA 方向上开设数量较多,综合类院校在 CIMA 方向上开设数量占有优势,但所有院校均倾向于开设 ACCA 方向,其中在语言类、民族类、政法类、师范类进行国际化人才培养的院校中,每一所均设置了 ACCA 方向,开设比例达 100%(见表 2-18 和图 2-13)。

表 2-18 我国本科院校开设会计类国际化人才培养方向数量(所)一览表——分院校类型

院校类型	开设五大方向院校	ACCA	所占比例	ACA	所占比例	CMA	所占比例	CIMA	所占比例	CIA	所占比例
综合类	121	110	90.91%	8	6.61%	33	27.27%	17	14.05%	0	0.00%
理工类	109	103	94.50%	8	7.34%	27	24.77%	14	12.84%	3	2.75%
财经类	68	58	85.29%	7	10.29%	26	38.24%	7	10.29%	3	4.41%
农林类	15	14	93.33%	0	0.00%	3	20.00%	1	6.67%	0	0.00%
语言类	8	8	100.00%	0	0.00%	2	25.00%	2	25.00%	1	12.50%
民族类	1	1	100.00%	0	0.00%	0	0.00%	0	0.00%	0	0.00%
政法类	4	4	100.00%	1	25.00%	1	25.00%	0	0.00%	0	0.00%
师范类	24	24	100.00%	0	0.00%	5	20.83%	1	4.17%	0	0.00%
合计	350	322		24		97		42		7	

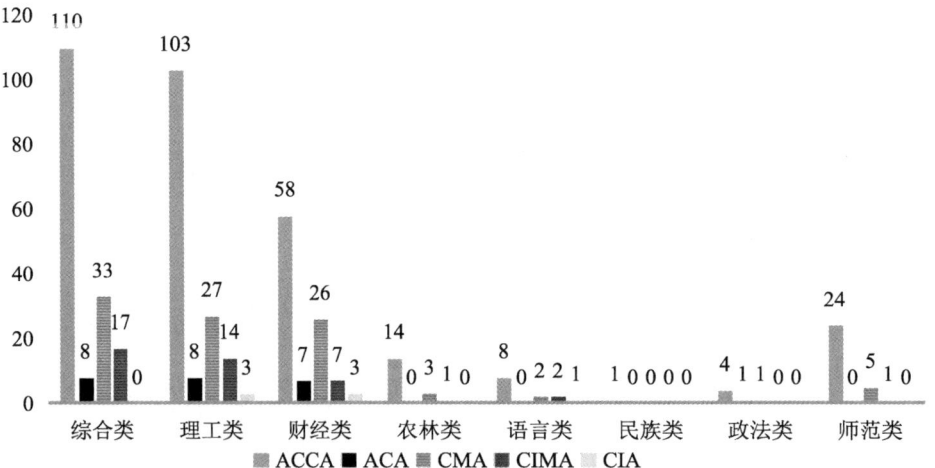

图 2-13 我国本科院校开设会计类国际化人才培养方向数量(所)情况——分院校类型

5. 我国开展 ACCA、CMA、CIMA 方向国际化人才培养的院校数量增势明显[1]

在可查到的明确开展国际化人才培养时间的 246 所院校里,ACCA 方向发展时间较长,开展时间在十年以上的院校数量有 27 所,远远多于其他方向,而五个方向的共同特征是开设时间在十年内的院校数量占据了较大比重。

近年来,财政部通过发布《关于全面推进管理会计体系建设的指导意见》[2]和管理会计指引体系[3]等重要文件推动我国管理会计发展。在这样的背景下,管理会计国际化人才培养方向(CMA、CIMA)发展速度明显加快(见表 2-19 和图 2-14)。

表 2-19　　我国本科院校(所)会计类专业国际化人才培养方向开设时间一览表

开设时间	ACCA	ACA	CMA	CIMA	CIA
2000 年之前	3	0	0	0	0
2001—2010 年	24	0	1	4	0
2011—2015 年	81	9	18	10	1
2016—2020 年	138	2	42	15	2
合计院校数	246	11	61	29	3

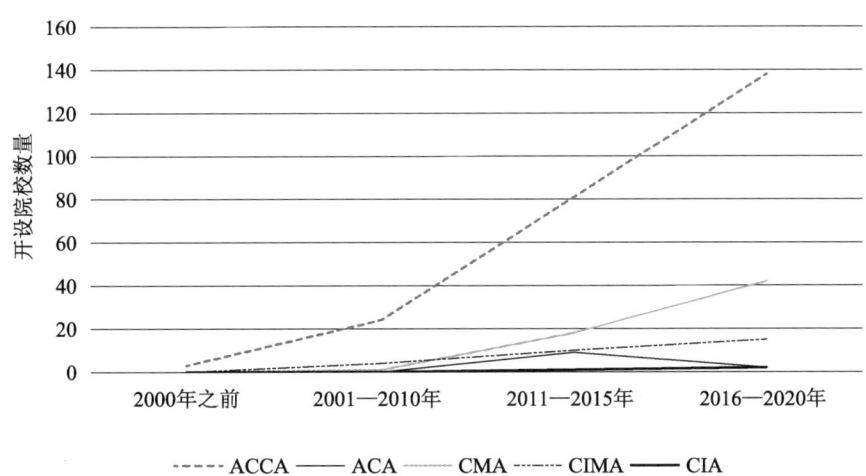

图 2-14　我国本科院校(所)会计类专业国际化人才培养方向发展趋势

---

[1] 部分院校国际课程开设时间查询难度较大,故此部分开设国际课程的院校数量与前述数据存在出入。
[2] 中华人民共和国财政部. 关于全面推进管理会计体系建设的指导意见[EB/OL].(2014-11-14)[2020-08-15]. http://www.mof.gov.cn/zhengwuxinxi/caizhengxinwen/201411/t20141114_1158265.htm.
[3] 《管理会计基本指引》及《管理会计应用指引》。

（二）本科会计类专业信息化改革情况

我国会计信息化在改革开放 40 多年的发展中经历了会计电算化(1979—1997 年)、会计信息化(狭义)(1998—2015 年)和会计智能化三个阶段(2016 年至今)。从 2013 年开始，学术界和实务界所讨论的理论热点则主要围绕大数据、人工智能、互联网、云技术和财务共享等展开，如大数据与智能化在会计中的应用、"互联网＋"管理会计信息化、云会计与云审计、财务共享的最新发展(刘勤和杨寅，2019)。这对各大院校本科会计类专业课程的设置产生了重要影响，院校开始对所开设的会计类专业进行信息化改革。本部分主要根据我国开设本科会计类专业的院校近年来以大数据、人工智能、互联网、云技术、财务共享等为发展方向，以实验班、方向班、实验室等为课程载体所进行的改革情况进行统计和分析。

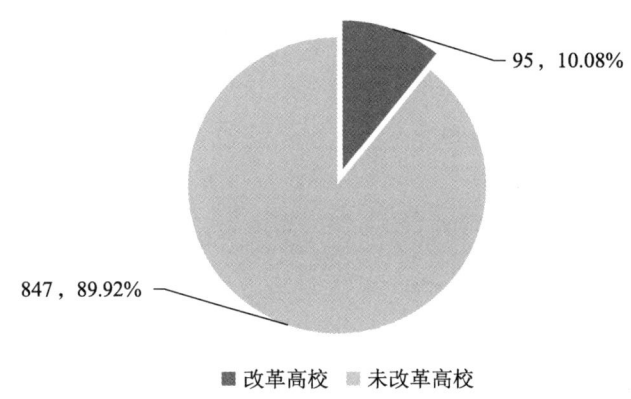

图 2-15　我国会计类专业信息化改革本科院校数量(所)

1. 我国本科会计类专业信息化改革尚处于起步阶段

如图 2-15 所示，在全国开设会计类本科专业的 942 所院校中，可搜集到已进行会计类专业信息化改革的院校共 95 所[1]，占比为 10.08%。由此可见，我国进行会计类专业信息化改革的院校数量较少，占比较低，改革尚处于起步阶段，有待进一步发展。

2. 大数据方向在本科会计类专业信息化改革中备受青睐

如图 2-16 所示，在已进行信息化改革的 95 所院校中，开设大数据方向的院校数量最多，共 36 所院校(占比 37.89%)，而开设人工智能、互联网、云技术、财务共享方向的院校分别为 23、21、16 和 12 所，分别占比 24.21%、22.11%、16.84% 和 12.63%。

3. 不同类型的院校本科会计类专业信息化改革的方向存在差异

在所有开设会计类专业的院校中，综合类、理工类、财经类院校在进行信息化改革的院校数量上占据优势，分别为 31、27、27 所。但从改革院校数量占开设会计类专业院校数量

---

[1] 此处信息化改革指院校至少已开设一个会计类专业信息化方向(包含大数据、人工智能、互联网、云技术和财务共享之一)。

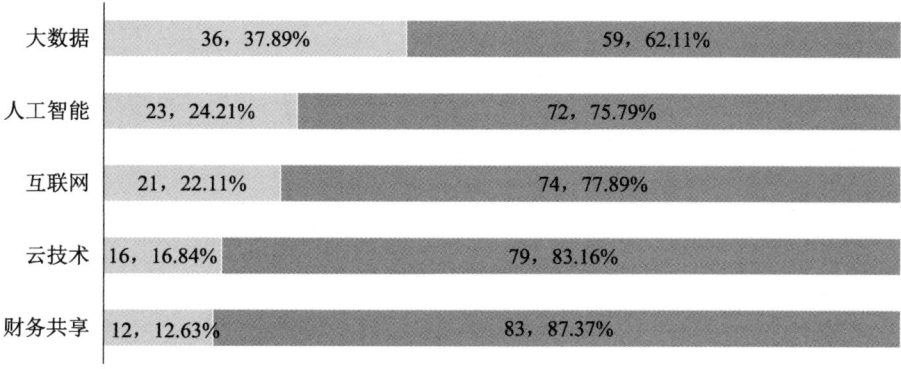

图 2-16 我国本科院校开设会计类专业信息化方向数量(所)及占比统计

的比例来看,财经类院校进行会计类信息化改革的比重达到 25.96%,处于各类型院校的前列,其次为农林类、政法类院校,占比均为 10.00%。之后依次为综合类、理工类、民族类、语言类、师范类院校(见表 2-20)。统计数据表明,财经类院校进行会计类专业信息化改革的比重明显高于其他类型院校。

表 2-20 我国本科院校进行会计类专业信息化改革数量(所)统计一览表——分院校类型

院校类型	开设会计类专业院校	信息化改革院校	所占比例
综合类	337	31	9.20%
理工类	294	27	9.18%
财经类	104	27	25.96%
农林类	40	4	10.00%
语言类	18	1	5.56%
政法类	10	1	10.00%
师范类	117	4	3.42%
民族类	14	0	0.00%
医药类	6	0	0.00%
艺术类	2	0	0.00%
合计	942	95	

在各改革方向开设的数量上,综合类院校与财经类院校在大数据、财务共享方向的开设数量上一致,与其他类型院校相比具有明显的数量优势。除此之外,综合类院校在互联网方向开设数量上占据优势,共 9 所综合类院校已进行该方向的信息化改革。从信息化改

革具体方向占比情况来看,理工类院校在互联网方向、农林类院校在人工智能方向的改革意愿较为明显(见表2-21)。

表2-21　我国本科院校(所)进行会计类专业信息化改革具体方向——分院校类型

院校类型	信息化改革院校	大数据	所占比例	人工智能	所占比例	互联网	所占比例	云技术	所占比例	财务共享	所占比例
综合类	31	12	38.71%	5	16.13%	9	29.03%	5	16.13%	4	12.90%
理工类	27	8	29.63%	4	14.81%	8	29.63%	4	14.81%	3	11.11%
财经类	27	12	44.44%	9	33.33%	3	11.11%	6	22.22%	4	14.81%
农林类	4	2	50.00%	3	75.00%	0	0.00%	0	0.00%	0	0.00%
语言类	1	1	100.00%	0	0.00%	0	0.00%	0	0.00%	0	0.00%
政法类	1	1	100.00%	0	0.00%	0	0.00%	0	0.00%	0	0.00%
师范类	4	0	0.00%	2	50.00%	1	25.00%	1	25.00%	1	25.00%
合计	95	36		23		21		16		12	

4. 不同经济区域的院校本科会计类专业信息化改革的方向存在差异

如表2-22和2-23所示,东部率先发展地区开设会计类专业的院校进行信息化改革比例最高,占比达到12.07%。从具体改革方向来看,东北振兴地区院校对进行大数据方向改革的热度普遍较高,东部率先发展地区院校倾向人工智能方向改革,中部崛起地区院校则偏向于云技术的应用,而西部开发地区院校则倾向于互联网方向改革。

表2-22　我国本科院校(所)进行会计类专业信息化改革数量统计——分经济区域

经济区域	开设会计类专业院校	信息化改革院校	所占比例
东北振兴地区	99	9	9.09%
中部崛起地区	247	16	6.48%
东部率先发展地区	381	46	12.07%
西部开发地区	215	24	11.16%
合计	942	95	

表2-23　我国本科院校(所)进行会计类专业各信息化改革具体方向——分经济区域

经济区域	信息化改革院校	大数据	所占比例	人工智能	所占比例	互联网	所占比例	云技术	所占比例	财务共享	所占比例
东北振兴地区	9	4	44.44%	2	22.22%	2	22.22%	2	22.22%	1	11.11%
中部崛起地区	16	7	43.75%	1	6.25%	2	12.50%	6	37.50%	4	25.00%
东部率先发展地区	46	16	34.78%	15	32.61%	10	21.74%	3	6.52%	5	10.87%

(续表)

经济区域	信息化改革院校	大数据	所占比例	人工智能	所占比例	互联网	所占比例	云技术	所占比例	财务共享	所占比例
西部开发地区	24	9	37.50%	5	20.83%	7	29.17%	5	20.83%	2	8.33%
合计	95	36		23		21		16		12	

(三) 本科会计类专业产学合作近况

对于院校而言,产学合作已成为公认的应用型人才培养途径,它是一种以市场和社会需求为导向的运行机制,重点培养学生的综合素质和实践能力。我国教育部近年来多次发布产学合作协同育人项目,鼓励、支持院校与企业进行产学合作。本部分根据2019年教育部高等教育司产学合作协同育人项目立项名单[1],对涉及会计类专业的产学合作项目进行统计和分析。

1. 我国院校会计类专业开展产学合作仍有较大发展空间

如图2-17所示,在942所开设会计类本科专业的院校中,共有271所院校开展了469项会计类产学合作项目,开展产学合作的院校数量占所有开设会计类本科专业院校的28.77%。未开展产学合作的院校数占据多数,表明我国院校在会计类专业产学合作中仍有较大的发展空间。

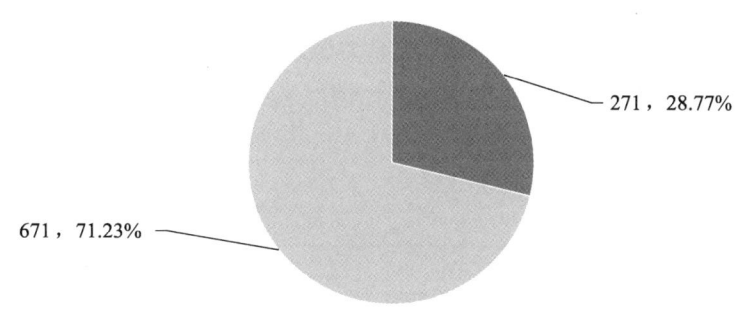

图2-17 我国本科院校开展会计类产学合作情况

2. 我国院校会计类专业产学合作项目类别分布较为集中

如图2-18所示,469项会计类产学合作项目包括实践条件和实践基地建设、教学内容

---

[1] 中华人民共和国教育部高等教育司.关于公布有关企业支持的2019年第一批产学合作协同育人项目立项名单的函[EB/OL].(2019-12-19)[2020-08-15]. http://www.moe.gov.cn/s78/A08/tongzhi/201912/t20191219_412716.html.
中华人民共和国教育部高等教育司.关于公布2019年第二批产学合作协同育人项目立项名单的通知[EB/OL].(2020-06-05)[2020-08-15]. http://www.moe.gov.cn/s78/A08/tongzhi/202006/t20200611_464886.html.

和课程体系改革、师资培训、新工科建设以及创新创业教育改革等五大类型,数量分别为245、162、39、20和3项,其中实践条件和实践基地建设、教学内容和课程体系改革两个类型的项目数量较多,占比分别为52.24%和34.54%,两者之和接近90%,而其他三个类型占比均未超过10%。

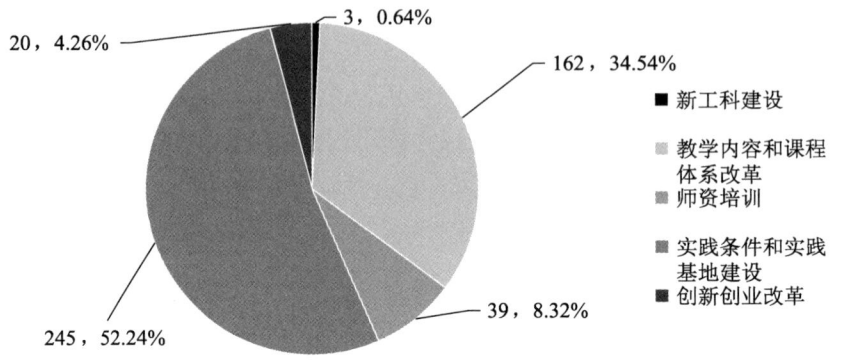

图2-18　我国本科院校会计类产学合作项目类型

3. 各类型院校开展会计类专业产学合作项目情况

在开展会计类产学合作项目的271所院校中,综合类院校数量最多,为91所,之后为理工类、财经类院校,依次为86和43所,其他类型院校共51所。从开展会计类专业产学合作项目院校在开设会计类专业院校中的占比情况来看,财经类、农林类、民族类院校中开展产学合作的比例较高,占比分别为41.35%、37.50%和35.71%(见表2-24)。

表2-24　我国本科院校(所)开展会计类产学合作情况——分院校类型

院校类型	开设会计类专业院校	开展会计类产学合作项目院校	所占比例
综合类	337	91	27.00%
理工类	294	86	29.25%
财经类	104	43	41.35%
农林类	40	15	37.50%
语言类	18	2	11.11%
政法类	10	3	30.00%
师范类	117	26	22.22%
民族类	14	5	35.71%
医药类	6	0	0.00%
艺术类	2	0	0.00%
合计	942	271	

综合类、理工类和财经类院校开展的产学合作项目数量排在所有院校类别的前3位，分别有166、138和85项。各类院校开展产学合作项目中各类型项目的数量分布情况与总体情况类似，即实践条件和实践基地建设、教学内容和课程体系改革类型项目数量较多，而新工科建设和创新创业改革类的项目相对较少（见表2-25）。在教学内容和课程体系改革类的项目中，不考虑项目数量较少的语言类和政法类院校，财经类院校进行该类产学合作的比例在所有类型的学校中最高，达到了37.65%。在实践条件和实践基地建设类的项目中，不考虑项目数量较少的民族类院校，农林类和理工类院校进行该类产学合作的比例在所有类型的院校中较高，分别达到了66.67%和57.97%。

表2-25　我国本科院校开展会计类产学合作项目(项)类型一览表——分院校类型

院校类型	开展会计类产学合作项目数量	新工科建设	所占比例	教学内容和课程体系改革	所占比例	师资培训	所占比例	实践条件和实践基地建设	所占比例	创新创业改革	所占比例
综合类	166	0	0.00%	61	36.75%	13	7.83%	82	49.40%	10	6.02%
理工类	138	2	1.45%	41	29.71%	11	7.97%	80	57.97%	4	2.90%
财经类	85	1	1.18%	32	37.65%	10	11.76%	41	48.24%	1	1.18%
农林类	24	0	0.00%	5	20.83%	2	8.33%	16	66.67%	1	4.17%
语言类	3	0	0.00%	3	100.00%	0	0.00%	0	0.00%	0	0.00%
政法类	5	0	0.00%	3	60.00%	1	20.00%	1	20.00%	0	0.00%
师范类	42	0	0.00%	15	35.71%	2	4.76%	21	50.00%	4	9.52%
民族类	6	0	0.00%	2	33.33%	0	0.00%	4	66.67%	0	0.00%
合计	469	3		162		39		245		20	

4. 各区域院校开展会计类专业产学合作项目情况

如表2-26所示，东部率先发展地区开展产学合作项目的院校数量最多，共116所，而在西部开发地区，开展产学合作项目的院校占该地区开设会计类专业院校数量的比例最高，达到了31.16%。而东北振兴地区无论是在开展产学合作项目院校的绝对数量还是相对占比上均较低。

表2-26　我国本科院校(所)开展会计类产学合作项目一览表——分经济区域

经济区域	开设会计类专业院校	开展会计类产学合作项目院校	所占比例
东北振兴地区	99	26	26.26%
中部崛起地区	247	62	25.10%
东部率先发展地区	381	116	30.45%
西部开发地区	215	67	31.16%
合计	942	271	

在开展产学合作项目数量的维度上,东部率先发展地区最多,共有198项,占所有项目的42.22%,其次为西部开发地区(130项)和中部崛起地区(103项),东北振兴地区较少,仅为38项,占所有项目数量的8.10%(见表2-27)。

表2-27　我国本科院校开展会计类产学合作项目(项)类型情况——分经济区域

经济区域	开展会计类产学合作项目数量	新工科建设	所占比例	教学内容和课程体系改革	所占比例	师资培训	所占比例	实践条件和实践基地建设	所占比例	创新创业改革	所占比例
东北振兴地区	38	1	2.63%	13	34.21%	4	10.53%	17	44.74%	3	7.89%
中部崛起地区	103	0	0.00%	37	35.92%	3	2.91%	61	59.22%	2	1.94%
东部率先发展地区	198	2	1.01%	57	28.79%	19	9.60%	111	56.06%	9	4.55%
西部开发地区	130	0	0.00%	55	42.31%	13	10.00%	56	43.08%	6	4.62%
合计	469	3		162		39		245		20	

5. 会计类产学项目公司立项数量比较集中

如图2-19所示,在2019年共有81家公司与院校进行了会计类专业产学项目合作,其中合作院校数量与项目数量居前五名的公司均为金蝶软件(中国)股份有限公司、广州中博教育股份有限公司、新道科技股份有限公司、山东浪潮铸远教育科技有限公司和河南云学网络科技有限公司,这5家公司合作的院校数量分别为66、59、58、32和24所,对应的立项数量分别为87、76、72、34和29项,共计298项。

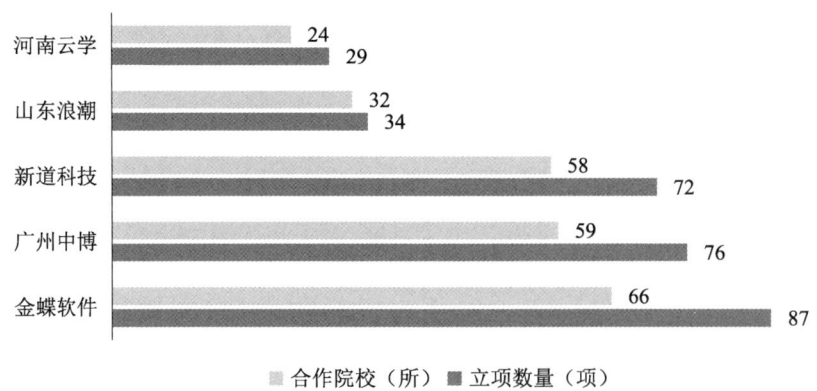

图2-19　会计类产学项目立项数量排名前五公司基本情况

四、我国本科院校会计类专业线上课程开设现状

随着新技术的发展,线上课程已成为院校会计类专业本科教育中重要的教学方式,以慕课(MOOC,Massive Open Online Courses)为代表的线上课程逐步在各大院校普及,这为进一步深化本科教育改革提出了新的思路与方向。慕课,即大型开放式网络课程,是"互联网+教育"的产物,目前我国已有多个优秀的慕课平台,如中国大学MOOC、智慧树、学堂在线、学银在线等。这些平台将信息技术与传统课程相结合,为学生提供了更加丰富的网络学习资源。

2019年教育部在发布的《关于一流本科课程建设的实施意见》[1]中也明确指出,通过打造国家精品在线开放课程,"突出优质、开放、共享,打造中国慕课品牌。完成4000门左右国家精品在线开放课程认定,构建内容更加丰富、结构更加合理、类别更加全面的国家级精品慕课体系"。通过采用慕课的方式,推进"双万计划"国家级一流本科课程建设工作。

本部分首先从课程数量、开设慕课院校数量等多个维度对目前我国慕课平台中的会计类相关课程进行描述性统计;其次以中国大学MOOC平台为例,就其开设课程和院校进行描述性统计;最后对教育部2003年以来认定的会计类国家精品课程信息进行汇总。

(一)我国主流慕课平台中会计类相关课程描述性统计

通过将"会计""财务管理"和"审计"等作为关键字[2],在中国大学MOOC、智慧树、学银在线和学堂在线等目前主流的13个慕课平台进行搜索,剔除不属于会计类课程和专科院校课程之后,共得到会计类相关课程481门,如表2-28和图2-20所示,其中使用"会计"关键字搜索得到相关课程377门(占比78.38%),用"财务管理"关键字搜索得到相关课程60门(占比12.47%),用"审计"关键字搜索得到相关课程44门(占比9.15%)[3]。

表2-28　　　　　　　各大慕课平台会计类专业课程数量

慕课平台	会计关键字搜索结果(次)	财务管理关键字搜索结果(次)	审计关键字搜索结果(次)	合计(次)	占课程总量比
中国大学MOOC	155	25	29	209	43.45%
智慧树	104	20	10	134	27.86%
学银在线	35	5	3	43	8.94%
学堂在线	33	3	0	36	7.48%

---

[1] 中华人民共和国教育部.关于一流本科建设的实施意见[EB/OL].(2019-10-30)[2020-08-15]. http://www.moe.gov.cn/srcsite/A08/s7056/201910/t20191031_406269.html.
[2] 此处需要说明的是,仅是用关键字进行搜索,并不代表其中包含的课程只属于该专业。
[3] 数据截止日期为2020年8月5日。

(续表)

慕课平台	会计关键字搜索结果（次）	财务管理关键字搜索结果（次）	审计关键字搜索结果（次）	合计（次）	占课程总量比
安徽省网络课程学习中心	19	0	0	19	3.95%
优学院	12	3	1	16	3.33%
优课联盟	8	1	0	9	1.87%
好大学在线	6	0	1	7	1.46%
重庆高校在线开放课程平台	1	2	0	3	0.62%
高校邦慧慕课	2	0	0	2	0.42%
北京高校优质课程研究会	0	1	0	1	0.21%
超星尔雅	1	0	0	1	0.21%
中国高校外语慕课平台	1	0	0	1	0.21%
合计	377	60	44	481	

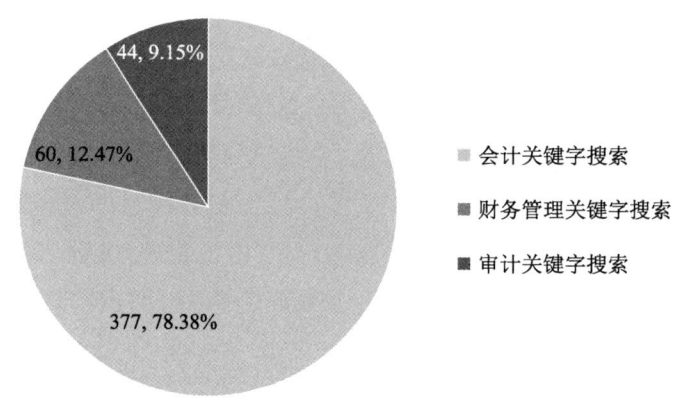

图 2-20 慕课平台中会计类课程总数量及占比

而就各主流慕课平台来看，中国大学 MOOC 和智慧树排在开设会计类专业课程数量的前两位，二者合计占比超过了课程总量的 70%，分别为 209 门（占比 43.45%）和 134 门（占比 27.86%），其余 11 个平台课程合计数量占课程总量不足 3 成，我国主流慕课平台中本科院校开设的会计类专业课程呈现出了课程投放平台较为集中的特点。

（二）"中国大学 MOOC"会计类专业课程描述性统计

目前国内各大主流慕课平台中，中国大学 MOOC 平台开设的会计类专业相关课程数量最多。因此，本节以中国大学 MOOC 平台为例，从更微观的角度进一步介绍我国本科院校慕课课程开设情况。

1. 中国大学 MOOC 开设会计类相关课程概况

由图 2-21 可以看出,在中国大学 MOOC 平台,会计类课程总计 209 门,其中以"会计"关键字进行搜索得到的课程数量最多,共 155 门,占课程总数的 74.16%。以上 209 门课程共由 96 所本科院校开设,占我国 942 所开设会计类专业本科院校的 10.19%,比例较低。

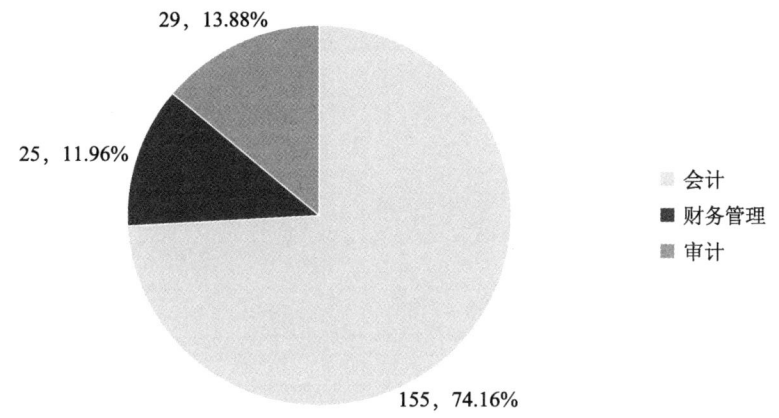

图 2-21 中国大学 MOOC 会计类课程数量及占比

在中国大学 MOOC 平台上开设 209 门会计类相关课程的 96 所院校分布于我国 17 个省(自治区、直辖市)。其中河南和江苏开设该类课程的院校数量最多,均为 17 所,分别占该省开设会计类专业院校数量的 34.69% 和 26.98%。从开设该类课程数量的维度来看,江苏开设数量最多,共 37 门,占课程总数的 17.69%(见表 2-29)。

表 2-29　中国大学 MOOC 会计类课程开设院校数量及占比——按省份统计

省份	开设课程院校数量(所)	开设会计类专业院校数量(所)	占院校数量比	开设课程数量(门)	占课程总量比
河南	17	49	34.69%	24	11.48%
江苏	17	63	26.98%	37	17.69%
北京	13	42	30.95%	26	12.44%
湖北	7	53	13.21%	16	7.66%
福建	5	30	16.67%	9	4.31%
陕西	5	49	10.20%	11	5.26%
浙江	5	43	11.63%	12	5.74%
上海	4	28	14.29%	11	5.26%

(续表)

省份	开设课程院校数量(所)	开设会计类专业院校数量(所)	占院校数量比	开设课程数量(门)	占课程总量比
四川	4	36	11.11%	15	7.18%
山东	4	55	7.27%	7	3.35%
辽宁	3	36	8.33%	10	4.78%
江西	3	38	7.89%	16	7.66%
广东	3	51	5.88%	3	1.44%
河北	2	43	4.65%	2	0.96%
湖南	2	46	4.35%	3	1.44%
新疆	1	9	11.11%	1	0.48%
黑龙江	1	29	3.45%	6	2.87%
合计	96	700		209	100.00%

2. 中国大学 MOOC 平台开设会计类相关课程院校情况

在中国大学 MOOC 平台开设会计类专业课程的 96 所院校分别属于理工类、财经类、综合类、农林类、师范类和语言类等 6 个类别,其中理工类 34 所,共开设 59 门;财经类 29 所,共开设 100 门;综合类 26 所,共开设 38 门;农林类 3 所,共开设 7 门;师范类 2 所,共开设 3 门;语言类 2 所,共开设 2 门;96 所院校平均每所开设 2.18 门会计类课程(见表 2-30)。虽然在中国大学 MOOC 平台开设会计类课程的理工类院校数量最多,但财经类院校开设的课程数量最多,平均单所院校开设数量也最多。在众多开设会计类专业课程的院校中,南京审计大学开设课程的数量最多,达到 14 门。由表 2-31 可见,排在开设会计类课程数量前十位的院校中,有 7 所属于财经类院校,体现了平均每所财经类院校开设课程数量多的特点。

表 2-30　　　　中国大学 MOOC 开设会计类课程——分院校类型

院校类型	开设会计类课程院校数量(所)	开设会计类课程数量(门)	平均单所院校开设课程数量(门)
理工类	34	59	1.74
财经类	29	100	3.45
综合类	26	38	1.46
农林类	3	7	2.33
师范类	2	3	1.50
语言类	2	2	1.00
合计	96	209	

表 2-31　　　　　中国大学 MOOC 开设会计类课程数量前十名院校

排序	院校名称	院校类型	开设课程数量(门)
1	南京审计大学	财经类	14
2	江西财经大学	财经类	12
3	东北财经大学	财经类	7
4	上海立信会计金融学院	财经类	7
5	哈尔滨工业大学	理工类	6
6	西安交通大学	综合类	6
7	西南交通大学	理工类	6
8	中南财经政法大学	财经类	6
9	西南财经大学	财经类	5
10	浙江财经大学	财经类	5

3. 中国大学 MOOC 平台开设会计类相关课程具体情况

如图 2-22 所示，出现频数最高的前 5 门课程分别是财务管理、会计学、审计学、管理会计和基础会计等会计类专业基础课程，总计 72 门，占比超过所有开设课程数量的三分之一。此外，在 209 门会计类专业相关课程中，鲜见与"大智移云区"等新技术结合的课程，仅有河南财政金融学院开设的电商与税收大数据应用课程，将税务与大数据技术结合。

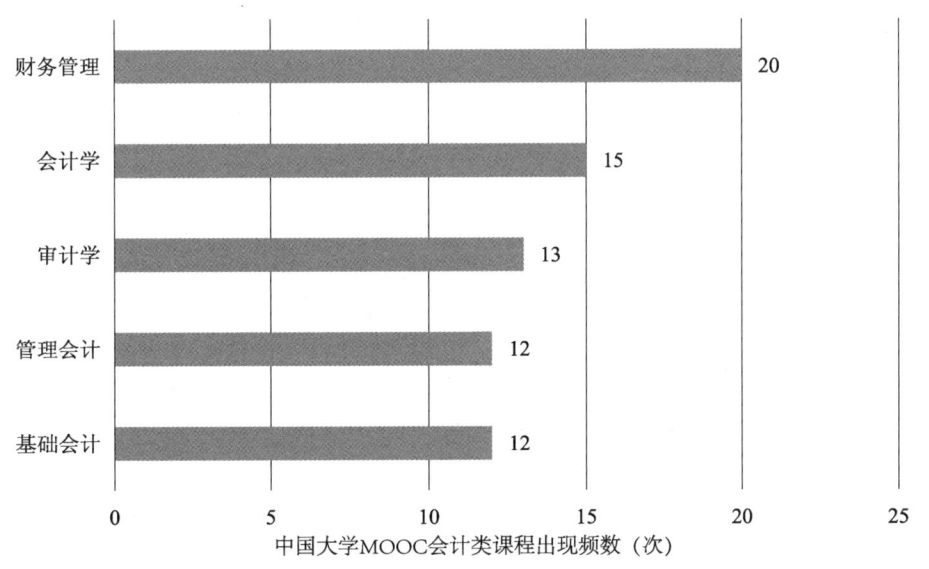

图 2-22　中国大学 MOOC 会计类课程出现频数(次)最高的前五名

(三) 国家级精品课程

本节主要对 2003 年以来我国会计类国家级精品课程的建设情况进行阐述，首先从整体上对历年国家级精品课程建设情况进行描述，再分别从时间跨度、课程名称、所在省份、地理区域和经济区域以及课程开设院校类型等不同维度对会计类国家级精品课程分布情况进行统计分析，以了解会计类国家级精品课程的具体开设情况。

1. 我国历年国家级精品课程概况

早在 2003 年，教育部开展"质量工程"建设，启动国家精品课程项目，到 2010 年共建设了 3 910 门国家精品课程。2011 年，教育部启动第二轮本科教学工程——国家精品开放课程建设，包括精品视频公开课和精品资源共享课。从精品课程建设到视频公开课、资源共享课的推出，大大促进了优质教育资源的共享。

本部分汇总了我国历年国家级精品课程开设情况，如表 2-32、表 2-33、表 2-34 所示。2003—2010 年，本科课程数量在国家级精品课程总数中所占比例逐年降低，由 2003 年的 84.11%降低至 2010 年的 57.40%，在这期间共有 41 门会计类本科国家级精品课程，2004 年会计类本科国家级精品课程占本科国家级精品课程的比例最高，达到 2.41%，其次是 2009 年，占比 2.00%。

表 2-32　　　　国家级精品课程(门)开设情况一览表——国家精品课程项目

年份	本科课程	其他课程	课程总计	本科课程占课程总计比例	会计类本科课程	会计类本科课程占本科课程比例
2003	127	24	151	84.11%	1	0.79%
2004	249	51	300	83.00%	6	2.41%
2005	248	66	314	78.98%	4	1.61%
2006	263	111	374	70.32%	4	1.52%
2007	411	249	660	62.27%	6	1.46%
2008	400	269	669	59.79%	6	1.50%
2009	400	279	679	58.91%	8	2.00%
2010	438	325	763	57.40%	6	1.37%
总计	2 536	1 374	3 910		41	

如表 2-33 和表 2-34 所示，2011—2016 年上线 8 批共计 3 908 门国家级精品开放课程，其中会计类本科国家级精品开放课程 49 门。2017—2018 年，国家级精品在线开放课程达到 1 291 门，其中会计类国家级精品在线开放课程共有 16 门。

表 2-33　国家级精品课程(门)开设情况——国家精品开放课程(2011—2016 年)

批次	精品视频公开课	国家级精品资源共享课[1]	课程总计	会计类本科课程
第一批	43	1 767	1 810	28
第二批	62	49	111	0
第三批	139	1 100	1 239	20
第四批	121	—	121	0
第五批	121	—	121	0
第六批	137	—	137	0
第七批	158	—	158	1
第八批	211	—	211	0
总计	992	2 916	3 908	49

表 2-34　国家级精品课程(门)开设情况——国家级精品在线开放课程(2017—2018 年)

年份	本科教育课程	专科高职教育课程	课程总计	会计类本科课程	会计类本科课程占本科课程的比例
2017	468	22	490	5	1.07%
2018	690	111	801	11	1.59%
总计	1 158	133	1 291	16	

如表 2-35 所示,在对会计类国家级精品课程的课程名称划分中,历年来共有 106 门会计类国家级精品课程,其中财务会计和财务管理开设的最多,分别有 26 门和 19 门。

表 2-35　会计类国家级精品课程(门)分布情况——按课程名称划分

课程名称	年度											总计
	2003	2004	2005	2006	2007	2008	2009	2010	2011—2016	2017	2018	
财务会计		3	1	1	1		2	3	10		5	26
财务管理			1		2		3	2	10		1	19
会计学原理				1			2		5	1	2	11
审计学		1	1	1	2				5		1	11
基础会计学	1		1		1	1			6			10
管理会计学					2		1	1	4	1		9
会计信息系统(电算化)							1	2	4		1	8

---

[1] 此处不包括高职高专和网络教育部分的国家级精品资源共享课,只分析本科课程,下同。

(续表)

课程名称	年度											总计
	2003	2004	2005	2006	2007	2008	2009	2010	2011—2016	2017	2018	
财务分析		1							1	1		3
财务报表分析						1			2			3
财务报表编制										1		1
内部控制与风险管理										1		1
会计与价值创造									1			1
全球会计通史										1		1
营运资金管理											1	1
成本会计						1						1
总计	1	6	4	4	6	6	8	6	49	5	11	106

2. 会计类国家级精品课程分布情况——按省份划分

如表 2-36 和图 2-23 所示，全国共有 17 个省份共 34 所院校开设了会计类国家级精品课程，其中北京开设会计类国家级精品课程的院校数量最多，为 5 所。

表 2-36　　　　会计类国家级精品课程分布情况——按省份划分

省、自治区、直辖市	院校数量（所）	开设会计类国家级精品课程的院校数量（所）	开设会计类国家级精品课程数量（门）	开设会计类国家级精品课程的院校数量与总院校数量之比
安徽	46	1	1	2.17%
北京	68	5	12	7.35%
福建	39	2	6	5.13%
甘肃	22	0	0	
广东	67	2	7	2.99%
广西	38	0	0	
贵州	29	0	0	
海南	8	0	0	
河北	60	0	0	
河南	57	1	1	1.75%
黑龙江	39	1	5	2.56%
湖北	68	2	13	2.94%
湖南	51	0	0	

(续表)

省、自治区、直辖市	院校数量（所）	开设会计类国家级精品课程的院校数量（所）	开设会计类国家级精品课程数量（门）	开设会计类国家级精品课程的院校数量与总院校数量之比
吉林	37	0	0	
江苏	77	2	3	2.60%
江西	45	1	5	2.22%
辽宁	64	2	16	3.13%
内蒙古	17	0	0	
宁夏	8	0	0	
青海	4	0	0	
山东	70	0	0	
山西	33	0	0	
陕西	58	1	2	1.72%
上海	39	4	11	10.26%
四川	52	2	9	3.85%
天津	31	2	5	6.45%
西藏	3	0	0	
新疆	18	2	4	11.11%
云南	32	0	0	
浙江	59	3	4	5.08%
重庆	26	1	2	3.85%
总计	1 265	34	106	

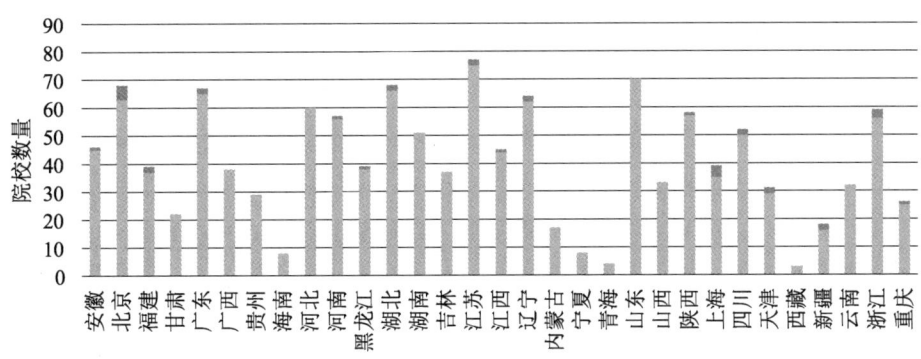

图 2-23 会计类国家级精品课程分布情况——按省份划分

3. 会计类国家级精品课程分布情况——按地理划分

如表 2-37 和图 2-24 所示，华东地区开设会计类国家级精品课程的院校数量最多，有 13 所院校开设会计类国家级精品课程，华南地区最少，只有 2 所院校。从开设比例上看，仍然是华东地区最高，占比 3.47%，华中地区最低，为 1.70%。

表 2-37　　　　　会计类国家级精品课程分布情况——按地理划分

地理区域	院校数量（所）	开设会计类国家级精品课程的院校数量（所）	开设会计类国家级精品课程数量（门）	占比
华北地区	205	7	17	3.41%
东北地区	142	3	21	2.11%
华东地区	375	13	30	3.47%
华中地区	176	3	14	1.70%
华南地区	113	2	7	1.77%
西南地区	142	3	11	2.11%
西北地区	112	3	6	2.68%
总计	1 265	34	106	

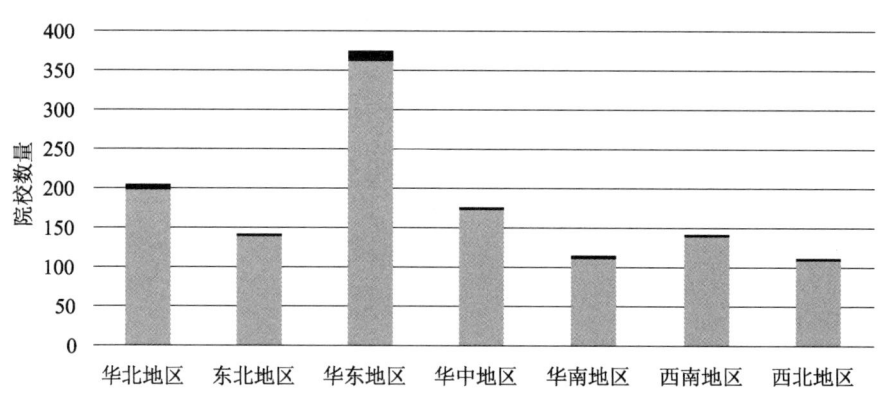

图 2-24　会计类国家级精品课程分布情况——按地理划分

4. 会计类国家级精品课程分布情况——按经济区域划分

如表 2-38 和图 2-25 所示，东部率先发展地区开设会计类国家级精品课程的院校数量最多，共有 20 所，该地区在开设会计类国家级精品课程的比例上最高，达到了 3.86%。

表 2-38　　　　　会计类国家级精品课程分布情况——按经济区域划分

经济区域	院校数量（所）	开设会计类国家级精品课程的院校数量（所）	开设会计类国家级精品课程数量（门）	占比
东北振兴地区	143	3[1]	21	2.10%
中部崛起地区	300	5	20	1.67%
东部率先发展地区	518	20	48	3.86%
西部开发地区	304	6	17	1.97%
合计	1 265	34	106	

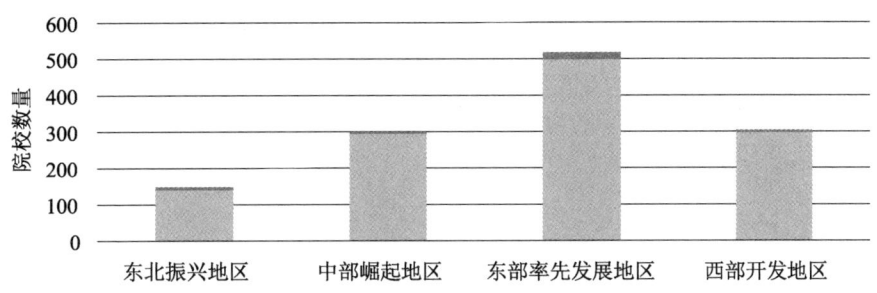

图 2-25　会计类国家级精品课程分布情况——按经济区域划分

5. 会计类国家级精品课程分布情况——按院校类型划分

如表 2-39 和图 2-26 所示，在所有类型的院校中，不论是从开设会计类国家级精品课程的院校数量上，还是占该类型院校总数的比例上看，财经类院校都处于领先，共有 17 所财经类院校开设了 64 门会计类国家级精品课程，占所有财经类院校数量的 16.19%。

表 2-39　　　　　会计类国家级精品课程分布情况——按院校类型划分

院校类型	院校数量（所）	开设会计类国家级精品课程的院校数量（所）	开设会计类国家级精品课程数量（门）	占比
财经类	105	17	64	16.19%
理工类	344	6	18	1.74%
综合类	367	10	23	2.72%
其他类	449	1	1	0.22%
合　计	1 265	34	106	

---

[1] 这 3 所院校为大连理工大学、东北财经大学和哈尔滨工业大学。

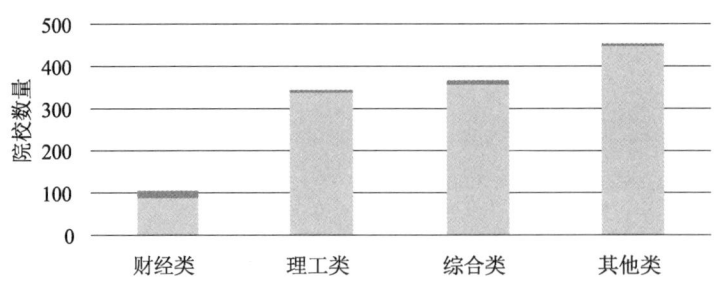

图 2-26 会计类国家级精品课程分布情况——按院校类型划分

五、会计教育改革取得的成果

(一)教育部高等教育会计类专业国家级教学成果奖

1. 自 1997 年开始会计类专业获国家级教学成果奖比重逐年提升

国家级教学成果奖是国家在教学研究和实践领域中颁授的最高奖项,教育部自 1989 年起每 4 年评审一次,最近一次评选在 2018 年进行。截至 2018 年共进行了 8 次评选,共评选出高等教育国家级教学成果奖 3 871 项。在全国开展教学成果奖励活动是国家实施科教兴国战略、人才强国战略和落实立德树人根本任务的重要举措,是对学校人才培养工作和教育教学改革成果的检阅和展示[1]。

如表 2-40 所示,在 8 次评选中与会计类专业相关的奖项共计 34 项[2],占获奖项目总数的 0.89%。自 1997 年开始,会计类专业在高等教育国家级教学成果奖中的获奖比例逐年提升,从 1997 年的 0.24% 提升到了 2018 年的 1.55%。

表 2-40　　　　会计类专业国家级教学成果奖年度分布情况

评选年份	1989	1993	1997	2001	2005	2009	2014	2018	合计
会计类专业奖项(项)	3	3	1	2	4	8	6	7	34
获奖项目总数(项)	433	368	421	495	599	651	452	452	3 871
占比	0.69%	0.82%	0.24%	0.40%	0.67%	1.23%	1.33%	1.55%	

---

[1] 中华人民共和国教育部. 关于批准 2018 年国家级教学成果奖获奖项目的决定[EB/OL].(2018-12-25)[2020-08-15]. http://www.moe.gov.cn/srcsite/A10/s7058/201901/t20190102_365703.html.
[2] 在进行奖项的统计时,不仅包括会计类专业教学成果奖,还包含 5 项与会计类专业相关的创新创业、财经类等综合性奖项。教育部高等教育国家级教学成果奖获奖项目名单见附录 3。

2. 获会计类专业国家级教学成果奖的院校具有分布集中的特点

34项会计类专业高等教育国家级教学成果奖共涉及21所院校，其中包括独立和合作获得奖项。如图2-27所示，获得该奖项数量最多的院校为上海财经大学(8项)，其次为中国人民大学和东北财经大学(各5项)，中央财经大学(3项)，西南财经大学和厦门大学(各2项)，其余院校均为1项，以上6所院校所获国家级教学成果奖共计25项，占奖项总数的比重超过50%，获奖院校分布呈现出了较为集中的特点。

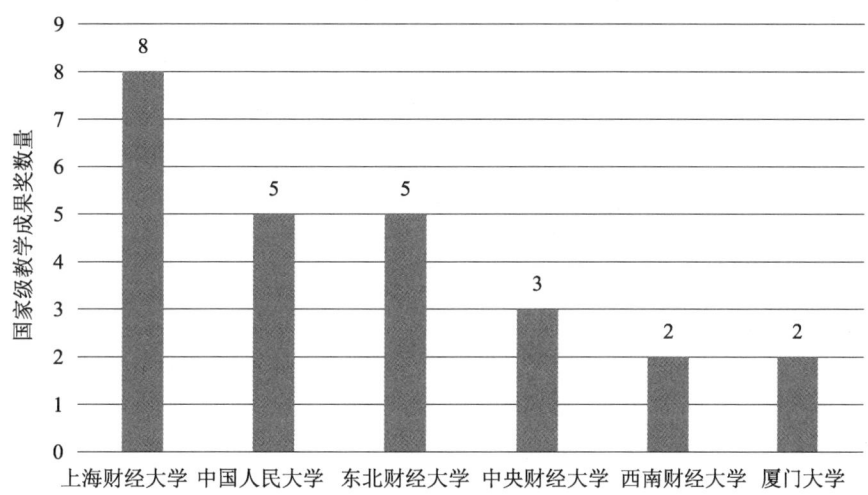

图2-27 获得会计类国家级教学成果奖项数量(项)前六名院校

3. "智能化技术"及"学科融合"会计类国家级教学成果奖开始涌现

34项会计类专业高等教育国家级教学成果奖分为以下5个类型：教材与课程建设(5项)、国际化人才培养(8项)、专业化人才培养(9项)、理论教学改革(7项)以及实践教学改革(5项)(如图2-28所示)[1]。

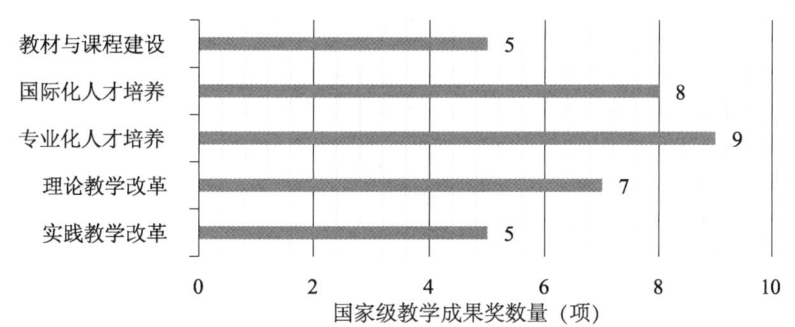

图2-28 会计类专业获国家级教学成果奖分类

---

[1] 该分类标准根据获奖成果内容进行人为分类。

在最近一次评选结果中(见表2-41),能够看出智能化技术对会计类专业的影响程度正不断深化。2018年7项获奖成果中有3项体现出了智能化技术或跨学科的方向,如上海财经大学"智能化环境下战略型会计人才培养创新"、重庆理工大学"'互联网+'背景下会计人才信息技术能力培养体系构建与实践"与西南财经大学"跨学科卓越财经人才培养的十年探索与实践"。

表2-41　　　　　2018年会计类专业高等教育国家级教学成果奖

序号	成果名称	完成单位
1	跨学科卓越财经人才培养的十年探索与实践	西南财经大学
2	"互联网+"背景下会计人才信息技术能力培养体系构建与实践	重庆理工大学
3	科教融合,产学协同,理实一体,构筑财会专业研究生教育特色资源共享平台	中国海洋大学,山东财经大学,江西财经大学,南京理工大学,山东科技大学
4	整合资源与技术的会计学专业创新型仿真教学体系建设与应用	东北财经大学
5	高素质会计人才"商能识"培养模式的探索与实践	南京财经大学,淮海工学院
6	理论素养与实践技能并重的MPAcc人才培养模式	中国人民大学
7	智能化环境下战略型会计人才培养创新	上海财经大学

(二)教育部国家级教学名师

随着我国高等教育改革和发展步伐的加快,高教战线涌现出一大批奋斗在基础课程教学第一线的优秀教师。他们在学术研究中取得突出成就的同时,积极主动承担本专科基础课教学任务,并在教学实践中,努力探索教育教学规律,运用现代教育教学理念进行改革,在引领教学内容、方法和手段改革、创新课程教材和教学模式、创建合理教学梯队等方面做出了突出成绩。

为了表彰既具有较高的学术造诣,又能长期从事基础课教学工作,注重教学改革与实践,教学水平高,教学效果好的教授,进而推动教授上讲台,全面提高高等教育教学质量[1],教育部从2003年开始进行第一届高等学校教学名师奖的评选表彰工作。此后分别于2006年、2007年、2008年、2009年和2011年进行了第二、三、四、五、六届高等学校教学名师奖的评选,每届评选出100位高等学校教学名师。从2012年开始,由中共中央组织部牵头,中宣部、教育部、科技部、人力资源社会保障部等共同实施了中国国家级人才工程"万人计划",其中,教育部设立了教学名师平台。从2012年至2019年,该项计划共进行了5批教学名师的评选,分别为2014年2月第一批评选出了101人;2016年8月第二批评选出了98人;2018年3月第三批评选出了195人;2019年2月第四批评选出了103人;2019年

---

[1] 中华人民共和国教育部. 教育部关于表彰第一届高等学校教学名师奖获得者的决定[EB/OL]. (2003-08-24)[2020-08-15]. http://www.moe.gov.cn/srcsite/A08/s7056/200308/t20030824_109589.html.

9月第五批评选启动[1]。从2003年至今共评选出了1 097人次的教学名师[2]。

如表2-42所示,2003年至今,与会计类专业相关的国家级教学名师共有9位[3],其中本科院校的教学名师有5位,分别来自上海财经大学、东北财经大学、江西财经大学和中央财经大学,其中东北财经财经大学有2位国家级教学名师。

表2-42　　　　　　　　　本科院校会计类专业国家级教学名师

评选年度	姓名	所在院校	研究领域
2003	陈信元	上海财经大学	财务会计与公司治理
2006	张先治	东北财经大学	公司理财、会计报告应用与管理控制
2007	刘永泽	东北财经大学	财务会计、内部控制和会计教育等
2009	张蕊	江西财经大学	企业业绩评价与诉讼会计
2011	孟焰	中央财经大学	会计、审计理论与实务

(三) 财政部会计名家培养工程

1. 入选财政部会计名家培养工程人员概况

为贯彻国家人才战略,推动我国会计人才队伍整体发展,为我国会计理论和会计教育持续繁荣发展、建设会计强国提供有力的人才保证和智力支持,财政部于2013年启动了"会计名家培养工程",该项工程每年进行一次评选,每次评选10人,截至2019年,共有70人入选了"会计名家培养工程"[4]。

"会计名家培养工程"的评选要求进行过数次的修改和调整,如2013年第一期评选要求[5]如下。

(1) 政治素质高,热爱祖国,热爱人民,拥护党的路线方针政策,有强烈的事业心和高度的社会责任感,有良好的职业精神和职业道德,学风严谨;

(2) 学术造诣精深,学术成就突出,社会影响广泛,有国内外同行承认的代表性作品及其他有影响的重要成果;

(3) 教学成绩突出,长期活跃在教学一线,有标志性教学成果;

(4) 推荐的会计名家培养对象年龄不超过55岁;

(5) 在同等条件下,曾获得会计领域公认的国内外重大奖项、代表中国加入国际会计组织。

---

[1] 评选活动已启动,但截止到蓝皮书发布,2019年教学名师入选名单暂未公布。
[2] 2003—2011年高等学校教学名师评选与2012—2019年"万人计划"教学名师评选存在交叉重叠现象,因此这里用入选"人次"进行统计。
[3] 与全国1 097人次的教学名师总量相比,会计类专业的国家级教学名师数量较少。
[4] 财政部2013—2019年"会计名家培养工程"入围人员名单见附录4。
[5] 中华人民共和国财政部. 关于印发会计名家培养工程实施方案的通知[EB/OL]. (2013-07-02)[2020-08-15]. http://kjs.mof.gov.cn/zhengcefabu/201307/t20130724_968586.htm.

到了2015年,在2013年评选要求的基础上加入了"本次推荐候选人要求从事教学科研工作在20年以上或任会计学博士研究生导师8年以上"[1]的新要求。

2018年,"会计名家培养工程"入选要求增加"对会计教育发展做出创新性贡献"一项,并将原有要求改为"从事教学工作在15年以上或任会计学博士研究生导师8年以上"[2]。

表2-43汇总了入选该项工程70人的工作单位,这70位"会计名家"来自全国34所院校或科研院所,分布较为广泛。其中,入选该项工程人数最多的院校为中国人民大学,共有7人入选;中山大学共有5人入选,位列第二;西南财经大学和对外经济贸易大学,各有4人入选。

表2-43　　　　"会计名家培养工程"入选人员所在院校一览表

所在院校	会计名家人员数量(人)
中国人民大学	7
中山大学	5
西南财经大学	4
对外经济贸易大学	4
北京工商大学	3
东北财经大学	3
暨南大学	3
上海财经大学	3
中南财经政法大学	3
北京交通大学	2
南京大学	2
北京大学	2
复旦大学	2
清华大学	2
厦门大学	2
上海交通大学	2
西安交通大学	2
中央财经大学	2
重庆大学	2

---

[1] 中华人民共和国财政部.关于开展2015年"会计名家培养工程"候选人推荐工作的通知[EB/OL].(2015-03-12)[2020-08-15]. http://kjs.mof.gov.cn/gongzuotongzhi/201504/t20150408_1214098.htm.

[2] 中华人民共和国财政部.关于开展2018年"会计名家培养工程"候选人推荐工作的通知[EB/OL].(2018-05-17)[2020-08-15]. http://kjs.mof.gov.cn/gongzuotongzhi/201805/t20180531_2913636.htm.

(续表)

所在院校	会计名家人员数量（人）
湖南财政经济学院	1
湖南师范大学	1
北京师范大学	1
江西财经大学	1
南京审计大学	1
南开大学	1
厦门国家会计学院	1
石河子大学	1
首都经济贸易大学	1
天津财经大学	1
武汉大学	1
云南财经大学	1
浙江工商大学	1
中国财政科学研究院财务与会计研究中心	1
中国海洋大学	1
总计	70

2. 北京市入选财政部会计名家培养工程院校及人员数量占全国三成左右

如表2-44和图2-29所示，入选"会计名家培养工程"人员所在院校分布于全国17个省、自治区和直辖市，其中北京市院校入选"会计名家培养工程"人数最多，达到了25人，占全国70位入选人员中的35.71%；其次是广东省和上海市，分别有8人和7人入选了"会计名家培养工程"；入选"会计名家培养工程"人员所在院校数最多的地区为北京市，在全国34所院校中占据10所，占比为29.41%，其余地区均不超过3所。

表2-44　　　　　　　"会计名家培养工程"入选人员院校所在省份

省份	入选"会计名家培养工程"人员所在院校数（所）	入选"会计名家培养工程"人数（人）
北京	10	25
福建	2	3
广东	2	8
湖北	2	4
湖南	2	2

(续表)

省份	入选"会计名家培养工程"人员所在院校数(所)	入选"会计名家培养工程"人数(人)
江苏	2	3
江西	1	1
辽宁	1	3
山东	1	1
陕西	1	2
上海	3	7
四川	1	4
天津	2	2
新疆	1	1
云南	1	1
浙江	1	1
重庆	1	2
合计	34	70

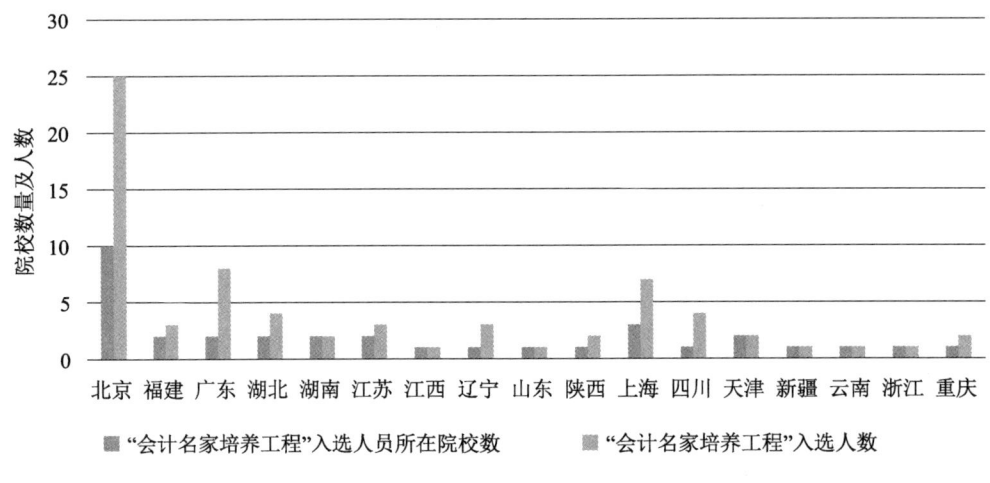

图 2-29 "会计名家培养工程"入选人员所在院校(所)和人数(个)分布

在对地理区域进行分组数据统计的结果中(见表 2-45),华北地区入选"会计名家培养工程"的院校数量最多,有 12 所院校,占该地区开设会计类专业院校总数的 8.51%;其次是华东地区,有 10 所院校;而东北地区最少,仅有 1 所院校有人员入选"会计名家培养工程"。

表 2-45　"会计名家培养工程"入选人员院校地理位置分布一览表

地理区域	开设会计类专业院校数量（所）	入选"会计名家培养工程"人员所在院校数量（所）	占比
华北地区	141	12	8.51%
东北地区	98	1	1.02%
华东地区	293	10	3.41%
华中地区	148	4	2.70%
华南地区	81	2	2.47%
西南地区	93	3	3.23%
西北地区	88	2	2.27%
总计	942	34	

3. 财经类院校拥有"会计名家培养工程"人员的比例远高于其他类型院校

如表 2-46 所示，在开设会计类专业的院校中，入选"会计名家培养工程"人员的财经类院校占所有财经类院校数量的比例达到 14.42%，远高于其他院校类型。而在入选该工程的绝对人数上，财经类院校与综合类院校几乎持平，分别为 30 人与 31 人，二者共占据总人数的 87.14%。

表 2-46　"会计名家培养工程"入选人员所在院校类型情况一览表

院校类型	院校数量（所）	"会计名家培养工程"入选人员所在院校数量（所）	占比	"会计名家培养工程"入选人数（人）
财经类	104	15	14.42%	30
理工类	294	4	1.36%	7
综合类	337	13	3.86%	31
其他类[1]	207	2	0.97%	2
合　计	942	34		70

4. "会计名家培养工程"入选人员研究领域分布较广

如表 2-47 所示，"会计名家培养工程"入选人员的研究领域多样化程度较高，其中，"公司治理"出现 20 次，"审计"出现 20 次，"资本市场"出现 17 次，此外还涉及智能会计与财务算法、大数据审计等财会审与新技术结合的领域[2]。

---

[1] 其他类院校指民族类、农林类、师范类、体育类、医药类、艺术类、语言类、政法类院校。
[2] 该部分数据搜集的方法为登录"会计名家培养工程"入选人员所在院校的官网，搜索相关人员个人介绍中的研究领域或研究方向，进行汇总，统计不同研究领域出现的次数。

表 2-47 "会计名家培养工程"入选人员研究领域情况

研究领域	"会计名家培养工程"入选人员研究领域数量(人)
公司治理	20
审计	20
资本市场	17
内部控制	12
(战略)管理会计	12
财务管理	11
会计准则	11
财务会计(理论)	10
财务风险(预警)	8
公司并购	5
财务与投资	3
环境会计(与社会责任管理)	3
国际会计(准则)	3
信息披露	3
财务舞弊	2
纳税筹划	2
战略执行	1
大数据审计	1
企业融资行为与融资结构	2
未来会计模式及其相关理论研究	1
营运资金管理	1
盈余管理	1
资产评估	1
智能会计与财务算法	1

(四) 财政部学术类全国会计领军(后备)人才及国际化高端会计人才

1. 学术类全国会计领军(后备)人才及国际化高端会计人才评选概况

2005年9月,财政部正式启动了全国会计领军(后备)人才培养工程,旨在培养造就一大批高素质、复合型、国际化高端会计人才,提升会计人才队伍素质。该培养工程每2年选拔一次,招收四类学员,包括企业类、行政事业类、注册会计师类和学术类[1];学员需要经过6年的系统培养和严格考核后才能毕业[2]。截至2017年,学术类全国会计领军(后备)人才共进行了7期选拔和培养,其中学术类共计198人入选该项培养工程(见表2-48)。

全国会计领军(后备)人才培养工程于2017年结束,从2018年起,国际化高端会计人才选拔培养继续承担培养我国高素质学术类会计人才队伍的使命。为贯彻落实国家人才强国战略,不断增强我国在国际会计领域的话语权和影响力,着力培养一批符合我国会计工作国际交流与合作需要的国际化高端会计人才,财政部决定启动国际化高端会计人才选拔培养工作[3]。截至目前,国际化高端会计人才选拔共进行2期,其中学术类共计28人入选,其中有4人曾入选过全国会计领军(后备)人才(见表2-48)[4]。

表2-48　财政部学术类全国会计领军(后备)人才及国际化高端会计人才评选概况

人才类别	年份	评选期数	入选人数(人)
全国学术类会计领军(后备)人才	2005	第1期	27
	2007	第2期	23
	2009	第3期	26
	2011	第4期	26
	2013	第5期	33
	2015	第6期	30
	2017	第7期	33
小计			198
国际化高端会计人才	2018	第1期	18
	2019	第2期	10
小计			28
合计			226

---

[1] 本书仅对学术类全国会计领军人才加以介绍。
[2] 中华人民共和国财政部.我国已成功培养507名全国会计领军人才[EB/OL].(2015-11-06)[2020-08-15]. http://www.mof.gov.cn/zhengwuxinxi/caizhengxinwen/201511/t20151106_1546904.htm.
[3] 中华人民共和国财政部.关于开展2018年度国际化高端会计人才选拔培养的通知[EB/OL].(2018-05-25)[2020-08-15]. http://kjs.mof.gov.cn/gongzuotongzhi/201805/t20180531_2913627.htm.
[4] 财政部学术类全国会计领军人才及国际化高端会计人才名单见附录5。

2. 学术类全国会计领军(后备)人才及国际化高端会计人才所在院校分布广泛※

如图 2-30 所示,226 位入选学术类全国会计领军(后备)人才培养工程及国际化高端会计人才选拔培养的人员来自 83 所院校。其中,入选人数排在前 11 位的院校分别为中央财经大学(11 人)、西南财经大学(11 人)、中国人民大学(10 人)、东北财经大学(10 人)、北京工商大学(10 人)、中南财经政法大学(9 人)、厦门大学(9 人)、暨南大学(7 人)、对外经济贸易大学(7 人)、中山大学(5 人)和南京大学(5 人),以上 11 所院校共产生学术类全国会计领军(后备)人才及国际化高端会计人才 94 人,占全部人数的 41.59%。

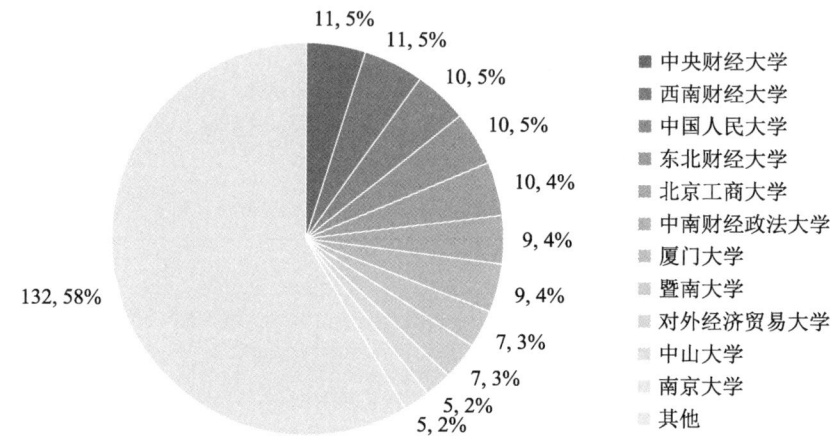

图 2-30 学术类全国会计领军(后备)人才及国际化高端会计人才所在院校分布情况

3. 华东与华北地区学术类全国会计领军(后备)人才及国际化高端会计人才所在院校数量占全国总数比例超过三分之二

如图 2-31 所示,在 226 位学术类全国会计领军(后备)人才及国际化高端会计人才所属的 83 所院校中,除新加坡管理大学外,其余 82 所分布于我国 23 个省、自治区和直辖市,其中华东地区 33 所、华北地区 22 所、华南地区 8 所、西南地区 7 所、华中地区 6 所、西北地区 5 所以及东北地区 1 所。华东地区与华北地区合计 55 所院校产生过学术类全国会计领军(后备)人才或国际化高端会计人才,占所有院校比例达到 67.07%,由此可见,相较于其他区域来说,华东与华北地区的院校拥有着更为雄厚的会计教育师资。

4. 拥有学术类全国会计领军(后备)人才及国际化高端会计人才的财经类院校绝对数量及占比均高于其他类型院校

在除去新加坡管理大学后的 82 所院校中,拥有学术类全国会计领军(后备)人才及国际化高端会计人才的财经类院校为 30 所,综合类院校为 29 所,理工类院校为 18 所,语言

※ 由于国际化高端会计人才中有 4 人曾入选过全国会计领军人才,故该部分统计按人次计算,即在统计国际化高端会计人才时会将以上 4 人重复计算一次。

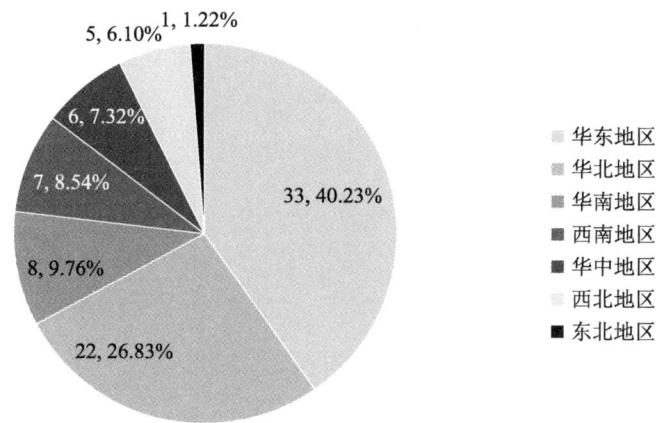

图 2-31　学术类全国会计领军(后备)人才及国际化高端会计人才所在院校地理分布

类院校 3 所,师范类和农林类院校各 1 所(如图 2-32 所示)。

如表 2-49 所示,在全国 104 所开设会计类专业的财经类院校中有 30 所产生过全国会计领军(后备)人才或国际化高端会计人才,占比达到了 28.85%,为所有院校类型中最高。同时,拥有与财经类院校高端会计人才类似数量的综合类院校,其所占开设会计类专业院校总数比例较低,只有 8.61%。值得一提的是,语言类院校拥有全国会计领军(后备)人才及国际化高端会计人才的院校数量占该类开设会计类专业院校数量的比例为 16.67%,排在所有院校类型中的第 2 位。

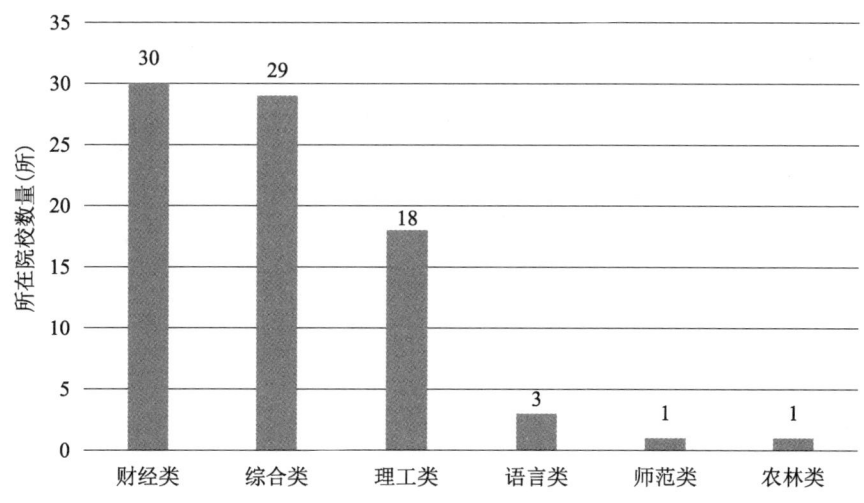

图 2-32　学术类全国会计领军(后备)人才及国际化高端会计人才所在院校类型分布

表 2-49　学术类全国会计领军(后备)人才及国际化高端会计人才不同院校类型数量(所)

院校类型	入选培养工程院校数量	开设会计类专业院校数量	入选培养工程院校占开设会计类专业院校比例
财经类	30	104	28.85%
综合类	29	337	8.61%
理工类	18	294	6.12%
语言类	3	18	16.67%
师范类	1	117	0.85%
农林类	1	40	2.50%
合计	82	910	

六、本章小结

本章通过公开渠道取得的数据,对我国会计教育的现状和取得的成果进行了客观统计和描述。第一部分通过多个角度对我国本科院校会计类相关专业的开设现状进行了分析,分别通过省份、地理和经济区域以及院校类型的划分等角度对不同专业开设情况进行分析。通过分析发现,在这1 265所院校中,开设会计学专业、财务管理专业的院校占院校总数超过半数,而开设审计学专业的院校数量较少。在开设会计类专业院校的地理分布上,中东部地区的院校数量相对较多;在院校类型的分组分析中,尽管综合类和理工类院校开设会计类专业的院校数量较多,但是财经类院校开设比例却是最高的。此外,本书还发现从招生人数和专业开设情况上体现出来的会计教育情况与经济发展水平存在一定的相关性。

第二部分分析了国家一流、省一流会计类专业开设现状,分别从行政区域、地理区域、经济区域和院校类型四个维度进行分析。本书发现从经济区域划分上来看,东部率先发展地区拥有会计类一流专业建设点的院校数较多;从地理区域划分上来看,华东地区与华中地区拥有会计类一流专业建设点的院校数较多,华南地区的数量较少。具体来看,本科会计类一流专业建设点最多的前5个省、直辖市分别是:江苏省、安徽省、北京市、重庆市、陕西省。在院校层面,本科会计类一流专业建设点数量最多的院校类型是财经类、综合类以及理工类;相比之下农林类、民族类、师范类院校数量较少。

第三部分从国际化人才培养、信息化改革和产学合作三个方面描述了我国本科院校会计类专业改革现状。第一，ACCA方向在我国开展会计类本科专业国际化人才培养的院校中占比最高，而管理会计（CMA、CIMA）方向近年来发展速度较快；第二，对会计类本科专业进行信息化改革的院校数量进行统计，发现大数据方向的会计类专业目前较受院校认可；第三，在2019年会计类产学合作协同育人方面，发现院校倾向于实践条件和实践基地建设以及教学内容和课程体系改革类型的产学合作项目，在所有参与产学合作的公司中，与金蝶软件（中国）股份有限公司进行合作的院校数量最多。

第四部分对我国本科会计类专业线上课程开设现状进行了描述。通过整理目前主流的13个慕课平台中的数据，共得到会计类相关课程481门，其中中国大学MOOC和智慧树平台课程数量最多，二者合计占比超过了总量的70%。通过对中国大学MOOC平台进行分析发现，目前在我国开设会计类专业的院校中，开设会计类慕课的院校比重依旧很小，未来仍有很大的发展空间。在对2003年以来教育部认定的国家级精品课程开设情况进行的汇总中，发现2003到2018年间，共开设有106门会计类国家级精品课程，其中财务会计和财务管理课程最多，而北京市和上海市开设会计类国家级精品课程的院校数量最多，优质教学资源较为集中。

第五部分对我国会计类专业取得的改革成果进行了统计。在国家级教学成果奖方面，自1997年开始，教育部高等教育会计类教学成果奖获奖的比重逐年增加，并且呈现出了获奖院校分布较为集中的特点。在2018年的获奖成果中，"智能化技术"及"学科融合"类型的会计类成果奖开始涌现。在教育部国家级教学名师方面，会计类教师获评数量较少。财政部会计名家培养工程方面，入选人员呈现出了所在单位分布广泛、财经类院校获评比例较高等特点。学术类全国会计领军（后备）人才和国际化高端会计人才评选方面，入选人员所在院校分布广泛，华东和华北地区所占比例更高，财经类院校获评的绝对数量及相对数量均高于其他类型院校。总体来说，教育部高等教育教学成果奖及国家级教学名师是对我国院校会计类专业教育改革取得成果的极大认可，而财政部会计名家培养工程及全国会计领军（后备）人才和国际化高端会计人才的选拔则为我国会计教育提供了坚实的人才保证。

第三章
新形势下会计教育面临的挑战

从前述两章分析可以看出,自改革开放以来,我国会计高等教育成绩斐然,但随着全球经济的快速发展及数字经济时代技术的兴起,高校会计教育受到了巨大的冲击,亟需进行深入的改革。鉴于此,本章主要分析和探讨新形势下我国高校会计教育面临的挑战,以期为未来会计教育改革探明方向。首先,本章运用 PEST[1] 模型分别从政治环境、经济环境、社会环境、技术环境四个方面分析宏观环境对会计的影响;其次,以数字经济时代为背景,探讨互联网思维与技术发展对会计职业的冲击和挑战,并据此分析会计专业培养目标的新要求;最后,通过对国家高等教育改革的相关政策梳理,为未来会计教育改革提供一定的制度支撑。

一、宏观环境对会计的影响

随着我国供给侧结构性改革的持续推进,经济体制改革的不断深化,我国经济正走向高质量发展。同时,社会环境的不断完善,新技术的不断涌现,都对我国会计职业和会计教育产生了十分显著的影响。

(一)政治环境对会计的影响
1. 国家战略

党的十八大以来,党中央和国务院根据会计领域的现实需要不断制定新的发展战略和更新相关的制度标准,如大力推进供给侧结构性改革、建立权责发生制、政府综合财务报告制度、深化政府数据和社会数据关联分析和融合利用等(徐玉德和马智勇,2019)。推进供给侧结构性改革,涉及企业破产清算的会计处理、无偿划拨资产、僵尸企业的会计处理、解决产业结构不合理、加快企业转型和由此产生的生态会计、创造性运用管理会计工具方法等问题,都对高层次应用型会计人才培养提出了更高的新要求。实际上,会计制度历来与政府、市场和社会的关系紧密相连,会计信息是政府治理、社会治理、企业和各类组织治理的微观信息基础(殷俊明等,2020)。所以,国家重大战略的落实以及国家治理能力现代化的提升都对会计人才提出了更高的需求,进一步促进了会计职业和会计教育的发展。

---

[1] PEST 由政治、经济、社会、技术四个词的英文的第一个字母组成。

2. 制度规范

近年来,会计准则和管理会计的飞速发展对会计人员提出了更高的要求。2005年是中国会计改革和会计准则国际趋同的重要之年:财政部决定放弃从1992年颁发基本会计准则起实行的准则和制度并行的体制,代之以与国际会计准则持续实质趋同的全套新的企业会计准则,此套准则在2006年2月正式颁布,并从2007年1月1日起首先在上市公司实施(张为国,2019)。该准则体系被视为与国际财务报告准则(IFRS)实现了"实质性趋同"。陆正飞和张会丽(2009)、朱凯等(2009)研究发现,根据新准则编制的财务报告所提供的会计信息具有更高的质量,符合新准则与IFRS趋同所要达成的目标。在此基础上,新准则带来的信息质量提升还进一步降低了资本市场整体的资本成本水平(汪祥耀和叶正虹,2011)。2008年金融危机之后,国际会计准则委员会陆续发布公允价值准则、收入准则、租赁准则、金融工具确认和计量准则、财务报表列报准则等,这些新准则的颁布对会计人员的知识更新和会计教育都提出了更高的要求。2017年11月,修订后的《中华人民共和国会计法》规定取消会计从业资格证书。从会计从业资格制度赖以存在的社会经济环境、成本效益比较以及其具体实施中存在的问题等方面进行分析,会计从业资格的取消是大势所趋,并且将影响到会计专业技术职务制度、会计人员继续教育制度等更多方面(李玉环,2018)。因此,我国会计制度规范的修订与改进直接或间接对会计职业以及会计高等教育产生了影响,需要高校会计专业根据相关制度规范做出与时俱进的改变。

我国公司治理制度的逐步规范与完善大大推动了管理会计的创新与发展。20世纪90年代以来,我国会计研究重点主要集中于财务会计领域,随着我国市场化进程的不断发展,我国企业的持续改革,以及现代企业制度的不断完善,公司治理理念已经从传统的权力制衡转向决策科学化,使得公司治理模式由管理型转向治理型发展。在治理型公司的治理模式下,需要建立各方面广泛参与的开放决策系统,需要对董事会、经理业绩考评体系等建立起制约机制与激励机制,这就产生了对更有效的管理信息的需求(郭大伟,2006)。企业需要的不再是仅仅处于核算监督职能的财务会计,而是需要能够为企业提供信息需求的管理型财会人员。此外,国家层面也出台了相关文件,突出了新时代经济发展中管理会计的重要性。2014年,财政部发布《关于全面推进管理会计体系建设的指导意见》(简称"指导意见"),这是我国第一次正式提出在国内全面推进管理会计体系的建设工作,对建设管理会计体系的目标、主要任务和措施等进行了具体的说明。指导意见充分肯定了管理会计在"规划、决策、控制和评价等方面发挥重要作用",以"增加企业价值创造力"。在此基础上,财政部于近年发布《管理会计基本指引》和《管理会计应用指引》,初步构建了我国管理会计指引体系。由此可见,管理会计在完善公司有效治理、促进公司高效运转、提升公司价值创造中将扮演越来越重要的角色,管理会计也必然是未来会计的发展方向。新时代的财会人员必须要与时俱进,在扎实掌握财务会计的基础上,迅速成长为新时代企业需要的管理型会计人才。

特别值得注意的是,在2020年1月13日召开的十九届中央纪委四次全会上,习近平总书记提出,要以党内监督为主导,推动人大监督、民主监督、行政监督、司法监督、审计监督、财会监督、统计监督、群众监督、舆论监督有机贯通、相互协调[1]。财会监督首次被纳入党和国家监督体系,这赋予了财会监督新的政治定位,也对财会人员和财会工作提出了新的期许与要求。

3. 宏观经济政策

佟岩等(2019)在《环境变迁对会计职业的影响》研究报告中提出,宏观经济政策是一个国家的政府为了调控国民经济发展而制定的影响整个经济体的政策。宏观经济政策的每一次变化都会影响到企业、债权人和股东的行为(Gertler 和 Gilchrist,1994),必然影响公司的财务会计、财务管理、管理会计等活动(Beaudry 等,2001;Korajczyk 和 Levy,2003),乃至注册会计师的审计业务。学者们也通过实证研究发现宏观经济政策会对企业微观行为产生的重要影响。饶品贵和姜国华(2011)发现当货币政策进入紧缩期时,企业会计政策变得更加稳健,以便更容易取得银行贷款。具体到我国不同性质的企业,在政府对信贷资金配置施加微观干预的情况下,宽松的货币政策会降低外部管理能力相对较强的企业(即民营企业)的融资约束(靳庆鲁等,2012;韩东平和张鹏,2015),而财政政策的扩张和货币政策的紧缩都能促进国有企业负债融资的增加(王昌荣等,2016)。然而,获得资金并不总是意味着良好的经营结果,由于宽松的货币政策极易扭曲利率信号,引导企业将资源从短期项目错误地转移至长期项目。因此,在宽松的货币政策下,外部管理能力相对较强的民营企业就会由于易于优先获得更多信贷资金以扩张投资而导致其投资效率下降(韩东平和张鹏,2015)。由此可见,如何根据宏观经济政策变化合理调整会计行为对企业发展具有非常重要的影响,这就对企业会计人员的专业能力素质提出了更高的要求。

(二)经济环境对会计的影响

1. 经济发展环境

随着中国经济高速发展、市场化改革不断推进,市场化程度不断提高,市场在资源配置方面发挥着越来越核心的作用,不同市场化程度的地区所面临的政治环境、法律环境、经济环境均不相同,会计人员所面临的职业环境也不尽相同。习近平总书记在党的十九大报告指出,我国经济已由高速增长阶段转向高质量发展阶段[2]。经济社会发展需要会计改革与之相适应,会计事业全面发展又对经济社会发展具有重要的促进作用[3]。《会计行业中长期人才发展规划(2010—2020年)》中明确指出:"会计人才是我国人才队伍的重要组

---

[1] 新华社.习近平在十九届中央纪委四次全会上发表重要讲话:一以贯之全面从严治党强化对权力运行的制约和监督 为决胜全面建成小康社会决战脱贫攻坚提供坚强保障[EB/OL].(2020-01-13)[2020-08-15]. http://www.gov.cn/xinwen/2020-01/13/content_5468732.htm.

[2] 习近平.决胜全面建成小康社会 夺取新时代中国特色社会主义伟大胜利——在中国共产党第十九次全国代表大会上的报告(2017年10月18日)[M].北京:人民出版社,2017.

[3] 中华人民共和国财政部.我国会计行业人才发展进程中新的里程碑[EB/OL].(2010-10-29)[2020-08-15]. http://kjs.mof.gov.cn/zhengcejiedu/201010/t20101029_345080.htm.

成部分,是维护市场经济秩序、推动科学发展、促进社会和谐的重要力量"。为了更好地应对外部环境的影响,促进经济的高速发展,高级会计人才的培养就显得非常重要。

此外,随着经济全球化的不断发展,我国资本市场开放程度持续加大,逐步在社会经济的各方面深刻地融入世界经济体系。随着中国经济的持续增长以及国内企业实力的不断增强,在"一带一路"等政策的引导下,跨国并购已经成为中国企业实施"走出去"战略,提升全球竞争力,进入全球产业价值链高端的战略选择(余鹏翼和王满四,2014)。"一带一路"倡议引发的国际投融资、跨国经营及国际贸易促进了我国市场的国际化。跨国公司和国际贸易的不断涌现要求会计界寻找会计处理的普适性标准,也促进了会计准则和审计准则的国际趋同(徐玉德和马智勇,2019)。因此,经济的高质量发展、资本市场的开放、国际化程度的加深都会给会计职业带来相应变化,社会对高级会计人员的需求不断加大,也对会计教育提出了更高的要求。

2. 资本市场的发展

一直以来,会计职业的发展同资本市场的发展是紧密相连的。资本市场本质上是一个产权交易的场所,所体现的是一种产权关系,日益复杂的产权关系和愈发频繁的产权交易,需要更为先进的会计技术、方法和控制体系与之匹配(郭道扬,2004;李国运,2007;孙百原等,2009)。20世纪90年代,我国资本市场兴起初期,相关规范与披露机制主要是借鉴国外模式,但实施过程中难免会出现适应性与合理性问题,完善财务信息披露的规范和披露方式、提高信息含量,成为财务会计领域的当务之急(陈毓圭,2019)。伴随着资本市场改革的深化,会计制度和准则建立并逐步得到完善,会计领域得到拓宽,有关人力资源会计、环境会计和战略管理会计等问题的探讨也更加丰富(杜兴强,1997)。市场经济体制确立后,有关财务会计的研究进程不断向前推进,我国逐步建立符合自我发展需求的财务会计理论体系,资本市场层面与公司层面的研究问题逐渐占据主导地位,财务会计领域的研究问题不断顺应时代潮流,致力于探索和解决实践层面的现实问题,以满足企业实践和经济发展的要求(吴晓晖等,2019)。与此同时,资本市场国际化进程的加快,也对会计标准国际化提出了新的要求,财政部颁布了新会计、审计准则,与IFRS实现了"实质性趋同",国内会计国际化课程也逐步开设并普及。

资本市场发展到一定阶段,要求必须有一套严格的会计监管体系(孙百原等,2009)。资本市场是活跃度很高、波动很大的市场,只有建立严格规范的市场运行制度,才能确保市场有序运行(朱云来,2019)。本着以服务资本市场为目的的宗旨,在多年的行业监管实践中,我国中注协将上市公司年报审计监管作为监管工作的重点,并形成了系统的监管目标、理念、方法和措施(陈毓圭,2012)。此外,资本市场体制的不同也对审计行为带来了一定的影响[1],如公司交叉上市行为,该行为虽然在很大程度上推动了全球资本市场的融合,但跨境证券监管合作也受制于两国不同的社会制度、证券法律、监管模式和市场成熟度,而资

---

[1] 如2020年瑞幸事件与中美跨境证券监管合作。

本市场对于监管要求的不同自然也会引发审计监管相关知识结构的变化，从而带来审计教育体系的相应调整。早在2016年12月，中国证监会就发布了《中国证券监督管理委员会公告》〔2016〕35号，就A+H股公司（同时在内地和香港交易所上市的公司）内地上市部分的财务报表审计业务执行新审计报告相关准则[1]做出了相关说明。

由此可见，经济转型对资本市场功能的发挥不断提出新的要求，而资本市场的发展也加速了会计审计行业的变革，正在对财会审领域的工作内容及工作方法提出更高的要求。

（三）社会环境对会计的影响

1. 社会文化层面

会计是适应生产活动发展、满足生产活动需要而产生的，是社会生产活动发展到一定程度的产物，在漫长的社会发展过程中随着社会环境的变化而变化。社会文化环境是指特定的国家或地区在社会的发展进程中所形成的独有的价值观、世界观、社会文化观。社会文化环境的发展对会计产生着直接或间接的作用和影响。Gray（1988）认为，文化并不能直接影响会计制度，而是通过影响会计价值进而作用于会计制度的发展。Fidrmuc和Jacob（2010）发现在个人主义感强、权利距离小、不确定性规避低的文化下，公司发放的股利更多。胡国强和肖泽忠（2015）发现，相比个人主义和阳刚之气，集体主义和阴柔之气的社会更易形成利益相关者导向与稳定性价值，且权力距离越大、不确定规避程度越高的社会更偏好于利益相关者导向与稳定性价值。因此，社会文化环境对会计职业有着潜移默化的影响，同时与培养高级会计人才的高校会计教育也是息息相关的。

2. 道德修养层面

会计是一项不仅需要具备较高的专业知识素养，更需要秉承优秀的职业道德操守的工作。佟岩等（2019）指出，从21世纪初银广厦、蓝田等公司的造假行为，到因欺诈发行退市的新泰电器，虽属个别案例，但是使得"我们所有人都已经意识到会计这个职业处在相当大的压力之下"[2]。会计从业人员处于企业资金运行的核心地位，且会计活动中存在着诸多不确定因素和风险，这就要求会计从业人员在工作时，应当时刻保持高标准的职业道德要求和谨慎勤勉的工作作风。由此可见，道德修养对会计行业的从业人员起着至关重要的作用，是企业管理者、财务从业者都必须具备的基本条件，高校会计专业教育正是培养会计人员良好道德修养的重要环节。

（四）技术环境对会计的影响

1. 宏观行业技术层面

会计理念的发展促使着会计的创新转型，而宏观行业技术的进步更是促进了会计与新兴领域的交叉融合（殷俊明等，2020）。《中国制造2025》提出，新一代信息技术与制造业深

---

[1] 2016年12月23日，财政部印发《中国注册会计师审计准则第1504号——在审计报告中沟通关键审计事项》等12项中国注册会计师审计准则，简称"新审计报告准则"。

[2] 国际会计联合会（IFAC）前总干事John Gruner 2002年8月26日在北京"注册会计师职业道德研讨会"的讲话内容。

度融合，正在引发一场深远的产业变革，形成新的生产方式、产业形态、商业模式和经济增长点。会计的发展和科学技术的不断进步始终是相辅相成的关系，尤其是在新兴技术不断兴起，信息技术、人工智能和大数据高速发展的当下，极大地简化了重复性的会计核算工作，使得会计和业务、核算与财务的关系变得更为紧密。温素彬（2020）[1]提出，在数字化的影响下，未来会计行业势必发生变革，这种变革主要体现在：一是对象在变，由于在"互联网＋"、人工智能条件下组织运行模式和商业发生变革，这将导致会计对象发生较大变化；二是重点在变，即会计将从核算反映型为主向管理决策型为主转型；三是组织形式在变，比如财务共享服务体系；四是技术手段在变；五是方式方法在变；六是信息服务和决策支持的内容在变；七是效率在变，即在数字化的影响下，会计工作的效率将大大提升，甚至实现瞬间响应；八是质量在变，在数字化条件下，企业可以更准确地获取信息，精准服务，参与智能决策。在大数据等技术的影响下，未来智能会计的核心将主要体现在两个方面：一是智能共享会计；二是智能决策会计。

2. 微观人才需求层面

杨政等（2018）在《基于"互联网＋"的会计专业技术人员继续教育体系与框架》的研究报告中指出，为了满足新技术、新模式不断涌现和应用的时代要求，会计专业技术人员需要具备与时代相匹配的知识和技能，才能实现自己的执业能力与岗位需求相匹配。互联网经营模式下产生的互联网行业有着与传统行业截然不同的盈利模式和风险挑战。会计专业技术人员要能够理解这种业务模式，深入分析不同业务之间的相关性，运用专业能力通过数字精准诠释业务的利润和企业的盈利模式。而在技术变化对会计人员的影响方面，温素彬（2020）[2]表示智能化的管理会计无疑对会计人员也提出了新的要求。未来的财会人员，不仅要懂人文、懂经济、懂管理、懂法务、精财会，同时，还需要懂业务、懂数据、懂分析、懂工具、懂设计。康淑敏（2020）在"人工智能时代下，财务人如何进行技能重塑"的讲座[3]中也提出了类似的观点，表示在数字化经济时代，业财融合是新时代财会人员的转型方向，财会人员的角色从幕后走向台前，对于财会人员的数据沟通能力、数据分析能力、数据挖掘能力、商业敏锐度、市场感知力等方面有了更高的要求。

另一方面，市场对于管理会计人才的需求量也不断增加，目前管理型财会人员的缺口仍然较大。对此，王华（2020）[4]认为随着经济的不断发展，业财一体化、财务共享、财务管理等工作不断出现，传统会计的职能出现了转变，工作重心由会计核算变为参与经营决

---

[1] 内容整理自以下两个方面：(1)财政会计名家工程入选者、财政部管理会计咨询专家、教授、博士生导师温素彬于2020年8月4日CMAS大讲堂第11期《基于大数据的智能管理会计体系构建》的讲座内容。(2)温素彬教授于2020年6月22日发表在公众号"沐杉之家"《智能会计人才培养的思与行——我之思》一文中的内容。
[2] 财政部会计名家工程入选者、财政部管理会计咨询专家、教授、博士生导师温素彬于2020年8月4日CMAS大讲堂第11期《基于大数据的智能管理会计体系构建》的讲座内容。
[3] 该讲座于2020年7月24日由广东省注册会计师行业党委与广东省注册会计师协会联合主办，普华永道中天会计师事务所（特殊普通合伙）广州分所协办。
[4] 中南财经政法大学教授、博导，管理会计与绩效研究所所长，湖北省财务共享服务学会副会长王华于2020年6月23日CMAS大讲堂第8期《管理会计工具应用与价值创造》的讲座内容。

策。随着大数据、数字经济、电子发票等信息技术在财务领域的不断渗透,会计的业务交易处理工作不断压缩,而会计决策支持的职能不断攀升。会计人员不应只是止步于过去记账、算账、报账的传统会计,而应成为更注重事前预算、事中控制、事后分析和考核的现代企业管理型会计。目前我国管理型财会人员尚处于严重供不应求状态,缺口高达近 600 万人,因此,未来高校会计人才的培养方向应当与时俱进,根据时代的发展不断调整人才培养方案,只有这样才能培育出真正满足市场需求、推动企业进步、促进经济发展的高水平财会人员。

3. 新冠肺炎疫情对新技术的应用和推动层面

2020 年初我国爆发的新型冠状病毒肺炎疫情,引发了全国各地区的重大突发公共卫生事件一级响应,给我国的各行各业都带来了严重冲击,会计行业也难于幸免。然而,本次疫情给会计行业带来的短期挑战将会有利于会计行业的转型升级和长远发展(夏立军等,2020;赵健等,2020)。新时代发展下的信息化、数字化技术为财务提供了更为便利、更为精准的办公模式,在本次疫情中,大多数企业均实现了网上办公。本次疫情的冲击将进一步提升财会行业内对人工智能、大数据等信息技术的认知和应用,加速会计行业的数字化转型,探索远程办公模式,加强信息共享平台建设将成为未来会计工作的重点内容。新冠肺炎疫情不仅对会计行业带来了巨大的影响,对高校的教学方式同样带来了深远的改变。为更好地防控疫情,各大高校出现了线下转线上教育的新局面,加速了高校线下传统教学模式向"互联网 + 教育"和"智能 + 教育"的转变,这无疑会进一步推动高校会计教育方式方法的改变,对未来会计高等教育改革将产生深远影响。

综上所述,无论是在宏观行业技术层面,还是微观人才需求层面,抑或是新冠肺炎疫情对新技术应用和推动层面,技术发展都对会计行业和会计教育带来了巨大的冲击和挑战,会计行业以及高校会计教育必须抓住科学技术迅速发展的历史机遇,顺应时代发展潮流做出改变创新,主动变革以满足社会需求。我们将在下一节重点详细讨论数字经济时代技术对会计职业和会计教育的影响与挑战。

二、数字经济时代技术发展的挑战

当下,基于计算机的互联网、大数据、财务共享服务、云计算和人工智能已开始显著地改变会计的环境与运行方式,影响会计职业的未来(胡玉明,2017),会计职业正在发生颠覆性的变革[1]。大数据的使用、人工智能的发展、移动互联网的普及以及区块链和云计算的应用在对整个经济领域产生巨大冲击的同时,也在重塑会计行业的方方面面。一方面,

---

[1] 2016 年,中兴通讯发布了《中兴财务云白皮书》。作为我国第一批实施"走出去"战略的通信设备制造企业,早在 1995 年,中兴通讯就启动了国际化战略。为适应企业国际化战略的需要,紧密结合企业经营业务,充分发挥财务管理决策支持作用的需要,以及提高财务管理效率,降低财务成本的需要。中兴通讯积极采用数字经济时代技术,构建基于共享服务的全球财务管理体系。通过实施基于共享服务的全球财务管理,中兴通讯降低了财务运行成本,提高了业务处理能力,提升了财务管理水平,对业务价值链、战略决策的支持明显增强。

会计信息的生产得到了更为强大的技术支撑,会计行业获得了前所未有的发展机遇;另一方面,会计领域很多基础重复性工作将被智能机器人所承担,不断提高的职业技能门槛对会计人员提出了越来越高的要求,会计职业面临着越来越多来自数字经济时代技术的挑战,会计人员的转型迫在眉睫,必须要学习和发展新技能。

鉴于新技术对会计环境和会计职业的潜在影响,为帮助我国会计人员积极应对信息技术带来的挑战,用乐观的心态拥抱新技术,最终成为技术大变革时代有所作为的群体,上海国家会计学院于2018年至2020年开展了"影响中国会计从业人员的十大信息技术"评选活动,图3-1至图3-4以及表3-1为评选结果。

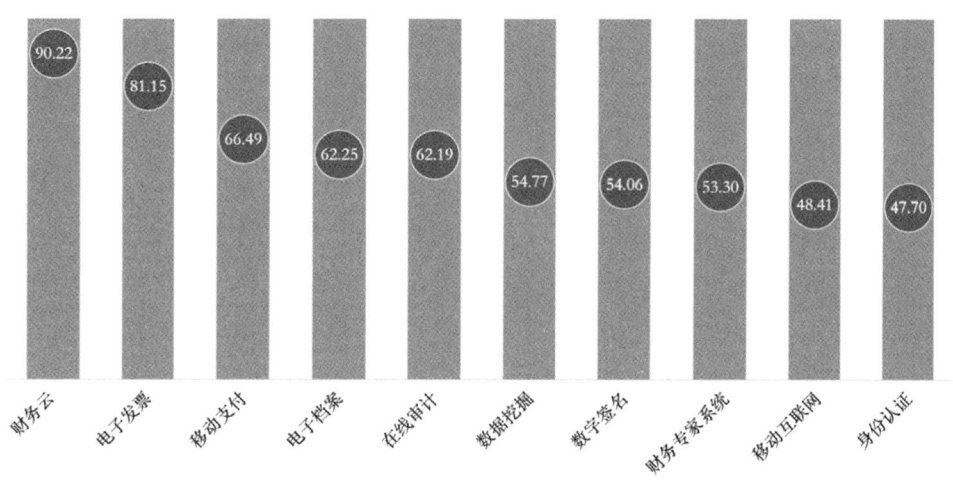

图 3-1　2018 年影响中国会计从业人员的十大信息技术

数据来源:上海国家会计学院官方网站[1]。

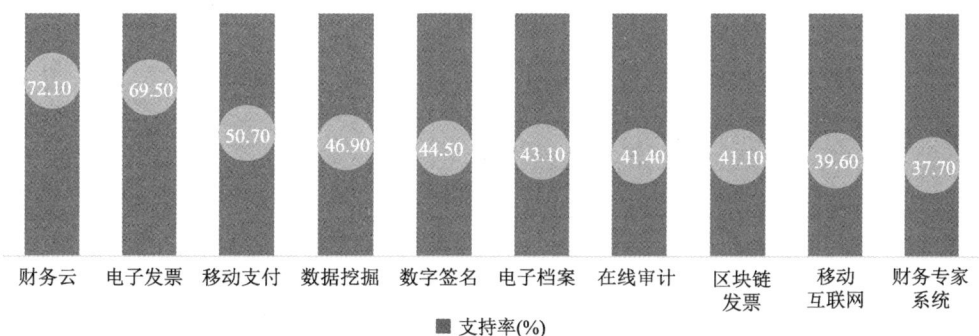

图 3-2　2019 年影响中国会计从业人员的十大信息技术

数据来源:上海国家会计学院官方网站[2]。

---

[1] 上海国家会计学院."2018年影响中国会计从业人员的十大信息技术"评选结果在沪揭晓[Z/OL].(2018-07-07)[2020-08-15]. http://www.sh.chinanews.com/jinrong/2018-07-07/41718.shtml.

[2] 上海国家会计学院."2019年影响中国会计从业人员的十大信息技术"评选结果在沪揭晓[Z/OL].(2019-06-30)[2020-08-15]. http://www.sh.chinanews.com/chanjing/2019-06-30/59123.shtml.

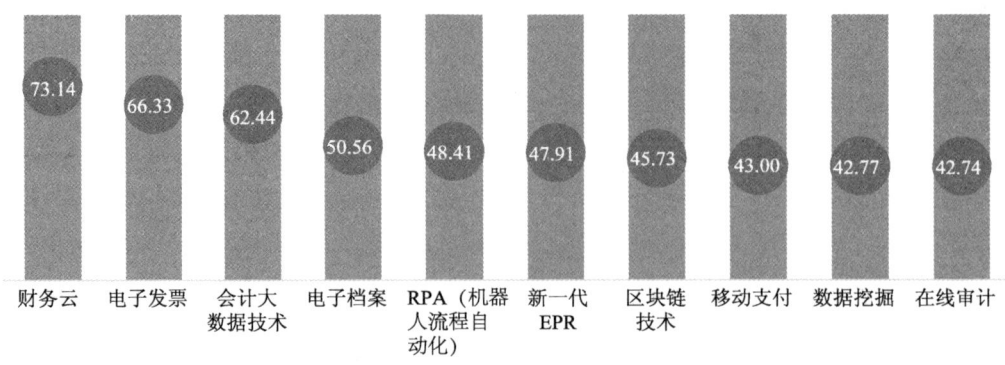

图 3-3 2020 年影响中国会计从业人员的十大信息技术

数据来源：中国新闻网[1]。

表 3-1　　　　2018—2020 年影响中国会计从业人员的十大信息技术

信息技术	2020 年		2019 年		2018 年	
	支持率(%)	排名	支持率(%)	排名	支持率(%)	排名
财务云	73.14	1	72.10	1	90.22	1
电子发票	66.33	2	69.50	2	81.15	2
会计大数据技术	62.44	3				
电子档案	50.56	4	43.10	6	62.25	4
RPA(机器人流程自动化)	48.41	5				
新一代 ERP	47.91	6				
区块链技术	45.73	7				
移动支付	43.00	8	50.70	3	66.49	3
数据挖掘	42.77	9	46.90	4	54.77	6
在线审计	42.74	10	41.40	7	62.19	5
数字签名			44.50	5	54.06	7
区块链发票			41.10	8		
移动互联网			39.60	9	48.41	9
财务专家系统			37.70	10	53.30	8
身份认证					47.70	10

数据来源：根据图 3-1 至图 3-3 的资料整理。

---

[1] 上海国家会计学院."2020 年影响中国会计从业人员的十大信息技术"评选结果在沪揭晓[Z/OL].(2020-06-21)[2020-08-15]. http://www.sh.chinanews.com/jinrong/2020-06-21/77517.shtml.

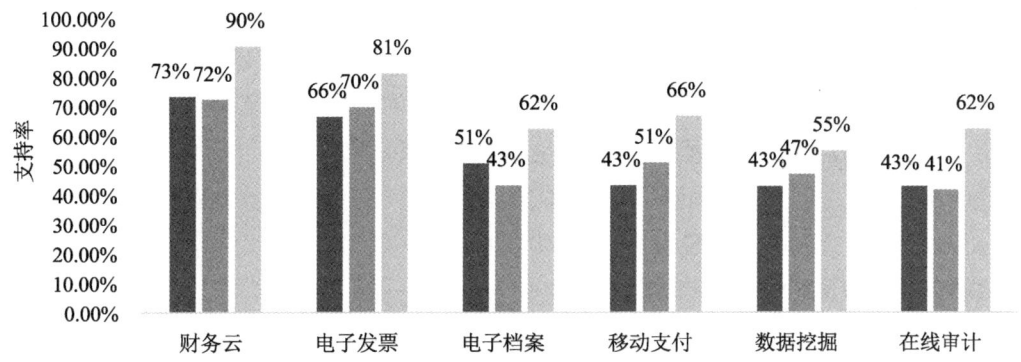

图 3-4 连续 3 年获选的影响中国会计从业人员的十大信息技术

注：柱状上的数字表示该项信息技术当年评选的支持率。

从图 3-4 可知，近 3 年评选结果中财务云与电子发票的支持率排在所有技术的前两位。此外，财务云、电子发票、电子档案、移动支付、数据挖掘、在线审计近 3 年都榜上有名。2020 年的评选进行了多项改进，经过筛选，最终根据 157 份专家投票形成"2020 年潜在影响中国会计从业人员的五大信息技术"，包括当前还未成熟的会计类产品和应用场景，预期 3 年内会对会计产生很大影响的现有信息技术，分别是：区块链电子发票、数字货币、物联网与自动化物件、第五代移动通讯技术（5G）以及分布式账本。

不确定性是人类生存和发展的常态，而信息技术无疑是应对不确定性的重要手段。大数据、数字经济、移动互联网、云计算、区块链正在形成一个"万物互联、无处不在、虚实结合、智能计算、开放共享"的数字经济时代。数字化技术带来的并不是一个一个单点的突破，它通过彻底改变企业的运营模式，为企业创造了前所未有的机遇，也赋予了新的挑战与任务。在会计职业变革的背景下，作为向会计职业输送人才主要途径的会计高等教育，同样面临着挑战与变革。传统会计教育中的教学目标及内容、教学方式及方法以及课程设置选择等诸多方面，逐渐显现出了与当今数字经济时代技术要求不匹配、不协调的弊端，容易造成高校培养出的会计人才所具备的能力不能够适应当今会计职业要求、与当今会计职业发展脱节等现象。因此，唯有理清和明确数字经济时代技术发展对会计职业和会计教育带来的新挑战，会计高等教育才能够针对这些挑战及时做出调整与改变，培养出符合当今时代会计职业要求的优秀会计人才。

（一）互联网思维与技术对会计工作的冲击

1. 强化会计的分析、预测、决策职能

核算和监督是传统会计工作的两大基本职能，互联网大数据时代企业侧重于发展和利用会计的信息化功能，通过信息资源共享、融合来发挥会计数据在分析、预测、决策领域的重要作用（毛元青和刘梅玲，2015）。在信息化时代，会计的核算职能不断被淡化，管理职能

更加凸显(张林等,2015)。正如王华等(2019)在《互联网时代下的会计人员能力框架研究》报告中所特别强调的会计预测、决策价值提升的必要性。由于以往的会计数据存在着更新不及时以及精确度不足问题,导致无法在企业的战略决策中起到主导作用。但是在数字经济时代,大数据抓取、分析技术使得信息实时提供没有障碍,业务流、信息流、资金流的数据同步交融、促进共享成为现实,会计的前瞻性预测、辅助决策的功能必须要大大加强[1]。时代的变革必然推动会计功能的提升,助力企业由"价值反映"向"价值创造"转型。由此,会计人员除了要掌握会计核算、监督的基本技能,更要懂得(利用)互联网大数据的分析方法,从更为精细化的财务及业务数据中提取价值,从而最大限度地发挥大数据下会计信息分析、预测、决策支持的功能,实现自身从财务人员向管理人员角色的转变。

2. 提升会计工作的技术手段

云计算、大数据、移动互联网等新兴科技的创新发展,推动了会计信息处理更为实时、动态和集中,会计核算较以往更为规范、高效和便捷,信息技术为会计工作的提质升级提供了有力支撑。当前会计已逐步进入半数字经济时代,实现了计算机录入、会计报表自动生成、财务指标自动计算等,效率远远高于机械、单一、重复性工作的手工记账方式,人工做账工作已逐步淘汰。人工智能可以迅速处理许多以前要耗费大量精力才能处理的事情,这样不仅可以使财会人员从繁琐的基础性事务中解脱出来,而且可以帮助财会人员从复杂的系统中提取和筛选有效信息,让业务的处理流程得到简化,从而极大提高会计核算的效率和质量(秦荣生,2015)。数字经济时代的会计工作侧重于对数据的分析、研判以及为决策提供可靠素材。这无疑从根本上改变了会计工作的流程与重心,而且借助于高效的云计算,在大大提高会计工作效率和质量的同时,也促进了企业财务管控的发展。随着新兴技术的不断发展和完善,会计工作由传统的"事后算账"逐步向"事前评估、事中控制"模式转变。

3. 提高会计数据的使用效果

陈信元等(2018)在《本科层次的会计教育改革——智能化时代会计本科专业人才培养》研究报告中提出,智能化对会计职业的影响,主要表现在两个方面:会计信息的生产和会计信息的使用。现代企业特征是大规模生产和大规模分配的有机结合,而会计信息是确定企业内部资源分配的重要基础。以前企业的财务报告是在经济业务完成后由会计人员根据一定时期的会计核算编制的,编制过程较长,财务信息的使用者不能及时地获取信息。随着互联网、大数据的出现,企业意识到实时会计信息的重要性,互联网、大数据时代能够带来会计信息的实时报告,会计信息将由定时报告向实时报告发展(王舰,2013)。而且,互联网与信息技术的深入发展,有助于建立一个全过程渗透、有效提供与利用信息的会计系统。这一系统不仅可以大幅度提高跨部门采集数据的效率,提升数据的准确性、及时性、完

---

[1] 企业家马云2018年10月26日在CECA演讲中说道,"假如企业家要听经济学家的、听政府的去考虑经济未来的时候,那企业基本就死掉一半了。经济学家只对数学模型感兴趣,只对用过去的数据总结出商业模式有兴趣……相信一个对昨天有兴趣的人判断未来,这是悲哀"。

整性和一致性,而且通过将业务信息系统与会计信息系统的融合,可以增强会计数据的灵活性和适应性,提升会计信息在管理应用中的使用频率与效率,提高企业内部反应与决策速度,从而帮助管理者适应瞬息万变的外部环境。

此外,王华等(2019)还研究了大数据技术对会计应用功能的影响,通过大数据技术,财务数据与业务数据可实现无缝对接,具体表现在:第一,全国推行电子发票系统,实现了财务数据与业务数据的对接,便于资金的有效管理。许多集团公司构建了大数据系统,能够随时核实子公司项目的财务数据,实现数据创造价值的功能。第二,大数据技术使会计报表实现了完全随机扩展模式。对财务信息的处理贯穿于报表的生成,实时处理数据、规范会计报表模式,使报表的呈报不再局限于月报、季报、年报,随时能够生成时点报表,为决策提供真实、可靠的数据。第三,促进审计随机抽样的科学性、有效性。在实施审计时,通过大数据技术随机抽取样本,及时发现财务漏洞、防范风险。大数据技术实现海量数据的分析、处理,数据信息实时提供,业务流、信息流、资金流的数据同步交融,将帮助企业实现对经济前景合理性预测,为决策提供可靠信息,推动会计经营分析真正用于企业预测决策支持。

4. 改善会计信息质量

会计信息最基本也是最首要的质量要求即真实性,但现阶段我国会计行业普遍存在会计信息失真的问题,究其原因,主要是在对会计信息进行处理的时候,存在许多人为的调整、判断以及编制,这种人工操作不仅可能导致人为失误,更有可能存在人为故意篡改或造假等舞弊问题(吴联生,2003)。要从根本上保证会计信息的真实性,就要降低人工在处理会计信息时的参与度,提高人工智能的使用范围和深度,从而使得会计信息质量变得更为精准。人工智能财务系统根据财务专家提供的特殊领域知识、经验进行推理和判断,利用科学的决策程序和决策方法对会计数据的不同层次、不同角度、不同时期进行分析和建模,发掘财务结果背后的内在原因,揭示会计数据之间隐含的关系,从而达到识别虚假会计信息的目的(王舰,2013)。人工智能财务系统的运用,不仅可以在很大程度上降低因人工失误造成会计信息失真的可能性,而且也会在很大程度上减少人为篡改或造假等舞弊的可能,从而使得会计信息质量大幅提高,这在一定程度上可以缓解由会计工作失误而带来的信息不真实问题,也减少了因会计信息混乱造成的财产损失的风险。

(二)数字经济时代技术发展对会计职业的影响及挑战

1. 人工智能对会计职业的影响及挑战

2017年7月8日,国务院发布了《新一代人工智能发展规划》(简称"规划"),明确了中国人工智能的发展目标。按照规划,到2030年,中国将在人工智能方面成为世界领先的国家,人工智能将带动中国相关行业实现超过1万亿元的产业规模。该规划首次将人工智能发展提高到了国家战略层面。2018年10月31日,中共中央政治局就人工智能发展现状和趋势举行第九次集体学习。中共中央总书记习近平在主持学习时强调,人工智能是新一轮科技革命和产业变革的重要驱动力量,加快发展新一代人工智能是事关我国能否抓住新一轮科技革命和产业变革机遇的战略问题。要深刻认识加快发展新一代人工智能的重大意义,加强领导,做好规划,明确任务,夯实基础,促进其同经济社会发展深度融合,推动我国新一代人工智能健康发展[1]。

人工智能系统能力非常强大,具备快速的改善和提升能力,能够输出极度精确的结果,可以替代、甚至在某些情况下远远超过人类的努力。英国牛津大学的 Carl Benedikt Frey 和 Michael A. Osborne 教授在《职业前景:哪些工作易被电脑化》的研究报告中对英美 702 种职业进行调研分析后认为,在未来 20 年内,美国有 47%的职位将会被人工智能取代,英国的这一数字是 35%。而在 365 个职业的被替代率排名中,会计职业则排名第 3 位,被替代率高达 97.6%。由此可见,人工智能的发展对会计职业带来的挑战是巨大且深远的。

随着人工智能的发展,会计行业未来将会大范围引入人工智能系统,传统的普通核算岗位将随之减少,部分财务人员的职能将会被人工智能取代(索拉夫·杜塔,2020)。会计的新角色将着重强调技术性的会计专长以及人类的经验判断,会计工作将向业财融合的方向发展,财务会计和管理会计有望实现一体化,会计信息的呈现、获取和使用方式将发生根本变化,非会计信息将成为会计信息的重要补充(Tim,2018;徐经长,2019)。刘峰等(2018)在《国外会计教育改革对我们的启示和借鉴》研究报告中提出,在未来的几十年里,智能系统将占据人类越来越多的决策型任务,人工智能技术的进步将是重新定义并极大改善商业和投资决策质量的机会,而这正是会计行业最终的目标。

但值得注意的是,人工智能却无法完全复制人类的智能,我们需要清楚认识这两种不同形式智能的优势和局限,并对促进人类和计算机的合作建立良好的理解。当前我国会计行业呈典型金字塔状分布,普通会计岗位数量过剩,上层高水平会计人员缺口较大,一旦引进人工智能后将会对会计行业和会计人员造成不可避免的冲击。所以,会计从业人员应该根据会计工作的转型不断调整自己的能力,以适应时代的要求。

2. 区块链对会计职业的影响及挑战

近年来,区块链技术开始逐步进入会计领域,以按照时间顺序将数据区块顺序相连的方式组合成链式数据结构,通过区块链技术与智能合约的结合,以密码学方式在一定范围内建立透明公开的分布式账簿。刘永泽等(2018)在《互联网对会计教育的冲击》研究报告中指出,通过建立一个去中心化的生态圈,区块链应用于财会领域能够为企业提供完整且无需第三方的验证,帮助企业节省了与其他企业、政府机构和审计机构之间的大量验证成本,由于信息得到了共享,尤其是会计信息无法篡改,也不会有丢失的风险,从根本上帮助企业提高工作效率,对可能的业务流程进行了改善。

---

[1] 新华社. 习近平主持中共中央政治局第九次集体学习并讲话[EB/OL].(2018-10-31)[2020-08-15]. http://www.gov.cn/xinwen/2018-10/31/content_5336251.htm.

区块链在以下方面有助于确保会计确认工作的准确性：首先，在进行会计确认时，全部节点都确认后才会生成最终的新交易数据信息。分节点互相确认保障了会计数据的一致性、准确性，确保信息同步对称；其次，当有新的交易数据生成时，区块链技术会在新的交易数据上进行时间戳的加盖，使得交易数据生成的时间得以被记录；最后，每个节点的数据都有备份，这样一旦出现系统问题，可以采用备用数据开展工作。

区块链技术在保障账簿中储存信息和资产的安全性和准确性方面，以及在降成本、增收入和提升客户体验等方面均显示出了强大的优势。总体来看，区块链技术在会计领域中最突出的优势是能够降低财务风险，削减现有的会计成本（杨涛和王斌，2016；钟玮和贾英姿，2016；樊斌和李银，2018）。针对传统会计的监督职能，基于区块链的分布式账簿技术，凭借其分布式、不可篡改性、安全密钥、智能合约、公开透明等技术特点，将会颠覆和重塑传统会计监督工作（许金叶和朱莺莺，2018），变革公司治理，强化对经理层的内外监督，进一步缓解委托代理问题（何瑛等，2020）。此外，区块链还能够应用于智能化的财务报告系统，运用区块链技术在财务报告的生成、分析、应用等方面进行改进，从而提高财务报告信息质量，确保为企业带来及时有效、准确可靠的财务报告（程平和陶思颖，2020）。

英格兰及威尔士特许会计师协会（ICAEW）（2017）发布的《区块链与会计的未来》报告认为，对于会计师来说，使用区块链可以有效明确财产的所有权以及相关责任，能够显著提高工作效率。与交易担保和产权转让相关的会计工作将通过区块链和智能合约解决方案进行转型。对账和争端管理的减少，以及权利和义务确定性的提升，将使人们能更加专注于如何核算和分析交易事项，并使得核算的领域得以扩大。当今许多会计部门的流程可以通过区块链和其他现代技术（例如数据分析或机器学习）进行优化。因此，会计职能的范围将会改变，比如：对账和来源确认等业务将减少或被取消，而技术、咨询和其他增值活动将会增加。一旦所有权记录被保存在区块链中，会计人员就不再需要检查纸质文档，也不需要通过核查文件的签名和盖章等来确保文件的真实性，只需要在储存于区块链的公共记录中确认所有权，与核查纸质文件真实性相关的工作和技能要求将不再具有价值（索拉夫·杜塔，2020）。

由此看来，未来区块链技术在会计领域中的广泛应用，可能会对传统会计造成以下两个方面的挑战。一方面是对于会计从业人员。随着分布式账簿的建立，任何可记录在区块链上的信息绝对准确，会计记账员、复核员等传统岗位的基本职能将会被取代，从事相关工作的会计人员将面临失业风险。另一方面，区块链技术的应用需要较成熟和强大的数字化信息系统支持。但是，国内目前的信息系统审计和信息系统会计的建设才刚刚起步（梁钟文等，2018），区块链技术可能还需要一段时间予以完善才能真正发挥作用。

3. 云计算对会计职业的影响及挑战

作为一种新兴计算模式，"云计算"自Google前任首席执行官埃里克·施密特在搜索引擎大会（SES San Jose 2006）上首次提出以来，凭借其具有的通用性、高效性、高度的可扩展性,尤其是相对低廉性等优势逐渐渗透至社会生活的各个领域,被称为自互联网革命以来IT产业最深刻的变革,也将深刻影响我国会计行业。利用云计算技术可以通过SaaS、PaaS、IaaS等模式获取从事会计工作需要的软件、平台和基础设施,使会计活动不受地理位置的限制,可以将以往琐碎的数据进行最有效的利用,能够对计算资源、网络资源和储存资源进行管理,提高工作效率。

早在2012年9月,科技部就发布了《中国云科技发展"十二五"专项规划》,这是我国政府层面首个云计算专项规划。该规划详细说明了"十二五"期间云计算的发展目标、任务和保障措施。2015年1月,国务院发布的《关于促进云计算创新发展培育信息产业新业态的意见》,提出到2020年,云计算将成为我国信息化重要形态和建设网络强国的重要支撑,并且提出了一系列发展和保障措施。此后,2017年4月,工信部发布的《云计算发展三年行动计划(2017—2019年)》,提出到2019年,我国云计算产业规模达到4 300亿元,突破一批核心关键技术,云计算服务能力达到国际先进水平,对新一代信息产业发展的带动效应显著增强。2018年7月,工业和信息化部出台的《推动企业上云实施指南(2018—2020年)》和《扩大和升级信息消费三年行动计划(2018—2020年)》,明确了2020年全国新增上云企业100万家的目标。

目前,在会计领域利用云计算技术的代表性实践为财务云共享模式的应用。财务云共享模式借助云计算技术,使得在大数据时代财务共享服务中心数据储存能力与计算能力大大提升,数据安全性也得以保障,为企业集团财务资源整合、财务管理流程再造和财务业务处理效率的提高都提供了较大的帮助(何永利,2016)。财务云共享核心价值以提高企业效率为主,围绕四个方面展开:首先,以达到财务资源共享为目的,有效避免人员及软硬件系统出现重复设置的问题,从而实现企业总体运营及财务成本的降低;其次,可进一步加强公司的财务管控力度,逐步建设管理会计系统,通过云共享服务模式达到集中处理数据的目的,最终能为管理者或决策部门提供相对及时、准确、完整的会计信息,从而有效保证企业运营能力的提高;再次,促进公司整合能力的提高,推进企业主营业务的快速整合及进一步扩张;最后,通过推动业务标准化、人员专业化培训,提高公司财务工作的整体效率,从而提升企业财务的服务质量(朱蕾,2018)。

云计算在会计领域广泛应用的最大挑战是云计算的安全问题和数据的所有权问题。执业会计师与会计专业学生都需要了解云技术给企业和会计领域带来的相关风险:第一种是与数据获取相关的风险。由于数据被存储在远程第三方处,所以获取数据需要依赖互联网连接以及相关的基础设施。如果第三方服务供应商出现崩溃、中断或被黑客侵入的问题,就会影响到那些存储的数据或使用云设施的企业;第二种是有关数据的所有权。当数据被存储在第三方时,数据所有权究竟是依然归属于该企业还是归服务供应商所有?就此问题已经出现许多的讨论和争议,答案依然不明晰。数据的所有权问题应当引起会计师和审计师的关注,考虑到数据的敏感性和关键性特征,公司必须保证财务数据的安全,确保拥有数据的所有权（索拉夫·杜塔，2020）。

4. 大数据对会计职业的影响及挑战

在数字经济时代，数据正在成为配置资源和创造财富的核心要素。随着大数据技术的发展，企业的精细化管理要求会计人员要把更多的精力投入到流程再造和价值管理中去，不断强化会计的管理职能，加强管理会计在企业实践中的推广和应用。刘永泽等（2018）指出，利用大数据处理工具和方法，财会人员可以将工作重心更多的转向分析与预测，而不仅仅是简单的核算与反映；依托大数据技术，会计人员可以在合理时间内获取、管理、整理和处理数量庞大的企业经营相关甚至是能够侧面反映经营状况的数据，最终将原生的大体量数据转变成最能帮助企业管理者进行经营决策的信息。比如，大数据应用于财会领域，可以帮助财会人员基于大量信息进行更有效的成本管理。

在管理会计中，大数据将有助于有效管理控制系统和预算过程的发展和演变。在财务会计中，大数据将提高会计信息的质量和相关性，从而提高透明度和利益相关者决策。在报告方面，大数据可以帮助制定和完善会计准则，帮助确保会计行业在动态、实时、全球经济发展的过程中继续提供有用的信息（Warren 等，2015）。未来会计人才亟需培养跨界融合的共享思维，具备运用大数据深挖掘、善处理、会决策的能力。通过建立会计人才数商塑造的有效机制，打造"智商＋情商＋数商"的"三商"合力，培养以数商为核心导向，以专业、人际、商业、领导和职业道德为辅助的职业"六维"技能，从而使会计人才在"大智移云"时代更好地帮助企业实现价值创造和价值增值（吴玉梅等，2020）。

就目前来看，大数据在会计领域应用面临的最大挑战在于财务分析从小数据向大数据转变。传统财务分析利用的主要是企业内部和分子公司中的数据和资源，较少涉及外部数据和资源的收集、分析和挖掘。然而，数字经济时代要求财务分析的数据和资源能够从外部广泛收集与挖掘，包括行业、主管部门、竞争对手、政府部门、产业链相关单位的数据，并进行网上及时收集与汇总、在线更新和补充。财务分析通过大数据技术可以获取大量的非结构化和半结构化数据，这些数据能够实现量变到质变的转换，从非结构化和半结构化数据中发现相关性，为财务分析获取更多相关和可靠的证据（秦荣生，2015），这不仅对财务人员处理数据的能力提出了更高的要求，而且也对传统会计核算方法提出了新的要求。因此，存量财务会计人员只有拥抱变化、加强学习、积极转型，才能真正顺应大数据等新技术给会计工作带来的现实挑战（徐经长，2019）。

基于上述分析，我们可以发现大数据将对会计产生越来越重要的影响。通过大数据提供的视频、音频和文本信息可以改进管理会计、财务会计和财务报告实践，同时，大数据也将会对会计教育产生影响，人才培养目标、教学内容、手段和评价等都需要发生相应改变。

5. 移动互联网对会计职业的影响及挑战

2017年1月15日，中共中央办公厅、国务院办公厅印发了《关于促进移动互联网健康有序发展的意见》。随着信息网络技术迅猛发展和移动智能终端广泛普及，移动互联网以其泛在、连接、智能、普惠等突出优势,有力推动了互联网和实体经济深度融合,已经成为创新发展的新领域、公共服务的新平台、信息分享的新渠道。

移动互联网的普及对会计领域产生了深远的影响。首先,支付宝、微信支付、苹果支付、云闪付等新兴支付平台和支付手段的出现,突破了原来的托收承付、委托收款、支票、本票、商业汇票等传统方式,改变了结算方法和结算流程,简化了结算手续,提高了结算效率;其次,财会工作逐渐向APP端发展,逐步实现移动办公,从固化的工作场所向移动工作方式转变,大大提高了财会工作的效率;最后,由于移动互联技术的"互联"性,企业的会计核算从分散走向集中,对于设置大量分支机构、子公司的多层级集团公司,有利于其会计核算从层层分设转变为建立一个会计中心,集中处理整个企业集团的会计工作;同时,企业的资金由分散使用、分散管理走向集中,成立财务共享中心,统筹整个企业的资金使用和管理,提高了资金使用效率,节约了资金使用成本(潘上永,2016)。刘永泽等(2018)指出,企业各类业务系统、会计信息系统的登录、使用、信息发布方式由于移动互联网技术的普及均发生了改变,在数据集成方面,移动互联的影响尤为明显,让会计信息实现了一次录入、多次使用、资料共享,会计信息的准确性、及时性和集成性都得到大幅度的提升。

移动互联网的广泛应用推动了会计工作与互联网的深入融合,网络代理记账、在线财务管理咨询、云会计与云审计服务等第三方会计审计服务模式初现端倪;以会计信息化应用为基础的财务一体化进程不断提速、财务共享服务中心模式逐渐成熟;联网管理、在线受理等基于互联网平台的管理模式成为会计管理新手段;在线联机考试、远程培训教育等已成为会计人才培养重要的方式(李爱苓,2017)。

然而,移动互联网技术在会计领域的应用同样面临挑战,重中之重的就是安全问题。比如财务系统移动终端的认证管理,要防止其他非授权的终端接入到公司的内部网络使财务数据的安全受到威胁。此外,目前可能存在相关法规不健全、配套制度不完善的情况,对于图片、声音、视频文件等电子原始凭证的合法性,以及电子票据的合法性还需建立行业规范,以便更好地推广移动互联网技术在企业财务中的应用(李冰,2015)。

(三)会计专业人才培养的新要求

作为国家发展战略重点关注领域,数字经济时代技术的迅猛发展与应用对会计实务界产生了深远的影响,也对会计职业发展提出了新的挑战。无论是传统会计的变革还是对会计从业人员素质及技能的要求,数字经济时代技术正发挥着深刻的作用。在这样的时代背景下,数字经济时代技术对会计职业的影响直接催生出了对会计专业培养目标的新要求。当会计专业培养目标进行变革后,相应的教学课程设置、教学方法、师资队伍等会计教育的其他方面也将随之改变。

1. 会计专业人才培养目标

会计岗位需求是人才培养目标设定的依据。但就目前情况来看,会计教育的变革远远没有跟上数字经济时代技术在会计行业运用的脚步。会计职业需求与人才培养存在着会计岗位需求与人才培养目标的错配、会计执业内容与人才能力培养的错配、会计市场认可与教学评价机制的错配等尖锐问题(苑泽明等,2018)。虽然目前大学教育在理念上已经试图适应新的经济与技术环境对会计人才的要求,但具体的人才培养方面仍存在一些问题,无法适应互联网背景下的挑战,主要表现为学科知识结构过于单一,培养的人才知识面过窄。目前学习会计专业的学生不在少数,但能够符合会计职业需求,将数字经济时代技术运用于会计工作中的毕业生却少之又少。因此,应用型本科高校会计专业培养目标的设定更应强调对人才视野的拓展以及战略角色的转型,方能解决基层会计人才"过剩"的结构性矛盾,进而提升会计人才培养质量。

2. 会计教学课程设置

长期以来,我国高校会计教育在人才知识结构的设计上一直是以"会计学原理、中级财务会计、高级财务会计"课程为核心,以"财务管理、审计、管理会计"等课程为补充的模式,侧重于会计专业知识(尤其是财务会计知识)的介绍,应对数字经济时代所要求的计算机、数据分析等课程比较薄弱。自2015年"互联网+"被李克强总理纳入政府工作报告以来[1],会计行业在"互联网+"的影响下也呈现出了新的发展趋势,数字经济时代技术对会计人员的技术储备提出了更高的要求,同样对会计人才的培养提出了新的要求。未来的会计人员必须需要有扎实的数据管理基础,同时还要对新技术有较好的适应能力(Ovaska-Few,2017)。

互联网、云计算、大数据、财务共享服务等先进信息技术对高校传统会计课程教学提出了挑战,互联网时代的会计高等教育课程体系应当是基于多学科、多层次的内容整合,将新兴技术融入教学过程,构建信息化的课程体系作为重要载体(苑泽明等,2018)。即便随着教学模式的改进,在线教学、移动课堂已屡见不鲜,但在众多的教学案例中,信息化课程的构建仅仅局限在呈现方式的多样化,存在"形式重于实质"之嫌。对于在会计教育中如何有效融合信息化课程,大多数本科高校还未真正落实到位(刘国城和董必荣,2017)。作为培养会计人才摇篮的高校,应当重新设计一种适应"'互联网+会计'环境的新教学体系",顺应"互联网+"引起的我国企业向信息化转变的时代背景,培养信息化专业人才(张雪英,2017)。

3. 会计教学方法设计

会计人才的能力需求是会计教学设计的基础。从20世纪90年代开始,信息科技和网络技术飞速发展,传统的教学手段和教学方式已不能适应信息社会的客观要求(阎达五和王建英,1999)。当前,虽然多元化教学形式不断涌现,有助于优化教育资源及降低培养成本,但由于脱节于教学内容和教学方法,并不能培养出真正适应互联网新技术时代职能需求的会计人才。在智能化技术高速发展的时代背景下,新兴技术已在人们生活各方面都得

---

[1] 新华社. 政府工作报告[EB/OL].(2015-03-16)[2020-08-15]. http://www.gov.cn/guowuyuan/2015-03/16/content_2835101.htm.

到了有效应用,在将信息技术引入高校会计专业的同时,如何通过信息技术的引进做到会计实践性的提高,如何使用信息技术培养出高效的会计人才,使高校的会计专业实行信息化教学,也是当前教育技术改革和方法创新的重点(奎君,2018)。数字经济时代下的会计教学要从思想、手段、方法三方面进行建设,全面推动信息技术与会计课程相结合。网络教学平台正是在这一环境中产生的,它在高校会计专业中的应用必将引发会计教学的改变,起到提高学生创新精神与实践能力的作用(宋长华和费世荣,2017)。在数字经济时代,会计教学方式方法也必须要得到相应的"改造升级",以更加符合会计专业培养目标,并与会计人才能力需求相匹配。

4. 师资队伍建设

佟岩等(2019)发现智能化时代背景下的会计教育变化给会计专业的教师带来了更大的挑战,他们必须不断在课程设置、教学内容、教学方法等各方面进行创新(Raghavan 和 Thomas,2014)。然而 Apostolou 等(2015)却发现,近年来在会计教育研究中对师资队伍的关注正在逐渐减少,对教育工具的研究却在持续增加[1]。虽然,新技术为会计专业的教师提供了很多工具,但这些工具的具体应用必须依靠教师的力量,教龄、教学任务量等都会影响教师使用新的教学工具的积极性,甚至有些教师会拒绝采用新技术(Humphrey 和 Beard,2014)。由此可见,21 世纪商学院和高等教育机构面临的最大挑战并不是新技术本身,而是教师采用新技术的能力(Watty 等,2016)。师资力量对于专业发展影响重大,我国现阶段的高校会计学专业师资在理论基础、实践能力以及创新能力等方面还难以满足高水平课程建设的需要,在整体上需要进一步提高(张新民和祝继高,2015)。高校师资队伍建设的优劣决定了高校人才培养质量的高低,如何在大数据时代科学利用源于高校各个层面的海量数据,并使之成为高校师资队伍建设的参考与方向,是众多高校需要解决的现实问题(石纬林和王轶,2016)。

三、国家高等教育改革相关政策要求

在"大智移云区"等新兴技术高速发展的当下,高校会计专业教育体系建设应当充分与最新科技发展相结合,这是深化我国高等教育改革的切实需要。为此,本节我们主要梳理了近五年国务院、教育部、财政部等印发的相关政策文件,为后续研究提供相应的制度支撑(见表 3-2)。

---

[1] Apostolou 等在 2016、2017、2018、2019、2020 年对 2015—2019 年发表在国际六大会计教育类期刊((1) *Journal of Accounting Education* (2) *Accounting Education* (3) *Advances in Accounting Education* (4) *Global Perspectives on Accounting Education* (5) *Issues in Accounting Education* 和 (6) *The Accounting Educators's Journal*)中关于会计教育的文献进行梳理,发现文献主要聚焦四个主题,分别是课程问题(Curricular issues)、学习和评估的保证(Assurance of learning and assessment)、核心竞争力(Core competencies)和教学方法(Instructional approaches)。由此可见,目前我们对师资队伍的关注还远远不够。

表 3-2　　　　　　　　近五年与新技术发展和高校教学相关的政策文件

发文/会议时间	文件/会议/报告名称	发文/会议机构	主要内容
2015年8月31日	《促进大数据发展行动纲要》	国务院	1. 鼓励高校设立数据科学和数据工程相关专业； 2. 促进国际交流合作； 3. 完善教育管理公共服务
2016年10月8日	《会计改革与发展"十三五"规划纲要》	财政部	1. 加强管理会计理论研究、教学教材改革； 2. 加大案例研究和教学
2017年1月24日	《统筹推进世界一流大学和一流学科建设实施办法(暂行)》	教育部、财政部、发改委	1. 突出学科交叉融合和协同创新； 2. 强化学科建设绩效考核,引领高校提高办学水平和综合实力
2017年7月8日	《新一代人工智能发展规划》	国务院	到2030年,中国将在人工智能方面成为世界领先的国家,该规划首次将人工智能发展提高到了国家战略层面
2018年4月2日	《高等学校人工智能创新行动计划》	教育部	1. 推动学校教育教学变革； 2. 推动智能教育应用示范,全面推进教育现代化
2018年9月17日	《关于加快建设高水平本科教育全面提高人才培养能力的意见》	教育部	1. 实施一流专业建设"双万计划"以及动态调整专业结构； 2. 重塑教育教学形态； 3. 实施"六卓越一拔尖"计划2.0
2018年9月17日	《教育部等六部门关于实施基础学科拔尖学生培养计划2.0的意见》	教育部、科技部、财政部、中国科学院、中国社会科学院、中国科协	1. 促进学科交叉、科教融合； 2. 创新学习方式。以现代信息技术为支撑,创设线上线下、课内课外、虚拟与现实相结合的学习环境和机制,提高学习成效
2018年10月31日	中共中央政治局就人工智能发展现状和趋势举行学习	中共中央政治局	加快发展新一代人工智能是事关我国能否抓住新一轮科技革命和产业变革机遇的战略问题
2019年10月24日	中共中央政治局就区块链技术发展现状和趋势进行学习	中共中央政治局	把区块链作为核心技术自主创新的重要突破口,明确主攻方向,加大投入力度,着力攻克一批关键核心技术,加快推动区块链技术和产业创新发展
2019年10月24日	《教育部关于一流本科课程建设的实施意见》	教育部	1. 教学内容体现前沿性与时代性,及时将学术研究、科技发展前沿成果引入课程； 2. 淘汰"水课",立起课程建设新标杆； 3. 改革方法,课堂活起来
2020年1月21日	《关于"双一流"建设高校促进学科融合加快人工智能领域研究生培养的若干意见》	教育部、财政部、发改委	1. 完善人工智能领域学科布局； 2. 设立产教融合创新平台； 3. 加强课程体系建设； 4. 开展多样化教学评价

(续表)

发文/会议时间	文件/会议/报告名称	发文/会议机构	主要内容
2020年4月30日	《高等学校区块链技术创新行动计划》	教育部	1. 加强区块链与教育治理的联系； 2. 有关高校要将区块链技术作为重要发展方向和核心技术自主创新的重要突破口； 3. 深化产学研合作

（一）大数据相关政策

2015年8月31日，国务院印发《促进大数据发展行动纲要》，提出要"加大大数据关键技术研发、产业发展和人才培养力度，着力推进数据汇集和发掘，深化大数据在各行业创新应用，促进大数据产业健康发展，并需要在此基础上加强专业人才的培养；创新人才培养模式，建立健全多层次、多类型的大数据人才培养体系，鼓励高校设立数据科学和数据工程相关专业，重点培养专业化数据工程师等大数据专业人才；坚持平等合作、互利共赢的原则，建立完善国际合作机制，积极推进大数据技术交流与合作，充分利用国际创新资源，促进大数据相关技术发展；完善教育管理公共服务平台；各有关部门要进一步统一思想，认真落实各项任务，共同推动形成公共信息资源共享共用和大数据产业健康发展的良好格局"。

2017年12月8日，中共中央总书记习近平在中共中央政治局第二次集体学习时强调，大数据发展日新月异，我们应该审时度势、精心谋划、超前布局、力争主动，深入了解大数据发展现状和趋势及其对经济社会发展的影响，分析我国大数据发展取得的成就和存在的问题，推动实施国家大数据战略，加快完善数字基础设施，推进数据资源整合和开放共享，保障数据安全，加快建设数字中国，更好服务我国经济社会发展和人民生活改善[1]。

（二）人工智能相关政策

人工智能是引领新一轮科技革命、产业变革、社会变革的战略性技术，正在对经济发展、社会进步、国际政治经济格局等方面产生重大且深远的影响。与发达国家相比，我国在人工智能基础理论、原创算法、高端芯片和生态系统等方面仍有较大差距，学科交叉融合亟待深化，人才培养导向性亟待加强。

2017年7月8日，国务院发布了《新一代人工智能发展规划》，设立了中国人工智能的发展目标，即到2030年，中国将在人工智能方面成为世界领先的国家，该规划首次将人工智能发展提高到了国家战略层面。

2018年4月2日，教育部印发《高等学校人工智能创新行动计划》（简称"行动计划"），以此引导高等学校瞄准世界科技前沿，不断提高人工智能领域科技创新、人才培养和国际合作交流等能力，为我国新一代人工智能发展提供战略支撑。在此基础上，需要推进智能

---

[1] 新华社. 习近平主持中共中央政治局第二次集体学习并讲话[EB/OL].(2017-12-09)[2020-08-15]. http://www.gov.cn/xinwen/2017-12/09/content_5245520.htm.

教育发展。行动计划要求"推动学校教育教学变革,在数字校园的基础上向智能校园演进,构建技术赋能的教学环境,探索基于人工智能的新教学模式,重构教学流程,实现因材施教;推动智能教育应用示范,加快推进人工智能与教育的深度融合和创新发展,探索人工智能技术与教育环境、教学模式、教学内容、教学方法、教学管理、教育评价等的融合路径和方法,发展智能化教育云平台,全面推动教育现代化"。

2018年10月31日,中共中央政治局就人工智能发展现状和趋势举行第九次集体学习。中共中央总书记习近平在主持学习时强调,人工智能是新一轮科技革命和产业变革的重要驱动力量,加快发展新一代人工智能是事关我国能否抓住新一轮科技革命和产业变革机遇的战略问题。要深刻认识加快发展新一代人工智能的重大意义,加强领导,做好规划,明确任务,夯实基础,促进其同经济社会发展深度融合,推动我国新一代人工智能健康发展[1]。

2020年1月21日,教育部、国家发改委、财政部共同制定印发《关于"双一流"建设高校促进学科融合加快人工智能领域研究生培养的若干意见》,提出要"完善人工智能领域学科布局;实行联合科研攻关和融合育人,强化课程体系、计算平台、实验环境等条件建设;面向全产业链和社会发展需求,科学设计多学科交叉融合的课程体系,加强课程体系建设;健全学位质量保障机制。鼓励高校在人工智能相关学科设立教学指导分委员会,开展多样化教学评价"。

(三)区块链相关政策

区块链技术的集成应用在全球范围内呈现强劲发展势头,在新的技术革命和产业变革中起着重要作用,未来将在建设网络强国、发展数字经济、助力经济社会发展等方面发挥更大作用。2019年10月24日,中共中央政治局就区块链技术发展现状和趋势进行第十八次集体学习。中共中央总书记习近平在主持学习时强调,区块链技术的集成应用在新的技术革新和产业变革中起着重要作用。我们要把区块链作为核心技术自主创新的重要突破口,明确主攻方向,加大投入力度,着力攻克一批关键核心技术,加快推动区块链技术和产业创新发展[2]。

为加快高校区块链技术创新,服务国家战略需求,教育部于2020年4月30日制定印发《高等学校区块链技术创新行动计划》,提出要"加强区块链与教育治理的联系;有关高校要将区块链技术作为重要发展方向和核心技术自主创新的重要突破口,研究区块链技术发展现状和趋势,提高区块链技术创造和运用能力,加快推进落实;支持高校围绕'区块链技术攻关能力提升行动'所列方向培育建设创新平台;鼓励高校加强与行业优势企业的合作,通过共建实验室、研究中心或联合攻关等方式,积极落实'区块链技术示范应用行动',推动

---

[1] 新华社.习近平主持中共中央政治局第九次集体学习并讲话[EB/OL].(2018-10-31)[2020-08-15].http://www.gov.cn/xinwen/2018-10/31/content_5336251.htm.
[2] 新华社.习近平主持中央政治局第十八次集体学习并讲话[EB/OL].(2019-10-25)[2020-08-15].http://www.gov.cn/xinwen/2019-10/25/content_5444957.htm.

区块链技术转化为企业发展活力、转化为现实生产力,深化产学研合作"。

(四) 会计改革、人才培养与学科建设相关政策

2016年10月8日,财政部印发《会计改革与发展"十三五"规划纲要》,以建立健全与社会主义市场经济相适应的会计体系,深入推进会计工作法治化、信息化、现代化为总体目标,提出要"认真抓好管理会计指引体系实施,加强管理会计理论研究、教学教材改革,支持管理会计创新中心建设;推动加速培养应用型高层次会计人才;研究完善会计硕士专业学位质量认证体系,加大案例研究和教学,创新会计专业学位研究生培养模式;积极推进设立会计博士专业学位,完善会计专业学位系列"。

2017年1月24日,教育部、财政部、国家发改委印发《统筹推进世界一流大学和一流学科建设实施办法(暂行)》,提出要"面向国家重大战略需求,面向经济社会主战场,面向世界科技发展前沿,突出建设的质量效益、社会贡献度和国际影响力,突出学科交叉融合和协同创新,突出与产业发展、社会需求、科技前沿紧密衔接,深化产教融合,全面提升我国高等教育在人才培养、科学研究、社会服务、文化传承创新和国际交流合作中的综合实力,强化学科建设绩效考核,引领高校提高办学水平和综合实力,推动一批高水平大学和学科进入世界一流行列或前列"。

2018年9月17日,教育部发布《关于加快建设高水平本科教育全面提高人才培养能力的意见》,提出了建设高水平本科教育的重要意义和形势要求、建设高水平本科教育的指导思想和目标原则,分别从把思想政治教育工作贯穿高水平本科教育全过程、围绕激发学生学习兴趣和潜能、深化教学改革、全面提高教师教书育人能力、大力推进一流专业建设、推进现代信息技术与教育教学深度融合、构建全方位全过程深融合的协同育人新机制、加强大学质量文化建设等方面,明确了建设高水平本科教育人才培养体系的主要任务和重点举措。

2018年9月17日,教育部印发《教育部等六部门关于实施基础学科拔尖学生培养计划2.0的意见》,明确指出要促进学科交叉、科教融合、创新学习方式。2019年10月24日,教育部印发《教育部关于一流本科课程建设的实施意见》,要求"全面开展一流本科课程建设,树立课程建设新理念,推进课程改革创新,实施科学课程评价,严格课程管理,立起教授上课、消灭'水课'、取消'清考'等硬规矩,夯实基层教学组织,提高教师教学能力,完善以质量为导向的课程建设激励机制,形成多类型、多样化的教学内容与课程体系。经过三年左右时间,建成万门左右国家级和万门左右省级一流本科课程。教学内容要体现前沿性与时代性,及时将学术研究、科技发展前沿成果引入课程;立足经济社会发展需求和人才培养目标,以目标为导向加强课程建设,优化重构教学内容与课程体系;改革方法,强化现代信息技术与教育教学深度融合,解决好教与学模式创新的问题,杜绝信息技术应用的简单化、形式化"。

通过对以上相关政策的梳理,可以发现随着大数据、人工智能、区块链等技术越来越成熟、应用范围越来越广泛,教育部门对高校专业学科的建设是否结合智能技术越来越关注。

高校会计教育改革既是高校学科建设进步的内生动力和内在需要,也是国家大环境、大政策、大背景下的外部原因和外在要求。高校会计教育的发展和建设工作必须做到符合国家政策要求、顺应时代发展潮流趋势。数字经济赋予了科学技术新的内生动力,高校要积极应对宏观环境、数字经济时代技术对会计教育带来的挑战,充分吸收新技术赋予的新能量,结合国家政策主动推动高校会计的供给侧改革,实现会计人才培养转型升级[1]。

四、本章小结

本章主要分析和探讨新形势下我国高校会计教育面临的挑战,以期为未来会计教育改革明确方向。通过分析宏观环境、数字经济时代技术发展和国家高等教育改革的相关政策对会计职业和会计教育的影响,我们可以发现,随着我国供给侧结构性改革的持续推进,经济体制改革的不断深化,我国经济正走向高质量转型发展。同时,以大数据、云计算、移动互联网、人工智能、区块链等为代表的科技创新不断涌现,都对我国会计职业和会计教育产生了巨大且深远的影响,高校会计教育改革既是高校本身学科建设进步的内生动力和内在需要,也是国家大环境、大政策、大背景下的外部原因和外在要求。正如朱元午教授(2020)所说,当今环境下的我国会计担当是历史赋予我们的使命,要尽快实现会计教育从"卖方市场"向供给侧结构性改革转变!

特别值得注意的是,2020年伊始,新冠肺炎疫情对高校的教学方式带来了巨大的改变,加速了高校线下传统教学模式向"互联网+教育"和"智能+教育"的转变,无疑会对未来会计高等教育改革具有深远影响。高校会计教育的发展和建设工作必须要切实做到符合国家政策要求、顺应时代发展潮流趋势、充分发挥中华民族优秀的创新精神,积极应对宏观环境、数字经济时代技术和重大突发事件对会计教育带来的挑战,充分吸收新技术赋予的新能量,结合国家政策主动推动高校会计的供给侧改革,积极探索、改革和创新会计专业人才培养目标、会计教学课程设置、会计教学方法设计及师资队伍建设,实现我国会计人才培养转型升级,进而提升我国高校会计教育的国际地位和话语权!

---

[1] 相关领导和学者结合国家高等教育改革相关政策的要求对我国会计高等教育的改革也提供了一些新思想和新思路。2018年11月13日,教育部高等教育司司长吴岩发表了题为《学深悟透 精准发力 久久为功—全力支持云南高等教育提质量上水平创特色》的专题报告,报告强调,各高等院校要把握好"建设一流本科、做强一流专业、推出一流金课、实施一流认证、打造一流师资、培养一流人才",加快建设发展新工科、新医科、新农科、新文科,加快实施"六卓越一拔尖计划",加快推进三级专业认证,牢牢抓住提高人才培养能力和水平这个核心,做好各项工作。2019年7月28日,西交利物浦大学校长席酉民在新商科教学改革与专业建设论坛上发表了《新商科:概念、内涵和实现路径》的主题报告,其中强调在新的时代,需要新的大学教育模式,新的模式需要融合西方的管理思想和中国的大一统思路,只要这种中西交汇,才能办出好的、符合社会需要的大学。由此可见,人工智能、区块链、大数据等新技术正改变着传统商科教育模式。以会计、财务管理、工商管理、市场营销、人力资源管理等专业为代表的传统商科,如何应对商业新伦理、新技术、新需求、新实践的挑战,培养适合时代需求的新商科人才,是当前"新商科"的重要命题(吕波,2019)。

第四章

会计教育改革调查数据分析

由于会计学术研究的相对滞后性(Moser,2012),一些学者认为,会计学术研究对会计实务和职业的影响比较有限(Basu,2012;Kaplan,2011),对会计教育的影响也较为薄弱(Duff等,2019)。因此,非常有必要从实务界和高校的双重视角对会计教育改革进行调查研究,同时对会计教育重新进行审视,以更好地满足我国会计教育改革的迫切需求、抓住关键节点、精准把握改革方向。本章首先对会计人员市场供需情况进行具体介绍;其次,在会计教育体系方面,针对会计教育体系现存问题及专业课程重构方向进行调查数据分析;最后,就新冠肺炎疫情对会计教学方式的影响进行调查数据分析,以期为推动我国会计本科教育改革提供一些数据支持及思路借鉴。

一、会计人员市场供需情况

通过调查数据分析,我们发现,在经济发达的美国市场中,本科会计人员的供给是严重大于市场需求的。相比之下,我国正处于经济高质量发展的关键时期,会计对于经济发展和企业进步有着至关重要的影响,我国市场对高级会计人员的需求持续上升,但目前我国会计人员的供需情况处于结构性失衡状态,初级会计人员严重供大于求,高级会计人员则严重供给不足。伴随着智能化时代的到来,互联网新技术对各行各业都产生了巨大的影响,企业对于会计人员的需求发生了改变,对其专业能力提出了更高更全面的要求。市场需要的不再是仅仅完成核算工作的财务会计,更缺乏的是既懂财务又懂业务的复合型专业会计人才。传统的高校会计人才培养模式脱节于时代的发展,已不能完全满足企业的最新需求,关键问题逐步显露了出来。为了更好地跟上智能化时代的发展脚步,提供符合社会和市场需求的会计人员,高校会计人才培养必须进行改革。

(一) 总体供需情况

1. 美国会计本科毕业生严重供大于求

美国注册会计师协会(2019)发布的《2019年会计毕业生供需趋势》研究报告披露了1971—2018年美国高校会计毕业生的市场总体供需情况。由表4-1和图4-1可知,自1971年以来,美国高校会计本科毕业生人数呈波动上升趋势,1995—1996学年后本科毕业生人数直线下降至2001—2002学年的最低点,而后又持续攀升,2011—2012学年前后出现了较大起伏。相对来说,美国本科会计毕业生需求人数较为平稳一些,但在1988—1989学年和2006—2007学年前后也出现了快速增减,2008年金融危机造成市场对会计毕业生的需求量减少,随着经济的不断复苏,市场对会计毕业生的需求开始增加,但在2013—2014学年后又开始呈下降趋势。整体来看,美国会计本科毕业生是严重供大于求的,供需人数差异呈现先扩大后缩小,在2006—2007学年供需人数差达到最小,后又呈不断扩大趋势。在近几年(2013—2018年),会计本科毕业生的需求呈现持续下降的趋势。

表4-1　　　　　　　　1971—2018年美国会计本科毕业生供需情况※

年份	高校毕业生人数(人)	毕业生需求人数(人)	年份	高校毕业生人数(人)	毕业生需求人数(人)
1971—1972	23 800	6 800	1990—1991	53 600	18 840
1972—1973	26 300	8 900	1991—1992	53 320	19 870
1973—1974	31 400	10 000	1992—1993	50 060	19 320
1974—1975	35 400	9 500	1993—1994	53 450	18 500
1975—1976	39 900	9 200	1994—1995	53 360	18 560
1976—1977	44 760	10 010	1995—1996	52 030	17 820
1977—1978	46 000	11 660	1998—1999	41 170	16 960
1978—1979	48 800	12 770	1999—2000	37 115	17 265
1979—1980	49 870	13 500	2000—2001	37 855	13 335
1980—1981	49 320	14 100	2001—2002	34 995	12 630
1981—1982	50 300	14 200	2002—2003	37 010	13 270
1982—1983	51 950	11 970	2003—2004	40 420	14 985
1983—1984	53 020	14 490	2006—2007	47 662	28 025
1984—1985	51 890	15 640	2007—2008	48 968	19 110
1985—1986	50 000	16 510	2009—2010	51 036	19 870
1986—1987	48 030	16 110	2011—2012	61 334	23 793
1987—1988	46 340	16 720	2013—2014	54 423	24 931
1988—1989	52 500	25 240	2015—2016	57 119	21 167
1989—1990	52 320	21 340	2017—2018	54 947	19 498

※ The American Institute of Certified Public Accountants. 2019 trends in the supply of accounting graduates and the demand for public accounting recruits [R]. Durham, AICPA. 2019.

2. 我国会计人员供需存在严重的结构性矛盾

我国是人口大国,也是会计人口大国。截至2015年年末,全国会计人员总数为1 940万人,其中接受过高等教育(大专及以上)的会计从业人员已占总数的57.07%,远高于

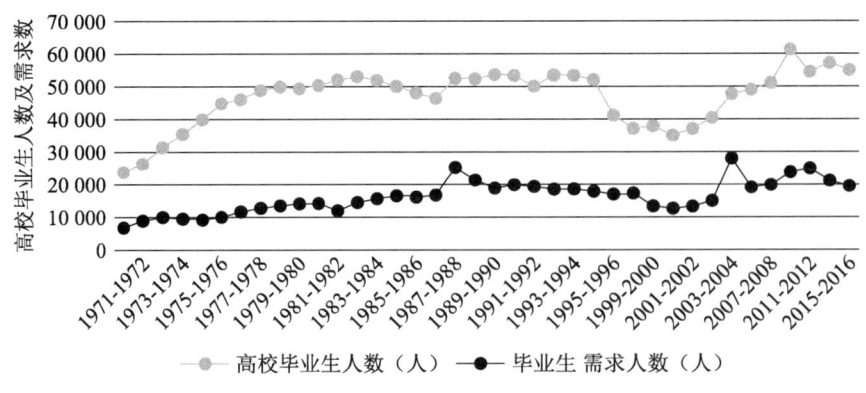

图 4-1　1971—2018 年美国会计本科毕业生供需情况

数据来源：The American Institute of Certified Public Accountants. 2019 trends in the supply of accounting graduates and the demand for public accounting recruits［R］. Durham, AICPA.2019.

2015 年全国人口 12.45% 接受过高等教育的水平（李玉环,2018）。根据《中国会计年鉴（2016）》数据显示,2012—2015 年各类会计学生毕业人数分别为 78.5 万、84.1 万、88.8 万和 91.3 万人。经济越发展,会计越重要。我国正处于经济高质量发展的关键时期,会计作为企业构成中的重要职能之一,对推动企业成长,促进经济发展发挥着必不可少的作用。那么,如此多的会计人才是否能够满足我国经济发展所需呢？根据《YCY 会计行业观察》提供的数据显示（见表 4-2 和图 4-2）,在我国初级会计人员供需现状方面,58.10% 的受访者认为属于严重供过于求,34.10% 的受访者认为属于比较供过于求,两者合计占比 92.20%；而在高级会计人员供需现状方面,40.80% 的受访者认为属于严重供不应求,38.40% 的受访者认为属于比较供不应求,两者合计占比 79.20%。可以发现,我国会计人员的市场供需存在严重的结构失衡问题,即高端人才供不应求,低端人才严重供大于求（张多蕾等,2019）。

表 4-2　　　　　　　　　　我国会计人员市场总体供需情况

选项	初级	中级	高级
人员严重供过于求	58.10%	18.00%	7.20%
人员比较供过于求	34.10%	18.00%	4.00%
持平	6.20%	35.90%	9.60%
人员比较供不应求	1.60%	26.60%	38.40%
人员严重供不应求		1.60%	40.80%

数据来源：YCY 会计行业观察,2018。

（二）企业对会计人员的需求情况

1. 企业对不同级别的会计人员具有不同的能力要求

王华教授等在 2018 年中国会计学会重点会计科研课题《互联网时代下的会计人员能

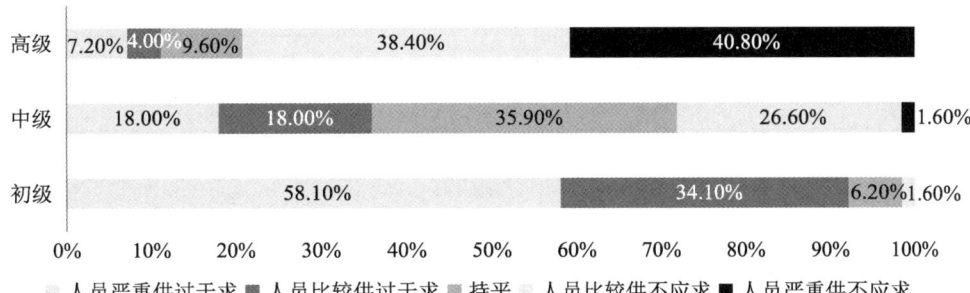

图 4-2 我国会计人员的市场供需情况

数据来源：YCY 会计行业观察，2018。

力框架》的研究中，通过文本分析方法对智联招聘网关于初、中、高级会计人员的招聘信息进行了分析（各 500 家），聚焦于招聘信息中的岗位职责和任职要求，按照会计人员胜任特征模型的三维能力框架，从职业道德、通用能力、专业能力三方面对各级会计人员的基本能力进行了归纳[1]（见表 4-3）。

表 4-3　　　　　　　　　　初、中、高级会计人员基本能力框架

初级会计人员	中级会计人员	高级会计人员
1. 职业道德		
遵纪守法 廉洁自律 保守秘密 诚实守信 爱岗敬业	责任心强 工作细心严谨 良好职业操守 爱岗敬业 工作踏实 吃苦耐劳 诚实守信	廉洁自律 保守秘密 诚实守信 公平公正 价值观 敢于担当
2. 通用能力		
表达能力 沟通技巧 协同能力 软件操作 学习能力	沟通表达能力 协调组织能力 计算机能力 团队合作能力 学习能力 解决问题能力 分析能力 抗压能力 计划执行能力	机制设计管理能力 熟悉法律法规 内外部关系 团队合作 组织协调能力 流程管理 生产运作管理 沟通表达能力 信息系统规划 人员培养

---

[1] 高级、中级和初级会计人员主要是按会计专业技术资格进行分类。高级会计人员主要是指高级会计师及大中型企业的总会计师（CFO）和财会负责人；中级会计人员主要是指会计师以及大中型企业主办会计等；初级会计人员主要是指助理会计师、会计员与一般会计人员等。

(续表)

初级会计人员	中级会计人员	高级会计人员
3. 专业能力		
开票与对账 资料整理与保管 纳税申报及汇算清缴 现金收付 账务处理及会计报表编制 成本费用核算	会计职称证书 财务预决算 财务软件 编制财务报表 财务管理制度 熟悉财经政策法规 税务筹划与申报 数据处理能力 成本费用管理与分析 发票监管 审计工作	财务预决算 内外部控制 资金运营 国内外税务筹划 成本费用管理 报表分析 风险管理 内部审计 合同审核

资料来源：王华等(2018)对智联招聘网会计人员招聘信息的文本分析。
注：虽然招聘信息文本分析结果显示，雇主没有对"中高级会计人员"提出具有遵纪守法的要求，但我们认为，遵纪守法的要求应该涵盖各层次会计人员。

总体来看，在职业道德方面，企业非常看重会计人员诚实守信、遵纪守法、爱岗敬业等基本素质，这与会计的行业特点是紧密相关的，会计信息质量和企业的战略决策等在很大程度上取决于会计人员的职业操守、责任与态度。对会计人员来说，恰当的职业道德精神与职业技能一样重要，为确保市场经济有序运行，维护自身声誉和利益，会计人员必须遵循法律、法规，必须正直、客观；在通用能力方面，除了基本的软技能（如表达沟通能力、组织协调能力等）外，随着财会人员级别的提升，对软件操作、计算机能力、数据处理能力等方面也提出了更高的要求；在专业能力方面，相较于初级会计人员的基本核算职能之外，中级会计人员作为企业会计人员的主要力量，是企业对外提供会计信息的主要编制者，因此会独立承担更多的会计核算、财务预决算工作，并进行一些财务信息整合工作以提供决策信息。高级会计人员作为企业的高级管理人员，更多看重的是其财务预决算能力、内外部控制能力、资金运营能力、分析与决策能力等。

2. 企业迫切需要复合型、管理型的会计人才

刘永泽教授等于2018年针对全国及各省市会计领军人才的454份问卷就目前最紧缺的财务人员问题进行了调查，结果显示（见图4-3），受访者普遍认为目前最紧缺的财会人员是"业财融合的财务人员"和"管理型的财务人员"，分别占比84.58%和84.14%。宏观环境的巨大变化正在推动会计职能发生重大转变，可以预见以反映为重心的会计职能将很快成为历史。未来社会需要的会计人才将不再是只懂财务的单一人才，而是必须要既懂财务又懂业务的复合型人才。旧标尺衡量不了新经济（黄世忠，2018），传统会计必须迭代重生，向大数据会计、智能财务等新会计转型，会计人才也必须尽快成长为具备更高专业素养的复合型财会人员，才能更好地满足企业的需求，迎接时代的挑战。

王华教授等则从企业需求角度出发，于2019年8月对156家企业进行了会计人才需

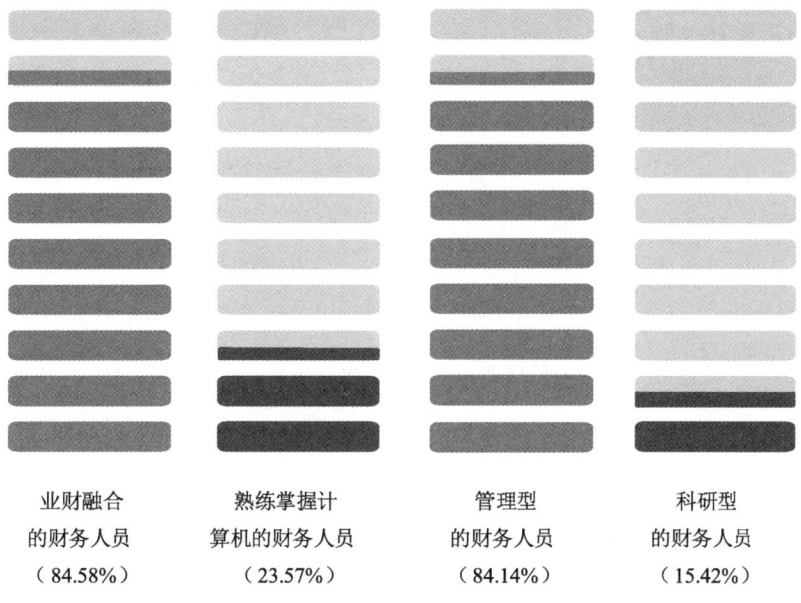

图 4-3 目前最紧缺的财务人员

资料来源：刘永泽等(2018)对全国及各省市会计领军人才的问卷调查。

求的问卷调查（见图 4-4），调查结果显示：企业对会计人才的需求程度从高到低分别为税务会计（89.74%）、财务管理（89.74%）、管理会计（84.62%）、智能化会计（72.44%）和 IT 审计（72.43%）。可见，现有企业对会计人才的需求出现了变化，更为需要税务会计、财务管理、管理会计方面专业人才，并对会计、审计与 IT 智能化相结合的复合型人才提出了新的诉求。

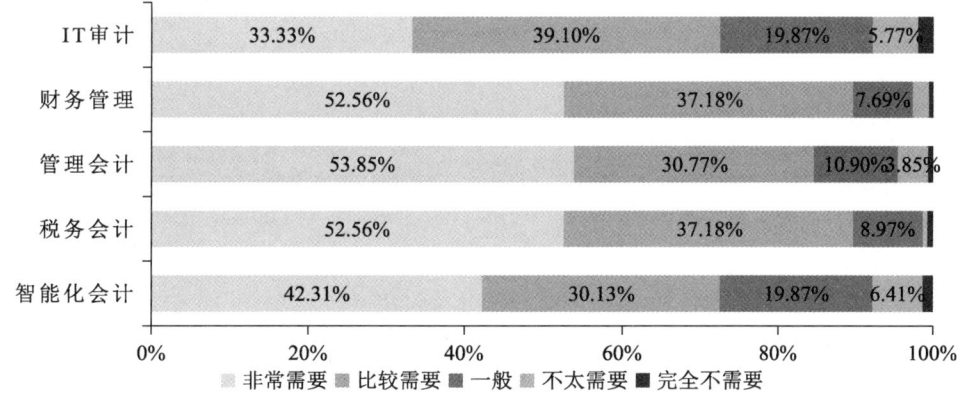

图 4-4 企业对会计人才的需求分布

资料来源：王华等(2019)对企业的问卷调查。

3. 未来会计人员的职能将发生重大变化

上海国家会计学院自2019年9月17日至29日面向资深的财会工作人士发起"企业会计的未来"前景调查,共收集到340份有效问卷,在此次调查中,"企业会计"指企业会计职能或企业会计人。调查发现以下结论:(1)未来5至10年,会计人员的工作范围"变"已是共同的认识,且9成人认为要扩大职能;(2)"会计核算"职能的重要性大幅度降低,"IT等新技术应用""财务分析""风险管理"和"公司战略"这四个职能的重要性提高最多;(3)绝大多数投票人认为影响会计职能重要性变化的是"新兴技术"和"管理者的认知/追求",其次是"行业发展与变革";(4)投票人认为会计人员最可能跨界融合进入的职能是"公司战略"和"运营管理",认为可以跨界到"产品研发"和"人力资源"的投票人比例较低;(5)绝大多数投票人认为取代会计工作的主要因素是"技术发展"和"业务流程变革",其次是"外包";(6)投票人认为目前最胜任的会计岗位是"会计核算"和"财务报告",最不胜任的岗位是"并购重组"和"公司治理";(7)投票人认为会计人员最迫切需要的能力主要是"IT等新技术应用""风险管理"和"公司治理"等,需求小的是"会计核算""财务报告"等财会人员比较胜任的传统岗位;(8)会计岗位的能力总缺口要明显大于总过剩,这是总量上的不平衡;同时,某些岗位能力缺口很大,某些岗位能力却过剩很多,这是分布上的不平衡。

(三)高校对会计人员的供给情况

我们供给侧所培养的会计人员,是否能满足实务的要求?在实务中还存在哪些问题?调查数据发现,会计人员目前存在运用现代信息技术能力较差、沟通能力差、专业知识不扎实等问题,同时,我国高校会计人才培养存在缺乏特色、在校学习内容与实务严重脱节、缺少复合型人才等问题,无法满足实务的现实需求。

刘永泽教授等于2018年针对全国及各省市会计领军人才的454份问卷就会计人员目前存在的主要问题进行了调查,结果显示(见图4-5):高达79.30%的受访者认为"运用现代信息技术能力较差",58.15%的受访者认为"沟通能力差",52.64%的受访者认为"专业知识不扎实",28.41%的受访者认为"敬业精神较差",21.81%的受访者认为"团队精神较差"。

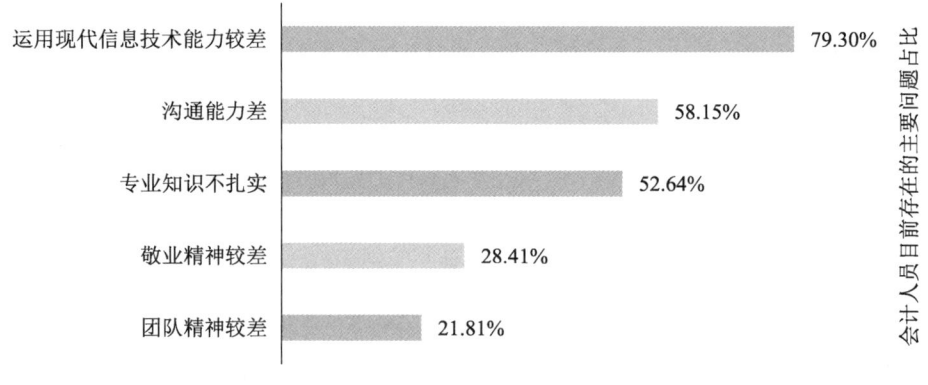

图4-5 会计人员目前存在的主要问题

资料来源:刘永泽等(2018)对全国及各省市会计领军人才的问卷调查。

王华教授等于 2019 年 8 月对 156 家企业进行了会计人才需求的问卷调查,被调查企业认为目前我国高校会计人才培养存在一定问题(见图 4-6),主要表现在:(1)"理论型"或"专才型"的毕业生传统培养路子痕迹明显,缺少复合型人才(74.36%);(2)学生在校学习内容与实务严重脱节,不能反映企业社会发展最新成果(67.31%);(3)学生的全面能力缺乏适当的训练和培养,不符合应用型人才的要求(62.82%);(4)会计课程教学与商业模式、企业经营过程、管理决策等割裂,就会计教会计(57.05%);(5)毕业生知识体系凝练不够,人才培养缺乏特色(54.49%)。

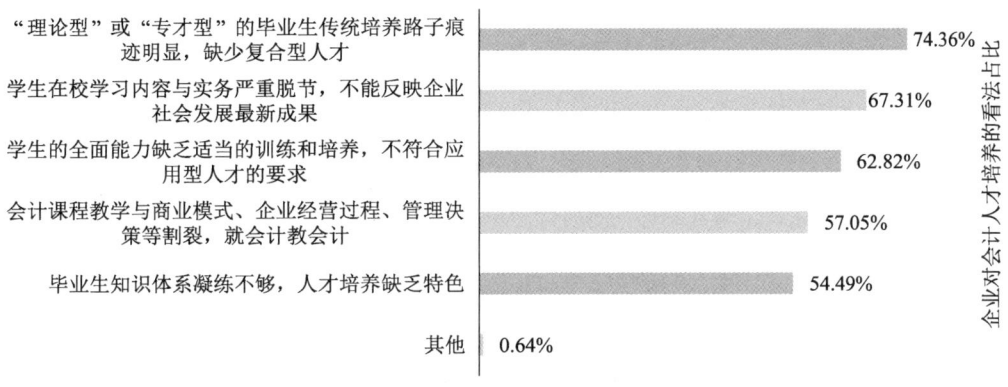

图 4-6　企业对会计人才培养的看法

资料来源:王华等(2019)对企业的问卷调查。

二、会计教育体系存在的问题及专业课程重构方向

通过调查数据分析,我们发现,当前高校会计人才培养存在的问题主要集中在人才培养目标不明确、教学方式传统单一、教学内容与实务脱节、课程体系有待完善等方面。当前高校会计类专业亟需对管理会计、智能化会计、IT 审计、财务管理与税务会计等专业方向进行创新与重构。此外,会计专业课程也需要进行融合与重构,减少非必要专业课程的设置,提高专业课程的教学质量。最重要的是,高校会计类课程设置方面要注重培养学生数据分析的能力;在教学内容方面要加大业财融合知识的讲授,增加实践教学课时;在教学方法方面要采用教、学、做合一的教学形式,同时加强线上线下课程结合。

(一)会计教育体系存在的问题

王华教授等于 2019 年 8 月对我国 283 所高校进行了会计人才培养问卷调查,其中,省、自治区、直辖市高水平建设高校 86 所、地方普通本科高校 81 所、地方应用型本科高校 61 所。省、自治区、直辖市高水平学科建设高校 40 所、一流学科建设高校 20 所、211 高校 14 所、双一流建设高校 14 所、985 高校 8 所、其他 10 所(见图 4-7)。

被调查高校认为我国现阶段会计人才培养主要存在以下突出问题(见图 4-8):(1)会

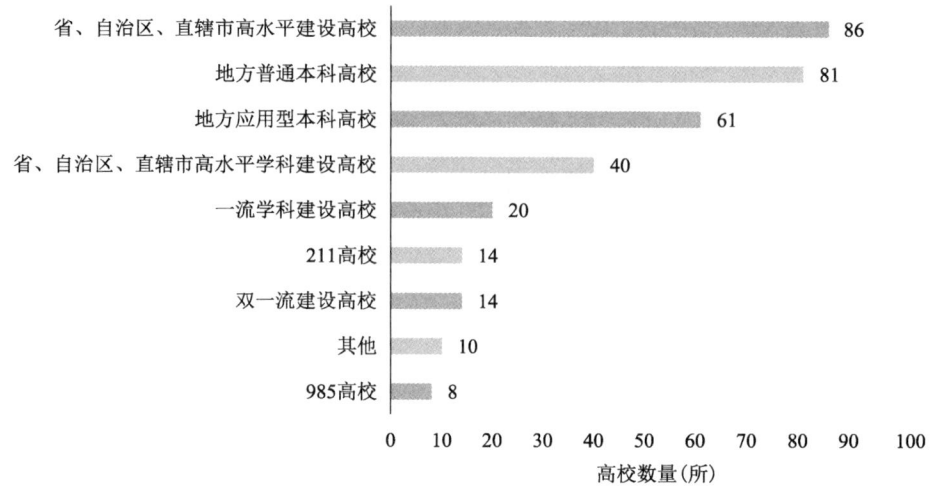

图 4-7 管理会计人才培养方案项目组会计人才培养调查高校分布

资料来源：王华等(2019)对我国高校的问卷调查。

计课程教学与商业模式、企业经营过程、管理决策等割裂,就会计教会计(3.48 分);(2)对人才培养的目标定位不够清晰,培养措施不配套(3.17 分);(3)沿用"理论型"或"专业型"的传统培养路子,教学形式单一,实行单向知识传授型的教学(3.11 分);(4)教学质量标准不明晰,对应用型人才理解不到位,课程体系陈旧,忽视学生的全面能力训练和培养(3.01 分);(5)教育内容与实务严重脱节,不能够反映企业社会发展最新成果(2.94 分);(6)追求开设热门专业,师资不足,知识体系凝练不够,人才培养缺乏特色(2.39 分)。

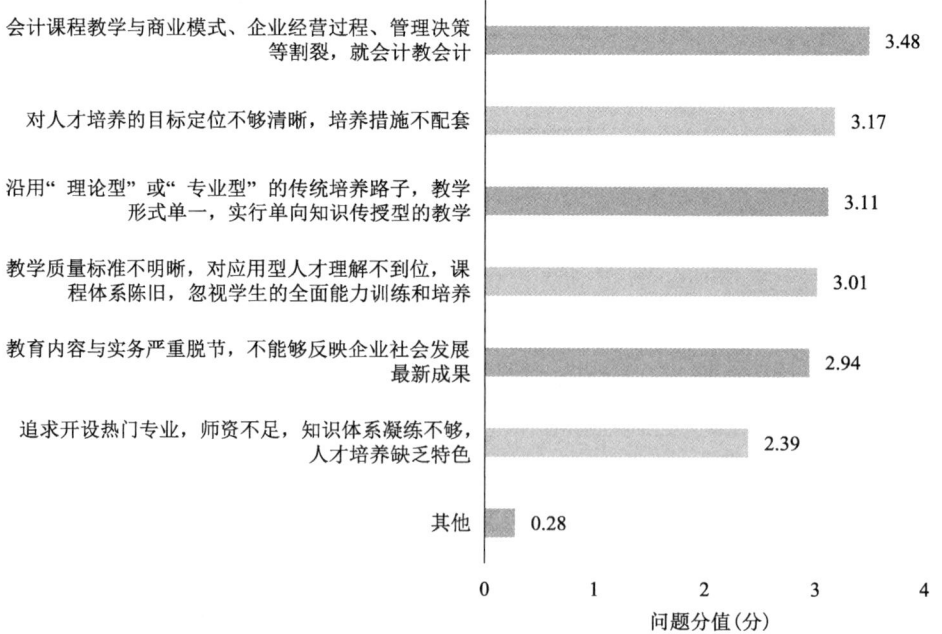

图 4-8 被调查高校对会计人才培养存在问题的看法

资料来源：王华等(2019)对我国高校的问卷调查。
满分为 4 分,分值越大表明问题越严重。

高校会计人才培养质量与其教学方式息息相关,刘永泽教授等于2018年对全国会计领军(后备)人才的问卷调查结果显示(见图4-9),对目前大学教学方式很满意的会计领军人才占比仅为1.54%,65.86%的会计领军人才基本满意,32.60%的会计领军人才不满意。

此外,为了更好地提高高校会计教学质量,提升教学效果,刘永泽教授等于2018年在对全国会计领军(后备)人才的调查问卷中,对当前教学中哪些专业课程可以不学进行了调查。数据结果显示(见图4-10):58.37%的会计领军人才认为可以不学会计电算化,17.84%的会计领军人才认为可以不学审计,14.54%的会计领军人才认为可以不学成本会计,9.25%的会计领军人才认为可以不学高级财务会计。

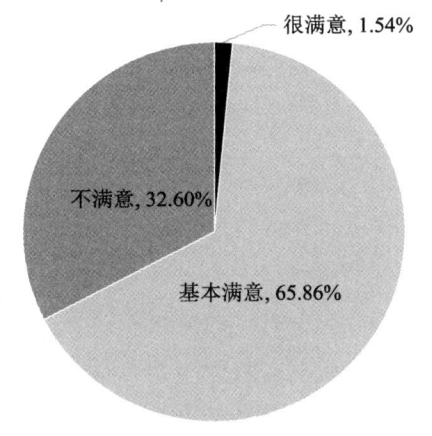

图4-9 对目前大学的教学方式是否满意

资料来源:刘永泽等(2018)对全国会计领军(后备)人才的问卷调查。

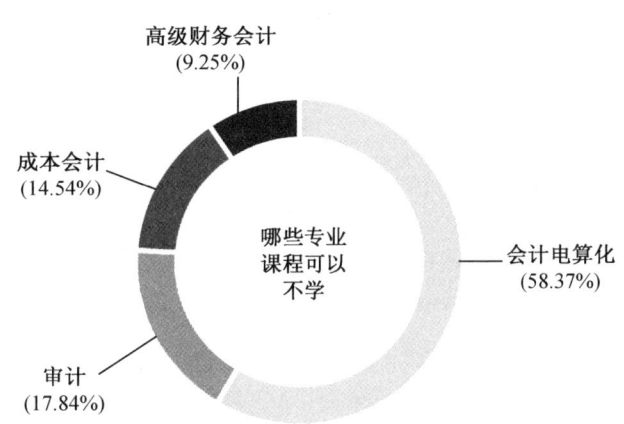

图4-10 建议可以不学的会计专业课程

资料来源:刘永泽等(2018)对全国会计领军(后备)人才的问卷调查。

(二)会计教育专业课程重构的必要性及方向

阎达五和刘汝军早在1998年就指出,一直以来学术理论都在会计专业的教育中占据重要地位,但与会计职业的飞速发展相比,会计专业的教学计划、课程设置无法适应会计实务不断发展的需要。通过上述分析可以发现,传统会计教育已无法培养出智能时代真正需要的创新人才,学校"标准化课堂"的教学理念、课程体系、教学内容越来越脱节于社会的发展,高校培养的会计人才已经无法很好满足企业的现实需求。未来会计的职业要求决定了未来会计人员的能力框架,而未来会计人员的能力框架进一步决定了会计专业的课程体系。那么,是否有必要对会计教育专业课程进行重构呢?学者们(如刘永泽教授、王华教授等)从高校和实务界角度对该问题展开了相关的问卷调查,提出了建设性的意见。

1. 会计专业课程重构的必要性

刘永泽教授于2018年对全国及各省市会计领军人才、高校专业教师和专业负责人(分别为454人、262人和187人)就会计专业课程是否需要进行融合与重构进行调查发现,绝大部分受访领军人才认为有必要对目前会计专业课程进行融合与重构,占比高达98.02%;92.75%的受访高校专业教师认为会计专业课程需要融合与重构;而有86.10%的受访专业负责人认为会计专业课程需要融合与重构(见表4-4)。总体来说,绝大多数相关人士都认为,当前我国高校会计专业课程存在一定的问题,会计专业课程需要进行融合与重构,课程设置有待进一步改善。

表4-4　　　　　　　　会计专业课程是否需要进行融合与重构　　　　　　　单位:人

调查对象	认为"是"	认为"否"	总样本	认为"是"的比例
领军人才	445	9	454	98.02%
高校专业教师	243	19	262	92.75%
专业负责人	161	26	187	86.10%
合计	849	44	893	

资料来源:刘永泽等(2018)对全国会计领军(后备)人才、高校专业教师和专业负责人的问卷调查。

2. 需要重构的会计类专业方向

王华教授等于2019年8月针对需要创新与重构的会计类专业方向相关问题对283所高校进行了调查(见图4-11),结果显示:高校认为亟需创新与重构的会计类专业方向占比分别为,管理会计:91.52%,智能化会计:89.05%,IT审计:85.16%,财务管理:79.51%,税务会计:67.49%。

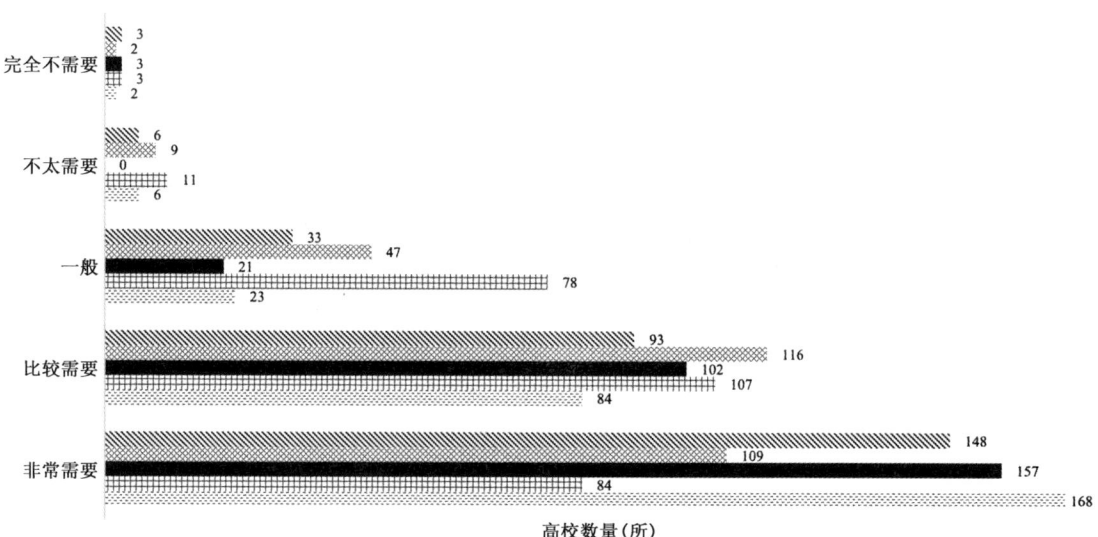

图4-11　需要创新与重构的会计类专业方向

资料来源:王华等(2019)对高校的问卷调查。

3. 对会计教育课程设置、教学内容与方法的建议

王华教授等于 2019 年 8 月对图 4-7 中的 283 所高校进行调查,收集高校对提升会计教育课程、教学内容与方法的建议,绝大部分受调查高校建议(见图 4-12):(1)在课程设置上,增加数据管理或分析等课程,注重学生数据能力的培养(241/283,85.16%);(2)在教学内容中,加大业财融合知识的讲授,增加实践教学课时(241/283,85.16%);(3)在课题教学中,采用教、学、做合一的教学形式组织课堂活动(206/283,72.79%);(4)在教学方法上,增加线上教学时长,采用线上线下混合教学模式(186/283,65.72%)。

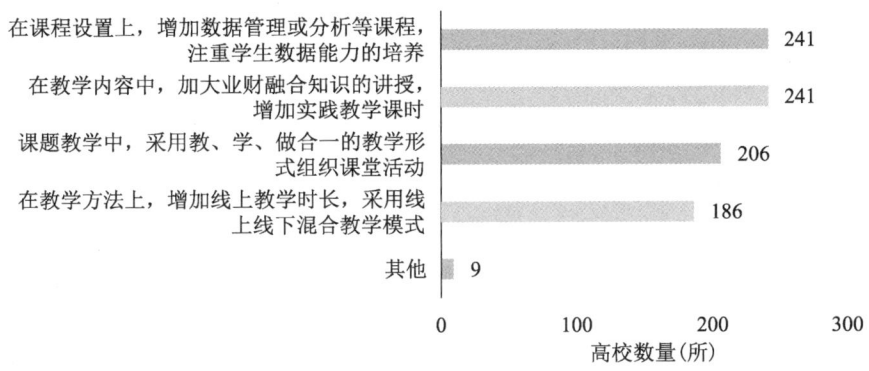

图 4-12 高校会计教育课程设置、教学内容与方法的建议

资料来源:王华等(2019)对高校的问卷调查。

三、新冠肺炎疫情对会计教学方式的影响调查结果

2020 年伊始,新冠肺炎疫情的爆发对我国高校教学产生了极大的影响。为了控制疫情的蔓延,各大高校严格落实国家政策,将线下课程转为线上教学,旨在实现"停课不停学"的教学目标。为了更好地了解线上教学的效果和存在的问题,程淮中教授等于 2020 年春季开展了高校(本科和高职院校)会计教师和学生"停课不停学"线上教学问卷调查(以下简称"线上教学问卷调查"),共收回 934 份教师版问卷,14930 份学生版问卷,其中有 445 份为本科高校教师(47.64%)的回复,3487 份为本科高校学生(23.36%)的回复。

通过数据调查和分析,我们发现,随着互联网技术的发展,越来越多的线上教学应用平台应运而生,提供了大量且丰富的课程资源,为教师教学提供了多样性的参考。在疫情期间,绝大多数教师都能积极主动地完成在线教学工作,认为线上教学基本能实现线下教学的效果和目标,学生也对学校组织的线上教学及其效果较为满意,但部分学生认为线上教学在一定程度上会降低学习效率。线上教学方式的出现改变了教学手段,推动了教学改革,更新了教学理念,加强了课程建设,提供了教学便利性、多样性。然而,线上教学也具有双面性,作为新兴教学方式,教师在应用初期会遇到一定困难,同时线上教学也存在一些影

响学生学习的主客观因素。要想更好地实现线上教学目标,提高线上教学质量和效果,教师、学校和二级教学单位必须共同努力,通过不断地尝试和应用,持续完善线上教学体系,并加大对教师的培训和资源开发力度,从而更好地保证会计教学方式的更新和完善。具体调查数据结果如下所示:

(一)教师积极完成在线教学工作

对疫情期间本科教师完成在线教学工作态度结果显示(见表4-5),绝大部分教师(95.73%)能够积极主动完成学校二级学院或系安排的在线教学工作,3.82%的教师态度较为被动,仅有0.45%的教师是简单应付,不得已为之。

表4-5　　　　　　　疫情期间本科教师完成在线教学工作态度

选项	不同工作态度人数(人)	比例
主动完成任务	426	95.73%
被动完成任务	17	3.82%
简单应付,不得已为之	2	0.45%
本题有效填写人次	445	100.00%

数据来源:2020年春季高校会计学生和教师"停课不停学"线上教学问卷调查表(教师版)。

(二)部分主客观因素降低了学生的学习效率

1. 在线教学在一定程度上降低了学习效率

为了解学生对于在线学习这一新兴方式的适应程度,本次问卷调查了学生关于网上教学是否降低学习效率的态度。结果显示(见图4-13),有25.18%的学生认为网上教学降低了学习效率,41.73%的学生认为还好,20.76%的学生认为一般,12.33%的学生认为网上教学没有降低学习效率。总体来说,学生认为线上教学在一定程度上降低了学习效率。

2. 影响学生在线学习的主要原因

线上教学问卷调查进一步对影响学生在线学习的主要原因进行了调查,结果发现影响学生在线学习的主要原因有以下几类(见图4-14):(1)上网流量、上网费用和与电脑系统有关的因素(63.75%);(2)精神不易集中,容易走神(58.96%);(3)在线学习平台功能的完备程度及清晰程度(43.33%);(4)学习目标不明确,线上学习结束后不知道做什么(40.46%);(5)在线学习平台功能使用不熟练(31.89%);(6)学习过程中碰到各类问题不能寻求帮助(29.08%);(7)老师提供的学习资源无法满足学生的学习要求(12.42%)。

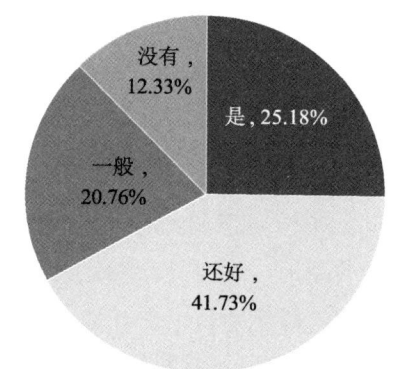

图4-13　学生关于在线教学是否降低学习效率的态度

数据来源:2020年春季高校会计学生和教师"停课不停学"线上教学问卷调查表(学生版)。

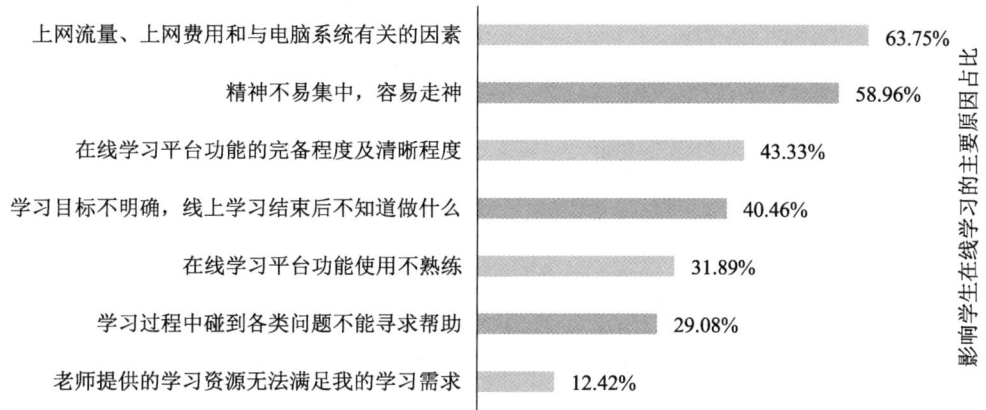

图 4-14　影响学生在线学习的主要原因

数据来源：2020 年春季高校会计学生和教师"停课不停学"线上教学问卷调查表（学生版）。

3. 在线教学的优缺点较为明显

学生们认为在线教学的优点主要有以下几点（见图 4-15）：（1）不受地点限制，节约不必要时间（79.27%）；（2）学习资源丰富（65.41%）；（3）教学平台多且有趣（48.58%）；（4）与老师能及时沟通，充分交流（38.46%）。

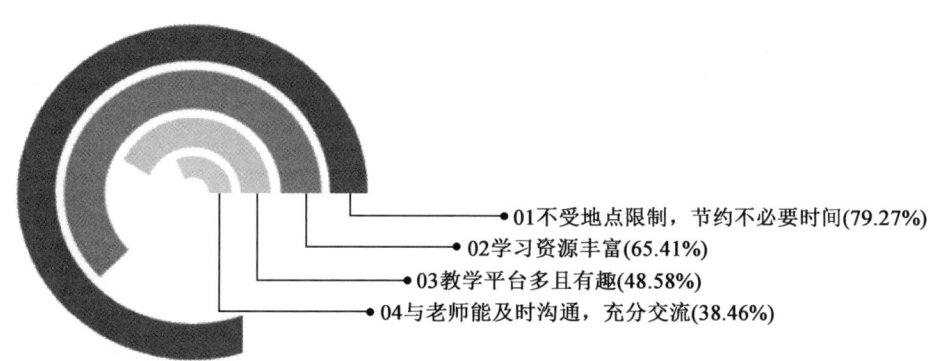

图 4-15　在线教学的优点

数据来源：2020 年春季高校会计学生和教师"停课不停学"线上教学问卷调查表（学生版）。

学生们认为在线教学的缺点主要有（见图 4-16）：（1）课堂质量受到网络因素影响（76.74%）；（2）易受到外来因素影响（73.73%）；（3）缺少课堂气氛（66.48%）；（4）无法与老师、同学进行有效互动（41.55%）。

（三）在线教学应用平台和资源多样化

随着互联网技术的不断发展，在线教学方式逐渐普遍，各类线上教学应用平台为教师

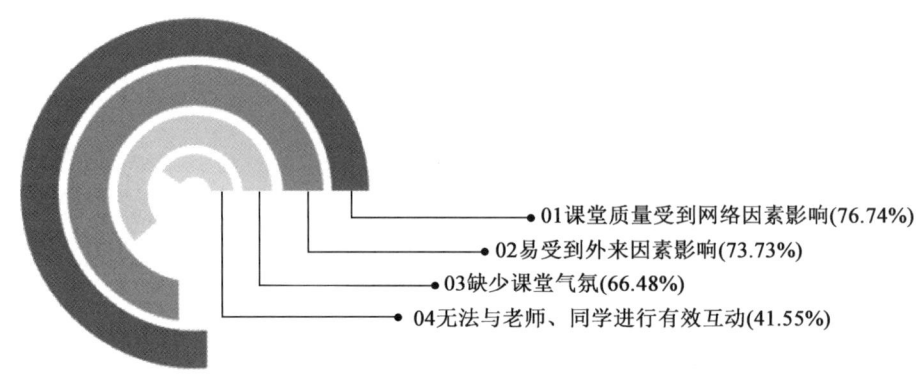

图 4-16　在线教学的缺点

数据来源：2020 年春季高校会计学生和教师"停课不停学"线上教学问卷调查表（学生版）。

在线教学提供了良好的资源，线上教学问卷调查就教师开展线上教学应用平台的使用情况进行了调查（见图 4-17），结果显示，疫情期间教师开展在线教学的应用平台（除选择"其他"外）从高到低依次为：腾讯（56.18%）、中国大学 MOOC（35.28%）、高校一体化教学平台（掌上高校）（34.38%）、超星（33.26%）、钉钉（21.35%）、正保云课堂（9.66%）、蓝墨云班课（8.76%）、智慧职教（2.47%）和广州福思特（0.90%）。

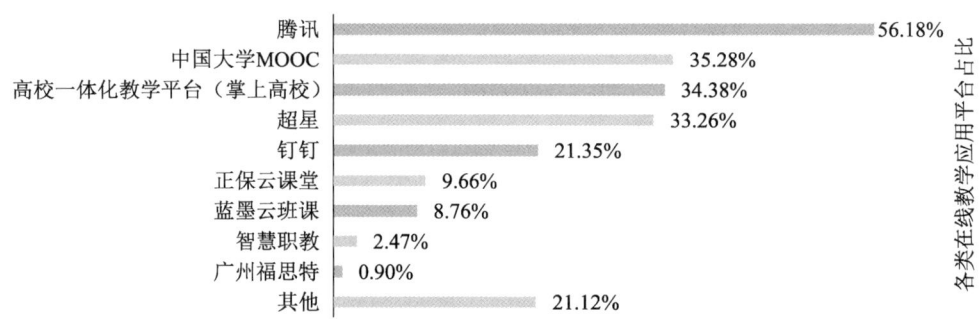

图 4-17　教师开展在线教学应用平台

数据来源：2020 年春季高校会计学生和教师"停课不停学"线上教学问卷调查表（教师版）。

在线上教学中，教师主要采用哪些平台课程资源进行授课？线上教学问卷调查发现（见图 4-18），教师利用平台课程资源（除选择"其他"外）最多的是中国大学 MOOC（50.79%），其次分别为高校一体化教学平台（掌上高校）（44.27%）、超星尔雅（15.28%）、爱课程（13.03%）、学校超星泛雅自建课程（12.58%）、智慧树（6.29%）和智慧职教（1.35%）。

（四）在线教学存在的诸多困难

与传统课堂教学不同，教师在采用线上教学这一新兴授课方式时，也遇到了很多困难（见图 4-19），问卷调查结果显示，教师在线上教学中遇到的主要困难如下：（1）网络卡顿

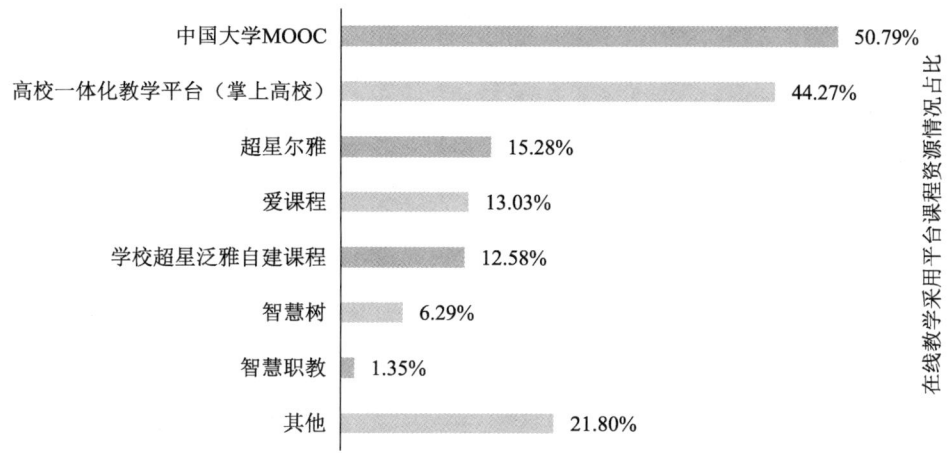

图 4-18　教师开展在线教学采用平台课程资源情况

数据来源：2020 年春季高校会计学生和教师"停课不停学"线上教学问卷调查表(教师版)。

(57.98%)；(2)在线学生管理困难(56.85%)；(3)学生由于各种原因难以学习和反馈，无法了解到学生的学习情况和效果(39.33%)；(4)与传统课堂差别大(24.72%)；(5)授课环节进度不容易把握(22.92%)；(6)在线授课工具使用不熟练(20.90%)；(7)时间仓促，缺乏与同行交流互动(19.33%)；(8)教学资料收集困难(17.30%)；(9)没有支持网络教学的设备(12.81%)；(10)没有相关培训课程(7.42%)；(11)其他(6.07%)。

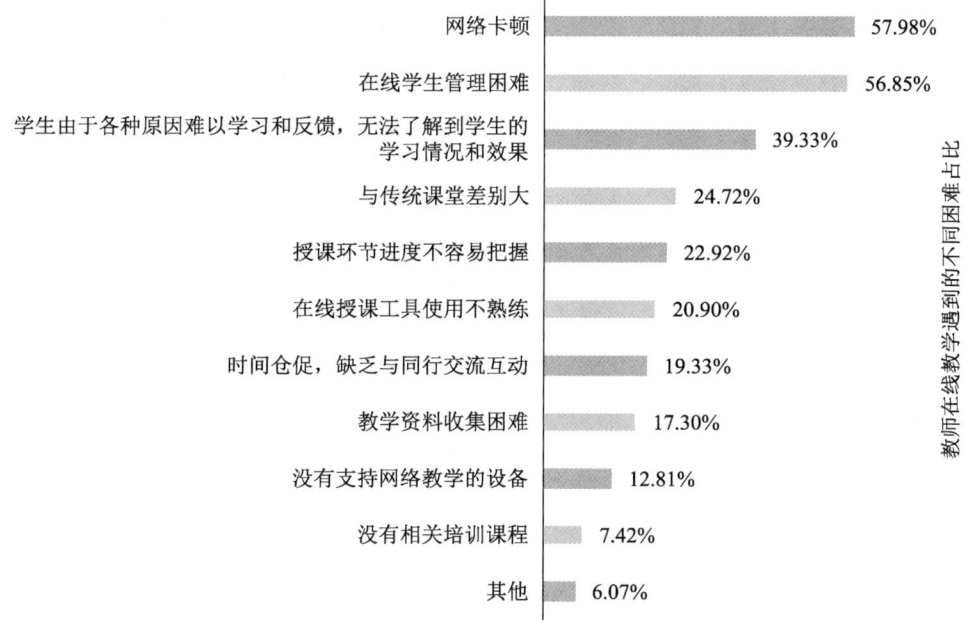

图 4-19　教师在线教学遇到的困难情况

数据来源：2020 年春季高校会计学生和教师"停课不停学"线上教学问卷调查表(教师版)。

（五）教师和学生对在线教学效果基本满意

线上教学效果究竟如何？是否能够实现线下课程的教学目标和效果？线上教学问卷调查发现（见图4-20），7.19%的教师认为线上教学完全能实现线下课程的教学目标和效果，28.31%的教师认为能实现，48.55%的教师认为基本能实现，13.93%的教师持不确定态度，2.02%的教师认为完全不合适。

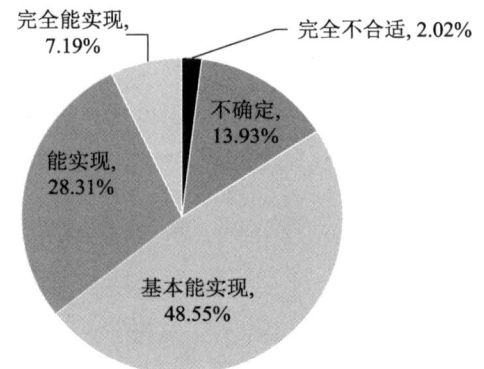

图 4-20 教师对在线教学教学目标和效果实现的态度

数据来源：2020年春季高校会计学生和教师"停课不停学"线上教学问卷调查表（教师版）。

此外，线上教学问卷调查还调查了学生对教师线上教学满意度情况，以及学校组织的线上教学效果情况。关于学生对教师在线教学满意度的评价方面，结果显示（见图4-21），32.41%的学生持非常满意态度，44.54%的学生是满意的，20.93%的学生基本满意，2.12%的学生对教师线上教学不满意。关于学生对学校组织的线上教学效果的总体评价方面，结果显示（图4-22），有41.45%的学生认为学校组织的线上教学效果好，40.89%的学生认为效果良好，15.37%的学生认为效果一般，2.29%的学生认为学校组织的线上教学效果较差。

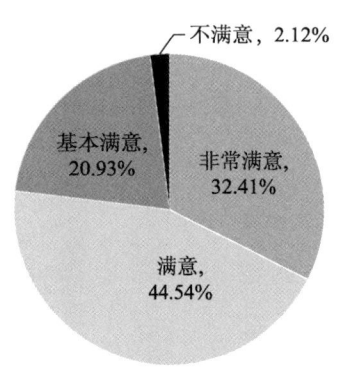

图 4-21 学生对教师在线教学满意度评价

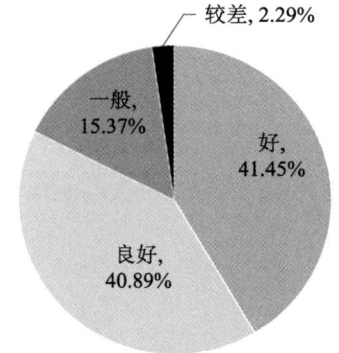

图 4-22 学生对学校组织的在线教学效果总体评价

数据来源：2020年春季高校会计学生和教师"停课不停学"线上教学问卷调查表（学生版）。

（六）在线教学将有力推动未来会计教学的改变

此次在线教学的开展为会计教学方式带来了新的尝试，将有力推动未来会计教学的改变，线上教学问卷调查发现，教师认为线上教学对会计教学的改变主要在以下方面（见图4-23）：改变教学手段（79.78%）、推动教学改革（74.83%）、更新教学理念（73.31%）和加强课程建设（69.44%）。

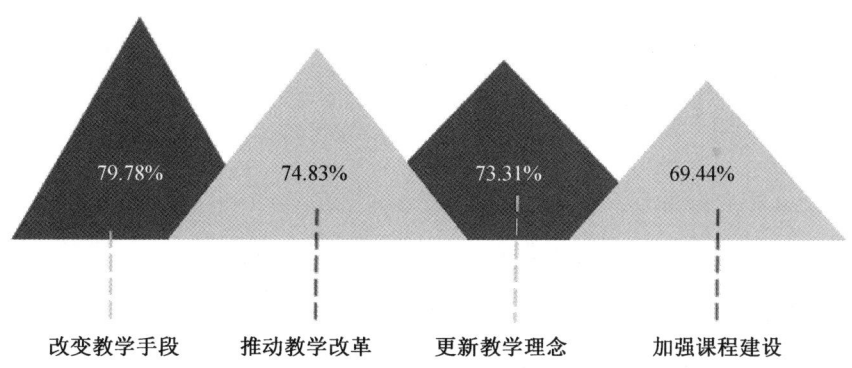

图 4-23　在线教学带来的改变

数据来源：2020 年春季高校会计学生和教师"停课不停学"线上教学问卷调查表(教师版)。

（七）需要加强对教师的培训和教学资源开发力度

线上教学处于初期阶段，教师们需要更为系统的培训，才能更好地实现教学目标。线上教学问卷调查发现，教师感兴趣的线上培训内容主要有以下几点（见图 4-24）：（1）在线教学课件与视频制作（51.01%）；（2）在线教学的学生管理（47.64%）；（3）在线教学的课程设计（46.52%）；（4）各类在线教学平台的操作（40.45%）；（5）视频资源获取（40%）；（6）在线答疑、互动与指导（37.08%）；（7）在线直播教学技术（36.63%）；（8）在线教学的质量监控（36.18%）；（9）微课制作（31.69%）；（10）在线教学相关理论知识（23.60%）；（11）其他（1.57%）。

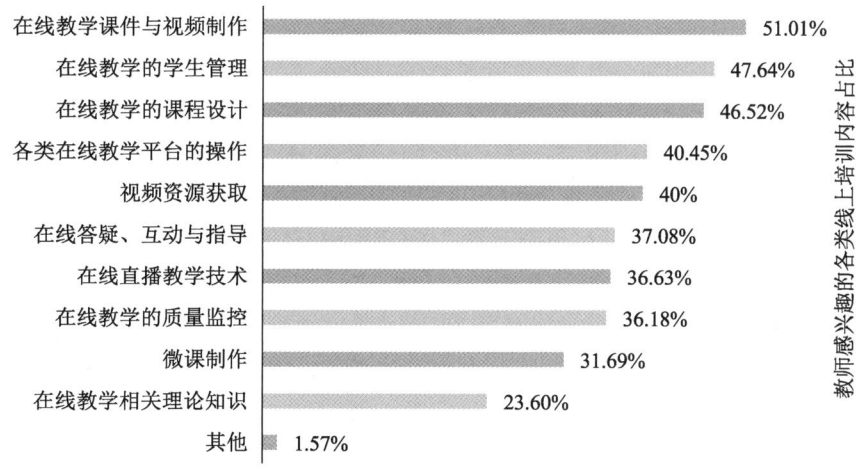

图 4-24　教师感兴趣的线上培训内容

资料来源：2020 年春季高校会计学生和教师"停课不停学"线上教学问卷调查表(教师版)。

此外,在关于教师对线上教学质量监控工作态度方面,调查数据显示(见图4-25),80.45%的教师认为有必要加强监控工作,7.19%的教师认为没有必要加强,12.36%的教师则认为无所谓。

为了更好提升在线教学质量,教师希望学校和二级教学单位提供如下服务(见图4-26):(1)做好平台培训课程信息收集与发布,及时提供技术支持(82.47%);(2)做好教师学习跟踪辅导,畅通问题反馈渠道(60%);(3)组织校内教师经验交流(54.61%);(4)其他(4.72%)。

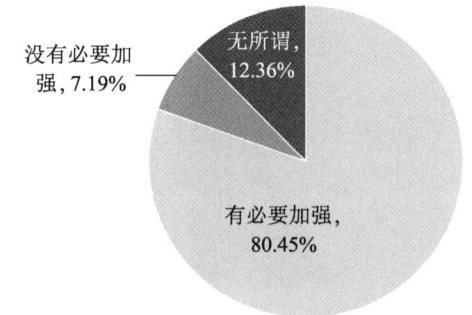

图4-25　教师关于线上教学质量监控工作的态度

资料来源：2020年春季高校会计学生和教师"停课不停学"线上教学问卷调查表(教师版)。

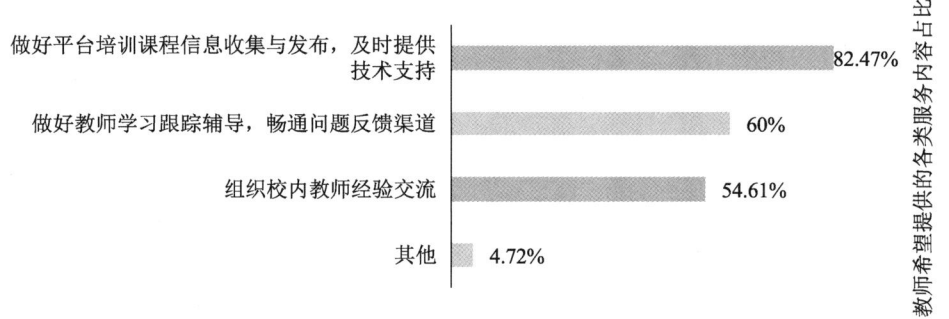

图4-26　教师希望学校和二级教学单位提供的服务

资料来源：2020年春季高校会计学生和教师"停课不停学"线上教学问卷调查表(教师版)。

四、本章小结

没有调查就没有发言权。本章从实务界和高校的双重视角出发,对目前我国会计教育改革的现状进行了调查数据分析,旨在总结当前我国会计教育改革的必要性及未来方向。

本章首先对会计人员市场供需情况进行数据统计分析。数据表明无论是宏观层面还是数字经济时代技术的发展都对新时代会计人才的培养带来了巨大的挑战并提出了新的要求。然而,现阶段我国会计人员的供需仍然存在严重的结构失衡(即高端人才供不应求,低端人才严重供大于求)和会计人才需求侧与供给侧脱节错位问题,高校培养的会计人才无法满足社会对会计人才的现实需求。这就要求我们必须重新审视现阶段我国会计教育存在的问题,并深入思考未来改革的方向。

其次,在会计教育体系方面,针对会计教育体系现存问题及专业课程重构方向进行调查数据分析。数据表明,我国高校会计人才培养仍然存在人才培养特色不鲜明,缺少复合型人才,课程体系、教学内容越来越脱节于社会的发展,专业课程设置和课堂教学过多、结构不合理、教学内容陈旧、"就会计教会计"的教学现象等问题,高校和实务界都对会计教育提出了强烈的改革诉求。

最后,对新冠肺炎疫情对会计教学方式的影响进行调查数据分析,以期为推动我国会计本科教育的改革提供数据支持及思路借鉴。数据表明,新冠肺炎疫情的蔓延,改变了高校传统线下授课的方式,在线教学成为本年度应用最广泛的教学方式,对会计教学产生了巨大的影响,同时线上教学作为智能化时代的新兴教学方式,在应用初期也存在一定弊端,如何利用好其便利性、多样性,发挥其最大价值也是未来我国会计教育改革值得深入探讨的重要问题。

针对调查数据统计分析结果,我们认为,现阶段我国会计教育必须进行供给侧结构性改革,主动改革以满足社会需求,强化人才培养,避免专业被颠覆!高等会计教育也必须紧随经济社会发展的步伐,并且需要紧随经济全球化的持续深入和市场经济的不断完善对会计人才的需求,不断推陈出新。未来会计的职业要求决定了未来会计人员的能力框架,而未来会计人员的能力框架进一步决定了会计专业教育的课程体系。因此,亟需对我国应用型本科会计教育进行创新与重构,具体来说:

第一,在课程设置上,增加数据管理或分析、智能化时代技术等相关课程,注重学生数据分析能力和IT新技术的培养,增加、优化或重构智能化会计、IT审计、管理会计、财务管理以及税务会计等专业方向或课程,培养能够适应会计、财务、审计和智能化发展趋势的复合型人才。

第二,在教学内容上,加大业财融合知识的讲授,增加实践教学课时,培养"知行合一"的复合型优秀会计人才,同时加强对学生的人文素养、道德情操和"软技能"(如沟通表达、领导力、团队协作等能力)方面的培养,以提高所培养会计人才的整体竞争力。

第三,在教学方式上,要进一步加大产学研一体化,产学合作,产教融合。与时俱进更新授课方式,利用新时代互联网技术,实现线上线下混合教学,提升教学效率,最终培养出符合社会要求的高标准会计人才。

第五章

我国会计教育改革典型案例

紧跟数字经济时代的变革与教育部的新目标、新要求,各高校开始深入思考如何培养满足数字经济时代需求的会计人才,国内部分高校正在尝试进行人才培养方案的创新改变。分析国内典型高校的人才培养方案创新变革,有助于我们学习典型代表院校的领先经验,进一步推动数字经济时代我国会计教育的改革。因此,撰写组选取目前国内会计学科教育改革具有一定代表性的12所高校,从其会计学科发展历程、发展阶段与改革原因及内容、现阶段改革存在的问题与困难,以及未来的改革方向四方面进行了梳理和总结,旨在为其他高校会计学科教育改革提供指导和借鉴。撰写组选取了12所高校,其中4所财经类院校:西南财经大学、山东财经大学、兰州财经大学、广东财经大学;4所理工类院校:南京理工大学、重庆理工大学、杭州电子科技大学、上海交通大学;4所综合类院校:中国人民大学、厦门大学、浙江大学、嘉兴学院。

一、西南财经大学※

(一) 会计学科发展历程

西南财经大学会计学科的历史可追溯到1925年中国上海光华大学商学院所辖会计系(科),有着中国最早建立会计学科的兴学历程。学院的前身会计系正式创立于1938年,由我国会计师制度的创始人、中国第一位注册会计师、著名会计学家谢霖教授创办并主持工作,迄今已有80余年的办学历史。

学院办学历史上名家辈出,如谢霖、杨佑之、归润章、黄伯慇、雷瑶芝、毛伯林、郭复初、林万祥教授,会计教育思想源远流长。经过长期办学实践,学院一步步成为全国首批设置会计学本科专业(1952年)、中国注册会计师(CPA)专门化方向(1994年)、会计硕士(MPAcc)专业学位(2004年)、审计硕士(MAud)专业学位(2013年)、大数据会计学实验班(2018年)的院校之一,同时也是全国较早一批获得会计学硕士学位授权点(1981年)、会计学博士学位授权点(1996年)和中外合作办学项目办学资格(2015年)的院校。

※ 资料提供:西南财经大学会计学院。

目前,西南财经大学会计学科是国家级重点学科,会计学专业、财务管理专业入选首批国家级一流本科专业建设点,财务管理专业是国家级特色专业;拥有丰富的国家级教学资源,包括 2 个国家级教学团队(会计学教学团队、财务管理教学团队),8 门国家级精品课程(2 门国家级精品资源共享课程、2 门国家精品在线开放课程、2 门国家级网络教育精品资源共享课程、1 门国家级双语示范课程、1 门国家级视频公开课),3 本国家级规划教材,还拥有包括省级教学团队、省级精品课程、省级规划教材、省级教育体制机制改革项目、省级大学生实践基地等在内的众多优质教学资源。西南财经大学会计学院已成为我国会计、财务、审计人才培养和科学研究最重要的基地之一。2018 年 11 月和 2019 年 1 月,学院先后获得全球最具权威性的商管学院教育评估机构——国际精英商学院协会(简称 AACSB)的商科认证与会计认证,成为我国首家同时拥有 AACSB 双认证的学院,跻身全球前 1%的商学院之列。

(二)发展阶段、改革原因及内容

西南财经大学会计学科的发展阶段、改革原因及内容见表 5-1。

表 5-1　　　　　　　西南财经大学会计学科的发展阶段、改革原因及内容

发展阶段	改革原因	改革内容
第一阶段 (1952—1977 年)	1952—1953 年,组建四川财经学院,重组建立了会计系。此时中国实行高度集中的计划产品经济,国民经济主体一元化	会计观念、程序、方法等全面借鉴苏联模式
第二阶段 (1978—1999 年)	1978 年四川财经学院恢复高考招生,会计系恢复办学;1979 年学校由四川省人民政府划归中国人民银行主管,2000 年划归教育部主管,此阶段西财会计学科彰显了独特金融行业背景与优势 同时,伴随着中国改革开放的 20 年,中国经济发展从低迷步入高速腾飞,经济体制从高度集中的计划经济到有计划的商品经济、计划经济为主市场经济为辅、计划经济与市场经济相结合直至实行社会主义市场经济,会计改革紧密结合经济体制的转换稳步推进,构建了中国特色会计理论体系,并逐步与国际接轨。在这 20 年间,学院从单一的会计专业发展为会计、财务、审计三驾马车并驾齐驱,并打造了 CPA 专业方向等品牌专业	1985 年,四川财经学院更名为西南财经大学,持续建设会计系 1988 年,设立审计学专业 1994 年,被批准为全国首批设立会计学注册会计师(CPA)方向的院校之一 1997 年,撤销会计系,成立会计学院;设立理财学本科专业 1999 年,被批准为中国人民银行部属重点学科;同时,理财学本科专业调整为财务管理本科专业

(续表)

发展阶段	改革原因	改革内容
第三阶段 （2000—2015 年）	1999 年 11 月，中央经济工作会议部署，抓住时机，着手实施西部地区大开发战略，紧跟国家战略，打造了西藏班等品牌专业，并成为西部重要的会计财务管理本科人才培养建设基地，着力为西部大开发输送人才 同时，进入 21 世纪，特别是伴随着 2001 年中国入世和信息网络技术的发展，学院认为，我国教育将更加对外开放，中国教育必然从国家化走向国际化。在此 15 年之间，在继续传承优势办学项目的基础上，陆续打造了各类双语实验班和中外合作办学项目，都成为品牌专业	2000 年，筹备并开设会计学西藏班，服务于西部大开发战略 2001 年，被批准为四川省会计学财务管理本科人才培养建设基地，进一步推进西部大开发战略 2002 年，开设会计学双语实验班 2010 年，开设财务管理双语实验班 2010 年，与纽约城市大学、罗格斯大学展开战略合作，开展"2 + 2"联合培养学位项目与可持续师资项目 2014 年，启动全球最具权威性的商管学院教育评估机构——AACSB 商科与会计双认证的申请工作 2015 年，与纽约城市大学巴鲁学院合作举办的会计学中外合作办学项目获教育部批准正式面向高考招生
第四阶段 （2016 年至今）	在之前十余年国际化教学积累基础上，本校人才培养全面"入世"时机已经成熟，有必要以 AACSB 国际商科主流办学标准作为学科全方位发展的建设标准，通过国际对标、国际标准化建设，全面打造为国际化高水平的会计学科，尤其是全面实施持续改进的 AOL 质量保证体系，使得人才培养机制和质量得到明显提升。 同时，全球科技创新进入密集活跃的新时期，互联网、物联网、大数据和人工智能带来的数字化的浪潮正在深刻改变人们熟悉的生活，也正在深刻改变会计学科的研究内涵、研究边界与研究方式，对高校会计人才培养的核心理念、教育模式及其实现路径提出了前所未有的挑战。面对新技术条件下变化快，不确定性高的人才需求特点，培养集"会计逻辑"、"数据分析逻辑"、"计算机编程逻辑"和"战略思维"于一身的"3 + 1"型高端复合型会计人是会计学科方向发展的必然趋势，因此启动并进行了全面大数据会计人才培养改革	2016 年，按照国际一流商科院校的标准办学，同时也融入有中国特色的教育理念和社会主义教育模式下的实施方案，构建"使命驱动型"人才培养体系，实施"六位一体"+"六步闭环"的持续改进的 AOL 质量保证体系 2017 年启动"新技术条件下会计类人才培养转型研究"的专项教改项目，经过深入调研、精心论证和筹划，形成大数据会计专业招生方向进入 2018 年本科招生简章 2018 年，开设会计学大数据方向实验班 2018 年 11 月，获得国际精英商学院协会（简称 AACSB）的商科认证 2019 年 1 月，获得国际精英商学院协会（简称 AACSB）的会计认证 2019 年，在本硕博各层次的会计学、财务管理和审计学三个专业全面植入大数据分析和机器学习相关课程；并与剑桥大学、牛津大学、康奈尔大学、伊利诺伊大学香槟分校、新加坡管理大学等国际知名学府展开深度合作，包括本硕联合培养与学位项目、博士学位项目、学生互访、师资交换、暑期学术课程等多种国际合作方式

西南财经大学在最新阶段（2016 年至今）改革的详细情况可作专题陈述。

1. 国际化教学的持续改革方面

（1）改革原因

在之前十余年国际化教学积累基础上，西南财经大学认为人才培养全面"入世"时机已经成熟，有必要以AACSB国际商科主流办学标准作为学科全方位发展的建设标准，通过国际对标、国际标准化建设，全面打造成为国际化高水平的会计学科，尤其是全面实施持续改进的AOL质量保证体系，使得人才培养机制和质量得到明显提升。

（2）改革内容

按照国际一流商科院校的标准办学，同时融入有中国特色教育理念和社会主义教育模式下的实施方案，构建"使命驱动型"人才培养体系，全面实施"双六双环"即"六位一体＋六步持续改进闭环"双环评价体系，对教师教育教学水平和课程培养质量两个层次进行评价反馈，确保人才培养质量的持续改进。持续改进的AOL质量保证体系，既按照国际一流商科院校的高标准要求打造相关要素，同时也融入有中国特色的教育理念和社会主义教育模式下的实施方案，梳理和优化了"使命→愿景→战略规划→培养目标→能力框架→课程地图→课程内容→质量保证"的人才培养体系和机制，实施"修订基于使命和愿景的培养目标→设计评估方案→数据收集→实施评估→改进课程→闭合"的六步闭环的质量保证体系(详见图5-1)。

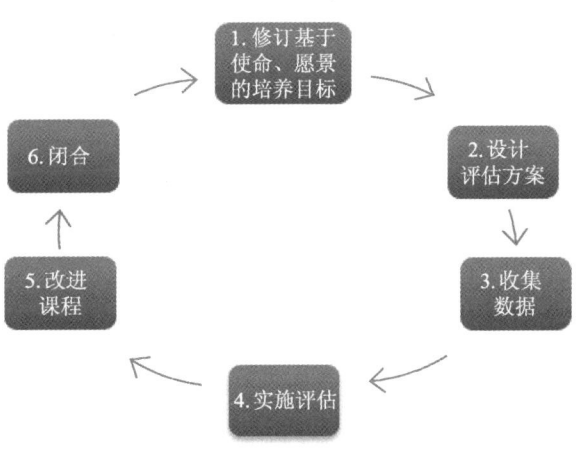

图5-1 AOL持续改进质量保障体系

2. 大数据会计人才培养的全面转型

（1）改革原因

全球科技创新进入空前密集活跃的新时期，互联网、物联网、大数据和人工智能所带来的数字化的浪潮正在深刻改变人们所熟悉的生活，也正在深刻改变会计学科的研究内涵、研究边界与研究方式，对高校会计人才培养的核心理念、教育模式及其实现路径提出了前所未有的挑战。

（2）改革内容

为了顺应高速发展的信息化时代，学院于2018年在全国范围内率先开设会计学专业（大数据方向实验班），并从2019级开始，在会计学、财务管理和审计学三个专业全面植入大数据分析和机器学习相关课程，引领会计类专业人才培养转型。人才培养秉行"3＋1"理念："3"指熟知三种逻辑，即会计与财务逻辑、数据分析逻辑和计算机编程逻辑；"1"指具备一种思维，即战略思维。致力于培养能够适应未来大数据和人工智能发展，集会计财务、数据分析和机器学习等专业能力为一身，同时具备战略思维和国际化视野的高层次复合型商界领导者。

在课程体系方面,主要由通识教育基础课程、通识教育核心课程、学科基础课、专业必修课、专业方向课五大部分组成。在具体的课程设置改革中,首先,在课程模块的构成中,全面提高专业必修课的培养目标。其次,在具体的教学计划中,大幅度提升专业方向课的学分要求。再次,在学科专业课上进行新增与替换,将原先列入专业必修课中的财务管理转向专业方向课的课程中。最后,新增顺应社会信息化发展的大数据与会计应用课程,取消了纳税筹划、金融市场投资等课程,进一步精简课程项目,在通识教育核心课部分增加了现代科技与人工智能,使得课程的设置更加完善合理,符合社会对于会计人才的需要。综合来说,一方面从专业设置角度,学校分别设立了会计专业、审计专业与财务管理专业的大数据方向,另一方面从课程设置角度,学校新增了大数据与会计英语和现代科技与人工智能的课程,顺应信息数据迅速发展的时代潮流,会计学专业侧重于会计管理与分析能力,财务管理专业侧重于企业投融资和智能财务决策,审计学专业侧重于核心审计技术和大数据审计方法(见表5-2)。

表5-2 西南财经大学财会审专业(大数据方向)与传统财会审专业的培养方案对比

项目	财会审专业(大数据方向)VS 传统财会审专业
培养目标	新增*适应当今人工智能与大数据时代、掌握大数据分析技术、能够进行海量数据处理
数学/统计课程(含机器学习原理)	数学类:数学分析Ⅰ、数学分析Ⅱ、高等代数Ⅰ(理科)、高等代数Ⅱ(理科),数理统计(理科),新增*机器学习的数学基础、计量经济学
计算机基础与程序设计类课程	计算机与大数据基础:操作系统(含 Linux)/数据库、SQL 与数据仓库/Hadoop 生态圈等; 程序设计与 Python 应用:程序设计(纳入搜索引擎与爬虫) 自然语言处理与数据可视化:自然语言处理(文本挖掘)+数据可视化
专业必修课	新增*机器学习与数据挖掘
顶石类课程	会计信息系统(AIS) 方向课:新增*大数据与会计分析、大数据审计、大数据与财务决策 实践与模拟仿真:RPA(财务机器人)模拟教学 毕业论文+毕业设计

注:*表示新增。

(三)现阶段改革存在的问题和困难

1. 师资队伍建设存在的问题和困难

一是会计学科普遍招收的学生较多,生师比偏高,一定程度上影响教育教学质量的持续提升,如学生与教师的交流较少,学生全面参与研究性教学不足等;二是在大数据会计人才培养的全面改革要求下,既懂会计学科又精通于大数据专业知识的师资在一定程度上比较匮乏,如果完全聘用纯大数据研究的师资从事会计学科的人才培养,难于将数据分析、机器学习与财务会计的专业知识有效融为一体,容易产生"两张皮"的情况;三是实验实践型师资队伍建设有待加强。目前的新进教师虽理论水平高,科研能力强,但很多是从学校到学校,实际工作经验少,而大数据会计人才的培养需要与实践的高度结合。同时,专职实验教师数量较少,实验室专业技术人员总体上集中于设备和实验环境的维护,能够深度参与实验教学和实验课程建设的人员不多,与提供高质量的实验教学还有较大的差距;四是部分教师科研与教学融合不够。部分科研突出的教师,受限于时间精力等因素,科研促教学效果不突出。部分以教学为主的教师,受限于研究能力与基础,教学广度和深度不够,教师对学生科研项目的有效指导不足;五是聘请企业兼职教师承担学生实习、实践、毕业设计指导工作的制度和相关配套政策还不健全,优质兼职实践型教师不充足,未能形成师资队伍的有效补充。

2. 课程资源建设与人才培养方案存在的问题和困难

一是还未能匹配与大数据会计人才培养相一致的优质教材,教材配套资源更新不充分;二是教学过程、环节的信息化、移动学习功能急需提升,数字化教学的要求不断提升,教学全面实现网络化的迫切性显得更为突出;三是在专业设置与调整、培养方案及其制定(修订)、执行等方面,课程建设虽然有统一的大纲和教学要求,但每位老师由于授课对象不同,教学进度快慢不一,教学深浅把握也不一致,在改革全面铺开后,总体培养效果参差不齐;四是要完全适应大数据时代的要求,培养方案的科学性、严谨性和逻辑严密性与连贯性还有待进一步增强;五是实践性环节的设计和执行尚需进一步完善和落实,特别是针对西南财经大学这样财经类的高校,行业属性明显,学校的社会资源、校友资源较为集中在金融领域,在其他行业的资源相对不足,数据行业与新兴科技产业各类力量参与人才培养的拓展渠道、组织形式还较为匮乏、单一。

(四)未来改革方向

当前互联网、物联网、大数据背景下,财务会计学科行业正面临如下几个方面的变革转型:会计信息生成由"事后报告"转向"实时生成",会计职能转换由"会计核算"转向"管理决策",会计数据融合由"财务数据"转向"财务数据+非财务数据",会计人工智能由"人工会计"转向"智能会计"。伴随互联网与大数据时代的来临,会计业务自身和会计大数据处理技术日益体现出海量数据处理、实时云计算化和管理智能决策三个特征。因此,当今会计、财务与审计已经由最初一个只关注核算、报告和财务数据的职业,逐步转向了基于企业与行业数据与信息进行分析处理的行业。因此,未来大数据时代会计专业人才应该具备会计财务审计专业知识、具备大数据分析与处理技术的知识、具备互联网云平台信息技术的知识、具备战略思维的理念与视野。

针对以上大数据给会计与财务职业所带来的新要求,未来会计本科人才的培养,必须立足长远,采用全新的人才培养体系和课程设置模式,创新性地培养适合新型会计与数据分析、IT技术混合职业的人才,即:"文理工商"复合型会计财务审计人才。具体而言,针对大数据会计人才培养全面转型过程中面临的一些问题和困难,应有相应举措。

1. 针对师资队伍建设存在的问题和困难方面

一是创新方式引进人才。例如,西财会计学科打造的"可持续师资"项目,自 2011 年启动,每年持续选拔并资助 3—7 位优秀师资"苗子"出国攻读博士学位。截至目前,已有 20

余名老师学成归国,迅速成长为我校会计学科的骨干师资,缓解了学校人才队伍的数量与结构矛盾,提升了学校人才队伍与教学科研的国际化水平。特别值得一提的是,由于学院在可持续师资项目构建中对于联合培养师资的海外高校专业高瞻远瞩的选取,部署了罗格斯大学的会计信息系统专业,而罗格斯大学的这个专业全球排名第一,使得学院目前拥有多名AIS(会计信息系统)专业的海归师资,为学院全面转型打造居于全国领先地位的大数据会计高等教育高地备下了坚实的师资基础。未来,学院将持续在这个项目上加大实施力度。

二是加快培育一流的教学科研创新团队。坚持开放合作、协同攻关,在重点研究领域建立协同创新机制,构建跨学科、跨领域、跨学院的协同创新平台,并通过各种方式加强对会计学科现有青年师资数据分析和机器学习专业能力的提升,组建一批活跃在大数据会计研究与人才培养的创新师资团队,全面提升本学科的集成创新和自主创新能力。例如,学院现已建成大数据会计教学与研究中心,未来,将依托这个中心,建成一批一流的创新团队。

三是建设一支数量适当、布局科学、结构合理的高素质、专业化大数据实验技术与教辅队伍,并加大政策支持教师进行社会调研和行业挂职。例如,学院建有实验教学中心,现在正在建设大数据会计与财务实验室,未来,将进一步有针对性地建设双师型师资队伍。

四是促进教师教学与科研学术能力的交互发展,切实提高教师教学设计与组织能力。例如,学院从考核奖励机制、教师发展、教改立项、课程建设等多个渠道,帮助教师发展科研与教学能力,特别是教学学术能力与创新能力,鼓励教师通过教学与学术的共同研究,解决教学中面临的深层次问题;广泛聘请校内外大数据教学与会计财务教学专家通过工作访问、教学咨询等形式,提升教师教学设计能力、教学组织能力、信息化工具应用能力、课程自评估能力等,促进教师通过教学设计确立教学目标,达成教学目标,提升教学水平。

五是完善兼职教师聘任与管理办法,充分发挥金融学科各方资源优势,引入更多更优秀的实务界教师开设实验课程;加强实践基地指导教师的管理,出台相应文件和政策,明确指导教师的责任和权利,最大限度发挥指导的作用。

2. 针对课程资源建设与人才培养方案存在的问题和困难方面

一是组织专门的团队编写与大数据会计人才培养相一致的优质教材,并引导教师编写实验类教材、教学案例和习题集。

二是大力推进优质课程资源建设,进一步强化网络优质课程资源建设规划,依托在经济、管理领域的传统优势,融合数据分析与机器学习,着力打造优质MOOC、SPOC课程,形成相关课程资源群;同时加大资金投入、构建教育信息化的硬环境,加强软件建设、提高信息化技术的应用水平,强化机制、确保信息化教学管理发展。

三是强化课程团队与课程标准建设。建立跨学院课程团队,遴选课程组负责人,明确课程负责人在课程标准制定和课程实施中执行中的权责,建立支持体系,强化课程团队的"梯队建设",保持课程开设的稳定性;持续加强课程标准建设,进一步明确课程边界,整合课程资源;加强课程组的研究活动,进一步统一思想和教学进度;加强面向中青年教师的教学发展系列课程,推动教师教学服务机制常态化、项目化和个性化,探索基于教学改革项目为依托的共同分享、共同研讨、共同创新的教学模式,确保总体培养效果水平一致。

四是完善培养方案"使命—目标—课程"的逻辑链,征求实务界各行各业的最新发展理念与对人才的素质能力要求,增强培养方案的科学性、严谨性和逻辑严密性与连贯性,完善培养方案的实践性课程设置。同时,修订本科教学质量保障体系和完善教学管理项目,使质量过程监控与实际业务开展相适应。

五是建立与政府、行业、兄弟院校之间新型合作模式,加大与相关政府部门、金融机构的联络密度,尤其是探索与数据行业与新兴科技产业的合作模式。例如,学院已与中诚信国际、用友公司、浪潮集团等搭建了多个大数据会计与智能财务产学研一体化平台,未来还将探索更多的合作单位与合作模式。

二、山东财经大学※

(一)会计学科发展历程

山东财经大学会计学科历史悠久,1952年,学校建校就设有会计学专业;1978年学校复校即恢复会计学(工业会计和商业会计)专业招生;1991年成为山东省唯一的会计学省级重点学科,2001年成为山东省唯一的会计学省级强化建设重点学科;1993年获得山东省唯一的会计学硕士学位授予权;2013年获得博士学位授予权。现拥有本、硕、博三个办学层次和各种学位类型。

山东财经大学会计学科在教育部第四轮学科评估中排名前B+,是"泰山学者"设岗学科(2008)和省级特色重点学科(2010)。会计学专业是首批国家级一流专业建设点(2019)、山东省一流学科建设专业(2017)、教育部首批"本科教学工程"综合改革试点专业(2013)、国家级特色专业建设点(2007)和省级品牌专业(2006)。依托会计学科和会计学专业,会计学院设有"互联网+"会计发展协同创新中心(2017)、财政部应用型会计人才培养模式创新实验区(2007)、省级实验教学示范中心(2009)和"行为会计高校实验室"(2017)等科研和实训平台。为应对新一代信息技术革命对会计学科产生的影响,山东财经大学会计学院于2018年10月邀请国内外专家学者对智能会计专业(方向)人才培养方案和计划进行论证,开启了会计人才培养转型发展新篇章。2019年6月山东财经大学与浪潮集团共建的"智能会计实验室"投入使用;2019年9月首届"智能会计"实验班选拔组建;2019年12月高等学校智能会计系列教材启动编写,截至目前已完成《智能会计概论》《智能会计信息系统》《智能财务共享》《智能财务决策》《智能财务分析可视化》等五门智能会计专业核心课程教材的编写工作。

※ 资料提供:山东财经大学会计学院。

(二) 发展阶段、改革原因及内容

山东财经大学于 2011 年 7 月 4 日由原山东经济学院和原山东财政学院合并筹建，2012 年 6 月 9 日正式揭牌成立。山东财经大学会计学科改革历程以 2011 年为起点，历经以下发展阶段（见表 5-3）。

表 5-3　　　　　　　　山东财经大学会计学科发展阶段、改革原因及内容

发展阶段与时间	改革原因	改革内容	课程变化
第一阶段（2011—2013 年）	在高等教育日趋大众化背景下，为满足精英化和国际化人才培养需要，在原山东经济学院管理创新实验班基础上，改建会计学（国际会计）实验班	精英化和国际化教育阶段。采用独立人才培养方案，选用英文原版教材，实行弹性学制，独立编班组织课堂教学，实施双班主任制度（任课教师+辅导员）	多门课程采用双语教学，如基础会计、中级财务会计、成本与管理会计、高级财务会计、审计学、财务分析、公司理论等课程均为双语课程，此外专业选修课中新设国际金融、国际贸易、国际投资等国际会计相关课程
第二阶段（2014—2017 年）	根据财政部《关于全面推进管理会计体系建设的指导意见》，为适应时代发展，设立会计学（管理会计）实验班	核算会计向管理会计转型教育阶段。采用独立人才培养方案，压减专业课程学分，强化通识教育，增加案例课程，突出见习实习	在这一阶段该校的会计由上一阶段的国际化方向过渡到管理会计方向，在专业必修课中开设有成本管理会计（双语）、高级管理会计等课程；在专业选修课中开设有管理会计专题、项目管理、管理沟通、绩效管理、企业战略管理；此外，专业实践课中也开设了管理会计相关的课程，如管理会计案例评析、成本管理实务
第三阶段（2018 年至今）	为应对新技术对会计人才培养的冲击和挑战，使会计更好地为经济、管理和社会服务，同时也为了落实高等教育"强基计划"，建立会计学（智能会计）实验班	会计教育智能化发展阶段。厘定智能会计人才培养目标、规格和要求，培养能在大中型企业、会计师事务所和金融证券公司等相关机构或部门胜任数据分析和辅助决策工作的智慧型、复合型、创新型、应用型人才，强化高等数学、数理统计、数据库原理、Python 数据分析等内容，调整专业核心课程为智能会计学（概论）、智能会计信息系统、智能财务共享、智能财务决策、智能财务分析可视化、财务管理、审计学等	与普通会计学专业不同，将微积分等数学类课程调整为高等数学；在专业基础课中开设 Python 数据分析、机器学习与数据挖掘以及管理预测与决策等技术类课程；在专业必修课中开设智能会计概论、智能会计信息系统、智能财务共享、智能财务决策、智能财务分析可视化等智能化特色课程；在专业选修课中开设 R 语言数据分析、大数据财务风险管理、大数据审计、文本分析与挖掘、社会网络分析以及智能会计专题等特色课程；单独开设实践课则设置了智能会计信息系统、智能财务分析可视化、财务数据采集与分析、企业运营管理与仿真等特色实验课

会计教育智能化发展阶段(2018年至今)改革的详细情况可作专题陈述。

1. 培养目标

会计学专业(智能会计)突出会计学科知识与智能分析技术的交叉融合,培养具备会计数据分析辅助决策能力的智慧型、创新型、复合型、应用型的专门人才,毕业生可胜任大中型企业、行政事业等单位的会计分析工作,能够运用智能化工具发挥管理会计的规划、决策、控制、评价职能,更好地为管理决策者提供辅助决策的会计信息。

2. 学分结构

通识课程66学分,专业基础课21学分,专业必修课20学分,专业选修课17学分,独立实践课31学分。

3. 课程体系

与普通会计学专业不同,将微积分等数学类课程调整为高等数学;在专业基础课中开设Python数据分析、机器学习与数据挖掘以及管理预测与决策等技术类课程;在专业必修课中开设智能会计概论、智能会计信息系统、智能财务共享、智能财务决策、智能财务分析可视化等智能化特色课程;在专业选修课中开设R语言数据分析、大数据财务风险管理、大数据审计、文本分析与挖掘、社会网络分析以及智能会计专题等特色课程;单独开设实践课则设置了智能会计信息系统、智能财务分析可视化、财务数据采集与分析、企业运营管理与仿真等特色实验课(详见表5-4)。

表5-4　　　　　　会计学专业(智能会计)课程体系

课程类别	课程名称	课程总学分	课程总学时	学时类型 理论	学时类型 实践	开课学期
专业基础课	管理学	3	42	38	4	1
专业基础课	微观经济学	3	51	49	2	2
专业基础课	统计学	3	51	34	17	4
专业基础课	基础会计学	3	51	43	8	3
专业基础课	财经法规与会计职业道德	1	17	17		2
专业基础课	Python数据分析	3	51	17	34	3
专业基础课	机器学习与数据挖掘	3	51	34	17	4
专业基础课	管理预测与决策	2	34	34		5
专业基础课	小计	21	348	272	76	
专业必修课	智能会计概论Ⅰ	3	51	43	8	3
专业必修课	智能会计概论Ⅱ	3	51	43	8	4
专业必修课	财务管理	3	51	43	8	4
专业必修课	审计学	3	51	43	8	6

(续表)

课程类别		课程名称	课程总学分	课程总学时	学时类型		开课学期
					理论	实践	
专业必修课		高级财务会计	3	51	43	8	5
		智能财务共享	2	34	17	17	5
		智能财务决策	3	51	17	34	6
		小计	20	340	249	91	
专业选修课		宏观经济学	3	51	51		3
		成本与管理会计	2	51	43	8	4
		税法	2	34	34		4
		税务会计与纳税筹划	2	34	34		5
		政府及非营利组织会计	2	34	34		5
		金融学	2	34	34		5
		上市公司财务报告评析	2	34	34		5
		企业价值评估	3	34	34		5
		R语言数据分析	2	34	17	17	5
		大数据财务风险管理	3	34	17	17	5
		大数据审计	3	34	17	17	5
		公司战略与风险管理	2	34	34		6
		绩效管理	2	34	34		6
		计量经济学	2	34	34		6
		企业准则动态	2	17	17		6
		国际财务报告准则（双语）	2	34	34		6
		证券投资学	2	34	34		6
		文本分析与挖掘	2	34	17	17	6
		社会网络分析	2	34	17	17	6
		经济学	2	34	34		6
		智能会计专题	2	34	34		6
		企业内部控制	2	34	34		7
		小计	17	289	254	35	
专业实践课	必修	智能财务分析可视化	2	34		34	6
		智能会计信息系统	2	34		34	4
		小计	4	68		68	5

(续表)

课程类别		课程名称	课程总学分	课程总学时	学时类型		开课学期
					理论	实践	
专业实践课	选修	财务数据采集与分析	2	34		34	6
		ERP沙盘综合实验	2	34		34	5
		财务决策系统	2	34		34	7
		管理会计实训	2	34		34	7
		商务大数据智能分析	2	34		34	6
		企业运营管理与仿真	2	34		34	5
		小计	6	102			

注：专业选修课学分小计为17，指的是学生至少要选修17个学分的专业选修课；专业实践课选修学分小计为6，指的是学生至少要选修6个学分的专业实践选修课，以满足学分要求。专业选修课的"小计"一行中，"课程总学时、学时类型和开课学期"栏所列数字是建议学生各学期修读的学时，学校可根据自身情况予以调整。

(三) 未来改革方向

1. 智能会计是会计人才培养的重要方向

随着第四次科技革命的到来，人类社会进入数字经济时代，人类文明由工业文明转入生态文明，企业的组织模式也转变为柔性组织，生产组织形式转变为大规模个性化定制生产，C2M的生产模式大量应用，数据作为重要的生产要素出现，这都是会计面临的时代背景。智能会计是现行会计转型发展的方向，是现代会计与现代信息技术紧密结合的产物，是新技术迭代发展所带来的商业模式、生产模式、管理模式颠覆式变革对会计新要求的结果。

2. 智能会计是拥抱会计技术的一种必然结果

智能会计是在人工智能等新技术支持下会计科学与计算科学相互结合的产物。会计人才培养也将转变为通识教育理论下的专才教育，在新文科背景下的大会计（财务）人才培养模式。山东财经大学的智能会计专业方向发展本着"共建、共治、共享、共赢"的原则，积极与国内外同仁共同推进会计教育迈向商务智能和数字智能的新时代。

三、兰州财经大学[※]

(一) 会计学科发展历程

兰州财经大学会计学科建设，始于1981年兰州商学院财务会计系的成立和设置，同年财务会计专业本科招生。1983年调整为财会统计系，开始审计学专业专科招生，1988年审计学专业本科招生。1991年和1994年学校分别建成会计手工模拟实验室和会计电算化实验室。1993年财务会计系更名为会计学系，1995年会计学系分为会计学系和审计学系，

※ 资料提供：兰州财经大学会计学院。

开始财务管理专业本科招生。会计学1997年被确立为校级重点学科,1998年被确立为省级重点学科。2000年会计学系和审计学系合并成立会计学院,会计学院的成立成为会计学科长足进步和发展的机遇与契机,陆续获批了4个硕士学位授权点:2003年获得会计学硕士学位授予资格,2010年获得全日制会计硕士和资产评估硕士专业学位授予资格,2014年获得审计硕士专业学位授予资格。期间专业建设成绩突出,2003年会计学专业被确定为甘肃省特色专业,财务管理专业被确定为校级重点学科。2008年会计学专业被教育部确定为国家级特色专业建设点。2011年会计学专业获得甘肃省省内第一批次本科招生资格,之后几年内财务管理专业、审计学专业和资产评估专业陆续获得省内第一批次本科招生资格。2011年财务管理专业被确定为甘肃省特色专业。2012年会计学教学团队获得被评为甘肃省省级教学团队。2013年获得兰州商学院人才培养模式创新实验区,设置卓越会计师实验班。2013年审计学专业被确定为校级特色专业。2013年"财务管理系列课程教学团队"评选为校级教学团队。2017年评选为省级教学团队。2014年审计学专业被确定为省级特色专业。2015年后,会计学科在质量、特色和内涵发展方面取得了很大进步,学院紧紧围绕课程建设,组建了以课程组为方向的教学系(财务会计学系、财务管理学系、成本与管理会计学系、审计学系和资产评估学系)以及5个中心(现代财务与会计研究中心、2011协同创新中心(智能财务协同创新中心)、实践教学中心、MPAcc/Maud教育中心和国际项目教育中心)。会计学科发展以特色建设为目的,开设了若干实验班,如CMA实验班、ACCA国际会计方向班、法务会计双证班,2016年与波兰哥白尼大学联合培养3+1+2本硕连读项目。学院经过30余年的努力,在学科建设、专业建设等方面取得了突飞猛进的发展,2019年会计学专业和财务管理专业获批国家级一流专业建设点,2020年获批建设甘肃省2011协同创新中心(智能财务协同创新中心)。

(二)发展阶段、改革原因及内容

兰州财经大学会计学科发展阶段、改革原因及内容见表5-5。

表5-5　　　　兰州财经大学会计学科发展阶段、改革原因及内容

发展阶段	改革原因	改革内容
第一阶段 (1981—1992年)	创办探索阶段: 改革开放和以经济建设为中心的经济社会发展推动了兰州商学院的设立和财务会计专业的设置	1980年甘肃省人民政府和商业部协商,决定成立兰州商学院筹备领导小组:设置商业经济、财务会计、财政金融三个系 1981年商业部发出《关于兰州商学院组织机构设置的通知》。确定兰州商学院的机构设置,其中包括财务会计系,开始财务会计专业本科招生 1983年设置财会统计系 1987年财会统计系分为财务会计系和计划统计系 1988年开始招收审计学专业专科生

(续表)

发展阶段	改革原因	改革内容
第二阶段 (1993—1999年)	调整成长阶段： 随着办学规模逐年扩大，社会对会计类人才需求越来越旺盛，学校开始大力投入人力、物力和财力以扩大会计学专业本科生人才培养，会计类专业类型进一步细化	1991年建成会计手工模拟实验室并投入使用 1993年年底财务会计系更名为会计学系 1995年会计学系分为会计学系和审计系 1995年开始招收财务管理专业本科生 调整了会计学、审计学和财务管理专业三个专业的人才培养方案
第三阶段 (2000—2014年)	改革发展阶段： 规模扩大，兰州商学院会计类专业人才在经济社会发展中的影响力越来越大，招收规模越来越大，人才需要快速发展 层次提升，为了进一步加强高水平会计人才培养，会计学院办学层次从本科教育提升到研究生教育	2000年，学校启动了新一轮内部管理体制改革，按学科大类或二级学科重建二级学院，会计学系、审计学系合并成立会计学院 2013年开始招收资产评估专业本科生 会计学专业被确立为国家级重点学科建设点，会计学、财务管理和审计学被确定为甘肃省特色专业建设点 获得会计学、会计硕士、审计硕士和资产评估硕士授权点
第四阶段 (2015年至今)	内涵发展阶段： 特色建设，随着财经类大学以及专业招生规模越来越大，学校特色建设势在必行 国际化教育，随着各国教育交流合作日益加深，高校间联合人才培养逐渐扩大，国内教育国际化成为趋势 研究生教育，进一步提升教研结合的高等教育水平，进一步提升人才培养层次 信息技术，大数据、移动互联网等新型信息技术推动会计人才培养的改革	2015年兰州商学院更名为兰州财经大学，会计学院成为兰州财经大学的二级学院 2015年会计学院机构调整，下设5个系：财务会计系、财务管理学系、审计学系、成本与管理会计学系、资产评估学系；下设5个中心：智能财务协同创新中心(甘肃省2011协同创新中心)、现代财务与会计研究中心、实践教学中心、MPAcc/Maud教育中心、国际项目教育中心 会计学和财务管理专业获批国家级一流专业建设点

内涵发展阶段(2015年至今)改革的详细情况说明如下：

2015年兰州商学院更名为兰州财经大学，会计学院成为兰州财经大学的二级学院，学院教学机构进行调整，强化各系以课程组为单位的课程建设功能，目前有5个系：财务会计学系、财务管理学系、成本与管理会计学系、审计学系和资产评估学系，5个中心：智能财务协同创新中心(甘肃省2011协同创新中心)、现代财务与会计研究中心、实践教学中心、MPAcc/Maud教育中心、国际项目教育中心。2019年会计学专业和财务管理专业获批国家级一流专业建设点，2020年获批甘肃省2011协同创新中心建设项目(智能财务协同创新中心)。为更好顺应互联网、云计算、大数据、智能机器人等新一轮科技革命和产业变革,会计学院在会计学本科教育教学方面做了很多探索和实践。2015年实施了兰州财经大学会计学院本科教学综合改革,制定了《兰州财经大学会计学院本科教学综合改革实施方案》,全面提升会计学院本科教育教学水平和人才培养质量,建设西部一流的会计学本科教育,全力助推西部一流、全国知名的有特色、高水平、开放性教学研究型财经大学建设。

遵循现代高等教育发展规律,会计学科以"凸显学科优势,打造专业特色,创新培养机制,增强科研实力,强化品牌效应,培养财会人才,服务地方经济"为战略目标,立足甘肃,服务西北,面向全国,秉承"博修商道"理念,为经济社会发展培养具有良好的科学精神、人文素养、专业知识、国际视野、勇于创新的复合型、应用型财会管理人才。打破专业条块分割,改革培养机制;推进管理型财会人才培养,抢占中高端财会人才市场;提升教学质量与水平,改革教学模式。随着大数据、智能化、互联网的快速发展,核算型会计逐渐被计算机替代,会计的发展更多的需要向管理型会计发展,未来的财会人才培养重点应该定位到财会管理型人才的培养。专业建设凸显应用型财会管理人才培养目标,在会计学专业开设管理会计方向,把会计为管理服务作为未来学科发展和规划的目标(详见表5-6、表5-7)。

(1)为顺应创新创业的新形势,以4年为基础学制,实行3—6年弹性学制,实行"大平台+小平台+模块+课程"的模式:通识教育课平台、学科基础课平台、专业基础课平台、专业方向模块、实践教学平台。在大学三年级和四年级增加非本专业课程,扩大学生知识面,打破课程限制,加大学生对非专业课程的选择。(2)提升国际化教学水平,推进国际交流。为了推动会计学专业教育教学国际化,加强学院与国外大学在学术交流、教育教学、师生互访交流等方面的合作,2017年5月,会计学院与波兰哥白尼大学经济管理学院确定兰州财经大学—波兰哥白尼大学(3+1+2)会计本硕连读项目。(3)强化专业特色,提升职业化水平。会计学院在会计学专业开设各种特色方向班:卓越会计师班、ACCA方向班、CMA方向班。(4)加强复合型人才培养,会计学院设置"法务会计"双证班,把会计学课程与法学课程融合,培养跨界专业学生,提升本科生综合能力,以满足公检法等法务单位对会计学和法律综合知识的需求。(5)强化学生实践能力提升。会计学院与瑞华会计师事务所联合举办"瑞华会计实验班",在与瑞华会计师事务所建立实习实践基地的基础上,将以注册会计师考试课程为主要讲授内容,增加实践课程,并引入瑞华合伙人讲授课程,全面增强了学生的综述知识和能力。(6)探索应用"云教学"模式。以蓝墨云班课APP和"启课程"为教学平台,引入云教学模式,将"线上自主学习""线上协作学习""线下课堂行动实践"与"移动微学习"进行融合,积极探索"云教学+行动学习"的翻转课堂教学模式。(7)施行"学业导师制"。学院为每一名学生配备学业导师,对学生进行全程学业指导。学业导师的主要职责是指导学生自主制定学业计划和职业发展规划,检查督促学生执行学业计划和职业发展规划、指导学生选课等。

表 5-6　　　　　兰州财经大学会计学专业 2019 级培养方案概况

课程类别	相关课程
课程模块	通识教育课、学科基础课、专业主干课、实践教学环节
通识教育课	数据库应用基础 管理会计实验（会计、审计）
必修课	计算机会计信息系统实验（审计） 计算机辅助审计实验（会计、审计）
选修课	BI（商业智能系统）应用、模拟商业环境实训（VBSE）
实践教学环节	开设模拟商业环境实训

表 5-7　　　　　　兰州财经大学会计学专业课程安排

课程	第一阶段	第二阶段	第三阶段	第四阶段
通识课	大学语文、英语、微积分、线性代数、中国近代史、财政学、国民经济计划、政治经济学、资本论选读	大学语文、英语、微积分、线性代数、中国近代史、财政学、国民经济计划、政治经济学、资本论选读	马克思主义基本原理、毛泽东思想和中国特色社会主义理论体系概论、思想品德修养与法律基础、中国近现代史纲要、大学英语、微积分、线性代数、概率论与数理统计、财经应用文写作、计算机基础与应用、数据库应用基础等	马克思主义基本原理、毛泽东思想和中国特色社会主义理论体系概论、思想品德修养与法律基础、中国近现代史纲要、形势与政策、大学英语、微积分、线性代数、概率论与数理统计、财经应用文写作、计算机与信息技术、数据库应用基础等
专业课	会计学原理、商业会计、工业会计、预算会计、企业经济活动分析、工业企业财务、管理会计、会计史	会计学原理、商业会计、工业会计、预算会计、企业经济活动分析、工业企业财务、管理会计、审计学	微观经济学、宏观经济学、金融学、管理学、统计学、会计学基础、财务管理、市场营销、管理信息系统、经济法学等。中级财务会计、高级财务会计、成本会计、管理会计、审计学等	微观经济学、宏观经济学、管理学、金融学、统计学、市场营销学、管理信息系统、经济法学、会计学基础、财务管理、中级财务会计、成本与管理会计、税法与税务会计、审计学、财务分析、会计信息系统
方向课	无	无	企业财务会计模块的专业方向课为：会计理论专题、计算机会计信息系统、政府及非营利组织会计、税法与税务会计、财务报表分析、国际财务与会计（双语）、国际比较会计（双语）等 注册会计师模块的专业方向课为：注册会计师审计、公司战略与风险管理、会计制度设计、计算机会计信息系统、税法与税务会计、财务报表分析、国际财务与会计（双语）等	财务会计方向课：会计理论专题、高级财务会计、政府与非盈利组织会计、公司治理、国际财务与会计（双语）、证券投资学、法务会计、内部控制学、金融企业会计、小企业会计等 管理会计方向课：公司战略与风险管理、战略管理会计、业绩评价与控制系统、公司治理、国际财务与会计（双语）、国际企业财务管理、组织行为学、运营管理、BI（商业智能系统）应用等

(续表)

课程	第一阶段	第二阶段	第三阶段	第四阶段
实验课	手工模拟实验	手工模拟实验、会计电算化	西方经济学实验、ERP实验、会计学基础实验、计算机会计信息系统实验、企业会计综合实验等	管理会计实验、会计学基础实验、纳税申报、中级财务会计模拟实验、会计信息系统实验

(三) 现阶段改革存在的问题和困难

1. 人才培养目标与市场需求脱节

随着大数据、云计算、智能化等信息技术的快速发展,会计、审计、财务管理与资产评估等被机器人替代成为必然趋势。由此,能够有效进行会计分析和判断,进行企业盈余管理和会计政策职业判断,能够合理进行企业税务筹划的注册会计师、注册税务师,以及熟练掌握和运用国际会计准则和会计制度的高级财会人才严重缺乏。目前培养的财会人才既难以达到高级会计人才需要的知识水平和业务能力,也不具备会计操作人员的基本素质和业务要求。

2. 学院师资结构不平衡

经过30余年的发展,师资总体规模有了较大提升,但因地域等条件限制导致师资引进一直缓慢,师资结构逐渐失衡。随着招生规模扩张及高等教育内涵发展的需求,对师资队伍的要求越来越高,师资结构不平衡的问题逐渐显现。现有教师年龄偏大,年轻教师占比低,后劲发展严重不足。学历结构严重失衡,高学历师资不足,无法满足当前学科建设和教学改革发展的需要。师资结构失衡成为制约会计学院发展的重要瓶颈,科研水平及教学改革等方面都受到了严重的影响。

3. 授课内容较为陈旧,授课方式较为落后

会计职业需要终身学习。随着经济快速发展,各种新业态、新模式层出不穷,会计业务不断推陈出新,会计业务本身变化越来越多,会计工作的组织形式也日新月异,但会计实践的发展与知识传授却相互脱节。会计专业知识的更新较慢,远远跟不上实践的创新与发展;学校课堂教学知识更新速度更慢,特别是会计准则的变化远远超越了准则的学习与讲授;会计等相关专业课程教材更新速度慢,专业教师缺乏专业实践应用能力,对企事业单位的运行实践缺乏基本的认识和了解。

4. 课程结构不够合理

在现有会计学科的本科教学中,基本采用大一进行学科基础课教学,大二、大三进行专业基础课和方向课教学,大四进行专业理论课以及实验课学习。课程体系方面存在衔接不够紧密的问题,没有很好地将专业课程难易程度与学科梯度有效体现出来。在各门专业课程建设中过多地强调单科内容的完整性,而忽视整体专业教育课程内容的系统性。专业课与基础课比重失调,专业基础课内容局限。

5. 实习实践较为缺乏

当前会计学院实践课程集中在会计电算化、手工模拟实验、ERP软件操作和沙盘演练等方面，这些课程忽视了实践课程的实践性意义。会计专业应该强化会计的职业判断能力和具体的操作能力，而不是简单地根据现有数据编制凭证和分录，填制报表等业务。案例教学、角色模拟、实验室教学等实践性课程严重不足。校内模拟设计的业务环节较少，模拟实训的内容和形式单一。

（四）未来改革方向

1. 坚定目标定位，全方位改革

会计学专业的课程设置、教学模式、教学内容和教学手段，应致力于从核算型向管理型会计人才培养目标转型，通过"会计+"模式、"互联网+教育"、学历教育与职业资格认证、跨领域选课制度等方面强化复合型、应用型和管理型会计人才培养。顺应技术潮流，融合大数据、智能化、云计算等技术和知识，在具体课程内容、课程设置等方面做出重大调整，加强数据分析、数据管理、数据挖掘等课程内容，改变传统会计人才知识结构，凸显复合型知识能力框架。

2. 改革教学模式

以智慧教育云平台为基础平台，重点开展智慧教学、案例开发、实践教学精品课、大数据评价等云平台的技术应用，构建云财务智慧学习中心下的教育技术、教学内容、教学方法深度融合，在未来五年建设智慧教室、智慧课堂和云课堂。加强基础课的教育，夯实学生基础理论知识，加强通识课程教学，强化学生的文字表达能力和写作能力，以及利用计算机技术和网络技术进行工作的能力，同时通过外语的学习以增强学生未来参与国际市场竞争的能力。

3. 强化会计案例教学

案例教学和情景教学是培养学生真实了解企业具体运行情况，会计具体操作业务的有效方式，放弃教学中空对空的理论知识学习和培养，加强学生对现实事物真实情况的了解，增强学生对具体实际现象的分析和判断。通过引入适当的案例，创设具体的问题情境，调动学生的积极性去多方面思考和求解，深化对问题的理解，并从中锻炼学生的团队协作意识、语言的组织表达能力等。

4. 建设独特的人才培养课程模块

建设独特的人才培养模块要从学校学科优势，当地行业需求及经济发展行业背景的需求出发。人才培养模块主要通过建设课程模块形成具有优势和特色的会计人才培养模式，以防止出现会计学专业国内趋同化的趋势。课程模块主要以专业选修课为主体，根据学校学科优势和行业发展需要规划若干不同类型各具特色的课程模块。在课程模块建设中将学历证书和职业资格证书结合，使人才培养质量更加贴近企业生产、服务的实际需要。

5. 积极探索"实验班"人才培养模式

在大一开始通过考试选拔方式成立实验班,采用年度末尾淘汰制,在未来三年逐步优胜劣汰。实验班主要是以专业理论学习和学术研究为主要目标,培养在大四可以直接优选保送研究生或通过考试进入研究生学习的学生,也可以尝试本硕连读模式。实验班主要是以会计学为主要课程体系的学习与培养,以凸显会计学院会计学的独特学科优势和科研优势,尝试以实验班模式为学校会计师资补充力量。

四、广东财经大学※

(一)会计学科发展历程

会计学院是广东财经大学设立最早的教学单位之一,现设会计系、财务管理系、审计系及大数据与信息化系,开设会计学、财务管理、审计学三个本科专业。

广东财经大学自1983年起,开始招收会计学专业专科生,1985年开始招收会计学专业本科生,1986年招收审计学专业专科生,1988年开始招收审计学专业本科生。2000年开始招收财务管理专业本科生,2004年会计学专业成为广东省名牌专业。2006年该校财务管理专业成为校级示范专业。2007起学校开始招收会计学硕士研究生。2010年该校会计学专业成为国家级特色专业,并创办国际会计(ACCA)人才培养创新实验区。2011年国际会计(ACCA)人才培养创新实验区升级为省级实验区。2012年该校所属工商管理一级学科成为广东省优势重点学科。2013年该校会计学科成为"珠江学者"设岗学科,曲晓辉教授受聘为"珠江学者讲座教授"。2014年广东财经大学获得会计硕士(MPAcc)专业学位授予权,审计学专业成为广东省专业综合改革试点专业,"国际化应用型会计人才协同育人平台"立项为广东省协同育人平台,"广东财经大学复合型应用型审计学专业人才综合能力提升和实践基地"获批为中央财政支持地方高校发展专项资金项目。2015年该校"会计学"教学团队立项为省级教学团队,财务管理专业获批为广东省应用型人才培养示范专业。2016年广东财经大学会计学院被ACCA英国总部认定为"黄金级培训机构"。2017年广东财经大学设立大数据与会计信息化系。2018年该校获得审计硕士(MAud)专业学位授予权,所属工商管理一级学科成为广东省"冲一流、补短板、强特色"提升计划重点建设学科,"广东财经大学粤港湾大湾区资本市场与审计治理研究院"获批为广东省高等学校人文社科重点研究基地,与广东省发改委(之后与广东省市场监督管理局)共建"广东省反垄断执法与大数据分析研究中心"。2019年广东财经大学财务管理专业成为广东财经大学校级一流专业,会计学、审计学两个专业成为国家级一流本科专业建设点。

(二)发展阶段、改革原因及内容

广东财经大学会计学类人才培养的发展阶段、改革原因及内容见表5-8。

※ 资料提供:广东财经大学会计学院。

表 5-8　　　　　　　广东财经大学会计学科发展阶段、改革原因及内容

发展阶段与时间	改革原因	改革内容
第一阶段 (1983—1992年)	改革开放,社会主义市场经济发展	1983年开始招收会计学专业专科生,1985年开始招收本科生,1985年设会计教研室,1987年设审计教研室,1989年设财务管理教研室。这一阶段开启会计类专业人才培养,逐步形成了适应改革开放和社会主义市场经济发展的会计人才培养体系
第二阶段 (1993—2007年)	计算机技术运用,实验教学需求增加	1993年设会计模拟电算化教研室,1997年更名为会计电算化教研室,1993年建立会计电算化实验室,1994年建立手工会计实验室,1997年学校整合资源成立经济管理实验中心。这一阶段的改革重点是电算化和实验教学,会计学类专业实验教学是学校实验教学的主体力量之一,2007年学校经济管理实验教学中心获批为国家级实验教学示范中心。这一阶段会计学专业建设也取得了新突破,2004年会计学专业成为广东省名牌专业
第三阶段 (2008—2013年)	会计人才培养趋势,学生培养多元化、国际化需求增加	2008年把教研室改为系,会计学院设会计系、财务管理系、审计系,撤销会计电算化教研室。2009年开始招收会计学专业双学位学生;2010年会计学专业成为国家级特色专业;2010年设立成建制国际会计(ACCA)实验班,2011年成为省级人才培养创新实验区
第四阶段 (2014年至今)	宏观环境变化,信息技术发展	继续加强国际化建设。国际会计(ACCA)创新实验区建设成效显著;会计学中外人才培养实验班2020年开始招生 推进专业综合改革。2018年财务管理专业增设"财务管理(管理会计)"方向,审计专业增设"审计学(信息系统审计)"方向 强化实验实践教学和协同育人。"企业综合运作虚拟仿真实验教学中心"2014年成为国家级虚拟仿真实验教学中心;依托中央财政专项建成"审计智慧教室";与广东省审计厅、北京国家会计学院等进行战略合作 适应信息技术变革。2017年会计学院设立大数据与会计信息化系;各专业全面引入信息技术相关课程。2019年会计学、审计学两个专业成为国家级一流本科专业建设点

在最新阶段(2014年至今),会计学、财务管理、审计学三个专业全面改革的详细情况可作专题陈述。

1. 继续加强国际化建设

国际会计(ACCA)创新实验区建设成效显著。2014年依托实验区设立的"国际化应用型会计人才协同育人平台"成为首批广东省协同育人平台;2016年会计学院成为华南地区高校首家ACCA黄金级认可培训机构;实验区学生在ACCA全球统考中多次获得全球或全国第一,并多次获得ACCA就业力大比拼全国或华南区总冠军;两位老师获得ACCA全国优秀专业指导教师称号;2018年"国际会计(ACCA)实验区教学的改革和创新"获广东省教育教学成果奖二等奖。会计学中外人才培养实验班(广东财经大学—西澳大学2+2双学士)2020年开始招生。

2. 推进专业综合改革

2014年审计学专业成为广东省专业综合改革试点专业;同年"广东财经大学复合型应用型审计学专业人才综合能力提升和实践基地"获批为中央财政支持地方高校发展专项资金项目;2015年"会计学"教学团队立项为省级教学团队;2015年财务管理专业成为广东省应用型人才培养示范专业。这些项目既是这一阶段各专业综合改革的成果,也为进一步改革奠定了基础。依托这些项目,三个专业进一步优化了方向设置和培养方案。2015年审计学专业设"审计学(注册会计师)"和"审计学(内部审计师)"两个专业方向。2018年财务管理专业增设"财务管理(管理会计)"方向,审计学专业增设"审计学(信息系统审计)"方向。新方向密切结合宏观环境变化和技术变革,采用协同创新、产教融合的方式修订培养方案,体现了当前经济社会对专业人才的需求。

3. 强化实验实践教学和协同育人

会计学专业类实验实践教学适应商业和技术环境变化,在智能化、财务共享、虚拟仿真等方面积极探索,对仿真综合实习、企业行为模拟等课程进行升级,已初具成效。学校"企业综合运作虚拟仿真实验教学中心"2014年成为国家级虚拟仿真实验教学中心,会计类专业是该中心的主要力量之一。依托中央财政专项建成了功能齐全的"审计智慧教室",硬件设施先进,配备了当前实务中广泛采用的多种专业软件。与广东省审计厅、广东省市场监督管理局、北京国家会计学院、高顿教育集团、睿诚金审科技公司和多家会计师事务所等进行战略合作,协同育人层次进一步提升。

4. 适应信息技术变革

从2015年开始,会计学院在专业建设中逐步加强对信息技术的引入。2016年在审计学专业中增加信息系统控制与审计等选修课,2017年成立大数据与会计信息化系,为各专业的信息化改造和师资队伍建设提供支撑,2018年以后在会计学类专业中加入大数据技术与运用、非结构化数据挖掘与分析等课程。"审计学(信息系统审计)"方向以国际注册信息系统审计师(CISA)考试内容为导向,专门培养信息系统审计人才。2019年会计学、审计学两个专业成为国家级一流本科专业建设点。

(三)现阶段改革存在的问题和困难

1. 对人才培养环境变化及其趋势的认识还不够深入

现阶段,宏观经济、政治、法律、社会、文化、技术、生态等环境都正在发生深刻变化,形成于20世纪中后期的传统会计教育体系无法满足宏观环境变化的需要,适应新环境的会计教育体系正处于探索阶段。近年来会计教育在业财融合、适应信息技术变革等方面做出了有益尝试,但对环境变化的认识还不完整深入,新的教育体系还需要探索和构建。比如,目前财务会计课程体系的主要内容是学习国际趋同的财务会计准则,但当前会计准则复杂化、信息扭曲等问题越来越被诟病,有的企业可能选择另外披露不按准则编制的报表,这种趋势应该如何应对?又如,目前会计、财务管理、审计的教材内容主要围绕传统行业的传统企业行为,对新经济、新组织形态、新技术影响的关注极少,对其他行业企业、政府和非营利组织的重视不够,这种现象如何改变?

现阶段,高等教育正处于持续改革调整过程中。"双一流"建设、"双万计划"、"强基计划"、"新文科、新商科"改革等对高等教育格局产生了重要影响。不同高校在改革中的定位和发展趋势逐步分化。不同高校的会计教育应该有什么特色,本校的会计教育应该如何定位和开展,这些问题亟待解决。现阶段,会计专业学生的情况也发生了较大变化。与以前的情况相比,"00后"学生的家庭条件相对较好。对于一些学生来说,上大学的目的可能已经不是"谋生"或者找到一份好工作。所以"就业率""深造率"等单一指标可能无法准确反映学生毕业之后的状态。"00后"学生视野更广,对新鲜事物的接受程度更高,"个性"更加明显,传统教育理念和方式可能无法满足学生的需要。因此,当前的会计教育应当充分了解学生,并根据学生的情况进行调整。

2. 会计专业教师队伍建设的问题依然存在

现阶段,会计专业教师队伍建设的问题依然存在。青年教师通常具有以下特点:一是"从学校到学校",缺乏实务经验,对实践的了解不深入;二是由于考核激励等原因,青年教师的兴趣和着力点主要在取得科研成果,对教学的投入偏少,并且科研促进教学效果有限;三是青年教师生存发展压力依然较大。年龄较大的教师可能缺少冲劲,对专业前沿和环境变化的掌握适应程度有限,青年教师的志趣和精力又可能主要不在教学,这导致会计专业教育的"供给侧"存在不足,需要改革完善。

3. 人才培养体制机制和模式改革仍需突破

课程设置方面,通识课、学科基础课、专业课的结构规定不够灵活,改革难度较大;师资队伍方面,专业教师参与实践、实务专家参与教学的制度不够健全,融合力度有待加强;教学资源方面,适应环境变化的教材缺乏,配套资源有限,实验室硬软件更新缓慢;实践教学方面,部分实习基地没有充分利用,实习环节监督指导有限;协同育人方面,产教融合机制落实没有完全到位,深度协同的动力存在不足。

(四) 未来改革方向

1. 进一步明确定位、强化特色

广东财经大学是广东省属财经类大学。在区域定位上,学校会计专业人才培养需要进一步明确服务粤港澳大湾区国家战略和广东省经济社会发展的定位。在人才培养中特别强调对本区域发展模式、创新实践、规则制度、文化习俗以及人才、资本、信息、技术等要素的嵌入,凸显人才培养的区位特色。会计专业人才培养是财经类大学的"主业"之一。在高等教育格局发生深刻变化的环境中,学校需要进一步强化"主业",全方位提高会计专业人才培养的质量,使学校成为本区域会计人才培养的"主阵地"。与此同时,会计专业要发扬学校"商法融合、实践创业、多元协同"的特色,把这些特色贯穿在人才培养各个方面。

2. 构建适应环境变化的人才培养体系

课程设置方面,继续提高新经济、新技术等嵌入培养方案和具体课程的程度,如在各专业培养方案中优化信息技术类课程设置,在课程教学中增加新经济、新技术等内容。师资队伍方面,打通专业教师和实务专家交叉融合的渠道,让教师真正深度了解实践发展,让学生能够接受最前沿的专业教育。教学资源方面,加大激励力度,组织专业教师开发体现环境变化的教材和配套资源。实践教学方面,创新实践教学形式,如开展"走进大湾区"系列实践教学活动,让师生对专业实践有直接体验。协同育人方面,筛选重点单位,选择可操作性强的方式,把协同育人落到实处。

五、南京理工大学※

(一)会计学科发展历程

南京理工大学经济管理学院会计学科经历了创建、发展、壮大三个历史时期。

创建期从 1980 年到 80 年代末。1980 年 2 月 9 日,原第五机械工业部决定在华东工程学院组建企业领导干部进修系,1981 年更名为管理工程系。其中,引进 5 名会计专业的教师,主要承担兵总的财会审人才培训工作。1983 年,成立了工业会计教研室,开始招收工业会计专科生。1985 年帮助淮海工学院建设会计学本科专业,1986 年开始正式招收工业会计本科专业。

发展期从 20 世纪 80 年代末到 2005 年左右。1991 年 7 月经济管理系改为经济管理学院,正式成立会计学系。这一时期,提高本科教学质量,建设一支高素质师资队伍成为当时的主要任务。1989 年开始联合招收会计硕士研究生。1997 年取得了"会计学"硕士学位授予权,翻开了新的一页,从此进入快速发展期。

壮大期大约从 2005 年左右至今。2007 年开始招收会计学(CPA,即注册会计师专门化方向)学生,为进一步培养高素质会计专门人才而努力。2010 年开始学校获得"会计专业硕士"(MPAcc)授权点。2011 年顺利通过由中国注册会计师协会组成的专家组对本专业"注册会计师专门化特色方向"的现场评估。2012 年成为江苏省品牌特色专业,2015 年成为江苏省重点专业。2018 年,在温素彬教授的主导下,将其团队关于"智能时代的会计人才培养"的调研成果和研究成果应用于南京理工大学会计学本科人才培养改革中,在全国率先开设了"智能会计"方向班。

(二)发展阶段、改革原因及内容

南京理工大学会计类人才培养发展阶段、改革原因及内容具体见表5-9。

※ 资料提供:南京理工大学经济管理学院,执笔:温素彬、邓德强。

表 5-9　　　　　　　　南京理工大学会计学科发展阶段、改革原因及内容

发展阶段	改革原因	改革内容
第一阶段 (1980—1985 年)	"一长三师"培训	面向"一长三师"培训,开展专业培训服务
第二阶段 (1986—1996 年)	1986 年开始正式招收"工业会计"本科,专注于应用型本科人才培养	1986 年开始招收"工业会计学"本科专业,1991 年成立会计学系。这一时期,提高本科教学质量成为关键,建设一支高素质、高水平的师资队伍成为当时的主要任务。同时,《两则》的颁布促进会计学专业人才培养的进一步变革
第三阶段 (1997—2004 年)	1997 年开始正式招收"会计学"硕士,人才培养方案须结合会计学硕士人才培养和学科建设,不断提升	一方面"会计学"本科人才培养方案开始结合会计学硕士人才培养和学科建设,不断提升人才培养的水平和层次;另一方面在人才培养方案中逐渐提炼和体现理工特色与军工特色
第四阶段 (2005—2013 年)	学院从 2007 年开始实施大类招生,人才培养体系按照大类招生进行调整。同时,结合社会对注册会计师人才的需求,以及为进一步突出理工特色和优势,开展人才培养改革	突出理工特色,突出数据分析能力,突出注册会计师方向 培养目标的改变:人才培养目标开始较明显地突出理工背景、数学、信息技术的优势,同时突出注册会计师人才培养 课程体系的改变:课程体系中突出计算机应用和审计类课程。专业核心课:增加"计算机审计"专业选修课;增加"国际会计准则专题"、"国际审计与鉴证"和"资产评估"
第五阶段 (2014—2017 年)	从 2013 年开始全校组织进行新一轮人才培养方案修订。进一步突出了"大类招生,专业分流"的人才培养模式。进一步突出理工特色和对学生数据分析能力的培养	进一步突出理工特色,强化数据分析能力 培养目标的改变:突出工商管理类专业能力的培养,突出计算机技术的应用 课程体系的改变:学科教育课:增加"运筹学";专业基础课:"经济法"调整为"商法";专业核心课:增加"企业伦理";专业选修课:增加"供应链成本管理"和"统计分析软件及应用"
第六阶段 (2018 年至今)	大数据、智能化、移动互联网、云计算、物联网、区块链等新的信息技术的发展以及新业态、新模式、新产业的出现,对会计人才培养提出巨大挑战的同时也为会计提供了极好的变革和发展机会。会计从传统的核算反映型会计向智能决策型会计转型已成必然。"智能会计"人才培养势在必行	突出理工特色,强化大数据分析能力和智能决策能力 培养目标的改变:突出培养能够基于会计、财务、业务、法务和社会经济大数据的数据分析和智能决策能力的综合性会计专业人才,能胜任工商企业、金融机构、会计师事务所、政府机关和科研院所等各类组织从事智能会计实务和研究的高素质、复合型人才。工商管理类专业能力的培养,突出计算机技术的应用 课程体系的改变: 学科教育课:增加"大数据分析基础";专业基础课:"会计职业道德"调整为"会计职业道德与道德决策";专业核心课:增加"Excel 高级数据分析与可视化""企业税务管理";专业选修课:增加"财务共享服务与智能财务""大数据财务决策""基于大数据的商业智能分析""IT 审计""大数据供应链成本管理"

最新阶段(2018 年至今)的改革详细情况可作专题陈述。

1. 改革原因

该阶段从 2018 版新培养方案开始。2017 年全校组织进行 2018 版的人才培养方案修订。本次改革的原因：人类社会开始从信息化阶段逐步进入智能化阶段，随着大、智、移、云、物、区等新技术的发展，以及新业态、新模式、新产业的出现，会计所依赖的方法、手段和技术发生了很大变化，同时会计的服务对象也发生了很大的变化。一方面，财务会计将很大程度上被智能机器人所取代，会计人在掌握人文、经济、管理、会计的专业基础和专业知识的同时，还必须掌握必要的信息技术。智能化和数字化的技术革命对会计提出巨大挑战的同时也为会计提供了极好的变革和发展机会。新时代，会计学专业人才培养转型升级是必然的，"智能会计"人才培养势在必行。因此，南京理工大学会计学专业紧密结合学校理工背景的优势和经济管理学院多学科融合的优势，坚守会计学专业根本的同时，将现代信息技术与会计学专业相融合，对人才培养方案进行了较大幅度修订，突出对学生大数据分析能力和智能决策能力的培养，构建了"智能会计"方向人才培养体系。

2. 人才培养目标

适应智能时代的发展趋势，满足新技术、新业态、新产业、新模式对本科会计专业人才的需求，紧密结合"两化融合"实践，立德树人，突出素质教育，注重培养具有良好的伦理精神和商业道德、坚实的人文经管基础、扎实的会计理论与实务能力和突出的数据分析能力的人才，以及懂业务、懂数据、懂分析、懂工具、懂设计，能够基于会计、财务、业务、法务和社会经济大数据的数据分析和智能决策能力的综合性会计专业人才，能胜任工商企业、金融机构、会计师事务所、政府机关和科研院所等各类组织从事智能会计实务和研究的高素质、复合型人才。

人才培养方案课程体系包括：通识教育必修课、通识教育选修课、学科教育课、专业基础课、专业核心课、专业选修课。课程体系的基本架构逻辑是：通识教育课由全校统一；学科基础课全院通用；专业基础课工商管理类专业通用；专业核心课和专业选修课体现会计专业的核心和拓展。

3. 主要变化

突出理工特色，强化大数据分析能力和智能决策能力。

培养目标的改变。能够培养基于会计、财务、业务、法务和社会经济大数据的数据分析和智能决策能力的综合性会计专业人才，能胜任工商企业、金融机构、会计师事务所、政府机关和科研院所等各类组织从事智能会计实务和研究的高素质、复合型人才。工商管理类专业能力的培养，突出计算机技术的应用。

课程体系的改变。学科教育课：增加"大数据分析基础"（2 学分）；专业基础课："会计职业道德"调整为"会计职业道德与道德决策"（2 学分）；专业核心课：增加"Excel 高级数据分析与可视化"（2 学分）、"企业税务管理"（2 学分）；专业选修课：增加"财务共享服务与智能财务"（2 学分）、"大数据财务决策"（2 学分）、"基于大数据的商业智能分析"（2 学分）、"IT 审计"（2 学分）、"大数据供应链成本管理"（2 学分）、"金融风险管理"（2 学分）。

(三)现阶段改革存在的问题和困难

1. "智能会计"人才培养方案改革的内生动力和领导力尚需进一步凝聚

"智能会计"人才培养方案的改革是一场传统会计学人才培养模式的重大革新,势必遇到各种各样的困难。因此,就需要不断凝聚改革的内生动力,整合各种政策资源加以支撑。为了支持"智能会计"特色方向发展,南理工经管院以开展"品牌专业建设"为平台,发布《经济管理学院关于开展品牌专业建设项目》,鼓励积极应对大数据、人工智能、移动互联、云计算、物联网、区块链等现代信息技术对人才培养的挑战,抓住机遇,开展专业改革,重新修订培养方案并进行有序落实,开设"大数据分析"或"智能+"等特色方向,开展特色方向课程建设和教学模式改革。同时,"智能会计"人才培养方案的改革是一场涉及多方利益重新调整的变革,势必遇到各种各样的阻力。因此,就需要有强有力领导,以坚定的责任感、领导力和定力来推动这一历史性的变革。

2. "智能会计"优秀师资队伍日益成为关键困难

一支爱教学、甘奉献的高素质师资团队是"智能会计"人才培养方案改革的重要基础,也是目前进一步发展创新的重要瓶颈因素。为了建设南理工"智能会计"特色方向,会计学系多位教师积极投身相关教学模式改革的探索和实践中,体现了对教学的热爱以及无私奉献的情怀。目前,南理工会计学系的师资队伍在不断注入新鲜力量。但是,在面临首聘期科研考核压力下,如何调动年轻人的学习积极性和对教学的热爱是一个需要共同面对的难题。因此,需要在政策上制定支持"智能会计"优秀师资队伍的方案,让最具有创新能力的年轻教师成为这场教学改革的主力军,形成氛围融洽、生动活泼的教学和科研环境。让广大参与改革的老师们有获得感,实现个人与学科的协同发展。

3. "智能会计"核心课程建设以及教育教学改革研究的难度不断加大

评价"智能会计"人才培养方案改革成功与否,最重要的指标就是是否形成"智能会计"创新的核心课程以及教育教学改革研究成果。为继承南理工会计教育工作的优良历史传统,抓住会计学科建设与人才培养的发展机遇,抓住开拓"智能会计"特色方向的会计研究、教学与社会服务新局面的良好契机。为此,会计学系积极推动"智能会计"的特色方向建设,根据中国会计学会会计教育专业委员会、会计信息化专业委员会认可的人才培养方案框架,开展了"智能会计"核心课程建设项目立项资助工作。目前,虽然课程建设工作在有序推进,但随着课程建设逐渐迈向"深水区",课程建设以及相关教育教学改革的难度也日渐显现,急需找到应对的办法。

4. "智能会计"课程实验实训平台建设的难度逐渐呈现

没有实践实验平台,"智能会计"特色方向人才培养就无法落到实处。南理工会计学系开展了"智能会计"实验平台整体框架的论证与构建工作,提出该平台的主要平台构成、技术要求和工作原理以及"智能会计"实验平台的建设方案。同时,与诸多软件提供商、企业单位达成合作意向,促进产学研协同育人。目前,需要多方谋划建设支持,积极争取学校双一流学科与科研平台建设项目、学校"一院一品"建设项目以及学院品牌专业建设项目的支持。随着相关建设的逐渐推进，市场上现有课程实验实训软件平台的功能与"智能会计"相关课程的教学要求之间的不协调性逐渐呈现，急需找到高校和软件提供商合作共赢的建设思路和具体方案。

（四）未来改革方向

1. 未来改革的总体思路

近年政府工作报告中多次提及"大数据""智能化"等，可见"大数据、智能化"已经成为国家战略。因此，只有将会计与大数据、智能化进行深度融合与解析重构，方可迎接新时代对会计的新挑战，为会计创造更大的舞台。因此，围绕国家创新发展战略，结合新形势下人才需求，南理工"智能会计"专业计划全面推进专业综合改革，将本专业建设为具有一流水准的"智能会计"示范专业（见图5-2）。

2. 具体举措

（1）专业内涵创新建设

顺应会计专业改革的历史大潮，深度结合新技术、新业态、新产业、新模式下的商业环境，不断加强专业内涵建设，强化专业思政建设，深化专业交叉融合，通过深度重构和改造会计学传统培养方案，探索大数据智能化时代"以坚守职业道德为根基，会计智能决策+大数据分析能力为目标"的"一基双能"创新"智能会计"专业内涵（见图5-3）。

图5-2 专业建设与综合改革总体思路

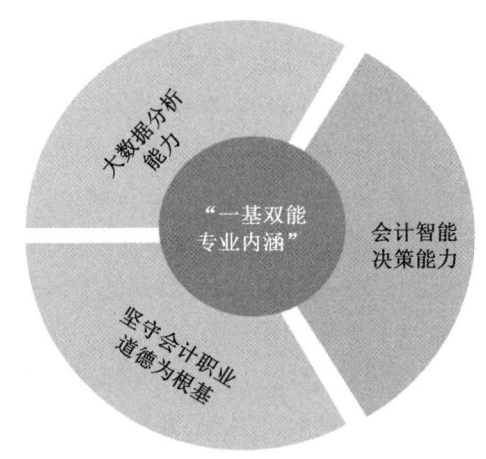

（2）一流师资队伍建设

通过政策倾斜与资源优先配置，鼓励教师到国际名校进修，托举教学名师，培育教学新星，联合IT教授，聘请资深产业教授，打造"会计教学名师+会计教学新星+IT教授+产业教授"的一流"智能会计"师资团队（见图5-4）。

图5-3 "一基双能"创新"智能会计"专业内涵

（3）创新核心课程建设

以"大数据、智能化"相关理念为基础、以信息科学技术方法和工具为手段，重构和改造会计学相关课程教学体系，先易后难，先急后缓，循序渐进，打造5至7门"智能会计"系列"金课"和精品教材，夯实"一体两翼"的"智能会计"核心课程体系（见图5-5）。

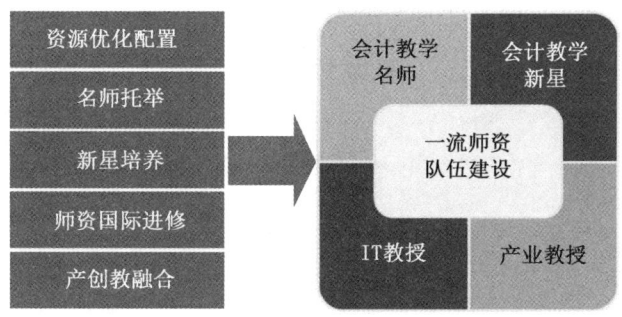

图 5-4 一流"智能会计"师资团队建设思路

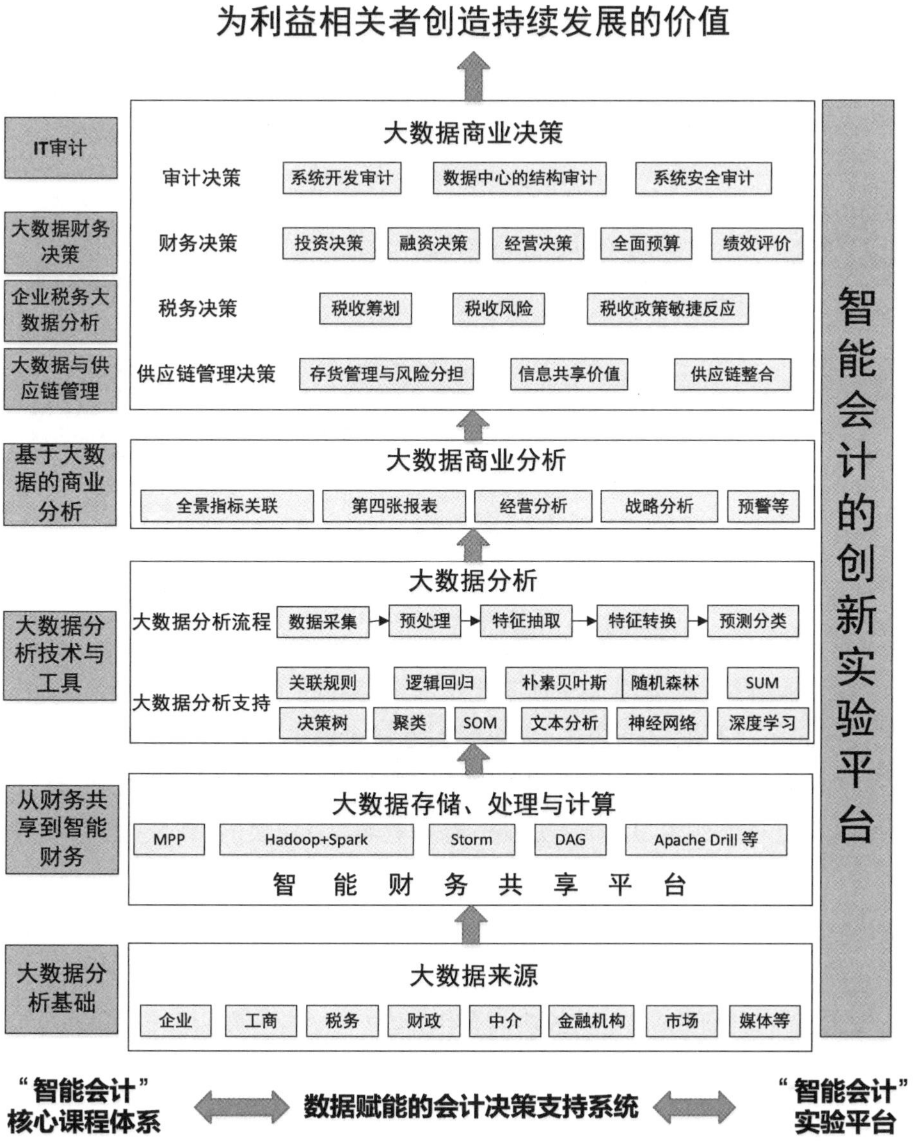

图 5-5 "智能会计"核心课程体系

(4) 可持续的教育教学改革

依托教学团队学科优势,不断开展教育教学改革的研究与实践,充分发挥"以研促教"的作用,不断整合教学资源,完善课程体系,强化"金课"建设,更新教学内容,优化教学手段,提高教学管理水平,持续推进"智能会计"专业建设的可持续发展(见图5-6)。

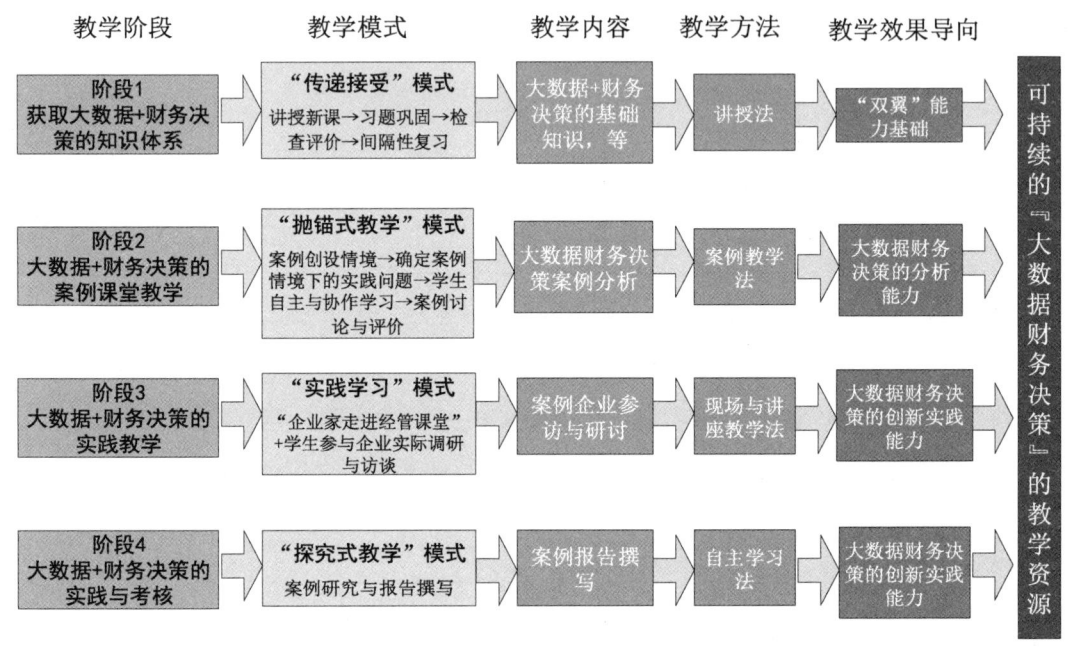

图5-6 可持续的《大数据财务决策》课程建设思路

(5) 多层次实践教学建设

以"理论与实践相结合"的思路,通过开发与采购符合真实情境的教学产品、实验软件等,以及与知名企业开展校企共建、协同育人等方式提供实践教学的基础条件,通过核心课程实验项目设计、科研训练、创新创业竞赛、毕业设计、校外实习等途径,强化实践教学,搭建"校内实验 + 校外实习、课程实践 + 专业竞赛"多层次的"智能会计"的实践教学体系。

(6) 配套支撑资源建设

以"工业与通信业管理会计应用推广联盟""江苏管理会计研究中心"等现有平台为基础,开拓与知名高校、科研院所、企业的协同合作,建立校企合作联盟和机制,整合校内外资源,共同支撑"智能会计"专业建设。

六、重庆理工大学※

(一) 会计学科发展历程

重庆理工大学会计学院成立于1993年，现有会计学、财务管理、审计学3个本科专业，设有ACCA、CIMA两个特色本科专业方向和会计信息化综合改革实验班。会计学专业于1988年起招收本科生。会计学科1995年被原兵器工业部评为部级重点学科，1999年转为重庆市市级重点学科，是重庆市"十五、十一五"期间的财会类重点学科。会计学专业是重庆市首批特色专业、首批"国家级综合改革试点专业"，现为国家级特色专业、国家级一流专业。学校于2002年获得会计学硕士学位授予权，2010年获得会计硕士学位授予权，是全国目前唯一的"互联网+会计"MPAcc教育综合改革研究与示范单位。会计学专业拥有重庆市"会计信息化教学团队"和"会计学课程群教学团队"。

重庆理工大学会计学院除了传统的会计学专业与ACCA方向，还设立了会计信息化综合改革实验班(学生人数占会计学专业比例为1/3)。重庆理工大学会计信息化人才培养始于1987年，1993年成立了会计电算化教研室，并于2003年成立了当时国内唯一的会计信息化系。会计信息化教学团队建设的"会计信息化"课程，2010年入选国家级精品课程，2013年入选第一批国家级精品资源共享课程，2020年入选工商管理类核心课程金课建设(已被重庆市推荐为国家级一流课程评选)。2018年，经过多年探索与实践，本科教学改革成果《"互联网+"背景下会计人才信息技术能力培养体系构建与实践》获得高等教育国家级教学成果奖二等奖。

重庆理工大学会计学(会计信息化方向)专业是会计学与计算机科学有机结合的交叉专业，该校会计信息化人才培养实施30多年以来，基于重庆市唯一的财会类人文社科重点研究基地"财会研究与开发中心"，建设了以软件分析、设计和开发能力培养为重心的"会计信息化"国家级精品课程与国家级精品资源共享课程，开发了具有自主知识产权的"互联网+会计""互联网+审计""互联网+税务""互联网+金融"、大数据决策等五大专题系列实验原型系统案例库。通过多年的积累，目前已经形成了具有自主知识产权的原型系统教学案例库300余个，软件著作权180余项，教材60多部。为了服务中国会计教育改革，2018年年底学校牵头成立了目前有200余所高校加盟的中国"互联网+会计"教育综合改革合作联盟，每年面向全国举办"互联网+会计"课程师资培训、"互联网+会计"研究生特训夏令营、"互联网+会计"本专科生特训夏令营。

走进新时代，在新一轮科技革命和产业变革大潮下，人工智能已成为驱动我国产业转型升级的重要引擎，企业的信息化基础设施建设呈现加速升级趋势。为了适应会计工作重心由财务会计向管理会计的战略转型，以及新一代信息技术运用下会计人员专业技术能力需要进行结构性调整的要求，重庆理工大学提出并定义了"互联网+会计"复合型人才三大

※ 资料提供：重庆理工大学会计学院。

核心技术能力：数据、流程和算法，并于 2014 年在会计学、财务管理和审计学人才培养方案中全面战略展开核心信息技术能力培养；2017 年，为了进一步推动会计学国家级综合改革试点专业建设，正式启动了"互联网＋会计"画像未来卓越会计师计划，深度融合并建设了以业务场景驱动的云会计、大数据、人工智能、区块链和 RPA 等一系列技术课程；2019 年，在会计学国家级一流专业建设的背景下，编著了中国第一本 RPA 财务机器人开发教程；2020 年，深度推进产教融合和产学研一体化，联合企业研发推出了中国第一款 RPA 财务机器人开发模拟教学沙盘和业财税一体化的区块链大会计仿真实验平台。

（二）发展阶段、改革原因及内容

从会计电算化、会计信息化到会计智能化，重庆理工大学会计学专业的改革与发展大体上经历了四个阶段，其主要内容见表 5-10。

表 5-10　　　　　　　重庆理工大学会计学科发展阶段、改革原因及内容

发展阶段	改革原因	改革内容
第一阶段（2010 年以前）	会计专业学生缺乏复杂电算化软件开发中必须具备的会计软件分析和设计能力	增设以下课程：数据库原理、会计软件网络技术、财务信息化和会计信息系统分析与设计，要求会计信息化方向学生毕业设计开发一个财务软件
第二阶段（2011—2014 年）	在企业懂财务数据分析与建模，在会计师事务所懂 IT 审计的人才非常受欢迎，通过改革为会计信息化学生建立职业发展核心竞争力	主要增设以下选修课程：网页制作技术、ERP 原理与应用、Excel 会计与财务建模技术、计算机网络基础、信息安全技术、信息系统审计
第三阶段（2015—2018 年）	企业会计工作重心由财务会计向管理会计转型，以及审计工作对信息技术能力的要求，通过强化"数据＋流程"技术能力改革，适应岗位能力要求	升级和重构会计信息化、会计软件开发技术、会计信息系统分析与设计三大专业课程的内容体系；增设专业基础课程运筹学和专业选修课程管理会计信息化、审计信息化
第四阶段（2019 年至今）	面临大数据、人工智能、区块链和 RPA 等新技术的深度运用及其对会计行业的颠覆，通过强化"数据＋流程＋算法"核心技术能力培养，建立学生职业发展竞争优势，并谋求前沿技术运用产生的会计复合型岗位	重构课程体系和升级课程内容，增设必修课程：人工智能概论、深度学习基础及实践、程序设计及实践（Python）、管理会计大数据；增设选修模块课程：区块链与财会审、数据可视化、信息系统审计、模式识别与风险管理、XBRL 基础、IPA 财务与审计机器人

最新阶段（2019 年至今）改革详细情况说明如下：

培养适应国家、区域经济社会发展急需的、德智体美劳全面发展，具备人文素质、科学精神和诚信品质，掌握会计、管理、经济、法律知识和较强信息化素养，适应信息化、云计算和大数据环境，能在工商企业、金融企业、咨询行业、信息及软件企业、中介机构、政府机构、事业单位及其他相关部门胜任关于财会审信息化工作的复合型高素质应用型人才。学生工作五年后，具备中级会计师职业能力、成为财会审信息化岗位的骨干成员、达到与财会审信息化相关的咨询专家和财会审数据分析师的专业水平与能力。在这一阶段，该校重构了课程

体系和升级了课程内容,在必修课程中增设了人工智能概论、深度学习基础及实践、程序设计及实践(Python)、管理会计大数据等;选修模块增设了区块链与财会审、数据可视化、信息系统审计、模式识别与风险管理、XBRL基础、IPA财务与审计机器人等课程(见表5-11)。

表5-11　　　　　　　　重庆理工大学会计学专业课程体系(2019版)

课程类别	课程平台	课程名称	课程性质	学分	学时数
通识教育课程(55学分)	思想政治理论(16学分)	思想道德修养与法律基础	必修	2.5	40
		中国近现代史纲要	必修	2.5	40
		马克思主义基本原理概论	必修	2.75	44
		毛泽东思想和中国特色社会主义理论体系概论	必修	4.25	68
		形势与政策	必修	2	64
		思想道德修养与法律基础实践教学	必修	0.5	8
		中国近现代史纲要实践教学	必修	0.5	8
		马克思主义基本原理概论实践教学	必修	0.25	4
		毛泽东思想和中国特色社会主义理论体系概论实践教学	必修	0.75	12
		小　计		16	
	军事(4学分)	军事理论/军事技能	必修	2	36
		军事技能	必修	2	112
	体育(4学分)	大学体育	必修	4	144
	外国语言(12学分)	大学英语1	必修	3	48
		大学英语2	必修	3	48
		大学英语3	必修	3	48
		大学英语4	必修	3	48
		小　计		20	
	信息与智能技术(7学分)	人工智能概论	必修	1	16
		大学计算机[非理工类]	必修	2	32
		程序设计及实践(Python)	必修	4	64
		小　计		7	
	创新创业(5学分)	创业基础	必修	2	32
		大学生职业生涯规划与就业指导	必修	1	16
		创业与财务	必修	1	16
		创新创业实践	必修	1	16
		小　计		5	

（续表）

课程类别	课程平台	课程名称	课程性质	学分	学时数
通识教育课程（55学分）	素质拓展（7学分）	大学生心理健康教育	必修	1.5	24
		音乐鉴赏	必修	2	32
		写作与沟通	必修	1.5	24
		素质拓展选修课程【见四大素质模块】（剩余学分在人类文明与哲学自选、自然与科技、经济与社会模块中自选）	必修	1.5	24
		素质拓展实践	必修	0.5	8
		小　计		7	
	通识教育课程合计			55	
学科教育课程（30学分）	学科基础课（29学分）	会计学导论［会计信息化方向］	必修	0.5	8
		高等数学［经管类］Ⅰ	必修	3.5	56
		高等数学［经管类］Ⅱ	必修	4	64
		线性代数［非理工］	必修	3	48
		概率论与数理统计［非理工］	必修	3.5	56
		统计学	必修	3	48
		管理学	必修	3	48
		微观经济学	必修	3	48
		宏观经济学	必修	2.5	40
		市场营销学	必修	3	48
		小　计		29	
	基础实践（1学分）	机械制造基础训练Ⅰ	必修	1	16
		小　计		1	
	学科教育课程合计			30	
专业教育课程（89.5学分）	专业基础（34.5学分）	会计学基础	必修	3	48
		会计大数据基础	必修	3	48
		中级财务会计	必修	5	80
		管理会计基础	必修	3	48
		审计学	必修	3	48
		税法	必修	3.5	56
		会计信息化	必修	3	48
		深度学习基础及实践	必修	2	32

（续表）

课程类别	课程平台	课程名称	课程性质	学分	学时数
专业教育课程（89.5学分）	专业基础（34.5学分）	成本会计	必修	3	48
		经济法	必修	2.5	40
		运筹学	必修	3.5	56
		小　计		34.5	
	专业核心（20学分）	高级财务会计	必修	3.5	48
		财务经济分析	必修	3	48
		财务战略与风险管理	必修	3	48
		会计软件开发技术	必修	4	64
		会计信息系统分析与设计	必修	3	48
		管理会计大数据	必修	3.5	56
		小　计		20	
	专业方向（≥8学分）	管理会计案例	选修	1	16
		内部控制	选修	1	16
		财务案例分析	选修	1	16
		财务管理	必修	4	64
		税收筹划	选修	2	32
		会计职业道德	必修	0.5	8
		XBRL基础	选修	0.5	8
		IPA财务与审计机器人	选修	2	32
		信息系统审计	选修	2	32
		模式识别与风险管理[双语]	选修	1	8
		区块链与财会审	选修	0.5	8
		数据可视化	选修	0.5	8
		小　计		≥8※	
	专业实践（27学分）	会计学基础课程实训	必修	1	16
		财务会计课程实训	必修	1	16
		税法模拟实训	必修	1	16
		财务管理课程实训	必修	1	16
		创业仿真综合实训	必修	2	32
		会计软件开发技术课程实训	必修	1	16
		会计信息系统分析与设计课程实训	必修	1	16

※　由于此处涉及多门选修课，专业方向课程学分大于等于8学分即可，故此处小计计作8学分。

(续表)

课程类别	课程平台	课程名称	课程性质	学分	学时数
专业教育课程（89.5学分）	专业实践（27学分）	管理会计大数据实训	必修	1	16
		财务共享实训	必修	1	16
		专业实习	必修	3	48
		毕业实习	必修	4	64
		毕业设计（论文）	必修	10	160
		小　计		27	
		专业教育课程合计		89.5	

（三）现阶段改革存在的问题和困难

重庆理工大学于2019年进行人才培养方案修订，进一步完善了以"数据+流程+算法"为核心IT能力的课程体系，强化了多主体协同、融合多种教学方式的"互联网+会计"人才培养模式，力争培养能胜任大数据智能财务分析、智能财务机器人开发等工作的复合型卓越会计师。但是由于"互联网+会计"复合型人才培养的关键在于业务、财务和技术的一体化，而业财技一体化课程的实施需要在教材编写、案例开发、教学方式等方面进行全方位建设。然而在教材编写方面，目前欠缺能够用于"互联网+会计"系列课程的教材；案例开发方面，一些能够用于教学的场景案例也存在针对性不强和内容缺乏深度等方面的问题；教学方式方面，由于企业应用场景需求的变化和复杂性的增加，面临着案例升级和完善的问题。

（四）未来改革方向

经济的增长，社会的发展，技术的进步，给会计行业带来了翻天覆地的变化。2017年出现的以机器人流程自动化（RPA）为核心技术的"四大"财务机器人的相继面世，给会计行业更是带来了前所未有的冲击。鉴于现有的社会发展形势与上述提及的改革困境，目前学校针对2019年新开设《会计大数据基础》《管理会计大数据》《IPA财务与审计机器人》《区块链和财会审》等重点课程，正在结合企业的项目实践，开发以场景驱动的业务、财务和技术一体化教学案例和场景模拟教学用具，制定以创新能力培养为目标的混合翻转课堂和模拟训练教学方式的线上线下协同教学方案，同时编写能够用于教学过程的新型教材。

七、杭州电子科技大学※

（一）会计学科发展历程

杭州电子科技大学会计学院是在1956年该校创始设立的会计学专业基础上建立的专

※　资料提供：杭州电子科技大学会计学院。

业学院,是该校传统优势学院,是中国电子信息产业财经人才的主要培养单位,也是浙江省最早的财会人才培养单位之一。1980年学院开始招收本科生,1981年开始招收硕士研究生,是浙江省最早的会计学硕士学位授权点,也是全国工科院校中最早的会计学硕士点之一。1999年获得会计学同等学力硕士授权资格,2010年获得会计专业硕士学位(MPAcc)授权资格,2011年获得审计学硕士授权资格,2018年获得审计专业硕士学位(MAud)授权资格。会计学学科是信息产业部重点学科、浙江省重点学科(2012年),会计学专业为国家特色专业(2008年)、浙江省"十二五"、"十三五"优势专业和国家首批一流专业建设点(2019年)。财务管理专业为浙江省"十二五"新兴特色专业、省"十三五"特色专业和省一流专业(2019年)。

面对不断涌现的新兴技术和持续深入的会计转型,杭州电子科技大学深化工科建设和改革,适应新经济发展和服务产业转型升级,创新人才培养模式,办学60多年来在复合型IT人才培养方面的教学实践成果连续五届获得国家教学成果奖。2012年,该校会计学科率先成立"计算机科学与技术+会计学"复合型专业,后更名为会计学(计算机科学与技术复合方向);2018年,试点"IT+会计+业务"三维融合人才培养,面向学院大二学生组建"管理会计创新班",开展常规教学计划外的独立专项培养;2019年,启动新工科创新人才培养,与卓越学院联合开展"管理创新实验人才"培养;2020年,依托卓越学院,与计算机学院深度融合,开启"智能财务"人才培养,打造"智能财务(会计学)+智能财务(软件工程)"之"一体两翼"人才培养体系。杭州电子科技大学致力于培养具有扎实的人工智能、大数据专业知识和实践能力,具备科学道德素养、创新精神和解决交叉行业技术难题的有理想、有本领、有担当的拔尖型"新工科"卓越会计人才。另一方面,该校积极推进国际化人才培养,从2013年开始设置会计学(ACCA方向班),旨在培养熟悉国际惯例的高端会计人才。2017年,杭州电子科技大学与浙江省财政厅签署战略合作协议,成立浙江省管理会计应用创新研究中心。同年,成立中国财务云服务研究院,并与阿里云达成战略合作成立杭电阿里云大数据学院,为卓越会计人才培养搭建高水平平台。

(二)发展阶段、改革原因及内容

从1956年开设会计学专业至今,杭州电子科技大学已经拥有近65年的会计专业人才培养历史。学校被誉为"IT企业家摇篮"和"卓越会计师沃土"。多年来,该校会计人才培养在适应经济社会发展、技术变革和企业管理创新需求的前提下,充分发挥杭电作为工科院校在信息和计算机等相关学科的学科优势,持续深化人才培养模式改革(见表5-12)。

表5-12　　　　杭州电子科技大学会计学科发展阶段、改革原因及内容

发展阶段		改革原因	改革内容
第一阶段 工业会计时代 (1956—2007年)	专科阶段 (1956—1979年)	满足国家、社会和行业会计人才需求,适应会计电算化发展趋势	会计专科人才培养,为航空、机械工业输送专业财会人才
	本科研究生阶段 (1980—2007年)		强化工科基础,提升会计电算化水平,重视行业实践能力培养

(续表)

发展阶段	改革原因	改革内容
第二阶段 "计算机+会计"时代 （2008—2014年）	适应互联网时代人才需求,受校友成功经验启发,充分发挥学校学科优势,打造复合型卓越会计人才,开启会计学国家特色专业建设	与计算机科学与技术专业合作,开展"计算机+会计（2+2）"复合型会计人才培养模式（列入招生计划,单独制定培养方案）
第三阶段 "IT+会计+业务"时代 （2015—2019年）	2014年,财政部启动中国管理会计体系建设工作,全面推动会计转型	强调"业财一体化",增加管理会计相关课程比例,并重视通过信息化手段解决企业管理会计问题的能力培养,试点"IT+会计+业务"三维融合人才培养
第四阶段 智能财务时代 （2020年至今）	适应数字经济时代的技术和商业模式的变革,满足新工科和新商科人才培养新需求	在"IT+会计+业务"融合培养模式基础之上,进一步深化改革,体现"新工科"人才培养特点。并与软件工程专业交叉融合,打造"智能财务（会计学）+智能财务（软件工程）""一体两翼"人才培养体系

1. "IT+会计+业务"时代（2015—2019年）改革详细情况

为贯彻2014年财政部《关于全面推进管理会计体系建设的指导意见》,浙江省率先展开管理会计改革试点,采取校企"一对一"合作、产学研相结合机制,相应组织了省内7所高校,对应服务于18家企业。学院凭借会计学专业社会影响力成为浙江高校管理会计改革试点牵头单位,学院专业教师成为省内高校"浙江省管理会计专家咨询委员会"副主任委员成员,学院获批省内唯一"管理会计研究基地",开展实务研究、理论研究以及为企业提供应用咨询与人才培养服务。基于此,2015年开始学院会计人才培养逐渐进入"IT+会计+业务"时代。强调"业财一体化",增加管理会计相关课程在培养方案中的比例,并重视通过信息化手段解决企业管理会计问题的能力培养。

第一阶段（2017—2018年）,在院内成立"管理会计创新班",面向大二下学期学生进行内部选拔,开展培养计划外的专项培养。主要包括成本管理、全面预算管理、绩效管理、财务共享和管理会计信息化五个模块。每一模块授课方式均为:理论课占1/3,企业实践参观占1/3,信息化占1/3。

第二阶段（2019年）,依托卓越学院"强基础"和学校"新工科人才培养"理念,围绕"业财融合+信息化+工程实践能力"的能力目标开展管理会计创新实验人才培养。开设包含Python语言程序设计、生产与服务运作管理、工程项目管理、金工实习和电子线路实习在内的"卓越平台和基础课程";同时在专业基础课中将传统管理会计课程进行细分,增设管理会计基础、中级管理会计、高级管理会计、绩效评价与激励机制、财务共享等课程;专业选修课包含"新工科模块"和"拓展模块",其中前者包括数据结构、人工智能导论、机器学习、工程制图、物联网技术基础、数据库应用基础、企业财务 ERP 理论与应用、电子表格与 XBRL、会计数据处理与挖掘等课程,旨在强化会计专业学生的信息化能力和工程实践能力。另一方面,杭州电子科技大学在 2017 年与浙江省财政厅签署战略合作协议,成立浙江省管理会计应用创新研究中心。同年,成立中国财务云服务研究院,并与阿里云达成战略合作成立杭电阿里云大数据学院,为卓越会计人才培养搭建高水平平台。

2. 智能财务时代(2020 年至今)改革详细情况

2019 年,杭州电子科技大学会计学专业成为首批国家一流专业建设点。以此为契机,杭州电子科技大学在 2020 年启动"智能财"人才培养计划,依托卓越学院,与计算机学院的软件工程专业实现深度交叉融合,构建"智能财务(会计学)+ 智能财务(软件工程)""一体两翼"人才培养体系。

其中,智能财务(会计学)的培养目标为:在人工智能和大数据时代,面对会计转型升级的挑战,培养掌握大数据分析技术、人工智能技术和会计专业知识,具备智能化、大数据环境下会计信息生成、应用、分析及管理决策支持的专业素养,具有宽阔的国际视野,良好的表达与沟通能力、适应能力和心理素质,具备再学习能力、工程实践能力和创新能力的高素质复合型会计人才。

在现有会计人才培养基础上,积极探索智能化会计人才培养模式改革的新路径,以体现教育开放融合新生态、专业新结构、教育新方式与手段:以中级财务会计、高级财务会计、作业成本管理、全面预算管理、财务决策与控制等为专业课程建设方向,在全面覆盖最新会计理论体系的基础上,对管理会计相关课程进一步细化和深化。融合人工智能导论、机器学习、软件工程导论、软件建模与分析、会计大数据技术与应用、生产与服务运作管理等课程,充分发挥本校的电子信息特色和工科学科优势,利用以大数据、云计算、人工智能和共享中心等为代表的主流智能技术手段,加强学生就先进制造业工程实践能力、信息技术与网络技术的训练,提升学生的项目运营和统筹能力,实现工学、会计与信息化的结合。

将专业选修课划分为"业财融合、智能拓展和专业提升"三个模块。其中,"业财融合模块"包括作业成本法、全面预算管理、管理沟通、工程制图、博弈论与信息经济学等课程;"智能拓展模块"包括面向对象程序设计(C++)、机器学习、物联网基础技术、会计大数据技术与应用、电子表格与商务沟通、会计决策与控制系统等课程;"专业提升板块"包括与先进制造企业集团、知名会计师事务所和云服务商建立实质性的校企合作人才培养模式,突出财务与业务的一体化融合,实现智能化下会计理论的落地应用与实践的转型升级。

纵观杭州电子会计大学会计学类人才培养 60 多年的历史,"强化工科特色和行业实践背景,强调计算机和信息化能力培养,善于借助交叉复合开展人才培养"始终是会计类人才培养的法宝,也是不断深化和升级的优良基因。每一次人才培养模式和体系的变革既是一种创新,也是一种传承。

(三)现阶段改革存在的问题和困难

1. 复合型交叉教学团队的构建和教学方法的变革与创新。

2. 教材体系和内容的重构、教学案例的编写,以及实现多学科有效交叉融合。
3. 跨越人才培养模式下的教学管理和学生管理问题。
4. 实践教学的创新和转型与新型实习、实践基地的建立。

(四) 未来改革方向

1. 人才培养体系的持续完善。
2. 交叉团队建设和适应智能时代的教师培养。
3. 教材编写和出版。
4. 面向智能时代的新型实验室建设。
5. 虚拟仿真实践教学模式的完善和推广。
6. 实现政产学研联合人才培养。

八、上海交通大学※

(一) 会计学科发展历程

上海交通大学(简称"交通大学")会计学科具有较长的办学历史,其源头可追溯至1918年的交通部上海工业专门学校(交通大学前身之一)的铁路管理科,当时开设有会计和出纳、高级会计、铁路会计和审计等课程。新中国首任财政部会计司司长安绍芸先生早期曾任学校的会计学教授,与徐广德、俞希稷、蒋士麒等会计名家一起奠定了交通大学会计教育的基础,培养出了许多优秀的毕业生,包括著名会计学家龚清浩先生等。

新中国成立后,因全国性的院系调整,交通大学会计学科随管理学院停办。1994年,在时任管理学院院长杨锡山教授的推动下,交通大学恢复创建会计系。其后,在石成岳等教授带领之下,会计系广纳海内外优秀人才,在科研、教学和人才培养等方面不断取得突破,逐步发展成为国内领先并具有一定国际知名度的会计学科。近年来,会计学科所在的QS全球大学"会计与金融"学科排名不断提升,2020年位列全球第39名、中国内地高校第3名。

会计系顺应国家发展战略需求,依托上海得天独厚的国际金融、经济、贸易、航运、科创中心的地理位置,以及上海交通大学和上海交通大学安泰经济与管理学院(简称"安泰")的双一流建设平台,不断加强学科建设,力求以一流的科学研究和应用研究为支撑,培养德才兼备的、具有国际视野并且深谙中国国情的战略型高层次会计人才。2020年,学院有在职教师17人,其中教授4人、副教授8人、讲师和助理教授5人,教师队伍结构呈现老中青结合、中西结合,大部分教师是从海内外名校取得的博士学位。

(二) 发展阶段、改革原因及内容

上海交通大学会计学科发展阶段、改革原因及内容具体见表5-13。

※ 资料提供:上海交通大学安泰经济与管理学院。

表 5-13　　　　　上海交通大学会计学科发展阶段、改革原因及内容

发展阶段与时间	改革原因	改革内容
第一阶段 （1994—2001 年）	会计学本科恢复重建，满足社会对会计人才需求	会计学本科恢复重建，直接参加高考招生（初期曾开设涉外会计本科专业）
第二阶段 （2002—2010 年）	顺应社会对复合型人才需求，会计学专业纳入经管类大类招生，探索经管大类复合型人才招生和培养模式	经管类大类招生，大二下学期专业分流（会计学专业），其中 2002—2006 年经济学大类招生，2007—2010 年工商管理类大类招生
第三阶段 （2011—2013 年）	顺应社会对复合型人才需求，会计学专业纳入工商管理学士 BBA 模式，探索全校各专业来源的复合型人才招生和培养模式	BBA 模式，从全校其他专业大一下学生（文理兼收）面试选拔，进入安泰工商管理学士 BBA 班学习（会计学方向）
第四阶段 （2014—2017 年）	顺应社会对复合型人才需求，会计学专业重新纳入工商管理类大类招生，探索工商管理类复合型人才招生和培养模式	恢复工商管理类大类招生（从高中理科生中大类招生），大一下学期专业分流（会计学专业）
第五阶段 （2018 年至今）	顺应数字化时代社会对多样化复合型高级人才的需求，会计学专业纳入经济管理试验班大类招生，学生入校后大类统一培养，大二下学期自愿任意选择一个主修专业和一个辅修专业，形成了经管多样化复合型高级人才培养的"X+X"新模式	经济管理试验班大类招生，按照 QS 经管学科分类分为四类专业，大二下学期进行主修专业和辅修专业申请（会计学专业），其中以会计学为主修专业的学生，可以任意选择包括"商务数据科学""信息管理与信息系统""创新创业管理"等在内的 7 个辅修专业之一，以"会计与金融"类以外的六个专业为主修专业的学生可以选择会计专业作为辅修专业

最新阶段（2018 年至今）改革详细情况说明如下：

1918 年，交通大学设立了铁路管理科，回顾历史发展，安泰之本是从本科教育开始。近年来，社会上关注较多的是 EMBA、MBA 教育，但是回归教育的本源，人才培养应该是本科生的培养。如何招到最优质的本科生生源？如何提供一流的本科生教育和培养？这是学校和学院密切关注的问题。2018 年恰逢学校开展教育思想大讨论，关注本硕博教育，尤其是本科教育，是教育思想大讨论的主题。截至 2018 年，交大安泰有四大学科（计量与经济、会计与金融、商业与管理、统计与运筹）在 QS 排名中位列全球前 100 名，其中三个学科排名前 50。在第四轮学科评估中，安泰的工商管理学科被评为 A+，管理科学与工程学科被评为 A，均位列前茅。双一流建设中，安泰的商业与管理是上海地区唯一进入全国一流学科建设的学科。

作为国内第一家同时获得 AMBA（国际 MBA 协会）、EQUIS（欧洲质量发展体系）和 AACSB（国际精英商学院协会）三项国际顶级认证的商学院，安泰经济与管理学院一直致力于优秀本科生的培养，学院现有本科生 1 200 余名。为深入学习贯彻习近平新时代中国特色社会主义思想和党的十九大精神，坚持立德树人，加快建设中国特色世界一流大学，建设中国一流的经管类本科专业，上海交通大学安泰经济与管理学院 2018 年对"新时代安泰本科人才培养"体系进行了重大改革。新时代安泰本科人才培养的新理念是"复合型创新

人才、自主多样选择",新体系是"QS大类、一主一辅、四位一体的经济管理试验班"。

1. 新理念:复合型创新人才、自主多样选择

秉承上海交通大学"建设具有中国特色的世界一流大学"的办学理念,安泰经济与管理学院在总结百年办学治学经验,借鉴世界一流大学先进的教学模式和课程体系的基础上,提出了紧跟经济与管理学科国际最新发展趋势,适应新时期中国经济建设对人才的需要和学生的特点的全新的人才培养理念。2018年安泰经济与管理学院推出经济管理试验班。该试验班依托学院厚实的研究基础、优秀的师资队伍和丰富的国际化办学经验,旨在培养具有扎实的数理基础,掌握现代经济学、管理学前沿理论和分析方法,具有国际视野,了解中国在经济全球化不断深化的过程中所起的重要作用和面临的挑战,并能合理运用科学的方法和手段分析并解决经济发展过程中所碰到的各种复杂的经济和管理问题的复合型拔尖创新人才。试验班将充分体现经济和管理相结合、本土化和国际化相结合、学术性和应用性相结合,注重人才培养的广度和深度,注重学生的价值引领、知识探究、能力建设和人格养成的培养。

2. 新体系:QS大类、一主一辅、四位一体的经济管理试验班

从2018级起,安泰经济与管理学院按照国际QS学科分类标准将本科专业分为四个大类:经济与计量经济、会计与金融、商业与管理、统计与运筹;每个大类下设两个主修专业。其中,学生修读完经济学、国际经济与贸易、金融学,将获得经济学学士学位;修读完会计学、工商管理(市场营销)、人力资源管理、信息管理与信息系统、工商管理(商务数据科学),将获得管理学学士学位。这些专业类别全面涵盖了现代经济学、管理学的重点领域,也是学院的优势专业。每个主修专业的学生需要再辅修一个所在大类以外的其他专业作为辅修专业(见表5-14)。

表5-14　　　　　上海交通大学安泰经济与管理学院专业设置情况

专业大类	经济与计量经济	会计与金融	商业与管理	统计与运筹
主修专业	经济学	会计学	市场营销	信息管理与信息系统
	国际经济与贸易	金融学	人力资源管理	商务数据科学

具体而言,从2018年开始,安泰将学科建设与人才培养相融合,充分利用自身优势,培养具有自身特色的本科复合型人才:一是经济与管理相结合;二是本土化与国际化相结合;三是广度与深度相结合;四是硬技能与软实力相结合。新的本科人才培养改革方案将根据QS的四大学科,旨在培养具备一流领导力和战略眼光的领袖级人才。

新的培养模式采用经济管理试验班形式,体现宽口径、厚基础、多通道的培养特点。在课程设置上,更加与国际一流课程对接,持续加强国际合作,中文课程将继续保有本土特色。通识课、专业课、研究实践课、个性化课程的设置,将更好地满足学生多方面、多元化的需求。在本科四年的培养过程中,第一、第二年集中于专业基础教育,第三、第四年施行深度教育和个性化教育,充分尊重学生意愿,强化辅助性的教育培养。同时,允许学生的多轨道发展,即学术型人才和应用型人才的双重发展。安泰一直贯彻国际合作,在开展常规交换项目的同时,开发特色国际交流项目,如亚洲商业课程项目、与法国 ESSEC 商学院合作的本科双学位项目。安泰经管学院对学生的个体发展和职业发展也极为重视,有不同层级的党、团组织帮助学生了解自身,通过企业宣讲、信息资源共享、职业辅导讲座、职业咨询等帮助学生明晰职业规划发展。

经济管理试验班采用"主修专业+辅修模块"培养模式。即学生在修读 1 个主修专业的同时,将自主选择修读 1 个辅修模块(所有的主修专业都设有辅修课程模块供学生选择,辅修课程需要跨大类辅修。特别值得关注的是,安泰还专门增设了创新创业管理辅修模块,所有主修专业学生都可以申请修读)。

课程计划则由通识课程、专业课程、研究实践类课程和个性化课程组成。学生第 1—2 年进行通识和专业基础教育,第 3—4 年进行专业深度教育和个性化教育。学生在二年级确定主修专业(专业不受人数限制)、三年级确定辅修模块。该模式充分尊重学生专业选择的意愿,同时强化了复合型教育培养。

本科人才采用学术型或应用型双通道培养。课程体系围绕经济与管理相结合、理论知识与数据分析相结合、科学分析方法与实际发展经验相结合的理念,注重基础理论课程的系统性、专业课程的多样性,特别是针对信息科技和人工智能的迅猛发展,加大了数据分析和数据处理相关课程的比重。课程体系中,必修课程少而精,选修课程多而广,给学生以充分的选择权,根据自己的知识结构、能力优势和兴趣爱好,选择适合自己的主修专业方向和辅修专业方向,从而在本科四年中得到最适合自己的培养。有志于学术研究的学生可以选择修读侧重于数理逻辑训练和基础理论累积的荣誉课程,并在老师的指导下参加学术研究,为进一步的学术深造做好准备,成为理论基础扎实、熟悉学术前沿成果的学术研究型人才;而有志于实际工作的学生则可以在修读基础理论课程后,选择修读适合自己职业发展的应用型专业课程,成为优秀的应用型人才。通过系统的理论和工具课程学习、丰厚的科研和实践活动拓展,以培养具有坚实的现代经济学和管理学理论基础,具备知识转换能力、解决问题能力、较强适应能力和国际竞争力的优秀人才。

新体系下的课程体系如图 5-7 所示。

新的体系下,经济管理试验班开设四大类 8 个专业,分别是:经济与计量经济大类(经济学专业、国际经济与贸易专业)、会计与金融大类(会计学专业、金融学专业)、商业与管理大类(人力资源管理专业、市场营销专业)、统计与运筹大类(商务数据科学专业、信息管理与信息系统专业)。在新的培养体系下,经济管理试验班大类招生,按照 QS 经管学科分类分为四类专业,大二下学期进行主修专业和辅修专业申请,其中以会计学为主修专业的学生,可以任意选择包括"商务数据科学""信息管理与信息系统""经济学""国际经济与贸易""人力资源管理""市场营销"以及"创新创业管理"在内的 7 个辅修专业之一,以"会计与金融"类以外的六个专业为主修专业的学生可以选择会计学专业作为辅修专业,所有学生必须自主选择一个主修专业和一个辅修专业。

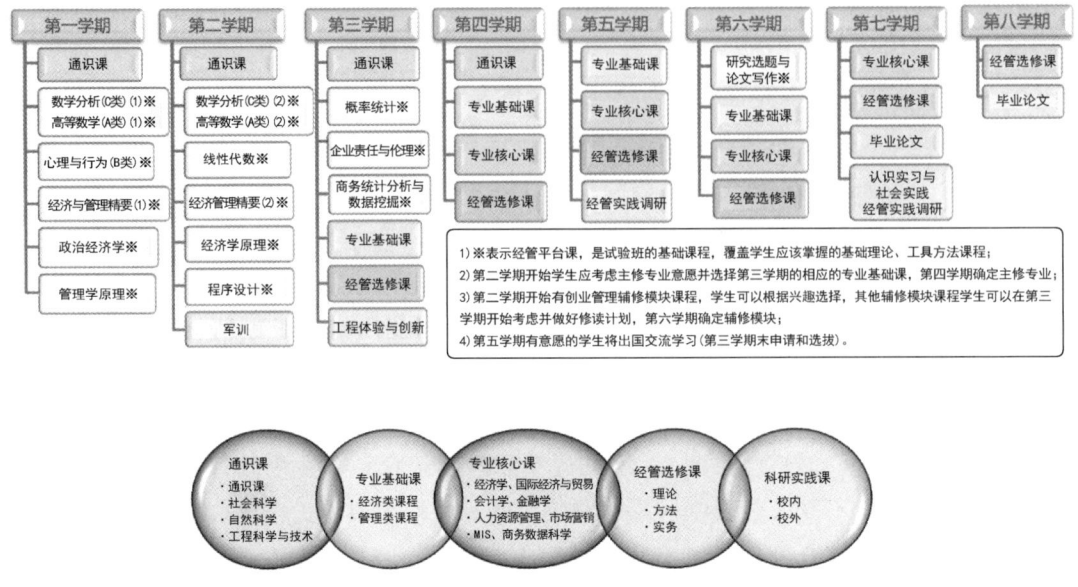

图 5-7　上海交通大学安泰经济与管理学院新课程体系

换言之,在新的体系下,会计学专业的人才培养包括主修会计学(1+X)和辅修会计学(X+1)两种方式,无论哪种方式都是自主多样选择的高度复合型人才培养模式,并且顺应了科技与人工智能及创新创业等新时代的社会发展要求。尤其是,"商务数据科学"和"信息管理与信息系统"两个辅修专业开设了 20 多门与大数据、人工智能等数字化技术有关的课程,相对国内其他高校正在探讨或实践中的智能会计类专业方向领先了一大步。同时,"1+X"和"X+1"的自主多样化复合型主修和辅修模式,在全国各类高校中具有领先的探索性示范意义。

(三)现阶段改革存在的问题和困难

总体上,包括会计学专业在内的安泰 2018 本科人才培养"复合型创新人才、自主多样选择"新理念和"QS 大类、一主一辅、四位一体的经济管理试验班"新体系借鉴了国际顶级商学院的成功经验,顺应了时代发展要求,具有鲜明的先进性。实施这一方案,需要全院上下左右各级、各部门的深入研讨、共识凝聚和充分配合。新体系从 2018 级本科生开始实施,到目前已经实施了两个年级,运行顺利,深受学生和家长欢迎。同时,教师在开课过程中,其所开课程面临着更大的被学生选择的压力。如果课程不受学生欢迎,就面临无课可上窘境;如果专业不受学生欢迎,就面临专业无法开课窘境。这样的竞争压力,迫使教师和专业更加积极地研讨、提高教学水平和课程质量,已经产生了非常积极的教学改革效果。目前,这一改革新体系也遇到了过渡期排课协调、部分教师缺课等方面的一些问题,但这些问题相对改革产生的重大正面价值,属于比较容易克服的小困难。此外,由于改革突出了自主多样复合型人才培养,会计学专业核心课存在着学分不足的情况,目前已经从 2020 级开始,进一步提高了会计学核心课程的学分,在复合型改革大方向下,夯实学生会计专业能力训练。

(四) 未来改革方向

为了顺应数字时代下经济社会发展对复合型、战略型高层次会计人才培养的转型升级需求,未来会计本科人才培养可能需要进一步从"1＋X"和"X＋1"模式转向"1＊X"和"X＊1"模式。换言之,如何将拼盘式的不同专业相加,升级为培养真正一专多长、不同专业能力活学活用的专业体系,产生专业复合的乘数效应和化学反应的深度融合,值得在教学和培养体系上进一步探索和思考。

九、中国人民大学※

(一) 会计学科发展历程

中国人民大学的会计学科建设始于20世纪50年代,是新中国最早开设会计专业的院系之一。从最初设在财政信用借贷系的簿记核算教研室算起,中国人民大学会计学科点已经走过了七十年的光辉历程。

1950年10月,中国人民大学正式成立时,根据中央人民政府政务院《关于成立中国人民大学的决定》,设立了工厂管理系、财政信用借贷系、贸易系、合作系、经济系、经济计划系、法律系和外交系共8个系。为配合专业教学需要,财政信用借贷系设立了簿记核算教研室、财政教研室,承担财政会计专业和其他相关专业会计、财政课程的教学工作和科学研究工作。在1956年前,中国人民大学单独招生,生源主要是县团级以上的在职干部和劳动模范,之后纳入国家统一招生;1957年后开始招收部分应届高中毕业生,学制由五年改为四年。1960年6月,财政信用借贷系和贸易经济系合并,组成财政贸易系。1962年,会计学专业开始招收本科生。

1966年"文化大革命"开始,学校正常秩序完全被打乱,已无教学工作可言。1969年11月底至1970年3月,会计系教职工分批下放到江西"五七"干校参加劳动,至1972年底返京,历时三年多。1973年,随着中国人民大学停办,财政贸易系被取消,会计专业也随之被取消。1978年7月,中国人民大学恢复办学,原财政贸易系分为财政系和贸易系,会计专业隶属于财政系;1988年1月,会计学专业从财政系中分出,单独设立中国人民大学会计系。1988年6月,中国人民大学正式成立工商管理学院,下设工业经济系、农业经济系、贸易经济系、投资经济系、商品学系、会计系共6个系,根据当时的建制安排,学院是非实体单位,各系还是实体单位。1996年3月,工商管理学院对体制和机构进行重大调整,调整后的工商管理学院分为实体和非实体两部分,工业经济系、贸易经济系、土地管理系(2001年并入公共管理学院)、外国经济管理研究所撤销行政建制,合并为学院的实体部分,以学院为单位对学校负责,学院实体部分中各系作为教学、科研单位对学院负责;会计系、投资

※ 资料提供:中国人民大学商学院。

经济系、商品学系、农业经济系为非实体部分,保持原有建制,各项工作直接对学校负责。

2001年6月,根据中国人民大学院系调整的要求,会计系与工商管理学院合并组建中国人民大学商学院,商学院下设企业管理系、贸易经济系和会计系共3个系。2006年6月,商学院本着使学系之间的分工更为具体、明确和清晰的指导思想,对原有的3个系作了进一步的调整,形成了目前的企业管理系、组织与人力资源系、管理科学与工程系、贸易经济系、市场营销系、会计系和财务与金融系共7个系的格局。

中国人民大学会计学科拥有雄厚的综合实力和广泛的社会影响,自中国会计学会成立时起,中国人民大学就一直是其副会长单位之一。中国人民大学会计学科是我国最早的会计学硕士和博士学位授予点之一。2001年、2007年,中国人民大学会计学科先后被教育部评定为国家重点学科;2004年,中国人民大学被遴选为首批会计硕士专业学位(MPAcc)试点院校,并成为全国会计硕士专业学位教育指导委员会秘书处所在单位。在教育部2006—2007年组织的国家重点学科评估中,中国人民大学商学院的会计学和企业管理、产业经济学等三个二级学科被评为国家重点学科;同时,工商管理一级学科被评为国家重点学科。2009年,中国人民大学会计学专业获批教育部高等学校特色专业。2012年中国人民大学工商管理学科在教育部第三轮一级学科评估中,名列全国第一。2017年,中国人民大学工商管理学科在教育部在第四轮一级学科评估中,获评A+级(最高等级);同年,中国人民大学工商管理学科入选教育部"世界一流学科"建设名单。2018年,在教育部进行的首次专业学位水平评估中,中国人民大学会计硕士专业学位获评A+级(最高等级)。2019年,在教育部启动的我国高校一流本科专业建设"双万计划"中,中国人民大学会计学专业成为首批国家级一流本科专业建设点。

(二)发展阶段、改革原因及内容

中国人民大学会计学科的发展阶段、改革原因及内容见表5-15。

表5-15　　　　　　　中国人民大学会计学科发展阶段、改革原因及内容

发展阶段	改革原因	改革内容
第一阶段 (1950—1988年)	独立建立会计系	依托财政学科的早期发展
第二阶段 (1989—2001年)	独立建系后的初步发展	一是开办国际会计专业,二是改组会计电算化教研室,三是大力发展会计实践教学,四是进一步推动本土会计学术研究,五是全面建设专业教材
第三阶段 (2002—2018年)	新时期的全面发展	大类培养,强调厚基础
第四阶段 (2019年至今)	数字经济的驱动	开设智能会计的方向班

最新阶段(2019年至今)改革的详细情况说明如下:

在大数据、人工智能、移动互联网、云计算、物联网、区块链等新技术迅猛发展的背景

下,传统的财务、会计、审计遇到了前所未有的挑战。财务、会计、审计专业教育与实践将如何转型已成为亟需我们思考并解决的问题,智能财务替代传统财务将是大势所趋。

为了应对现阶段出现的新挑战,会计系在保持传统优势的基础上,整合学界和业界资源,开设"智能财会方向班"。该方向班旨在培养掌握系统的经济和工商管理基础知识以及深入的会计、审计和税务方面的专业理论,具有扎实的人工智能、信息技术和数据科学的相关理论基础及应用能力,能够从全球视野理解中国企业会计、审计和税务实践,能够开发和利用智能财务系统进行分析和决策,善于批判性地分析问题和解决问题,具有沟通能力和社会责任感,能够成为引领社会发展和行业发展的跨界复合型高级财务管理人才和未来商业领导者。

核心课程主要包含三个模块:一是传统会计学主干课,只保留了几门会计主干课程;二是大数据、人工智能等方法课;三是将大数据、人工智能等技术和会计进行结合的应用性课程。具体培养方案见表5-16。

表5-16 会计学(智能会计方向)培养方案

课程设置与培养环节	学习内容	学分	一 秋	一 春	二 秋	二 春	三 秋	三 春	四 秋	四 春	学习要求	学分设置
思想政治理论课	思想道德修养与法律基础	3	3								必修	16
	中国近现代史纲要	3		3								
	马克思主义基本原理	3			3							
	毛泽东思想和中国特色社会主义理论体系概论	5			3	2						
	形势与政策	2										
通识基础课	新生研讨课	1	1								必修	44
	经典历史著作阅读	2		1	1							
	大学英语	12	4	4	4							
	微积分C	8	4	4								
	概率论与数理统计C	4			4							
	线性代数C	4				4						
	计算机基础	2	2									
	Python	2					2					
	体育	4	1	1	1	1						
	心理健康教育	1	1									
	国防教育	2	2									
	职业生涯规划	1	1	1								
	中文写作	1		1								

(续表)

课程设置与培养环节	学习内容	学分	各学期学分配置								学习要求	学分设置
			一		二		三		四			
			秋	春	秋	春	秋	春	秋	春		
通识核心课	国际小学期全英文课程群	2									选修	20
	通识核心课程群	18										
学科基础课	管理学原理	3	3								必修	31
	微观经济学	3	3									
	宏观经济学	3		3								
	组织行为学	3		3								
	会计学	3			3							
	市场营销学原理	3			3							
	管理沟通	1			1							
	统计学	3				3						
	财务管理概论	3				3						
	企业战略管理	3				3						
	初级计量经济学	2					2					
	论文写作	1						1				
专业必修课	大数据技术	3					3				必修	29
	机器学习与自然语言处理	3					3					
	商业数据分析	3						3				
	数据库技术	2						2				
	成本与管理会计	3						3				
	财务会计学	4				4						
	高级会计学	3							3			
	智能会计	3						3				
	大数据审计	3					3					
	智能财会实训	2							2			
专业选修课	RPA(机器人流程自动化)	2									选修	10
	人工智能概论	2										
	BI与可视化	2										
	金融科技	2										
	量化投资	2										
	量化营销	2										

(续表)

课程设置与培养环节	学习内容	学分	各学期学分配置								学习要求	学分设置
			一		二		三		四			
			秋	春	秋	春	秋	春	秋	春		
实践教育	社会研究与创新训练	2				2					必修	12
	社会实践与志愿服务	2				2						
	专业实习	4						4				
	毕业论文	4								4		

（三）现阶段改革存在的问题和困难

1. 未来几年将面临极为严重的师资短缺问题

目前会计系的师生比高达1∶25，是兄弟高校同类学科中最高的。特别是学校会计系老师还承担了大量的全校"会计学"学科基础课的授课任务。另外，未来三年内会计系将有2名教授到达退休年龄。这批资深教授的退休，将对科研和教学造成巨大影响，进一步加剧了现有师资短缺问题，特别是审计、政府会计、管理会计等领域急需补充师资。

2. 教师国际化程度偏低

拥有海外博士学位的教师偏少。目前会计系仅有4位老师在海外获得博士学位，仅占全部教师的16%。相比之下，清华会计系共有8位教师获得海外博士学位，占全部教师的73%；北大会计系共有7位教师获得海外博士学位，占全部教师的50%。

3. 能够讲授智能会计课程的教师偏少

作为一个新的领域，智能会计融合了技术与会计，需要教师具备扎实的大数据、人工智能等知识储备，但从目前来看，具备这种能力的教师还非常少。

（四）未来改革方向

1. 大力引进高水平全职教师

在人大商学院，会计系本科生人数最多，承担的院内外本科生和研究生教学课堂也最多。与其相对应的是，会计系目前仅有专职教师27人，师资人数近几年一直呈递减态势。因此，需要大力引进高水平全职教师。

2. 充分激发每位教师的潜力，人尽其才

系里将根据每位教师的特长，鼓励他们充分发挥自己的优势，为学系的发展贡献力量。每位教师可以在科研、教学、案例、实践等方面重点选择某个领域产出优秀成果，学系将为每位老师努力提供所需资源。

3. 大力推进大数据、人工智能会计教育与科研

目前，随着大数据、人工智能等技术的发展，会计实践、会计教育、会计研究都面临转型。从全球来看，这种新型的教育和科研模式尚处于起步阶段，对于所有高校来说都是一次难得的机会。会计系计划利用这次转型机会，同时在教学和科研方面进行转型，争取能在国际上形成影响力。

十、厦门大学※

（一）会计学科发展历程

厦门大学会计学科创立于 1925 年，是国内唯一自创办以来未曾中断的会计学科。经过几代人的努力奋斗，现在已发展成为一个师资力量雄厚、科研成果丰硕、人才辈出、教学科研条件优越的全国重点学科。

1987 年，厦门大学会计学科成为我国第一批国家重点学科。2001 年在第二次国家重点学科评审中，厦门大学会计学科以满分的成绩再次被评为国家重点学科，名列中国会计学科第一名。厦门大学会计学科是原国家教委首批批准的博士、硕士授予单位，曾培养了新中国第一位会计学博士、第一位审计学博士，是我国最早招收会计学博士后研究人员的学科，是会计硕士专业学位（MPAcc）教育论证发起单位和首批试点单位。2000 年 12 月根据唯一最好原则，教育部批准设立普通高等学校人文社会科学重点研究基地——厦门大学会计发展研究中心。2004 年 12 月经教育部批准设立国家哲学社会科学创新基地（"985 工程"二期，会计学科唯一）——财务管理与会计研究院。2020 年厦门大学会计学科通过 AACSB 的会计项目认证，为国内综合性大学首个通过该认证的会计学科，学科所在的管理学院也同时拥有了 AACSB、EQUIS 与 AMBA 三大国际认证。一直以来，厦门大学会计学科为我国高等院校、政府部门和企事业单位培养和输送了大批会计、审计和财务领域的高级人才，被业界誉为企业 CFO 的"黄埔军校"。

（二）发展阶段、改革原因及内容

厦门大学会计学科发展经过了以下阶段，具体内容见表 5-17。

表 5-17 　　　　　厦门大学会计学科发展阶段、改革原因及内容

发展阶段	改革原因	改革内容
第一阶段（1999—2002 年）	适应新世纪对人才的需求及学科特色	培养方案首次设置公共基本课程、素质教育课程、专业或专业类课程、其他教学环节等四个模块平台组合形式
第二阶段（2003—2004 年）	适应深化经济体制改革需要及社会对人才的需求	增设双语课程、推广案例教学、建立实习基地
第三阶段（2005—2008 年）	世界经济一体化趋势和就业市场的需求，执行三学期制	在短学期增加会计实务、案例分析等课程；增设国际会计方向；压缩课时

※ 资料提供：厦门大学管理学院。

(续表)

发展阶段	改革原因	改革内容
第四阶段 (2009—2012年)	社会对人才的需求	进一步完善国际会计方向课程体系,增设管理信息系统
第五阶段 (2013—2018年)	大类招生及市场对多元化人才的需求	围绕"培养创新型人才"的目标,优化课程结构、强化实践创新能力、突出个性培养、推进国际化管理会计人才培养
第六阶段 (2019年至今)	社会对人才的需求	强化通识教育理念,新培养体系进一步强化拓宽口径、夯实基础、促进交叉

1. 第一阶段(1999—2002年)

培养目标:本专业培养具备管理、经济、法律和会计等方面的知识和能力,能在企事业单位及政府部门从事会计实务以及教学、科研方面工作的工商管理学科高级专门人才。

该阶段培养方案修订改变了以往一般以公共课、基础课、专业课三层楼式制定培养方案的形式,实施以专业大类口径培养学生的规划,对学生知识、能力、素质框架总体整合,采取设置公共基本课程、素质教育课程、专业或专业类课程、其他教学环节等四个模块进行课程设置的平台组合形式。文化素质课作为一个独立的模块在培养方案中占有相对重要的地位。该阶段培养方案学分见表5-18。

表5-18　　　　　　　厦门大学会计学科第一阶段培养方案

专业 \ 课程类型	公共基本	文化素质教育	学科或专业类	其他教学环节	总学分
会计学专业	44	15	89	11	159
注册会计师方向	44	15	91	11	161

2. 第二阶段(2003—2004年)

培养目标为:培养德、智、体、美全面发展,能适应社会主义市场经济需要,基础扎实、知识面宽、管理能力强、政治水平和职业道德等综合素质高,具备管理、经济、法律和财务会计学、管理会计学、审计学、企业理财学的基本理论、基本方法和基本技能等方面的专业知识,并能熟练掌握会计电算化和计算机审计的基本原理,能在企业、事业、政府和教育等相关部门从事实际工作、教学工作和研究工作并具有创新精神的现代会计专门人才。

基本规格:(1)理论知识要求。21世纪是一个充满机遇和竞争信息时代,对人才素质的高要求是历史的必然。而我国正在建设社会主义市场经济,参与国际市场竞争,对各类高层次专门人才的需求非常迫切,会计职业人才尤为如此。然而,在我国过去相当长的一段时间内,由于受传统的高等教育模式和计划经济模式的影响,会计学专业的培养目标以培养学生熟练掌握专业技能为主,培养方式局限于单一的分专业方向培养,由此而造成了一系列问题。其中最基本的问题就是忽视了理论知识的培养和教育。针对上述情况,该阶段会计学专业本着面向未来、面向世界、面向现代化的宗旨,重视对学生进行理论知识的培养和教育,使学生在圆满结束会计学专业的学习生涯后,能牢固掌握会计学学科的基本理论、基本知识、基本技能,了解会计学专业的新成就和新发展,掌握一门外语,能阅读会计学专业外文书刊,同时具有与会计学专业相关的较宽知识面,较强的综合分析问题和解决问题能力,力求实现通才教育与专业教育的完美结合。具体体现在课程设置方面,相应增加了四门主干课程的双语教学和会计科研方法论课程。(2)专业技能要求。通过会计专业有关课程的系统学习,学生必须达到具备独立思考会计问题、分析会计问题和解决会计问题的能力。会计作为一门实践性很强的学科,不仅要求学生具有理论知识,同时还要求学生具备较强的实际操作能力,针对这些情况,在会计教学过程中逐步推广案例教学,缩小理论与实践的差距,做到学以致用。同时加强生产实习环节,全面开展理论联系实际的教学方法,加大对学生生产实习环节的投入,包括财力和人力方面。此外,为了确保学生的生产实习效果,会计系着手建立固定的生产实习基地,经常和公司、企业的财务会计部门保持联系,同时准备将生产实习时间安排在二、三年级,而不是毕业前夕。此外,会计系建立实验室,让学生能随时开展全真模拟操作,以增强学生的感性能力和动手能力。具体体现在设置课程方面,我们相应增加了四门主干课程的案例教学和金融会计学课程。该阶段培养方案学分分布见表5-19。

表5-19　　　　　　　厦门大学会计学科第二阶段培养方案

专业 \ 课程类型	公共基本	通识教育	学科或专业类	其他教学环节	总学分
会计学专业（会计学、注册会计师方向）	39	15	103	11	168

3. 第三阶段(2005—2008年)

根据学校教学改革方案,将2学期改为3学期,总学期由原来的8学期改为11学期。在短学期增加会计实务、案例分析等课程,结合专业特色,邀请会计师事务所从业人员开设中国会计实务案例课程,以增强实践教学环节,加强学生的创新精神和实践动手能力的培养,同时实施选修制度,鼓励学生在短学期选修其他院系课程,增加学生自由选择空间。考虑到世界经济一体化趋势和就业市场的需求,增设国际会计方向,以使学生掌握学科技术和理论发展的国际新趋势,更好地适应社会经济发展的需要,从而使教学计划中的专业方向由两个增加到三个,以适应多样化的人才需求。按照"宽口径、厚基础"的原则,在第一和第二年级不分专业方向,安排公共基础课、通识教育课和学科通修课,从第三年级开始分不同专业方向,按不同的课程体系安排课程。

为了使学生有更多的自学和参与实践的时间,对授课时数进行了压缩,必修课一般为3学时,选修课一般为2学时。该阶段培养方案分布见表5-20。

表 5-20　　　　　　　　　厦门大学会计学科第三阶段培养方案

专业＼课程类型	公共基本	通识教育	学科类通修	学科类方向性	其他教学环节	总学分
会计学专业（会计学、注册会计师方向、国际会计方向）	39	16	38	61	11	165

4. 第四阶段（2009—2012 年）

该阶段的培养方案进一步完善了国际会计方向课程体系，加深了财务管理和业绩管理的深度，以使学生掌握学科技术和理论发展的国际新趋势，更好适应社会经济发展的需要。此外，将管理信息系统纳入学院平台课，增加了职业会计师课程（见表 5-21）。

表 5-21　　　　　　　　　厦门大学会计学科第四阶段培养方案

专业＼课程类型	公共基本	通识教育	学科通修	学科或方向性课程	其他教学环节	总学分
会计学专业（会计学、注册会计师方向、国际会计方向）	37	15	36	48	22	158

5. 第五阶段（2013—2018 年）

从 2013 级起，厦门大学全面实行大类招生，会计学专业归入工商管理类招生。按照"大类培养、自主分流"的本科人才培养模式改革总体方向，建立"学校公共课程＋大类学科课程＋专业发展课程＋开放选修课程"为代表的新型模块化课程体系。2012 年，学校启动新一轮人才培养方案修订工作，此培养方案修订效果显著。方案修订具体包括：一是课程瘦身，精炼专业核心课程学分；二是结构优化，一、二年级学生共同学习大类平台课程，三、四年级兼顾学生升学、就业、出国等不同需求设置不同的模块化课程，适应学生个性化学习需求；三是加强基础，梳理出 15 门大类平台课程；四是增加弹性，增加选修学分，打通全院课程，学生学习自由度更大；五是强化实践创新能力培养，增加实践学分，增加社会实践/创新实践的学分，2015 级起全面推行创新实践必修学分，2015 年起短学期组织全体学生进行专业实习，践行实践育人的理念；第六，提升学生的伦理认知，新增必修课商业伦理。

为进一步促进丰富模块、多元培养、个性成长，支持学生根据禀赋、志趣、能力、规划等自主选择成长路径，最大可能调动学生的学习兴趣和学习潜能，2013 级培养方案会计学专业总共设置了 4 个专业方向，其中包括为响应财政部大力发展管理会计的倡议，加快管理会计人才培养，进一步促进厦门大学会计学专业国际化及会计学科发展，会计学专业与英国皇家特许管理会计师公会（CIMA）合作自 2013 级起增设的 CIMA 方向。该阶段培养方案学分分布见表 5-22。

表 5-22　　　　　　　厦门大学会计学科第五阶段培养方案

专业＼课程类型	公共基本	通识教育	学科通修课程	学科或方向性课程	其他教学环节	总学分
会计学专业（会计学、注册会计师方向、国际会计方向、CIMA方向）	31	14	41	41	13	140

6. 第六阶段（2019年至今）

2018年,学校启动了新一轮人才培养方案修订工作,将课程思政理念、通识教育理念贯穿人才培养全过程,新培养体系进一步强化拓宽口径、夯实基础、促进交叉。精炼数学课学分,推进大学英语课改,强化通识教育课程,要求学生修读人文社会科学类、自然科学类两类课程,且学分均不低于6学分(见表5-23和表5-24),增加实证研究基础、数据挖掘等专业课程。此外,新编制了"课程修读导引图",构建课程修读逻辑图,编制能力-课程对应图,有逻辑地展示课程修读指引和培养路径,引导学生合理制定学习计划。

表 5-23　　　　　　　　　通识教育课程列表

人文社会科学领域	自然科学领域
中国传统哲学	生命科学
西方哲学基础	海洋科学
批判性思维	化学
心理学	工程与应用
美学	信息科学与技术
伦理学	数据科学与人工智能
艺术设计	计算机语言（与大数据相关）

表 5-24　　　　　　　厦门大学会计学科第六阶段培养方案

专业＼课程类型	公共基本	通识教育	学科通修课程	学科或方向性课程	其他教学环节	总学分
会计学专业（会计学、注册会计师方向、国际会计方向、CIMA方向）	33	16	36	41	14	140

（三）现阶段改革存在的问题和困难

大数据、人工智能等新信息技术革命兴起,对会计、审计实务带来极大冲击。如何在新信息环境下,改革会计、审计教学,以应对实务的变革需求,做到高校会计教育能够更好适应市场人才需求,是目前摆在会计学科面前的主要问题。相关课程开设,需要有既熟练掌握信息新技术,也能做到将信息技术与专业知识融会贯通的教学和科研人才,学科接下来要注意对这一类人才的培养和引进。

2020年新冠疫情推动了网络教学迅猛发展,在未来线上与线下教学相结合,将可能成为高校特定的教学模式。如何在硬件上做好技术保证,如何培养老师更好使用网络教学设备、并且根据教学需要做出一定创新和变革,也成为本科教学改革目前面临的主要问题。

(四) 未来改革方向

立足于对未来政治、经济、社会和技术等的预期,对未来会计学科本科人才培养方案进行展望和建议。

1. 一场突如其来的疫情使得2020年春季学期首次采取云端教学的方式,所幸效果不错,学生好评不断。根据调查,疫情过后的教学方式选择上,近半数的学生倾向于线上、线下混合式教学。将"互联网+"融入会计学的课程设置体系中,逐渐形成线下授课为主,线上课堂相结合的课程体系,打造线上线下混合式金课。

2. 密切关注人工智能背景下会计人才需求变化的新动态,改革现有的会计人才培养模式,适应市场的需求,充分考虑大数据、云计算、人工智能等新兴信息技术的冲击和影响,将AI、大数据、人工机器人等内容纳入课程体系,创新培养方案,增强学生在大数据与AI技术时代的核心竞争力。

3. 针对会计系即将设置的新专业——审计学,组织教学、科研力量,开展新专业建设。结合大数据、人工智能技术,在注册会计师审计、政府审计、内控审计、AI审计等方向进行教学活动,为国家经济建设输送更多高层次、复合型审计人才。

4. 基于大数据等新信息技术背景,争取科研经费,在会计学科设置"大数据与会计审计实验室"。结合专业需要,开设数据挖掘、机器学习等课程,培养学生数据搜集、分析、运用能力,增强在未来实务工作中的竞争力,同时也为科研做好数据和技术方面的准备。

十一、浙江大学※

(一) 会计学科发展历程

浙江大学管理学院财务与会计学系成立于1994年。1998年浙江大学、杭州大学、浙江医科大学和浙江农业大学四校合并,四校原经管类专业重新组合成为新的管理学院,财务与会计学系并入工商管理系。随着经济的快速发展,会计学的重要性也日益凸显。为了加快会计师资队伍建设和人才培养,2004年重新单独设立财务与会计学系。浙江大学会计学科一直秉承"求是创新、德高业精、立足本土、放眼世界"的理念,遵循浙江大学树立一流意识、聚焦一流目标、践行一流标准的原则,致力于创造管理科学发展的新理论、新方法,为人类贡献管理思想与智慧,培养具有国际视野、创新能力、创业精神、社会责任的研究型高级财会专业人才和领导者。

财务与会计学系重建以后,依托于浙江大学齐全的学科门类和学院的管理学科,并通

※ 资料提供:浙江大学管理学院。

过引进海内外人才,发展突飞猛进,形成了科研实力雄厚,教学成果丰硕的团队。由于坚守高质量办学理念,培养了大批优秀人才,多年来会计学专业一直为人文社科学部乃至全校最受欢迎的专业之一。浙江大学财务与会计学系开展本科、硕士(MPAcc)和博士学位人才培养,率先探索并开展智能财务专业建设和人才培养,智能财务本科专业于2019年正式招生。会计学专业作为浙江大学管理学院的核心专业之一,参与了AACSB、EQUIS、AMBA三大国际认证和中国高质量MBA教育认证,并且在全球商学院最重要的三大认证中均获最长5年期认证。同时,在2013年、2014年和2016年分别获得了三项国际权威专业认证:香港会计师公会(HKICPA)的专业资格课程(QP)认证、国际会计师公会(Association of International Accountant, AIA)总部的职业资格课程体系认证、英国皇家特许管理会计师公会(The Chartered Institute of Management Accountants, CIMA)特许管理会计师资格课程体系认证。

浙江大学财务与会计学系现有专职教师24人,其中教授6人、副教授14人。教师均毕业于国内外知名高校,多名教师入选了国家、浙江省和学校的人才计划。近些年,本系教师在审计与内部控制、公司金融、财务会计、智能财务与金融科技以及学科交叉研究领域取得跨越式发展,大量研究成果发表于国内外权威期刊,如 *The Accounting Review*、*Review of Accounting Studies*、*European Accounting Review*、*Journal of Banking & Finance*、*Journal of Corporate Finance*、《经济研究》、《管理世界》等,并作为主持或主研承担了数十项国家自然科学基金创新群体项目、教育部哲学社会科学研究重大课题攻关项目、国家自然科学面上和青年项目、国家社会科学基金、省部级科研课题研究。会计学科积极推动科研与教学相长,推动最新研究成果融入教学当中,让学生能够紧跟学术和社会经济发展的前沿。会计学科的课程由研究领域与该课程一致的老师承担,推动最新成果的传播。

(二)发展阶段、改革原因及内容

浙江大学从办校伊始的"博通格致"到建国之后的"理工结合、专中求通",再到目前的"知识、能力、素质、人格"并重的KAQ2.0全人教育体系,均体现了浙江大学重视通识教育的人才培养理念。浙江大学以立德树人为根本任务,带领学生感悟综合交叉的知识、锻炼全球发展的能力、涵育人文科学的素质、培养奉献国家的人格,推动通识教育、专业教育、交叉培养的深度融合。围绕浙江大学的通识教育理念和制度的不断创新深化,浙江大学管理学院和浙江大学会计学科持续改进商科素质教育和通识培养理念和体系,并结合学科发展以及社会需求的变化,不断探索和推进会计教育改革。我们以最近两次改革为例进行介绍(见表5-25)。

表5-25 浙江大学会计学科发展阶段、改革原因及内容

发展阶段与时间	改革原因	改革内容
"商学+"阶段 (2017—2019年)	当下对复合型人才的需求越来越强调人的全面发展	"商学+"人才培养生态系统
智能化阶段 (2019年以后)	数字经济、信息技术的发展对财会教育的挑战	财务智能化发展

1. "商学+"阶段（2017—2019年）

随着经济的快速发展和变革，社会对人才的需求越来越打破专业的边界。2017年，浙江大学管理学院在浙江大学"知识宽厚、能力卓越、素质优良、人格健全"并重的育人理念指导下，积极推进"商学+"人才培养生态系统的教学改革实践。基于"商学+"培养理念，管理学院确立了"培养德智体美劳全面发展，富有人文精神与科技洞见，通晓商业规律和管理理论，具有全球竞争力的高素质创新创业人才和商业领导者"的本科生培养目标。"商学+"人才培养生态系统不断突破学科人才培养边界，更加凸显"强基础、宽口径"的内核以及"商学＋人文＋科技"的融合。改革以"一横两纵"为纲的专业统筹与"跨界"。"一横"代表知识面，通识教育被视作管理学院本科专业教育改革的基石。"两纵"指专业基础和科技素养，培育学生跨学科的能力。本次改革对原有八个专业（会计学、财务管理、人力资源、市场营销、物流管理、旅游管理、信息管理、农业经济管理）进行提炼整合，最终优化缩减为会计学、工商管理、信息管理与信息系统三个本科专业学位。专业缩减融合体现了通识基础上的"全人培养"思路。

在"商学+"的本阶段中，改革后的会计学学科是"大会计"学科概念，整合了会计、财务管理、金融等内容，同时在"商学+"的生态中不断与整个商科及科技、人文等非商科跨界融合。围绕学校和学院的人才培养目标，会计学科人才培养定位相应地从专业人才向专业与领导力兼具的创新性人才有序转变。2017年的培养目标为培养"高素质会计专业实务或研究人才"，2018年调整为培养"能够运用理论思想、创新思维、专业能力和战略格局引领组织持续创造价值的复合型高级会计和金融管理人才"，2019年进一步凸显"商学+"的培养目标，定位为"致力于培养德智体美劳全面发展，富有人文精神与科技洞见，通晓商业规律和管理理论，具备扎实的会计、审计和财务理论素养，通晓国际准则与中国制度，熟悉全球经济发展与资本市场运作机制，能够运用理论思想、创新思维、专业能力和战略格局引领组织持续创造价值，具有全球竞争力的高素质、研究型会计和金融管理领域的创新创业人才和未来商界领袖"。

为了实现培养目标，课程培养体系也进行了重新设计。根据浙江大学管理学院会计学专业2019年版培养方案，目前课程体系包括"通识教育＋专业教育（专业基础课＋专业必修课＋专业选修课）＋个性修读课程＋跨专业模块＋国际化模块"，并采用"线上＋线下""国内＋国际""理论＋实际"的方法进行授课。为了促进商科内部学科交叉融合，提升学生管理思维、创新创业能力和综合管理能力，管理学院大力推动管理平台课，包括战略管理、领导力开发、管理沟通、国际商务、组织行为学、伦理与社会责任、创新管理、设计思维、管理统计、管理哲学导论等。其中管理沟通、战略管理、管理统计和国际商务在2017年前已开设，其他课程在2018年和2019年逐渐开设并完善。这些课程均为必修课程，个别课程会根据情况调整。

同时，必修课中还增加管理理论前沿与文献导读课程（3学分），旨在培养学生科研能力及促进对前沿的了解。选修课新增大数据与商务智能、金融创新和金融科技前沿课程。

培养计划中还包括计算机类（如 Python 程序设计）、自然科学类、创新创业类以及"中华传统""世界文明""当代社会""文艺审美""科技创新""生命探索""博雅技艺"等通识课程。

此外，2019 年新增跨专业模块和国际化模块。跨专业模块是为了进一步促进跨专业课程选修，增加学生根据兴趣自主选择其他专业课程的灵活性。浙江大学注重国际视野的培养，在现有外语教学的基础上增加国际化模块，打造全方位、多层次、宽领域的深度国际化教育培养体系。学校和院系为学生提供大量境外高校联合培养、交流学习等机会，本系学生已实现国际交流人次超过 100%。具体 2017 年培养方案与 2019 年培养方案变化见表 5-26。

表 5-26　浙江大学管理学院会计学专业 2017 年版与 2019 年版培养方案对比

培养方案的变化	2017 年版 VS 2019 年版
培养目标	高素质会计专业实务或研究人才→创新创业人才和未来商界领袖
课程模块	*跨专业模块、国际化模块
必修课	*Python 程序设计、创新管理、领导力开发、管理哲学导论、组织管理、伦理与社会责任、管理理论前沿与文献导读
选修课	*大数据与商务智能、设计思维、金融创新和金融科技

资料来源：浙江大学管理学院会计学专业本科培养方案（2017 年版、2019 年版）。
注：*表示新增。

2. 智能化阶段（2019 年至今）

当前，新一轮科技革命和产业变革正在萌发，在大数据、人工智能、移动互联网、云计算、物联网、区块链等理论技术以及经济社会发展强烈需求的驱动下，人工智能加速发展，经济社会各领域不断从数字化、网络化向智能化加速跃升，智能化已成为技术和产业发展的重要方向。智能产业在全球范围内快速兴起，对经济发展、社会进步乃至国际政治经济格局等方面产生重大而深远的影响。

世界主要发达国家将智能化发展作为重大战略，试图在新一轮国际科技竞争中掌握主导权，我国也高度重视智能时代下重大战略机遇。浙江大学始终将学校建设规划与国家发展战略和重大需求、民族振兴和社会进步紧密结合。浙江大学是国内最早研究人工智能的高校之一，两个 A+学科——计算机科学与技术、软件工程为人工智能的创新发展提供了有力支撑。在人工智能领域涌现出潘云鹤、陈纯、吴朝晖等一批院士专家。顺应全球科技创新趋势和国家战略需求，浙江大学启动实施创新 2030 计划，将发挥多学科综合优势，按照一流导向、引领未来、汇聚融合、体系开放、动态发展的原则，面向 2030 年构建未来创新蓝图、形成浙大创新方案，前瞻布局和重点发展一批会聚型学科领域及交叉研究方向项目。2018 年，发布首个"创新 2030"专项计划——脑科学与人工智能会聚研究计划（简称"双脑计划"），重点推进脑科学与意识、下一代人工智能、脑机交叉融合等前沿方向的研究，同时围绕"脑科学+""人工智能+"开展高水平学科会聚研究。"人工智能+"推动人工智能与教育学、医学、农学、社会科学等学科的交叉会聚，优化人工智能学科生态。

2019年的《浙江大学通识教育蓝皮书》指出,在全人教育理念、信息科学技术、资源共享需求的联合驱动下,高等教育从教育供给和学习需求两侧都进阶到了学习2.0时代,人机将共生共存,人类智能与机器智能协同的模式促使我们不断向学习领域延伸,构建"教与学"增强的新空间。浙江大学一直致力于通过创新赋能教育和科教融合,推进一流专业、一流本科、一流人才建设,积极探索"人工智能+X"的人才培养模式,用人工智能技术赋能传统教育模式,培养面向未来的人才。2019年3月,吴朝晖校长提出了培养"人工智能+会计财务"和"人工智能+金融"的跨界复合型人才的要求,即关于浙江大学新财务和新金融专业建设的设想。2019年5月,浙江大学管理学院和竺可桢学院先行先试,围绕"会计财务+大数据+人工智能"的深度融合,融合"商学"+"科技",在会计学方向下进行创新改革,率先推出智能财务专业方向竺可桢本科班。

(1) 改革原因

1) 面向未来社会需求。随着数字经济和商业智能变革,人工智能、大数据、云计算、区块链等信息技术已经深刻地影响了商业实践创新,并在会计、财务和商业领域大范围深度应用与实践。未来的商业社会对财务会计人才的需求将进一步细分,不仅需要具备扎实的会计和财务专业基础,同时也更加急迫地需要兼备人工智能、信息技术以及数据科学与大数据技术的理论基础和应用能力,能够在面对多变国际经济、金融、市场环境时,利用智能财务系统进行高效率的分析和决策,并能够胜任智能财务系统的开发、设计、应用和实现等创新工作的跨界复合型高级管理人才。面向未来、拥抱创新的专业人才培养,也将使得智能财务专业的学生更有机会成为复合型、研究型的高级管理人才与未来商业领导者。

2) 促进职业发展。随着会计和财务智能化的快速发展,财务组织模式和财会人员组成均会重构。当前以交易处理和核算为主体的财会人员结构将会转变为以管理和决策为主体的人员结构。智能财务工具和系统的大范围应用将使得数据的收集、信息的加工和传输以及决策支持能力变得更强、更有效率,"用数据来管理、用数据来决策、用数据来创新",将会使智能财务岗位成为财务、技术、业务的跨界沟通者,企业及利益相关者的信息中枢、组织管控和决策的数字神经网络。因此,具备复合型跨学科背景的智能财务毕业生,将拥有更为广泛的就业选择、出色的全球竞争力和优秀的未来职业成长潜力。

3) 塑造核心竞争力。"会计财务+大数据+人工智能"的深度融合,打造跨界协同创新的培养体系,帮助学生建立坚实的知识壁垒和专业护城河,提升技术创新能力和商业竞争优势,塑造核心竞争力。

4) 探索"商学+科技"人才培养模式。浙江大学智能财务专业是浙江大学的"人工智能+X"培养模式和管理学院"商学+"人才培养生态系统的一个探索,深度融合"人工智能"与"商学",使智能财务毕业生兼备技术和商学知识背景,以及将业务需求转换为人工智能实现需求的能力。

(2) 改革内容

1) 培养目标与能力要求

智能财务专业旨在培养富有人文精神和科技洞见，能够洞察和实现"智能＋"时代财务的战略价值，具有全球竞争力和社会责任担当，能够引领社会进步和行业发展的跨界复合型高级财务管理人才和未来商业领导者。专业学生将在通晓国际会计商业语言和全球战略财务管理理论及应用知识的同时，兼备扎实的人工智能、信息技术和数据科学相关理论基础及应用能力，能够在面对多变国际经济、金融和市场环境时，利用智能财务系统进行分析和决策，并能够胜任智能财务系统的开发、设计、应用和实现等创新工作。

智能财务专业培养注重宽厚的知识、卓越的能力、全面的素质和健全的人格，构建会计财务、人工智能、数据科学、商学等跨学科相融合的知识体系，培养跨界沟通能力、场景应用能力、多语言交流能力、技术创新能力、数据分析能力、领导能力以及批判性思维能力等综合能力和人文、法律、道德、心理等素养。

2）课程体系与师资

围绕培养目标，精心打造"专业引领、数据驱动和智能实现"的"会计财务＋大数据＋人工智能"协同创新课程体系以支撑能力和素质要求，实现会计和财务智能化培养目标。浙江大学智能财务重视专业在智能化改革中的引领地位，智能化发展的初衷还是促进财会专业的发展。数据是反映、控制和决策的基础，在智能化时代，能够高效可靠地采集、储存和使用财务、业务及企业内部外部的数据（包括结构化和非结构化），基于大数据，人工智能技术进一步实现智能化的管控和决策。当然，各技术并非割裂，而是相互融合支撑，赋能会计和财务职能，驱动企业价值。

基于此，浙江大学智能财务专业课在财会类核心课程基础上，开设7门大数据、人工智能等相关核心课程以及3门财会与技术融合类课程，共10门。财会类核心课程主要为传统会计学专业核心课程，包括财务管理、财务会计、公司治理与内部控制、税法与税务筹划、管理会计、审计学、投资学、财务报表分析、并购与重组、高级财务管理等；大数据、人工智能核心课程则主要为信息技术及思维，包括人工智能基础、数据结构、数据挖掘与机器学习、分布式文件系统及数据库技术、数据分析与可视化等；商业融合类课程为了加强专业与技术之间的融合，包括大数据与商业智能、人工智能与商业分析以及会计实践前沿与专业实训，未来融合类课程比例会进一步提升。此外，还通过案例教学、聘请实务专家授课和分享以及企业实地调研等方式，让学生将理论与实务相结合，了解智能财务的实践前沿，理解科技如何赋能财会智能、驱动价值创造。具体培养方案见表5-27。

表5-27　　　　　　　　浙江大学竺可桢学院智能财务班培养方案

项目	相关内容
培养目标	培养富有人文精神、科技洞见，能够引领并实现人工智能时代财务的战略价值，具有全球竞争力和社会责任担当，能够引领社会发展和行业发展的跨界复合型高级财务管理人才和未来商业领导者
课程模块	国际化模块、跨专业模块

(续表)

项目	相关内容
核心课	财务管理、财务会计、公司治理与内部控制、税法与税务筹划、管理会计、审计学、投资学、财务报表分析、并购与重组、高级财务管理,以及 Python 程序设计、数据结构、数据挖掘与机器学习、分布式文件系统及数据库技术、数据分析与可视化、大数据与商务智能、会计实践前沿与专业实训等
选修课	非结构化数据分析与应用、企业资源规划(ERP)、通信与计算机网络、量化投资、国际财务管理、金融衍生工具、商业银行管理、投资银行管理以及金融创新与金融科技等

师资是决定会计和财务智能化转型能否成功的重要因素。浙江大学智能财务专业课程由浙江大学管理学院财务与会计学系、浙江大学财务与会计研究所、浙江大学计算机学院、大数据科学研究中心、管理学院数据科学与管理工程系的优秀师资承担并共同开发融合类课程。

以人工智能为代表的信息技术对会计和财务教育工作既是挑战,也是机遇。浙江大学会计学科秉承"求是创新"的浙大精神,积极探索会计财务智能化改革。改革过程充满挑战,需要学界同仁和社会同行共商共创专业未来。2020 年 1 月 6 日,由浙江大学主办、浙江大学管理学院承办的"中国会计、财务、投资智能化暨智能财务专业创新研讨会"在紫金港校区隆重召开。本次会议是我国首度召开的探讨如何融人工智能于会计、审计、财务、投资和金融专业教育和人才培养的学术研讨会。来自全国 200 多所高校相关专业的专家学者、学科负责人、教师代表和业界专家参会,共同研讨智能化趋势对会计和财务学科未来建设的重大影响,共同商议智能财务和会计相关专业创新和人才培养的未来发展。最后,与会专家学者共同发布了《重视 AI 技术发展 共商共创专业未来》倡议书,呼吁"让我们携起手来,积极探索促改革,主动创新谋发展,共同建设人工智能时代的会计和财务学科及其相关专业,共同创立融人工智能技术和相关专业知识于一体的复合型专业人才培养模式"。

2019 年 5 月成立智能财务专业,如今两届招生,招生录取分数线连续两年位居浙江大学专业榜首(2020 年录取最低分排浙江省高考 337 名;2019 年录取最低分排浙江省高考 255 名),充分体现了社会和同学对专业改革的高度认可,也为我国会计和财务专业智能化改革增强了信心。

(三)现阶段改革存在的问题和困难

1. 人才培养中"通才"与"专才"的平衡问题

为了提升学生的整体能力和素质,助力其长期更高层次职业发展,在专业培养过程中,本专业推进通识教育与专业教育相结合的理念。然而,如何把握通才与专才之间的度较为困难,本专业也一直在积极的探索之中。通识过多导致学生每个学期均需修读大量课程,疲于应付层出不穷的课程作业、讨论和考试,特别是部分短学期课程,不到两个月的时间里很难让学生真正掌握该课程的必备知识或核心技能。未来将结合培养目标,进一步优化课程体系,平衡好通识教育与专业教育之间的关系,同时,将精选通识课,做到通识课根据课程质量进行淘汰的机制,做到"少而精"。

2. 智能财务师资转型问题

在智能财务专业建设中,大数据、人工智能、区块链等信息技术需要与财会业务深入融合。由于智能财务刚刚兴起,现阶段广泛存在了解财务业务的教师不了解技术,而了解技术的老师不了解财会专业或业务的问题。因此,如何帮助或促进传统师资向智能财务师资转型,或如何培养合格的智能财务师资是制约智能化改革的重要问题。

3. 智能财务相关教材匮乏

目前智能财务处于刚起步阶段,普遍存在缺乏教材和辅助资料的问题。因此,开发高质量的教材也是财会教育界重要工作。

(四) 未来改革方向

企业数字化转型加快,人工智能科技迅速发展,大数据在商业领域的深度应用,正在深刻变革企业财务的管控模式和职能领域。全球经济复杂程度加剧,市场竞争和危机生存压力,合规性和风险管理要求,正在促使财务高管的职能与战略和业绩整合,以应对来自商业模式创新、业务流程重构、营运效率提升以及跨部门投资的多重挑战。多层次资本市场深入发展,金融科技和创新金融不断进步,为企业同外部投资者的常态化价值交换奠定基石,已成为集团并购重组、产业转型升级和创新驱动发展的不竭动力和重要源泉,日益凸显出企业可持续成长过程中,价值发现的重要意义。

简而言之,人工智能和实体经济的加速融合、产业升级和金融发展依存共生的时代背景下,技术引领的财务转型,正在重新定义财务职能并重新诠释财务和会计的角色和价值。未来高层次会计人才应具备战略整合能力、智能管控能力和价值发现能力。因此,未来改革方向应重视加强以上三大创新财务能力的综合培养。

十二、嘉兴学院※

(一) 会计学科发展历程

嘉兴学院会计学专业有百余年的历史积淀(1914—2000年先后隶属于中国冶金部和有色金属行业总公司),曾被称为中国有色行业培养会计人才的"摇篮",毕业生以"动手能力强、岗位适应快、业财融合好"受到用人单位的欢迎。会计学专业教学效果和人才培养模式也被政府教育主管部门肯定,2001年开始会计学本科专业招生,2007年获浙江省普通高校本科重点建设专业点,2010获教育部国家特色专业建设点,2012年获浙江省"十二五"优势专业建设点。2016年实施"互联网+"会计教学一体化改革,2017年立项为省"十三五"特色专业建设点。2019年会计学专业获浙江省一流本科专业建设点。2016年"专业·企

※ 资料提供:嘉兴学院商学院。

业·行业：经管人才校企协同培养体系的探索与实践"获浙江省教学成果一等奖。截至 2019 年已招收本科生 20 届，累计为社会培养了高素质会计人才 3 173 人。会计学专业注重学生国际化视野和能力的培养，自 2012 年开始举办 ACA 国际注册会计师业余班，培养效果处于全国前列，2019 年教学计划增列 ACCA 国际注册会计师方向。另外，会计学专业多年来探索并实践校企合作办学模式，从 2014 年开始，在百年校庆之际，与中国铝业公司、中国黄金集团公司合作办学，延续至今，每年计划为有色金属行业培养高层次会计人才。

会计学专业师资力量雄厚，教风严谨。目前，有浙江省"万人计划"教学名师 1 人，浙江省教学名师 1 人，省高校中青年学科带头人 1 人，省优秀教师 2 人，省"三育人先进个人"2 人；教授职称的教师占比 31.25%，副教授或具有博士学位的占比为 75%；同时 30% 的教师具有海外留学或进修背景。专业教师有较强的科研能力，近年来，主持国家社科基金 5 项，省部级课题 20 余项。会计学专业教师的教学水平高，是省级优秀教学团队，主持省级精品课 2 门、省教改项目 4 项，教育部产学合作协同育人项目 5 项，出版省级规划教材 2 部，省新形态教材立项 7 本，教学质量一直处于全国同类高校会计学专业的前列。

（二）发展阶段、改革原因及内容

嘉兴学院会计学专业立足社会对新型人才的迫切需要，打破传统会计学专业人才培养的思维定式，提出"业财融合"会计人才培养新目标，实施"懂流程、知工艺"育人新模式，重构"业财融合"型会计人才培养新体系，促进专业、课程、平台资源的加速迭代，突破传统会计"决策支持能力"不足的瓶颈。其改革历程见表 5-28，而其最新"互联网＋会计"改革阶段的详细改革情况见表 5-29。

表 5-28　　　　　　　　嘉兴学院会计学科发展阶段、改革原因及内容

发展阶段	改革原因	改革内容
专业转型阶段 （2001—2005 年）	会计学专业成功升本，人才培养由操作型向管理型转变	"上手快、动手能力强"转变为"动手能力强，岗位适应快"。建立"双导师"制以提升学生岗位适应能力
实践提升阶段 （2006—2010 年）	高等教育特别是会计学教育同质化倾向较为严重	"专业能力强、岗位适应快"；完善"双导师制"人才培养方案；构建"点、线、面"实践教学体系
定位履新阶段 （2011—2015 年）	适应嘉兴学院校"十二五"战略思想，明确"教学型、应用型、地方性"办学定位	秉持"专业能力强、岗位适应快""会做账，能分析，懂管理"的人才培养理念。设计了"课程实验＋专业综合实验＋社会实践＋专业实习＋学科竞赛＋毕业论文"的实践教学体系。实行"四位一体"的教学质量监控
智慧教改阶段 （2016 年至今）	"互联网＋"时代，"大智移云"等现代网络技术的发展	"初级会计学""中级财务会计""高级财务会计"等七门专业主干课实行"以学生为中心的线上线下混合教学模式"，成为"互联网＋会计教学一体改革"本科院校首席试点单位

表 5-29　嘉兴学院"互联网＋会计"改革人才培养改革原因、改革内容

改革阶段	改革原因	改革内容
"互联网＋会计"	1. 传统教学弊端日渐突出：学生主动学习积极性较差；人才供给不能适应高端岗位需要；课堂教学陷入"尬"教和"懒"学死循环 2. "互联网＋"教学优势悄然凸显：信息通信技术应用使学生产生认同感；教育资源整合优势丰富专业知识内容；先进技术替代教师部分重复性劳动	1. 构建线上线下混合教学模式 2. 互动式教学方法的设计与实现 3. 引导过程考核的课程内容体系建设 4. 以学生为中心的教学组织方式 5. 聚集全国名师开发的课程资源

1. 嘉兴学院会计学专业"互联网＋会计"教学改革动因

（1）学生主动学习积极性较差

嘉兴学院地处民营企业发达的浙江省，本省学生占很大比例。受周边生长环境和经济大环境的影响，一部分学生秉持"赚钱才是硬道理"理念，还有一部分学生在父辈辛苦打拼拥有优渥生活的同时，追求轻松不辛劳的未来，学习积极性较差。"平时不烧香，考前抱佛脚"，要求老师划重点，满足及格过关的学生不在少数。

（2）人才供给不能适应高端岗位需要

已经毕业的学生反馈，不用说与"985""211"高校毕业学生有差距，就是和杭州大部分非"211"学校的学生相比，不论是知识的储备量还是高端岗位的胜任度都不可企及。原因是学生在校期间掌握的知识广度和深度都不能满足高创造性、高认知度工作岗位的需求。没有养成可持续学习习惯，适应高端工作的能力也较为欠缺。

（3）课堂教学陷入"尬"教和"懒"学死循环

在传统课堂教学中，往往是以教师为中心，学生处于被动接受的状态，学习的主要目标在于能够应付考试。长期处于这样的教育环境下，学生日益对课堂教学内容感到枯燥无聊，渐渐失去兴趣。此外，学生在经历了高考之后，学习压力陡然释放，加之社交媒体、移动互联网等精彩世界的诱惑，课堂对于学生的吸引力进一步丧失。对教师来说，他们主要的任务就是通过对学生的循循善诱，传递信息和传授知识。然而讲课过程中的互动学生无反馈，会计专业学生普遍内秀沉闷的性格导致不参与互动的情况愈演愈烈，教师只能勉为其难地讲授晦涩的专业知识，完成教学任务。

（4）信息通信技术应用使学生产生认同感

引导"低头一族"通过看手机获得知识，可以使学生产生认同感。互联网教学平台丰富的教学资源，声情并茂的视频设计，可以吸引学生徜徉其中，产生兴趣，进而形成习惯。有些课堂活动比如小组讨论、头脑风暴允许学生自由上网查找资料，可以训练学生通过搜索引擎获得所需要的答案，能够在不强制学生必须如何做的前提下，培养学生自主解决问题的能力。

(5) 教育资源整合优势丰富专业知识内容

全国优秀的教学名师组成教学团队,录播的高质量视频课程,通过互联网实现优质教育资源共享。学生可以随时随地根据需要选择并能够反复观看。这些资源在课前预习和课后复习中充当了教师释疑的角色,让教师有更多精力去从事创造性的教学工作。

(6) 先进技术替代教师部分重复性劳动

成熟的教育系统、功能多样的数据分析技术替代了教师的部分重复性劳动。一是作业布置和批改。平台提供的海量题库可以随机筛选推送给学生,并且在学生提交后自动批改,大大减少了教师日常工作量。二是学情统计和反馈。利用教学软件可以进行学情分析和成绩分布,针对学生存在的共性问题进行答疑解惑。教师借助数据可以对所有学生学习行为进行深度分析,准确把握学生知识掌握程度,并及时调整教学策略。

同时,智慧课堂和传统课堂相比,无论是学生还是教师,学与教的模式都发生了较大的变化。老师不再事无巨细"满堂灌",学生不再无所事事"被动听"。

2. 嘉兴学院会计学专业"互联网＋会计"教学改革内容

(1) 构建线上线下混合教学模式

线上教学资源以 SPOC(Small Private Online Course,小规模限制性在线课程)为主,邀请全国会计界著名专家联合嘉兴学院专任教师,为会计学专业定制了"初级会计学""中级财务会计""高级财务会计""财务管理""成本与管理会计""审计学""财务报表分析"等7门主干课程,视频课程资源一体化学习平台向学生开放,学生以移动设备为载体参与学习,并完成签到、提问、作业等任务,学习平台将学生学习情况以图表形式实时反馈给学生和任课教师(大数据分析)。在线下,教师由课堂独角戏演员转换为主导课堂教学活动的主持人,让学生成为线下课堂的主角,采取分组讨论、辩论等多种教学方法,实现翻转课堂,着重培养应用知识分析问题、解决问题的能力。

(2) 互动式教学方法的设计与实现

作为互动式教学方法,一体化学习平台的设计与实现是教学改革中的关键问题,该平台由网络教学平台和"掌上高校"移动学习平台两大部分组成,分为学生、教师和学校管理员端口三个功能区,集在线课程、知识题库、备课与学生管理于一体。

学生端为学生提供学习及学习效果评估功能,学生可按任务制的课程目录完成听课、作业、测试等任务,并可随时查询自己的学习记录和效果,适时对自己进行评估。教师端为教师提供备课、开通课程、布置作业、随堂测试、课堂互动、学生学习情况查询及督促等功能。学校管理员端为管理员提供学生学习情况查询和教师工作考核功能。

(3) 引导过程考核的课程内容体系建设

以过程考核为主的课程内容建设,需要综合考虑多方面因素。每门课程都包括线上各类教学资源的建设以及线下课堂活动设计,其中,线上教学资源建设的互联网教学资源中重点是视频课程。视频课程不仅包括课程介绍、知识讲解、技能操作以及应试指导等模块,而且还包括课后作业、测试题库、实验实训、辅助讲解资源、拓展视听资料及教学案例资源。

线下课堂活动设计则包括课堂组织设计及课程总结等(见图5-8)。

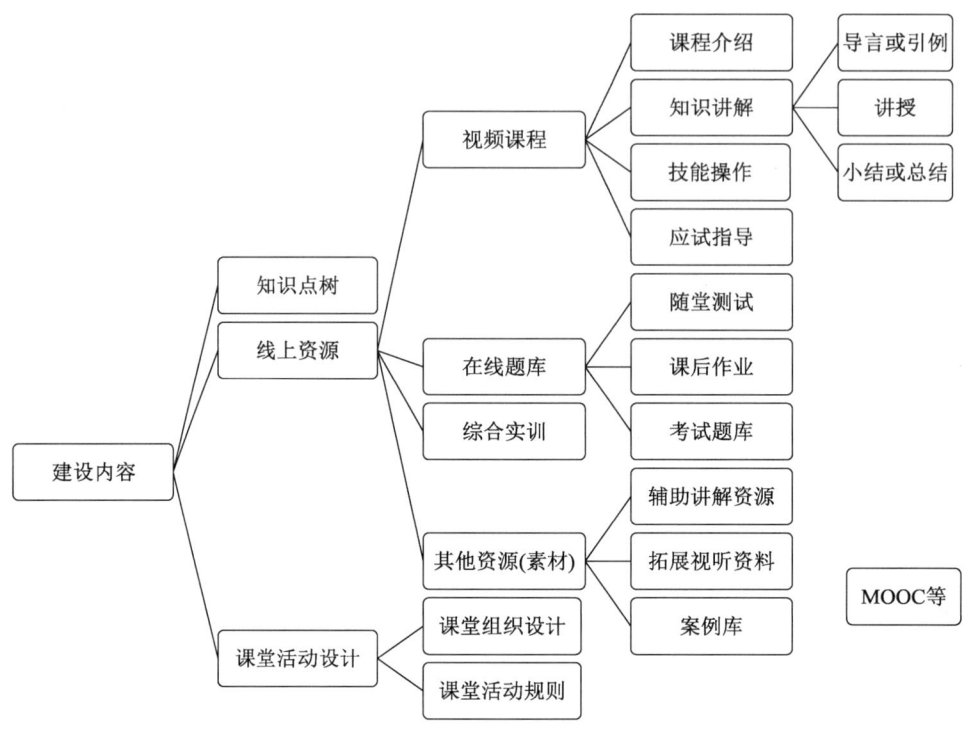

图 5-8 "互联网＋"会计教学一体化改革课程建设内容体系

(4) 以学生为中心的教学组织方式

基本要求：课前观看视频、消化知识点内容，针对性地课前练习、准备问题反馈；课中针对课前问题精讲、快速少量的测验、解决问题，通过合作、讨论、练习内化知识、反思、梳理、总结。真正实现以教为主向以学为主转变。课后按讲授知识点布置延伸阅读资料、推送课后作业通过练习加深印象。

实现线上线下相结合的教学方式，线上视频、动画、讲义、大作业、小作业、案例、延伸阅读；线下问题解答、作业点评、案例分析、趣味讨论。学习媒介由传统的书本和习题册转变为手机 APP，成绩评价分为平时和期末考试二部分(各占 50%)，均由系统自动生成，学生可以实时查看排名。

(5) 聚集全国名师开发的课程资源

各科主持人都是国内最知名的专家，借助正保的"掌上高校"课程资源，带领教师全面开展教学改革。刘永泽教授、刘温泉副总裁等专家先后多次来校，对参与试点的师生进行辅导和座谈，学院内部也多次听取师生的意见和建议，及时为专家团队改进课程资源等提供反馈意见。

(三) 现阶段改革存在的问题和困难

1. 部分一线教师参与改革愿望不强烈

学校现有制度对于教师的教学评价存在一定的问题。目前高校对于教师不仅仅有教学绩效的考核,更重要的是每年都有标准较高的科研任务要求,再加上老师的职称晋升主要和科研成果挂钩,使得能够全身心投入教学改革的教师为数不多。再加上现有教改考核量化标准多,老师一些隐形的教学设计付出很难得到公正的评价。一味讲奉献会打击致力于教改老师的积极性,造成互联网教学改革推进不畅。

另外,目前处于一线教学岗位的教师,大多属于60后至80后,从小到大,互联网不是这几代人的主要生活方式,也没有将其作为主要学习工具,将互联网引进课堂不是他们的思维模式。再加上人的本能都是愿意待在舒适区,认为只要尽心努力,学生一样有好的成绩,教学业绩依然会很好,没有必要用不熟悉的东西来折腾自己。所以有一些中老年教师出现职业倦怠,思想保守,学习新技术的愿望不强,不愿融入互联网教学改革的大军中。

2. 部分学生无欲无求处于边缘化窘境

受独生子女衣食无忧生活经历和家庭错误理念传输的影响,有些学生对于平时考核成绩不以为然,所以导致期末刷视频,课前不预习,课堂互动消极应对、搭便车,课后作业应付完成,不去找问题,也不愿意与老师互动。即使老师不断催促,也是阳奉阴违,有时甚至反过来劝老师"无所谓"。长此以往,这部分学生势必被系统性地边缘化。究其原因,一个是中学尤其是高中阶段紧张生活想在大学放松自在,另一个是家长长期对学生灌输不需要太累,即使不努力,父母也会保障其未来衣食无忧的观念。在这种情境下,老师有心无力,思想工作一大筐,效果却不尽如人意。

3. 缺少个性化需求的资源配置与供给

不同层次高校,相同课程要求学生掌握的知识点存在异质性,需要针对不同层次高校提供适配的课程知识点和内容,或者不同使用者可以在"课程超市"选择满足自身需要的课程视频和资源库。但平台中已有课程不能做到相互交叉,比如"高级财务会计学"这门课,平台知识点与学校课程大纲差异较大,需要跳转到"中级财务会计学"寻找相应的资源内容,虽然视频可以观看,作业也可以布置,但必须是在设置学生修两门课程前提下才能进行,出现资源不能按需组合,考核结果人为割裂的问题。

(四) 未来改革方向

1. 学校顶层设计制度保障层面

"互联网+"教学改革是一项系统工程,落地实施离不开学校各部门的大力支持,如智慧教室改造、教务部门和二级学院之间的配合、配套评价考核制度等。

尤其需要强调的是,学校制度要保障给致力于"互联网+"教学改革的专业教师松绑。学校相关部门在制定对教师的考核指标时,要采用分类标准。对于能够在"互联网+"教学改革中做出突出贡献的老师,在科研考核时可以适当减免工作量。教学本身就是一项良心工程,付出多的不会增加教学工作量的计算,付出少的也不会减少应得的报酬(只要保障不出教学事故），不能把精心做的教学设计视为教师理所当然应该做的工作。如果没有对应的科学制度保障，没有相应的激励机制推动，单凭依赖某些人一腔热血无私奉献，在追求自我价值实现的年代，显然不能有力推进教学改革进程。

2. 教师信息技术能力提升层面

要强化全体专业教师信息化素养，以适应先进技术催生的教学改革需要。对于年长的教师，第一，需要更新其对互联网教学的认知。在"活到老学到老"的时代，要有时刻可能被淘汰的危机意识。逆水行舟，不进则退，要想不被"技术进步的洪流"拍在沙滩上，就要老当益壮，激流勇进，敢于向新鲜事物挑战，接受教学模式的革新和进步。第二，每个高校要组建相关课程组，制订"帮扶计划"，由技术熟练的老师帮助年长教师掌握平台运行流程。或者由富有教学经验的年长教师进行教学内容设计，由年轻教师负责建设互联网教学平台，使优秀教学设计成果能够得到互联互通，开放共享，使课程组教师互相合作，共同进步。

3. 学生认知水平教育引导层面

首先，从学生家长层面进行教育引导。家长是学生的第一位老师，在学生报道步入高校的第一天，就需要召集全体家长，举办主题为"端正孩子学习态度引导教育"的宣讲论坛。从根源上建议家长向孩子传播正确的价值观，杜绝给孩子灌输偷懒享乐的思想。其次，从生活体验层面感同身受。在大学生活的第一年暑假或寒假，建议家长帮助学生去田间地头或工厂一线体验生活，感受社会竞争环境，深刻体会生存的艰辛和不易，认识到知识就是社会和个人进步的催化剂，以激励学生在返校后能够激发学习的热情，能够自主提升学习的主动性。让"佛系"生活理念向"不努力就没有出路"转变。最后，从校友宣讲层面言传身教。学校可以邀请毕业的优秀校友来校做相关主题讲座，以典型事例燃起学生对未来生活的憧憬，对枯燥的学习也能产生乐趣。

4. 课程教学资源建设充实层面

第一，互联网教学平台的建设单位每年都需要充实课程资源规模，以满足形式多样的教学需要。在目前习题数量、案例资源、头脑风暴、课外阅读等资料的基础上，广泛征集使用院校教师设计和积累的教学素材，集思广益，不断补充丰富资源库内容。第二，专业课程知识点互联互通层面。不同课程知识点要打通，以方便不同层次学校教师筛选、使用。

十三、本章小结

本章通过对我国会计教育改革的典型高校案例进行梳理和总结，了解了各类型高校改革的特色、各高校会计学科的发展历程、改革内容、现存问题以及未来改革方向，旨在总结出会计教育改革先进案例的优秀经验，从而为后续高校会计教育改革提供一定的指导和借鉴。

通过对上述12所院校改革历程及经验的总结，我们发现不同类型院校的改革各有特色，接下来将按照财经类、理工类与综合类3类院校进行归纳总结。首先，财经类院校作为培养财经类人才的重要基地,一直以来都致力于培养具有较为丰厚财会专业知识、能够胜任社会各企业及部门财务工作的会计人才。其次,财经类院校始终稳步走在我国会计教育改革的前端,持续积极推进会计教育改革。近十年来,大多院校先后从国际化与智能化两个主要方向上推进了改革。国际化方向改革主要体现在增加会计类双语课程并设立相关的国际方向班。智能化改革方向主要体现在大量开设大数据等相关课程,此外,还包括改革教学手段(如开展线上线下教学方式)。其次,理工类院校最新改革阶段重在培养具备大数据决策能力的新工科卓越会计人才。理工类院校的会计学科发展初期具有较明确的行业针对性,其定位大多和理工科相关,如工科会计、铁路会计等。随后逐渐跟进时代发展需求,立足自身学科优势,加强会计专业建设,大力彰显了学科融合的特色。在教学手段、课程设置、案例设计等改革方面充分突出了理工特色,强调计算机、区块链等信息技术的应用,促进"互联网+会计"等学科的交叉融合。最后,综合类院校的培养目标旨在推动通识教育、专业教育、交叉培养的深度融合,为市场输送具有高超专业技能,良好职业素养的全面型优秀会计人才。综合类院校的改革在满足新时代对于应用型、复合型、管理型会计人才需求的同时,更注重会计人才的全面发展,强化通识教育,强调厚基础建设。此外,综合类院校近年来也非常重视财务智能化发展,并将其作为会计教育改革的重点。

随着经济的发展和时代的进步,社会对会计人才的能力需求也在与时俱进。通过前文梳理,我们了解到典型高校会计教育改革具有以下几点明显共性:

(一)会计教学走向国际化。随着各国教育交流合作日益加深,高校间联合人才培养规模逐渐扩大,国内教育国际化成为趋势。高校先后采取双语教学、合作办学等不同形式逐步实现会计教育国际化,旨在培养更多面向全球经济的专业会计人才。

(二)财务核算型会计向管理型会计转型。随着大数据、智能化、互联网的快速发展,财务核算型会计逐渐被计算机替代,会计的发展逐步向管理型会计转型,高校的财会人才培养重点逐步转移至财会管理型人才的培养。

(三)培养跨学科多领域的复合型财会人员。顺应数字化时代社会对多样化复合型高级人才的需求,形成"X+X"的新型人才培养模式,实现跨专业融合学习,将会计与本校优势学科相结合,培养跨学科多领域的复合型专业财会人员。

(四)发展数字经济时代下的大数据智能财务。大数据、智能化、移动互联网、云计算、物联网、区块链等新信息技术的发展以及新业态、新模式、新产业的出现,对会计人才培养提出了巨大挑战。为了更好应对时代冲击对会计人才所带来的影响,各高校开始着重培养掌握大数据分析技术、人工智能技术和会计专业知识,具备智能化、大数据环境下会计信息生成、应用、分析及管理决策支持专业素养的会计人才。新时代下的"智能会计"人才培养势在必行。

通过对12所院校会计学本科人才培养方案改革典型案例分析,可以发现这些院校普遍存在以下五个方面的问题和困难:

(一)人才培养方案方面。一方面大多院校对人才培养环境变化及其趋势的认识还不够深入,存在会计人才培养目标与市场需求脱节的窘境,目前培养的财会人才既难以达到高级会计人才需要的知识水平和业务能力,也不具备会计操作人员的基本素质和业务要求。另一方面,人才培养方案改革的内生动力不足,需要有强有力领导,整合各种政策资源加以支撑,以坚定的责任感、领导力和定力来推动这一历史性的变革。

(二)课程体系方面。一方面,课程结构不合理,专业课与基础课比重失调,专业基础课内容局限,在课程的安排方面存在课程体系衔接不够紧密的问题。另一方面,实践性课程不足,现阶段的实践课仅仅是让学生根据已有的一些简单数据操作整个会计业务流程,完成不同账表的制作和填制,缺少案例教学、角色模拟、实验室教学等实践性课程,亟需创新和转型实践教学,建立新型实习、实践基地。

(三)师资队伍方面。首先,师生比例失衡,师资短缺问题较为严重,一定程度上影响教育教学质量的持续提升,比如学生与教师的交流频率较少,学生全面参与研究性教学不足等。其次,师资结构不平衡,年轻教师占比普遍较低,且青年教师的兴趣和着力点主要在取得科研成果,对教学的投入偏少,而科研促进教学效果有限,如何提高年轻人对教学的热爱程度是一个需要共同面对的难题。最后,师资转型存在困难,大数据会计人才培养的全面改革要求下,既懂会计学科又精通于大数据专业知识的师资在一定程度上比较匮乏,如果完全聘用纯大数据研究的师资从事会计学科的人才培养,难于将数据分析、机器学习与财务会计的专业知识有效融为一体,容易产生"两张皮"的情况。因此,如何帮助或促进传统师资向智能财务师资转型,或如何培养合格的智能财务师资是制约智能化改革的重要问题。

(四)教材体系方面。由于"互联网+会计"复合型人才培养的关键在于业务、财务和技术的一体化,而业财技一体化课程的实施需要在教材编写、案例开发、教学方式、考核方式等方面进行全方位的建设。但目前大数据会计处于刚起步阶段,普遍存在缺乏相关教材和辅助资料的问题,亟需教材体系和内容的重构、教学案例的编写,实现多学科有效的交叉融合。

(五)教学内容及方式方面。院校中普遍存在授课内容较陈旧、授课方式较落后、会计实践的发展与知识传授相互脱节等问题。在未来可能发展为线上线下教学模式的情境下,如何在硬件上做好技术保证,如何培养教师更好地使用网络教学设备,并且根据教学需要做出一定创新和变革也是当下面临的一个挑战。

针对上述问题和困难,各院校进一步明确了未来的改革方向:

第一,改革现有的会计人才培养模式。首先,在人才培养中要强调对本区域发展模式、创新实践、规则制度、文化习俗以及人才、资本、信息、技术等要素的嵌入,凸显人才培养的区位特色。其次,要密切关注人工智能背景下会计人才需求变化的新动态,顺应数字经济时代下社会发展对复合型、战略型高层次会计人才培养的转型升级需求,将会计本科人才培养进一步从"1+X"和"X+1"模式转向"1*X"和"X*1"模式。最后,探索新型人才培养模式,比如"实验班"人才培养模式。

第二,完善课程体系。首先,创新核心课程建设,以"大数据、智能化"相关理念为基础、以信息科学技术方法和工具为手段,重构和改造会计学相关课程教学体系,将 AI、大数据、人工机器人等内容纳入课程体系,先易后难,先急后缓,循序渐进。其次,建设多层次实践教学,通过核心课程实验项目设计、科研训练、创新创业竞赛、毕业设计、校外实习等途径,强化实践教学,构建"校内实验 + 校外实习、课程实践 + 专业竞赛"多层次的实践教学体系,建立新型实验室;建立与政府、行业、兄弟院校之间新型合作模式,建立校企合作联盟和机制,整合校内外资源,搭建大数据会计与智能财务产学研一体化平台。最后,建设独特的人才培养课程模块,结合学校学科优势和当地行业需求以及经济发展行业背景的需求,以专业选修课为主体,根据学校学科优势和行业发展需要划分为若干不同类型各具特色的课程模块。

第三,加强师资队伍建设。完善兼职教师聘任与管理办法,大力引进高水平全职教师,比如引入实务界教师开设实验课程,加强实践基地指导教师的管理。大力推进大数据、人工智能会计教育与科研,加快培育一流的教学科研创新团队,促进教师教学与科研学术能力的交互发展,切实提高教师教学设计与组织能力。

第四,编写和出版教材。组织专门的团队编写与大数据会计人才培养方向相一致的优质教材,并引导教师编写实验类教材、教学案例和习题集。

第五,改革教学内容和模式。在教学内容中,加强数据分析、数据管理、数据挖掘等内容,引入适当的案例,创设具体的问题情境,充分给学生课前思考准备、搜集资料和课上讨论的时间,调动学生的积极性去多方面思考和求解,深化对问题的理解,并从中锻炼学生的团队协作意识、语言的组织表达能力等。

第六章
我国会计本科课程体系重构思路

通过前面对我国会计教育改革发展以及现状的分析，可以发现无论从会计教育规模、专业培养目标，还是从课程设置、教学方法，我国会计教育事业都已经取得了瞩目的成就。然而，随着我国经济发展的转型、社会环境的变化、智能技术的兴起等，会计职业和会计教育面临着巨大的挑战，如何让新思想、新方法、新技术赋能会计行业和会计教育发展成为亟待思考和解决的重要问题。尽管国家和部分高校已经开始尝试抓住这些变化带来的机遇，转变传统的会计人才培养方式，但从总体来说目前会计专业的课程设置、教学内容、教学方式等还并未完全适应数字经济时代的变化，不足以满足新形势下社会各界对会计人才的需求。鉴于人才培养的基本单元是专业，课程是专业的基本构成要素（郭宝龙，2020），而学科知识又是课程的构成元素（段红红和徐权，2012），唯有通过课程或课程体系才能将学科和专业有机连接起来。因此，为了满足新形势下各界对会计人才的新需求，我国会计教育必须要加速实现会计教育课程体系的重构。

在此背景下，中国会计学会会计教育专业委员会和会计专家委员会基于《教育部关于一流本科课程建设的实施意见》多次组织研讨会，对会计专业课程体系重构进行研讨。会计专业课程体系的重构取决于会计人员的能力框架，而能力框架又由未来会计的职业要求所决定。因此，本章首先简要回顾数字经济时代对会计人员的新要求，借鉴国内外机构、专家学者的研究成果，构建了我国会计人员能力框架；其次设计会计专业课程体系重构的基本原则和实施思路；最后对我国会计专业课程体系重构提出相关建议，旨在为后续的课程改革提供参考和借鉴。此外，我们还在附录6中列示了会计学专业（管理会计方向）、会计学专业（智能会计方向）、财务管理专业和审计学专业的课程体系重构方案，以期为各高校（主要是应用型本科人才培养高校）的会计教育改革提供参考与借鉴。

一、我国会计人员能力框架的构建

高校会计教育课程体系的构建取决于会计人员的能力框架，而会计人员的能力框架是基于会计职业目标所构建的。因此，本节首先简要回顾环境变迁对未来会计职业提出的新要求，其次总结了国外会计能力框架的内容，最后基于这两部分内容构建适应我国会计教育发展的会计人员能力框架，为我国高校会计教育课程体系重构提供一定的理论基础。

(一) 培养会计人才的目标

在前文的第三章中,我们已经详细分析过环境变迁对未来会计职业的要求,在此不再赘述,而对未来会计职业的要求也正是培养未来会计人才的目标,以下做进一步总结。

人工智能、大数据等应用技术的迅猛发展,不可避免地改变了会计人员的职业技能和职业目标,从宏观、中观和微观层面分析环境变化对未来会计职业的影响,可以发现总体上对会计职业有以下几个方面的新要求:(1)职业道德。数字经济时代下各种不确定因素增多,对会计人员的伦理道德和职业认识有了更高的要求。(2)国际视野。全球化的发展迫切要求会计人员具有更高水平的国际视野,熟悉国际通用的会计标准。(3)职业判断与管理会计。科技手段正在不断弱化核算职能,企业发展需要的不再是仅仅以核算为主的会计人员,而是需要会计人员根据众多可能会影响企业运营的信息做出合理应对甚至预判,会计职业的定位需要从战略的层面上面向管理和决策,进一步发展管理会计。(4)数字能力。在大数据分析的情境下,会计人员需要快速学习和更新会计知识,深入理解业务内涵,提高信息需求规划能力、数据挖掘能力、信息集成和整合能力等才能跟上企业的发展。

(二) 国外会计人员能力框架概述

在构建我国会计人员能力框架之前,我们整理了最新发布的"IMA 管理会计能力素质框架""CGMA 管理会计能力框架"以及"ACCA 会计师应具备的综合技能",以期为构建适合我国未来会计职业发展相关的会计能力框架提供借鉴。

1. IMA 管理会计能力素质框架

美国管理会计师协会(Institute of Management Accountants,简称 IMA)于 2019 年 2 月 14 日更新了 IMA 管理会计能力素质框架,发布了大数据时代下的《IMA 管理会计能力素质框架》(*IMA Management Accounting Competency Framework*)。该框架确定了六个核心知识、技能和能力领域,以便能够使财务和会计专业人员在数字时代保持信息相关性,包括:战略、规划和绩效,报告和控制,商业敏锐度和运营,领导力,技术和分析,职业道德和价值观(见图 6-1、表 6-1),在这六大类下又细分为 33 小项,并按能力高低,分为入门、初级、中级、高级、专家级共 5 个等级,分别给予具体的阐述和规定。

其中,战略、规划和绩效(Strategy, Planning & Performance)领域整体能力要求管理会计师要预见未来,领导策略计划进程,引导决策,管理风险及监控业绩。具体构成包含了战略和战术规划(Strategic and Tactical Planning)、决策分析(Decision Analysis)、战略成本管理(Strategic Cost Management)、资本投资决策(Capital Investment Decisions)、企业风险管理(Enterprise Risk Management)、预算和预测(Budgeting and Forecasting)、公司理财(Corporate Finance)和绩效管理(Performance Management)8 小项具体能力。

报告和控制(Reporting & Control)领域整体能力要求管理会计师要按照相关标准及制度,衡量并报告组织业绩。具体构成包括内部控制(Internal Control)、财务记录(Financial Recordkeeping)、成本核算(Cost Accounting)、财务报表编制(Financial Statement Preparation)、财务报表分析(Financial Statement Analysis)、税务合规与筹划(Tax

图 6-1 IMA 管理会计能力素质框架

资料来源：IMA 中文官方网站（https://www.imachina.org.cn/about.html）《IMA 管理会计能力素质框架》。

Compliance and Planning)和企业整合报告(Integrated Reporting)7小项具体能力。

商业敏锐度和运营(Business Acumen & Operations)领域整体能力要求作为跨部门的商业合作伙伴,对公司运营实行变革。具体包括行业特定知识(Industry-Specific Knowledge)、运营知识(Operational Knowledge)、质量管理和持续提升(Quality Management and Continuous Improvement)和项目管理(Project Management)4小项具体能力。

领导力(Leadership)领域整体能力要求与其他部门合作,鼓励团队实现组织目标。具体包括沟通技巧(Communication Skills)、激励和启发他人(Motivating and Inspiring Others)、协作、团队合作和关系管理(Collaboration, Teamwork and Relationship Management)、变革管理(Change Management)、冲突管理(Conflict Management)、谈判(Negotiation)和人才管理(Talent Management),共7小项具体能力。

值得我们重点关注的是技术和分析(Technology & Analytics)领域的整体能力要求,即掌握管理技术和分析数据的能力以促进组织成功。该领域具体能力构成包括：信息系统(Information Systems)、数据治理(Data Governance)、数据分析(Data Analytics)和数据可视化(Data Visualization)。该领域的能力要求相比较旧版而言,新增了基于大数据的三项新的具体能力,即"数据治理""数据分析"和"数据可视化",进一步体现出数字时代下会计人员对大数据能力的重视。其中,信息系统(Information Systems)能力是指利用技术手段有效地控制经营和财务流程,解决问题,分析数据以及提高经营业绩。而数据治理能力要求确保数据可用性、实用性、完整性和安全性。数据分析能力通过运用定量和定性的技术对数据进行提取、变换和分析,以便获得认识、改进预测和支持决策。如利用XBRL等专业报告工具以及SQL、Python、R等解释型语言,来做相应的描述性统计、线性回归或者构建相关模型等,以揭示模式并发现洞察力,实现经营成果。数据可视化能力要求直观展示数据,以更好地说明关键模式、趋势和相关性。如利用Excel、Tableau等创建简单的图表和图形,或者使用Sankey图、气泡图等表达,使得数据可视化,以便于更好地传达结果。

另外,职业道德和价值观(Professional Ethics & Values)也是我们需要关注的一个领域,这是在旧版的基础上单独分离出来的新领域,并将此作为其他五大类能力的基础,体现了职业道德的重要性。该领域整体能力要求展现可持续性商业模式中所必需的职业价值观,道德行为以及遵纪守法,具体包括职业道德行为(Professional Ethical Behavior)、识别并解决不道德行为(Recognizing and Resolving Unethical Behavior)和法律法规要求(Legal and Regulatory Requirements)3项具体能力。其中,职业道德行为能力是要求遵守职场中管理员工行为的一系列指导原则;识别并解决不道德行为能力是要求识别职场中的道德冲突和道德疏忽,并采取相应的行动;法律法规要求能力是要求遵循法律法规,以正直诚实的方式实现组织愿景。

表6-1　　　　　　　　　　　IMA管理会计能力素质框架

一级能力指标	二级能力指标
战略、规划和绩效	战略和战术规划、决策分析、战略成本管理、资本投资决策、企业风险管理、预算和预测、公司理财、绩效管理
报告和控制	内部控制、财务记录、成本核算、财务报表编制、财务报表分析、税务合规及筹划、企业整合报告
商业敏锐度和运营	行业特定知识、运营知识、质量管理和持续提升、项目管理
领导力	沟通技巧、激励和启发他人、协作、团队合作和关系管理、变革管理、冲突管理、谈判、人才管理
技术与分析	信息系统、数据治理、数据分析、数据可视化
职业道德及价值观	职业道德行为、识别并解决不道德行为、法律法规要求

资料来源:IMA中文官方网站(https://www.imachina.org.cn/about.html)《IMA管理会计能力素质框架》。

2. CGMA管理会计能力框架

英国皇家特许管理会计师公会(CIMA)和美国注册会计师协会(AICPA)于2014年4月联合发布了《全球特许管理会计能力框架》(简称《CGMA管理会计能力框架》),该框架以道德、诚信和专业精神为基础,由专业技能、商业技能、人际技能、领导技能以及数字技能五大要素构成(见图6-2和表6-2),每个要素又分为基础级、中级、高级和专家级共4个能力等级。

其中,专业技能使财务专业人员能够收集、存储、处理和分析信息,用来与各利益相关方分享,这些技能包括根据专业会计标准来编制和传播外部和内部报告的能力。具体包括财务会计与报告(Financial Accounting and Reporting)、成本会计与管理(Cost Accounting and Management)、商业规划(Business Planning)、管理报告与分析(Management Reporting and Analysis)、公司理财与财资管理(Corporate Finance and Treasury Management)、风险管理与内部控制(Risk Management and Internal Control)、会计信息系统(Accounting Information Systems)和税收策略、筹划与合规(Tax Strategy, Planning and Compliance)8个子能力。

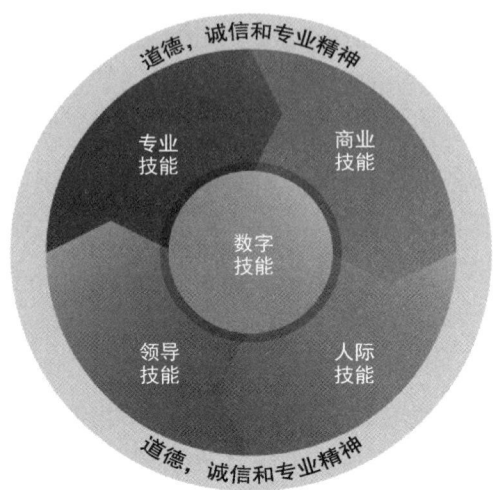

图6-2 CGMA管理会计能力框架
资料来源:CIMA中国官方网站(http://www.cncima.com/)《CGMA管理会计能力框架》。

商业技能使财务专业人员能够利用其商业知识及其运营的生态系统将数据转化为洞察力。这使企业能够评估其战略定位,业务模式与战略的一致性,以及未来的表现和机遇。具体包括战略(Strategy)、商业模式(Business Models)、市场和监管环境(Market and Regulatory Environment)、流程管理(Process Management)、商业关系(Business Relations)、商业生态系统管理(Business Ecosystems Management)、项目管理(Project Management)和宏观经济分析(Macroeconomic Analysis),共8个子能力。

人际技能和有效沟通的能力会影响决策者和整个组织的其他人员的决策、行动和行为,也会影响其利益相关者。具体包括影响力(Influence)、谈判和决策(Negotiation and Decision-making)、沟通(Communication)以及协作与合作(Collaboration and Partnering)4个子能力。

领导技能贯穿于各个层面。有三种类型的领导:行内领导、职能领导和战略领导。行内领导指的是领导财务部门内外的财务同行,共同处理那些需要充分了解会产生财务影响的事项,共同解决组织内部和外部运营环境中所发生的问题。职能领导是确保财务职能在组织实现其目标的领导。该类型领导从中层级别开始出现,但大多数是在高层级别。战略领导在战略层面实施。专家与其他职能领域的领导者一起定义、制定和监督组织战略的实施。具体包括团队建设(Team Building)、辅导与指导(Coaching and Mentoring)、推动绩效

(Driving Performance)、激励和鼓舞(Motivating and Inspiring)和变革管理(Change Management)5个子能力。

值得关注的是,该版能力框架在2016版的基础上新增了数字技能,要求管理会计人员掌握从基本的数字素养到云计算、网络安全、数据分析和数字成本核算的深入专业知识。同时,数字技能作为一个独立的知识领域,也可以渗透其他知识领域。具体包括信息和数字素养(Information and Digital Literacy)、数字内容创作(Digital Content Creation)、问题解决(Problem-solving)、数据战略和规划(Data Strategy and Planning)、数据分析(Data Analytics)和数据可视化(Data Visualization)6个子能力。

表6-2 CGMA管理会计能力框架

一级能力指标	二级能力指标
专业技能	财务会计与报告、成本会计与管理、商业规划、管理报告与分析、公司理财与财资管理、风险管理与内部控制、会计信息系统和税务策略、筹划与合规
商业技能	战略、商业模式、市场和监管环境、流程管理、商业关系、商业生态系统管理、项目管理、宏观经济分析
人际技能	影响力、谈判与决策、沟通、协作与合作
领导技能	团队建设、辅导与指导、推动绩效、激励与鼓舞、变革管理
数字技能	信息和数字素养、数字内容创作、问题解决、数据战略和规划、数据分析、数据可视化

资料来源:CIMA中国官方网站(http://www.cncima.com/)《CGMA管理会计能力框架》。

3. ACCA 会计师能力框架

特许公认会计师公会(ACCA)于2016年做了以"下一代"为核心主题的开创性研究,并发布了相关报告,报告分析了最年轻一代的会计职业人员在技术和全球化驱动变革中的工作偏好及职业发展的想法(刘峰等,2018)。同时,列示了会计师应具备的综合技能,包括:专业能力和道德水平(TEQ-technical and ethical competencies)、智商(IQ-intelligence)、创造力(CQ-creative)、数字商(DQ-digital)、情商(EQ-emotional intelligence)、远见(VQ-vision)、经验(XQ-experience)(见图6-3)。

其中,专业能力和道德水平是指会计师按照既定的标准始终如一地执行工作的技能,同时保持最高标准的诚信、独立及专业怀疑。智商是学习和运用知识的能力,即思考、推理和解决问题的能力。创造力是指在新环境中运用现有知识建立联系、探索潜在成果,以及提出新的观点的能力。数字商是对现有及新兴数字技术、功能、实践及战略的认知和应用。情商是察觉、调节和管理个人以及他人的情绪,并很好地将其驾驭并应用于任务中的能力。远见是通过分析当前动向及事实,准确预测未来趋势并运用创新思维填补其空白的能力。

经验是指了解客户需求、实现预期目标以及创造价值的能力和技巧。

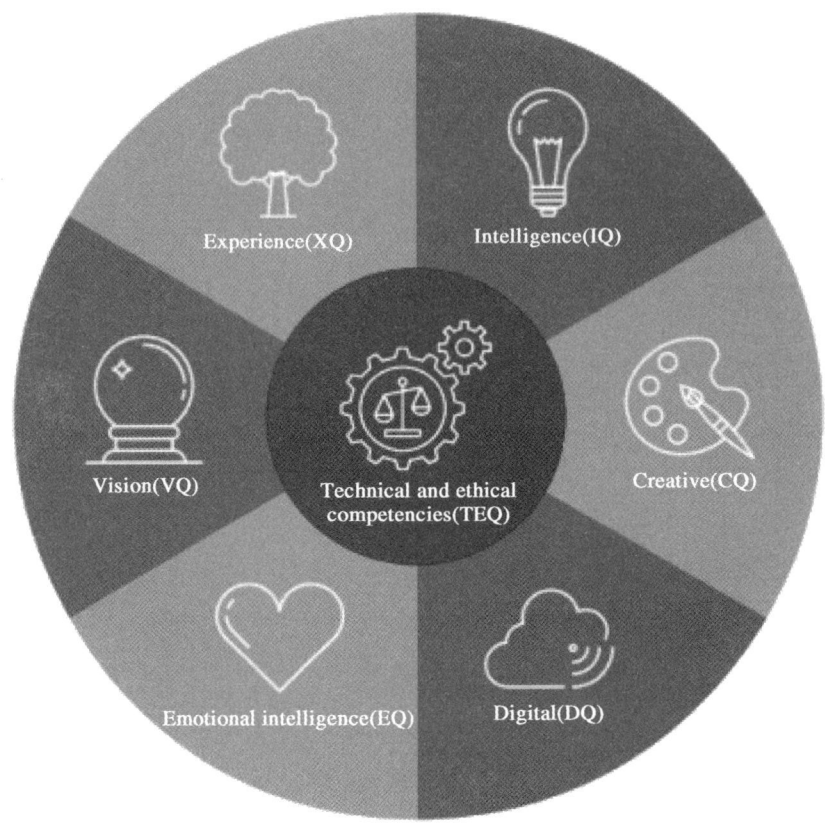

图 6-3 ACCA 会计师应具备的技能体系

资料来源：ACCA 中国（https://cn.accaglobal.com/index.html）《变革驱动因素与未来技能》。

（三）我国会计人员能力框架的构建

通过对国外 IMA 管理会计能力素质框架、CGMA 管理会计能力框架和 ACCA 会计师能力框架的分析，可以看出除了职业道德、商业技能、领导能力等之外，都着重强调了在大数据时代下数据分析、数字技能的重要性。在数字经济环境下，会计教育需要针对会计人才特征和人才需求发展趋势，对会计人员能力框架作出调整，以培养符合当代数字经济发展的会计人才，结合我国会计职业人员的现状以及环境变化对会计职业提出的新要求，同时借鉴国外的会计能力框架，在王华等（2019）研究的基础上，我们构建了适应我国会计职业需求的会计能力框架，包括职业道德、通用能力和专业能力三个方面，具体见图6-4 和表 6-3。

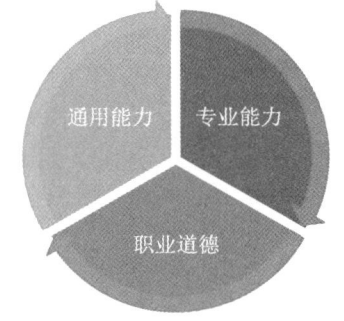

图 6-4 我国会计人员能力框架

其中,职业道德能力包括廉洁守法、诚实守信、细心严谨、良好的职业道德操守、使命感、保密意识、责任心强、原则性强等;通用能力包括互联网与信息技术、学习与行动力、沟通与领导力、数据处理能力、网络运用与安全维护能力、相关法规和政策的解读能力、综合业务能力、综合管理能力等;专业能力包括核算、报告与分析、预测与决策、控制与评价、不确定环境下的职业判断能力、管理会计能力、财务分析能力、风险管理和战略规划能力等。

表 6-3 我国会计人员能力框架

框架	一级能力指标	二级能力指标
职业道德	廉洁守法、诚实守信、细心严谨、良好的职业道德操守	使命感、保密意识、责任心强、原则性强
通用能力	互联网与信息技术、学习与行动力、沟通与领导力	数据处理能力、网络运用与安全维护能力、相关法规和政策的解读能力、综合业务能力、综合管理能力
专业能力	核算、报告与分析、预测与决策、控制与评价	不确定环境下的职业判断能力、管理会计能力、财务分析能力、风险管理和战略规划能力

1. 职业道德方面

职业道德是指应遵循的基本道德,即一般社会道德在职业生活中的具体体现,是职业品德、职业纪律、专业胜任能力及职业责任等的总称。而会计人员的职业道德就是同会计活动紧密联系的符合会计行业特点所要求的道德准则、道德情操与道德品质的总和。它既是对会计人员在会计活动中的行为标准和要求,又是会计人员对社会所负的道德责任与义务,为会计从业者提供了明确的行为指导。环境变迁下,信息泛滥、信息传播及其影响大大增强,对会计人员来说,甄别、生产、披露信息的能力,除与自身专业能力有关外,更大程度上取决于其道德层面。除了遵纪守法、爱岗敬业、职业规范等职业道德教育外,会计人员应进一步加强诚实守信等职业价值观方面的学习与教育。财政部于 2018 年 4 月发布《关于加强会计人员诚信建设的指导意见》,进一步强调了会计从业人员诚信教育的重要性。

2. 通用能力方面

通用能力是会计从业人员专业能力以外的关乎于智商、情商、健商的各种能力,它是助力专业能力更好地发挥职能作用的一种综合素质。会计人员的通用能力至少包括三个方面:互联网与信息技术、学习与行动力、沟通与领导力。互联网与信息技术涉及管理会计信息的收集、存储、传输、加工和利用,它包括企业资源管理系统(ERP)和互联网与信息技术应用两个子集;学习与行动力是会计人员适应日新月异的宏观环境、商业环境以及互联网技术发展的需要,会计人员通过不断地学习,同时兼备较强的行动力,有利于企业更好地落实发展战略和经营计划;沟通与领导力要求会计师通过良好的沟通、资源的整合以及团队的组织,致力于实现组织的战略、使命和目标。数字经济时代,对会计人员的通用能力提出了新的要求,除了以上三种基本通用能力,还要着重培养会计人员的数据处理能力、网络运用与安全维护能力、相关法规和政策的解读能力、企业业务能力和综合管理能力。

(1) 数据处理能力

大数据的飞速发展改变了企业所处的环境,对会计的工作方式和工作内容方面也带来了一定的影响。无论是《IMA 管理会计能力素质框架》还是《CGMA 管理会计能力框架》,都着重强调了在大数据时代下数据分析、数字技能的重要性。

首先,财务数据搜集过程发生变化。以往财务会计需要处理的数据都是单一型的,数据的来源也不多,而且收集数据的方法也非常简单,主要由财务人员现场收集财务数据再传递到机关会计人员。而在互联网时代下,企业财务会计数据来源比以往更多,数据收集的方法也更科学。对于会计专业而言,有效的信息搜集和获取不仅可以降低时间成本,而且有助于提高信息整合的质量,从而帮助经营决策。鉴于此,开设 Python 等计算机语言课程是学校培养学生这种能力的途径之一。一方面可提高学生利用现代信息技术抓取信息能力,将大量非结构化信息转化为结构化数据,实现信息的有效运用;另一方面也丰富了学生的计算机语言知识,Python 相较其他计算机语言关键词更少,结构简单且语法明确,易于学习,对将来接触更高级的计算机语言有一定的帮助作用。

其次,数据存储也发生变化。当今时代大数据发展非常迅速,会计数据呈现出多样性和大量性特征。较大的数据量所需的存储空间也很大,所以对于一个完整数据系统而言,需要有下列数据处理功能,如数据收集、数据预处理、数据分析、数据处理以及数据应用等,只有保证这些条件,才能充分满足财务数据存储的需求。

最后,数据处理方式进行了升级。管理员可以对存储在库中的数据进行深入分析,进而提取出有价值的信息,对其进行利用,这是一个数据挖掘的阶段。因此,鉴于这些特点,会计人员通用能力对数据分析处理能力提出要求,要学会运用先进的技术和工具来提升数据分析处理能力。高校可开设 STATA、SAS 等统计软件课程,系统讲授如何借助计算机技术进行样本的统计和分析,帮助学生了解机器语言,提高计算机水平的同时,培养学生分析总结能力,尤其是对数据的敏锐性,这也是身为会计人员的重要素质之一。从数据中帮助学生了解业务实质,同时通过对业务的熟悉培养学生更加透彻地看待数据。

(2) 网络运用与安全维护能力

大数据的使用提高了企业效率,降低了企业成本,实现了与企业外部数据实时共享。从这个意义上来看,企业必须加强信息化建设,加大信息化法规建设和基础设施投入,构建和运用不同层级的会计信息系统平台。增加对云计算、大数据技术的重视程度,加大云平台的经费投入或与第三方服务商的洽谈力度,根据业务需要购买相关服务,以满足企业管理工作发展的需求。但任何事物都具有两面性,大数据技术的使用也同时会带来企业商业机密泄露的可能性,黑客的入侵可能导致整个会计系统的瘫痪。因此,大量计算机技术使用引起相应的企业网络的环境安全问题也必须考虑。财务人员也需要不断提升自我网络安全维护的能力与防范恶意网络攻击的意识。

(3) 相关法规和政策的解读能力

技术的进步是人类自然发展的客观规律,然而作为互联网智能时代的会计人员,我们还必须重视宏观环境的不确定性。各国政府为了自己国家的经济利益,相关法律法规也随着世界格局的变动时刻发生着变化。一方面,正确地理解与解读国家层面的财经税务法规,可以让企业搭载国家促进经济发展而释放优惠政策的顺风车;另一方面,由于新旧税务财经法规的更替过渡,容易因为错误的理解导致企业进入国家黑名单,为企业带来负面影响。所以,财会人员必须时刻关注法律法规的变化。

(4) 综合业务能力

大数据时代的来临对于企业的财务人员而言,熟练使用财务软件已成为最基本的要求,更多大型企业将实施业财融合管理。处理日常财务工作更多的时候是完成财务分析的任务,各种财务分析已经不单纯是财务数据,而是包含了企业的方方面面。财务人员要懂财务,更需要懂企业的运营,财务分析将指导企业的市场和生产,并与企业的投入、产出的政策和行为紧密结合。会计在做好财务工作的同时,更需要去精通企业的核心业务,多了解行业和市场,积累一线工作的业务经验,这对于有效使用大数据工具参与制定企业的管理决策至关重要。

(5) 综合管理能力

传统会计是从数据到决策的一个过程,大数据会计为会计应用提供分析解读,使之显化还原。对企业管理者来讲,大数据将颠覆财务管理的理念和模式,会计不再局限于传统的财务会计领域,而是向研发、销售、人力资源等多个领域延展,故将其称为综合财务管理。综合财务管理在企业决策中,通过挖掘数据间大量的有用信息,利用大数据分析有助于财务人员提前察觉异常情况,帮助企业减少系统性风险,更加准确地预测企业的未来发展趋势。未来会计的发展离不开信息的高度共享,通过大数据和财务共享服务,实现业务与财务的高度融合,为企业向管理型升级发挥重要作用,这也进一步凸显了综合管理能力的重要性。

3. 专业能力方面

专业能力构成会计职业的主题及与其他商业学科的区别,并且是会计人员能力的最主要部分。根据会计人员的工作特点和会计理论体系,可以将专业能力划分为:核算、报告与分析,预测与决策,控制与评价三部分。其中,核算、报告与分析能力,即遵循相关的会计法规要求,为组织编制内部和外部财务报告,要求会计人员知悉财务报告编制、交易核算与账务流程,进行成本归集与分析,完成税务会计基本事项等;预测与决策能力是指熟悉公司战略的基本理论,运用建模、预测和规划方法,在复杂及不确定的商业环境下,完成资金管理、预算编制和盈利预测等工作;控制与评价能力是指按既定目标和标准对组织活动进行监督、检查,使工作能按原计划进行,或适当调整计划以达到预期目的的能力,以及对经营业绩和员工努力程度等方面进行综合评判的能力。根据会计人员的工作环境特点,又将专业能力分为:不确定环境下的职业判断能力、管理会计能力、财务分析能力、风险管理与战略规划能力。

(1) 不确定环境下的职业判断能力

随着新知识、新科技、新方法的持续出现,会计职业环境充斥着更多的变数。简单重复的会计核算工作被智能机器人所取代是一种必然的趋势,但是人在互联智能时代并不是失去了所有的优势。与智能化的机械相比,人类的抽象思维可以帮助我们根据以往的经验做出明确的职业判断。再如,一些企业能屹立百年而不倒,一定是拥有其他企业难以模仿的优势。技术越发达,社会越进步,政治、法律、经济、科学技术等的变化,使企业面临更高的不确定性,会计人员需要以自己的职业素养做出相应的预判,并结合企业自身的财务环境和生产经营特点,以丰富的内外部会计信息为基础,灵活运用其掌握的会计专业知识和工作经验,及时有效地做出分析、判断、选择和决策。

(2) 管理会计能力

现代企业进行的管理基本都是事后管理,越来越多的企业采用 ERP 系统对企业数据进行整合,通过对数据穿透查询,结合企业的预测目标,将企业事后管理逐步地变成事前控制。用信息化的手段进行事前控制、预测等对企业管理十分重要。在大数据时代下,财务人员更要站在企业战略规划的高度,充分发挥管理会计职能,如通过预算的手段对企业的战略规划目标进行层层分解和落实,并关注预算的实施,直至编制最后的预算分析报告、参与绩效考核,使预算真正发挥其职能作用等。

(3) 财务分析能力

互联智能时代使得数据信息实时更新成为可能,财务人员通过分析数据,了解企业目前的财务状况、盈利与成长性,评价潜在的投资机会与融资需求;了解各种资产的管理效率,帮助其发现问题、提高运营能力;了解与外部会计信息使用者评价标准的差异,进行预防性或适应性调整。与传统的财务分析有所不同,传统的从业人员只是汇编各种财务数据,形成各种财务报表,而随着会计人员的转型发展,企业更需要员工具备专业的财务分析技能,能够从各种数据报表中挖掘对企业有价值的信息,为企业规避风险。因此,新时代的会计人员应具备财务分析的专业能力。

(4) 风险管理与战略规划能力

风险管理主要是企业从战略制定到日常经营过程中对待风险的一系列理念与态度,目的是确定可能影响企业的潜在事项,并进行管理,为实现企业的目标提供合理的保证。实践证明,内部控制的有效实施有赖于风险管理,战略型财务人员需将企业风险的影响控制在可接受的范围内,以此来促进企业的可持续发展。新兴岗位中财务咨询师的招聘职责要求其为企业规划财务战略、优化核算体系、构建财务系统等提供财务顾问服务,并帮助企业进行业务运营流程和内部控制体系设计。风控经理的职责中,明确提出其应具备的能力有分析用户、商户的支付行为、业务状态,识别风险并设计有效的风险管理措施;跟踪、监控、管理关键数据指标,分析并优化现有控制方案;对新业务、新商户、新支付场景及新支付手段等进行评估,分析识别潜在风险并设计实施风险管理。通过这些岗位的职责要求可以看出,财会人员在大数据时代,应当具备风险管理与战略规划能力。

通过以上分析,我们可知环境变化对我国会计职业提出了新要求,这也是我国会计教育未来培养会计人才的主要目标。基于此,我们相应地构建了我国会计人员能力框架,并在该框架的基础上,进一步梳理出会计类专业或方向所对应的职业方向,以及这些专业或方向所需的专业基础和职业素养,具体见图6-5。

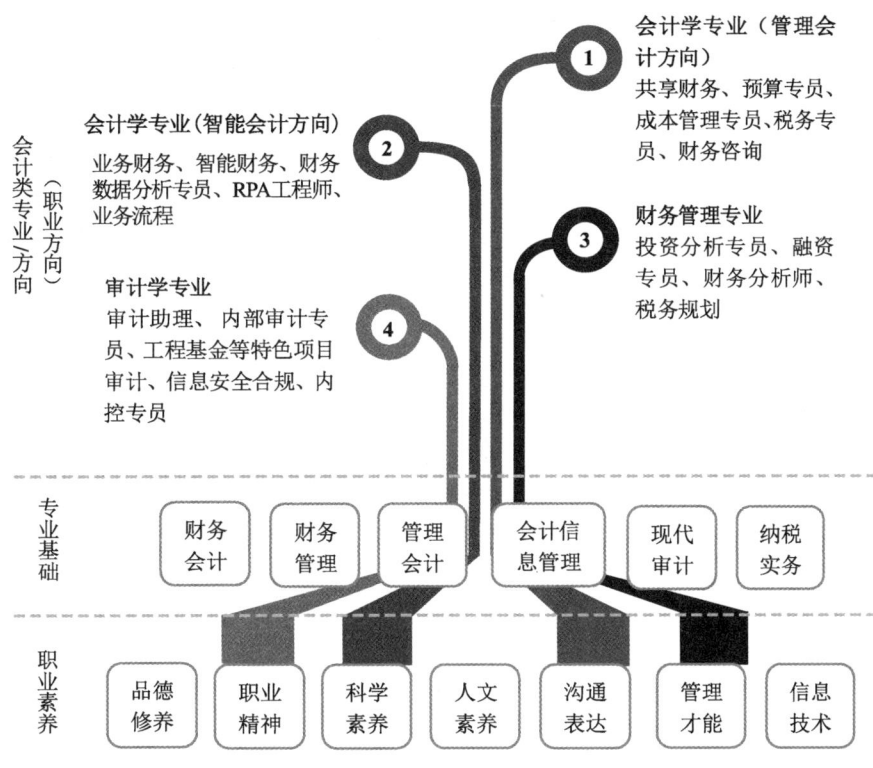

图 6-5　会计类专业/方向与专业基础及职业素养关系图

二、会计本科课程体系重构的基本原则

当前信息时代下,移动互联、云计算、大数据分析、人工智能、区块链等新兴技术的兴起与发展对传统会计行业产生巨大冲击,会计对象没有变,但生态环境发生变化,高校会计专业教育面临挑战。与此同时,教育部发布的"新时代高教四十条"中明确指出改革教学管理制度,推动课堂教学革命。根据"新时代高教四十条"对会计专业建设教学改革的指引,我们认为高校会计本科课程体系重构应综合考虑以下原则(见表6-4)。

表6-4　　　　　　　　　高校会计本科课程体系框架构建原则

序号	原则	说明
1	坚持立德树人,德育为先	把立德树人内化到大学建设和管理各领域、各方面、各环节,坚持以文化人、以德育人,不断提高学生思想水平、政治觉悟、道德品质、文化素养,教育学生明大德、守公德、严私德
2	坚持学生中心,全面发展	以促进学生全面发展为中心,既注重"教得好",更注重"学得好",激发学生学习兴趣和潜能,增强学生的社会责任感、创新精神和实践能力
3	坚持服务需求,成效导向	主动对接经济社会发展需求,优化专业结构,完善课程体系、更新教学内容,改进教学方法,切实提高高校人才培养的目标达成度、社会适应度、条件保障度、质保有效度和结果满意度
4	坚持完善机制,持续改进	以创新人才培养机制为重点,形成招生、培养与就业联动机制。完善专业动态调整机制,健全协同育人机制,优化实践育人机制、强化质量评价保障机制,形成人才培养质量持续改进机制
5	坚持分类指导,特色发展	推动高校分类发展,引导各类高校发挥办学优势,在不同领域各展所长,建设优势特色专业,提高创新型、复合型、应用型人才培养质量,形成全局性改革成果

三、会计本科课程体系重构实施思路

本节将根据上述构建的我国会计人员能力框架以及会计本科课程体系重构的基本原则,进一步设计会计本科课程体系重构的实施思路,为我国高校会计本科课程体系改革提供思路(见图6-6)。总体思路为:面向信息时代国家与社会发展对会计专业人才的需要,重塑教学目标,优化课程设置,编写特色教材,构建实践体系,建设高质量师资队伍,遵循教育规律,提升学生能力,建立具有在各类、各层次大学广泛推广应用价值的会计人才培养体系。

(一)重塑人才培养目标

高校应当培养综合素质高、整体能力强、专业知识扎实、实践体验丰富、具有创新思维的管理型会计人才。其中,综合素质高体现在品德修养好,智力健全,身心健康,有审美和人文素养,乐于实践,崇尚劳动,勇于创新,有坚强意志品质。整体能力强体现在有良好的表达沟通、团队合作、科学思维、信息素养、联系整合、创新创业、实践操作等能力,具有发现问题、分析问题、解决问题的能力,符合社会对专业人才及其相应能力的要求。专业知识扎实体现在能了解把握经济社会发展需求和科学前沿进展,基础理论扎实,基本方法和技能掌握牢固,紧跟专业实务发展变化,理论与实践结合紧密。实践体验丰富体现在四年本科学习过程中,有足够的教学时间在实践中完成,有充分的时间接触社会、了解社会,有组织有计划地深入企业、行业进行研究性和实践性学习,积累一定的社会和专业工作经验。具有创新思维体现在具有系统性思维、批判性思维、逻辑思维、逆向思维、整合性思维、互联网思维等方面(王华等,2019)。

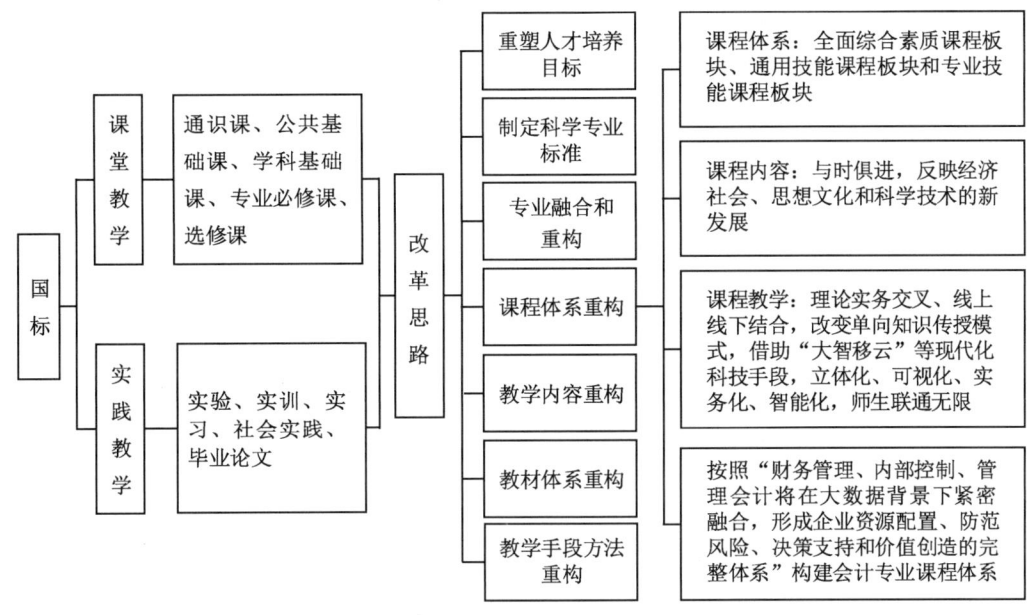

图 6-6 高校会计本科课程体系改革思路图

(二) 制定科学专业标准

2018年1月,教育部发布《普通高等学校本科专业类教学质量国家标准》,其中的《工商管理类教学质量国家标准(会计学专业)》(简称《会计专业标准》)为高等学校会计学人才培养提出了基本要求,成为设置会计学本科专业、指导专业建设、评价专业教学质量的基本依据。然而,该标准尚未完全反映数字经济时代会计教育和会计专业新型态(王华等,2019)[1]。因此,有必要根据数字经济时代对会计人员能力的要求,修订和完善《会计专业标准》,对不同层次、不同目标定位的高校进行分类指导。

我国会计专业教育应以提升综合素质为标准,造就智情健"三高"的会计人才。会计人才培养不能仅讲求专业知识的广度,不可局限于专业课程学习和专业能力培养。现代社会要求人的全面综合素质更高,跨界知识整合能力更强,业务、财务、科技、人文、管理素养融合一体,智商、情商、健商全面发展。我们应跳出会计专业,立足于学生的未来,基于人才的全面发展来设计会计人才培养标准。

(三) 专业融合与重构

根据前文的研究,以及对未来会计职业的判断和会计人员能力框架的构建,我们建议应用型本科院校可以将会计类专业或方向分为会计学专业(智能会计方向)、会计学专业(管理会计方向)、财务管理专业以及审计学专业,这四个专业或方向是在现有专业的基础

---

[1] 王华,刘善敏,张程睿,等.互联网时代会计人员能力框架[R].北京:中国会计学会,2019.

上进一步结合当前的数字经济环境设定，更有利于培养未来会计职业所需的会计能力，具体见图6-7。

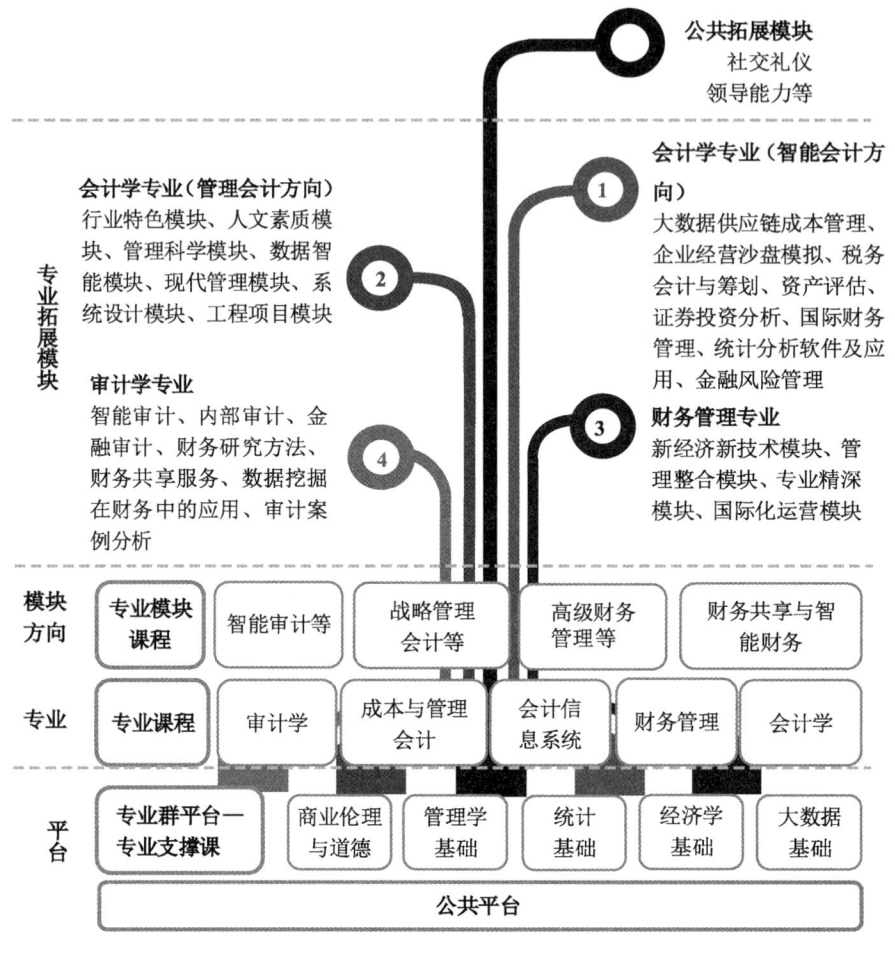

图6-7　会计类专业或方向课程体系结构示意图

第一，会计学专业（智能会计方向）。信息技术的进步为会计专业的发展提供了机会，我们可以利用大数据等新技术为会计服务，将大数据等新技术的优势带入会计工作中，从而为企业提供智能化的决策。所以，高等院校理应培养"智能会计"的复合型人才。第二，会计学专业（管理会计方向）。智能会计的数据积累为进一步决策提供了基础，高等院校要构建一个为管理服务的会计，培养能够通过预算管理、成本管理、绩效管理等专业知识为公司决策提供依据的、具备管理者视角的管理会计人才，而不仅仅是培养一个"账房先生"，如此，"会计学专业（管理会计方向）"便应运而生。第三，财务管理专业。财务管理作为企业管理的基础，企业内部管理的中枢，有必要将财务管理与信息技术有效结合，构建数字经济时代下的财务管理专业。第四，审计学专业。鉴于审计对会计信息质量的影响，以及信息技术对审计质量、审计模式、审计方法的影响,我们把审计作为其中一个重构方向,从而使得学生具有利用大数据及人工智能相关工具分析和解决审计问题的思维能力。具体的重构思路和方案详见附录6。

(四)课程体系重构

会计类专业课程体系的重构要按照"财务管理、内部控制、管理会计将在大数据背景下紧密融合,形成企业资源配置、防范风险、决策支持和价值创造的完整体系"的理念来构建,包括了课程体系、课程内容、课程教材和课程教学的重构。会计学专业融合与重构应该从课程开始,课程体系由不同的学科知识组合而成,按照会计人员能力框架构建三大板块:全面综合素质课程板块、通用技能课程板块和专业技能课程板块。课程内容贴近社会经济发展需求和不断更新的企业发展要求,紧密结合经济环境和商业逻辑,讲深讲透基本原理;与时俱进,反映经济社会、思想文化、科学技术最新发展。课程改革的核心理念是"一切为了学生的发展"。课程改革的主要任务在于更新教与学的观念、转变教与学的方式、重建学校管理与教育评价制度。课程体系设置不能闭门造车,要问计于企业、问计于社会,问计于会计教育消费者、问计于会计教育产品需求侧(王华等,2019)[1]。

(五)教学内容重构

1. 注重管理型会计

互联网与信息技术的发展尽管对传统的财务会计人才提出了挑战,却将极大地促进对管理型会计的需求。标准化的会计业务处理面临被智能化机器取代的挑战,有价值的职业判断、专业分析、促进组织价值提升的会计才能在新时代立足。因此,管理型会计将是数字经济时代下的会计职业重点发展方向,高校会计教育应注重转向对管理型会计人才的培养。

2. 加快会计专业的重构与融合

新时代下,以素质塑造和能力培养取代知识传授为基础来进行会计教育理念重构;基于数字经济时代对会计人员能力的要求来进行会计人员能力框架重构及相应的知识体系重构。时代变化,要求会计更要综合参与到企业管理决策与价值创造中,会计岗位综合性要求越来越高,多岗位融合普遍存在。这要求会计专业应是多学科融合而成,而且融入会计专业的学科是动态的,它因专业培养目标变化而变化,符合时代发展对人才培养的要求。

3. 交叉融合,深度重构

所谓"交叉融合",就是以会计学为核心,融合应用计算机、信息管理等相关学科的先进工具方法,提升学生综合决策支持能力;所谓"深度重构",就是以"大数据"相关理念为基础、结合信息科学技术方法和手段,重构和改造会计学相关课程教学体系(王华等,2019)。

4. 实验教学,培养学生综合运用知识能力

信息技术的发展,为在会计专业课程中全面推进实验和实践教学提供了技术上的可

---

[1] 王华,刘善敏,张程睿,等.互联网时代会计人员能力框架[R].北京:中国会计学会,2019.

能。因此,会计专业的课堂教学应当向两个方向发展。一个方向是基本原理的教学和应用,通过强化基本原理的学习,让学生掌握会计专业课程发展的基本脉络,理清各个知识点之间的关联,从而对会计专业的知识体系有着更为全面的认识。另一个方向是案例教学,这里的案例教学不是以掌握知识为目标,而是以知识运用为导向。在提炼实际案例关键要素的基础上,教师通过积极引导学生从多方面思考和分析案例的特征,有助于增强学生综合运用知识的能力;而建立和完善课程相关的案例教学库,将成为会计专业教师未来的教学工作重要内容。实现上述的课堂教学效果,不仅需要对现有的教学内容进行梳理,确定课堂讲解的原理性内容,还需要强化课后练习的扩展性内容,后者也可以通过实验教学进行考查。与现有的知识性考查目的不同,实验教学的目的究竟是考查学生掌握实验环节的能力,还是考查学生创新思维的能力,目前还有待明确。这种考查目标的不明确,也会在一定程度上制约实验教学的效果,影响教师和学生参与实验教学的积极性。

(六) 教材体系重构

通过第四章对会计教育改革的调查数据分析,我们认为教材体系应随着会计教育课程体系的改变而做出相应的改变。以往会计专业的教材注重会计理论知识的传授,以教会学生做账为重点,鲜少有与大数据、人工智能等新技术结合的教学内容。即使有数据分析等课程,教材所传授更多是如何运用该工具,而与会计结合的内容较少。可见,现有的教材体系已经不适应日新月异的技术在教育领域的渗透和数字经济时代学习者需求的变化,我们需要重新审视以往的教材体系,以确保数字经济时代教学质量。具体而言,我们应对传统的会计教材体系进行如下整合与重构。

1. 建设移动交互式教材

信息技术的发展给教育带来了一定的改变,呈现出八个结构性特征,即教材多媒化、资源全球化、教学个性化、学习自主化、任务合作化、环节虚拟化、管理自动化和系统开放化。其中,教材多媒化就是利用多媒体,特别是超媒体技术,使教学内容的表现变得结构化、动态化和形象化(程淮中,2019)[1]。因此,建设移动交互式教材是会计教育未来发展的必然趋势。

移动交互式教材的特征主要表现在:(1)移动交互式教材一般以平板电脑等智能终端为载体。平板电脑强大的多媒体呈现了人机交互功能,使移动交互式教材在教学内容的呈现方式上有着纸质课本无法比拟的优势,可以实现教学内容的多媒体呈现、多种形式的人机交互、多个教学内容的关联。(2)富媒体性。移动交互式教材不是传统教材的数字化翻版,而是突破纸质教材只有静态文字或图片的限制,充分发挥信息技术多样化的呈现手段,采取文字、图片、音视频、动画、虚拟现实相结合的方式,多维度、多层次地动态呈现学习内容,加强学习内容的表现力和感染力。(3)交互性。交互性是移动交互式教材最突出的特

---

[1] 程淮中."互联网+"背景下高职会计教育改革研究[R].北京:中国会计学会,2019.

征,是指利用信息技术将移动交互式教材的某些知识用人机互动的形式予以呈现,增强学生的主动性和参与性。移动交互式教材给用户带来了全新的操作体验,用户的手指在屏幕上跳跃、滑动,便完成了对电脑的操作。平板电脑还可以通过声音输入或者视频输入实现人机交互。因此,移动交互式教材应该充分设计交互功能,让学生通过交互更好地体验相关内容,更好地掌握相关知识和技能。(4)关联性。传统课本的知识和信息基本是按线性结构来排列的,而移动交互式教材可以全面实现教学内容和素材的超链接,因此,各个教学内容都可以通过设计学习目标、过程、评价及资源等链接,按照网状结构组织学习内容。这种教材形式有利于活跃学生的思维,便于学生自主选择,进行个性化的学习,适合目前倡导的 MOOC、微课、翻转课堂等教学。将传统以"教学为中心"的教学模式转变成以"学习者为中心"的学习模式,从真正意义上实现师生互动,实现以学生为中心的教学理念。鼓励教师开发新型活页式教材和工作手册式教材,让教材真正"动"起来。

2. 注重理论与新技术应用和实践的结合

目前,会计类专业面临着有史以来最大的一次变革。从理论层面看,会计从工业革命时代走向成熟,形成平衡记分卡、战略成本管理等成熟的工具,从工业时代到数字经济时代,会计创新空间将很大,如从复式记账法到多式记账法,再到区块链驱动的分布式记账法;从应用层面看,会计本身是业务应用学科,要应用到企业场景中,未来的财务将不再仅仅是后端的智能部门,而是一个与技术、业务紧密融合的职业。传统会计转向业财融合、智能财务、机器人流程自动化(RPA)、对话式 UI。智能决策将是未来人工智能在会计应用的三个层次。未来的财务工作方式、能力、带来的企业价值与传统财务有天壤之别。因此,在会计教育改革中注重理论与新技术应用和实践的结合,可先从教材入手,将人工智能(AI)等新技术深入融合到教材中,具体可体现为推动开发一些关于 AI 与会计、财务、投资、银行的相关内容和案例,并引进教材中,从长期考虑可以建设和编写《AI 会计》《AI 审计》《AI 财务分析》《AI 财务管理》《AI 投资》《AI 银行》等教材(吴世农,2020)。

具体来说,一方面,会计专业教材应把握人工智能等新科技发展的机遇,交叉融合会计与人工智能、大数据等新技术,让这些新技术促进教材立体化发展,方便老师教学的同时更有利于学生自主学习,培养学生的数据分析能力、应用工具解决会计问题的能力以及系统性的思维。另一方面,我国的会计教学与我国的会计实践严重脱节,根本原因就出在教材上(葛长银,2016)。所以在教材体系的构建上,要重视会计的理论和实践相结合,注重将理论运用在实践中。在编写中可以参考葛长银教授的《企业财税会计》,基于中国实践、中国企业实务和中国会计准则编写教材,实事求是地把一线财务人员的工作"移植"到教材中来,兼顾教学与培训需求。

3. 拓宽教材体系的专业口径

由于会计业态的新变化,以及社会对会计专业学生的能力要求,学校必须调整课程体系,重构教材体系,实现"跨界"培养。教材体系应对学生的品质、思维方式、考虑问题的格局、知识面(博学)等都产生一定的引导作用。对会计专业的教材来说,除了财务会计的教材,还应把职业道德等内容充实于教材中,加强诚实守信等职业价值观方面的学习与教育,更重要的是融合其他行业的专业知识,融入数据处理现代信息技术、战略管理、投资金融、商业模式、国际法等方面的内容,体现多学科思维融合。

4. 构建产学研结合的教材体系

大数据、人工智能等新技术使会计信息化系统更加复杂,与业务系统集成度越来越高;使会计信息更加及时、准确、可靠,满足企业内部管理的需求;使会计控制流程化,流程信息化;使会计人员从繁琐的日常核算工作中解放出来,向管理型、风险控制型转化。在会计的教学中,产学研要结合未来会计教育的发展方向,而教材作为知识的载体、老师传授知识的媒介,也必然要探索出一种产学研结合的编写模式。(1)在产学研的教学模式下,教材中要注重提供通用的以及针对会计专业的学习和研究的方法、技巧,提供良好的自学和创新的方法。(2)要重视"本土"教材建设,把国际化和本土化相结合,更加突出本土化,多选取最新的具有中国特色的相关典型案例,精简国外会计理论案例,培养学生用中国的会计理论解释会计现象、解决会计问题、指导会计实践的思维模式,始终保持文化自信。(3)教材中要梳理会计专业的脉络,指明会计专业的发展方向和研究前沿,让学生可以在学习中凭借会计专业的相关研究寻找和搜索资料,提高学生的研究思维水平,培养创造性思维能力。

(七)教学手段方法重构

2018年9月,教育部印发《关于加快建设高水平本科教育全面提高人才培养能力的意见》(简称《意见》)将本科教育归纳为"新时代高教四十条"。其中,关于"推进现代信息技术与教育教学深度融合"指出:重塑教育教学形态、大力推进慕课和虚拟仿真实验建设、共享优质教育资源。"重塑教育教学形态"提出了教学方法改革的新方向:加快形成多元协同、内容丰富、应用广泛、服务及时的高等教育云服务体系,打造适应学生自主学习、自主管理、自主服务需求的智慧课堂、智慧实验室、智慧校园;大力推动互联网、大数据、人工智能、虚拟现实等现代技术在教学和管理中的应用,探索实施网络化、数字化、智能化、个性化的教育,推动形成"互联网+高等教育"新形态,以现代信息技术推动高等教育质量提升的"变轨超车"。

在上述《意见》的指导下,会计专业教学方法要结合会计专业的特点,进一步进行创新与改革。要实现产学研一体化,产学合作,产教融合,企业需要什么样的人才,高校要培养什么样的人才,解决高校教学与企业用人供需不匹配的问题。在具体的教学过程中,紧跟在线教育、混合式学习、开放学习、慕课等发展趋势,利用技术改变会计教学方式,使得技术对教育产生有利影响,尤其是在受新冠肺炎疫情影响无法正常上课的情况下,新兴技术为"停课不停教、不停学"提供了有力的支撑。所以,会计教学应采用网上教学资源与教材相匹配、线上教学与线下课堂相结合等方式,实现学校教学资源与企业实践资源紧密对接,智能化教学软件与高科技硬件相组合,实时再现以学习目的而设计的教学环节和场景,提供培养会计人才的必要条件,逐步构建三位一体的教学方法——讲授教学+案例教学+项目研发。

1. 翻转课堂教学模式

翻转课堂教学模式是指充分利用教学资源,包括课件、案例、微课、慕课、案例视频等,强化学生课前预习、课中讨论、课后复习的过程学习。改变传统以教师为主的模式,探索以学生为主体的课堂教学新模式,激发学生主动学习,重新构建学习流程。调整课堂时间,将大部分时间交由学生支配,教师的角色转变为知识的引导,使知识的内化过程在交流与讨论中完成,从而形成翻转课堂。

2. 过程教学法

过程教学法的教学重点放在学生的问题分析过程上,强调在学生问题分析过程中帮助他们发现、分析和解决问题,充分培养学生的思维能力与沟通能力。教师通过多样化的教学活动,侧重在问题的解决过程上指导分析,包括准备工作、分析、讨论和修改等各个环节,教师的指导贯穿于整个过程。

3. 案例教学法

根据管理会计教学目的及实践要求,把实际中真实的情景加以典型化处理,模拟成供学生思考分析和判断的案例。通过案例分析和研究,学生自己提出问题,并自己找出解决问题的途径和手段,从而培养学生独立分析和处理问题的能力。同时加强信息技术与案例教学的整合,利用现代化教育技术和网络技术进行案例教学活动,有效调动学生学习的自主性和积极性,推进研究性学习。

4. 体验式教学法

互联网技术的日渐完善,使学生享受个性化、差异化的教育体验成为现实。利用互联网企业搭建第三方平台,高校之间、校企之间可以实现联盟培养与资料共享,学生可以利用多种终端随时随地进行访问;应用即时通讯工具、虚拟社交网络,辅助传统课堂教学和线上网络课程的课后答疑和交流互动环节,有助于加强师生之间的沟通,以培养学生的业财融合能力、实际问题的解决能力、企业具体业务的分析与决策能力等。

四、会计本科课程体系重构的建议

目前,中国数字经济发展已进入快车道,"大智移云区"等科技为背景的新时代正在改变财务工作环境,日益挑战传统高等教育模式,加快我国会计教育改革势在必行。未来的会计教育,要拥抱大数据、人工智能等新技术带来的变化,要预测未来对会计人才的需求趋势,认清当下我国会计教育中存在的不足并及时进行自我革命,创新人才培养模式,优化人才培养方案,打造一批会计"金课",提升教师综合能力,加强教材建设,创新教学方式方法,努力提高会计专业人才培养质量。因此,我们分别从会计教育的培养目标、课程体系、师资队伍、教材体系、教学方式五个维度提出相关建议,以保证我国会计本科课程体系重构的顺利进行和有效实施,具体如下:

(一)尽快转变高校会计人才培养目标理念

从高校对会计人才的培养目标来看,大学教育在理念上已经试图适应新的经济与技术环境对会计人才的要求,但具体的人才培养方面仍存在一些问题,无法适应智能时代的挑战,比如学科知识结构过于单一,培养知识面过窄等。为了使得我们上述构建的会计教育课程体系得以有效实施,我们认为高校首先要从三个方面转变会计人才的培养目标理念。

1. 加强职业价值观与诚信教育

对会计专业的学生来说,培养"德才兼备"的会计学生一直是高校会计教育的重要目标,在信息泛滥、信息传播及其影响大大增强的数字经济时代下更是如此。会计人员需要运用自己的会计职业道德去甄别、生产和披露信息。除了遵纪守法、爱岗敬业、职业规范等职业道德教育,高校还应加强会计人员诚实守信等职业价值观方面的教育。而大学专业学习阶段是形成本职业价值观的最佳时期,所以应在大学期间开设会计职业道德(可突出职业价值观和诚信方面)的课程,将道德的要求渗透奖学金评定等学生考评环节,塑造大学生的职业价值观(王华等,2019)[1]。

2. 加强通用能力培养

通常大学教育对学生通用能力培养主要以社团活动、专业竞赛、社会实践、企业实习以及专业课程学习为主,但这种模式一方面会受到学生自身活动参与度的影响,另一方面这种碎片化的培养过于零散,且不系统、不具备针对性,导致会计人才的培养与市场需求存在一定的脱节。事实上,在人才培养中可以根据高校所在区域的发展模式、文化习俗以及人才、资本、信息、技术等要素来着重培养学生的某些能力,如互联网与信息技术、沟通与领导力、文字表达能力和写作能力等,并据此开设相关课程,切实开展会计后备军通用能力的培养。

3. 以培养复合型人才为导向

当前企业已进入数据运营时代,会计的职责不再仅是财务核算,而分为核算会计、经营会计、战略会计三类。其中,核算会计即"算账",需要会计人员面向外部投资者,遵从规则进行;经营会计即"算赢",需要会计人员面向经营组织,关注资源配置解决生存底线问题;战略会计即"算命",需要会计人员面向企业管理层,应对未来不确定性解决企业发展极限问题(陈沛,2020)[2]。随着战略会计逐渐增多,企业对传统会计人才的需求将会越来越少,而企业是高校会计专业人才的主要输入地,所以高校应当以培养能够适应会计财务和智能化发展趋势的更高层次的复合型人才为导向,将会计本科人才培养进一步从"1+X"和"X+1"模式转向"1*X"和"X*1"模式,把培养特色化、差异化会计人才作为新的培养模式。

(二)加快推进课程体系改革

课程是连接学科与专业的桥梁,要以新形势、新时代对会计人员的能力要求为导向,依

---

[1] 王华,刘善敏,张程睿,等.互联网时代会计人员能力框架[R].北京:中国会计学会,2019.
[2] 陈沛.智能时代会计学专业发展高端对话[EB/OL].(2020-07-26)[2020-08-15].2020. https://mp.weixin.qq.com/s/FhVGv2JUew-XozIQAizX8A.

据前文构建的我国会计人员能力框架加快推进会计教育课程体系改革。

1. 重视基础课程体系建设

美国的 STEAM 教育是基于问题学习、项目式学习、工程设计等方式将科学、技术、工程、艺术、数学进行融合的教育形式。而在数字经济时代,理应把握互联网等技术给教育带来的新机遇,要基于"e-ESTEAM"理念构建与完善会计专业基础课程体系:e-基于互联网、E-伦理、S-科学、T-技术、E-工程、A-艺术、M-数学(王华等,2019)[1]。同时,要注意基础课和专业课的结构问题,保证基础课和专业课的紧密衔接。可以开设大数据基础、商业伦理与职业道德、会计信息系统、经济学、统计学等基础课程,将互联网思维融入这些基础课程之中,在整合学科的同时,注重专业课和基础课的比重调节,将基础课程的学习作为专业课学习的知识支撑,从而培养学生的跨学科思维,以及适应数字经济时代的职业道德与通用能力。

2. 加快重构会计类专业课程体系

在数字经济时代下,财务管理、内部控制、管理会计等必然会更加紧密的融合,会计教育应当加快促进会计类专业的融合与重构,要实现以学生为中心,提倡因材施教、有教无类,增加与会计专业培养目标相适应的相关课程,优化学生知识结构。第一,在深化会计专业知识的同时,将 AI、大数据、人工机器人等内容纳入课程体系,注重学生数据能力和 IT 新技术的培养,增加、优化或重构智能化会计、审计、管理会计、财务管理,以及税务会计等课程。第二,要重视包括经济学和公司经营在内的整体商学知识,可构建独特的人才培养课程模块,建立和完善以公司战略与经营为引导、会计专业知识为核心、管理信息系统为支撑的课程体系。第三,构建完善的实践教学体系,保证实践课程之间的科学衔接,通过产教融合、校校合作、校企合作,共同开展实习实训工作,为会计人才培养提供真实的职场环境和育人保障。

(三)加强师资队伍建设

科技正在改变教育的形态、教育存在的方式以及教育的生态。教育形态由"普通教室+PPT+教师的嘴"向"智慧教室+高速网络+AR+线上线下结合+教师的脑"改变;教育存在方式由"校园"向"校园+社会+网络"改变;教育生态从单纯的"学校"向"学校、社会、企业、行业、政府、教育投资个体相互依存"改变。由此,对会计专业教师能力的要求也进一步提高,教师要紧跟时代潮流,把握时代发展趋势进行跨界与转型,要高度重视智能化技术发展和变革对会计、财务专业影响,主动学习改变知识结构,学习 AI 方面的知识(吴世农,2020),实现跨界教学融合,将人工智能和现有课程有效结合,主动迎接智能化技术的挑战。为了促进师资队伍能够适应当前的教育环境,我们建议在智能时代,可以从三个方面加强师资队伍建设。

1. 改变教师的教育观念及角色定位

(1)从教育观念来看,教师要改变原来"一支粉笔一张嘴"的旧方法,树立现代教育观

---

[1] 王华,刘善敏,张程睿,等.互联网时代会计人员能力框架[R].北京:中国会计学会,2019.

念,从根本上拥抱教育形态、教育存在的方式及教育生态的转变。(2)长期以来,教师一直占据着教学的主体地位,这种"一言堂""满堂灌"的教学模式已显出不足,因而,教师必须要转变自身扮演的"角色"。教师要把学生看成教学活动的主体,要创设多种教学形式,调动学生探求知识的积极性和主动性,要利用多种教学手段及设备,让学生更多地参与到教学活动中来(张多蕾,2019)。

2. 平衡教师队伍结构

目前随着招生规模的扩张,以及高等教育内涵发展的需求,对师资队伍的要求越来越高,青年教师占比普遍较低,有些学校由于地域等条件限制导致师资引进缓慢,师资结构不平衡的问题逐渐显现,一定程度上影响了教育教学质量的持续提升。所以,平衡教师队伍结构是当前高校亟需解决的问题。(1)要大力引进高水平全职教师,补充短缺领域的师资,提高青年教师占比,添加发展后劲。(2)培养本校优秀师资,可每年在本校选拔并资助一定数量的优秀师资"苗子"进行读博或出国深造,培养其成为学校的会计学科的骨干师资,缓解教师队伍结构不平衡的问题。(3)完善青年教师的考核激励机制,青年教师的兴趣和着力点主要在取得科研成果,对教学的投入偏少,所以应当完善青年教师的考核激励机制,引导青年教师将更多的精力投入到教学中来,帮助青年教师平衡发展科研与教学能力。

3. 教师要适应新技术的发展要求

会计教师除了专业能力、表达能力、教学组织能力,还必须掌握互联网技术,学会利用互联网为教学服务。例如,利用新媒体的一些功能学习可以提高学生的参与程度,提高学生对会计专业的兴趣(Stone 等,2014)。再如,企业情境模拟教学通过软件或案例模拟企业的实际工作,可以帮助学生理解实际的经济活动,尤其是在企业模拟的软件中,可以根据学生的操作进行人机交互,帮助他们在非固定情境下提高对企业问题的理解和认识(Riley等,2013)。所以,数字经济时代下,高等会计专业教师不但要转变教学理念,还必须积极适应新技术的发展。我们认为可以对现有教师进行轮训,将现代教学理念、基于互联网的现代教学手段作为培训重点;建立教师进修制度,让青年教师到实务界挂职,并建立考核制度,防止走过场(刘永泽,2018)[1]。

(四)加速推动教材建设

数字经济时代,会计对象的特点与会计工作内容均发生变化,企业对会计岗位设置、职能定位等方面都会有重大变革性调整,会计人才新需求正在发生颠覆性的变革。而目前的会计教材体系还是以传统的会计教学方式为基础,不论是教材的知识内容还是结构均与会计人才的培养目标相脱离,显然已经不符合数字经济时代企业用人的需求。所以,在会计课程体系重构的同时,务必加速推动会计教材的建设。

1. 实现职业化教材转型

教材作为知识的载体、老师传授知识的媒介,既要适应学生"乐学",又要适应教师"乐

---

[1] 刘永泽,胡仁昱,郭永清,等.互联网对会计教育的冲击[R].北京:中国会计学会,2018.

教"。在"互联网+"背景下,建设传统纸质教材与新媒体融合的富媒体智能型教材、移动互联教材、云教材等,实现教学内容的多媒体呈现、多种形式的人机交互、多个教学内容的关联。使教学内容的表现变得结构化、动态化和形象化。这种教材的呈现有利于活跃学生的思维,便于学生自主选择,进行个性化的学习,适合目前倡导的 MOOC、微课、翻转课堂等教学,且它将传统以"教学为中心"的教学模式转变成以"学习者为中心"的学习模式,从真正意义上实现师生互动,实现以学生为中心的教学理念。同时,要鼓励教师开发新型活页式教材和工作手册式教材,让教材真正"动"起来(程淮中,2019)[1]。

2. 健全教材监管和评价机制

教材历来是高等学校指引教学的风向标,会计专业教材质量评价也是会计教育评价在会计专业教材方面的具体化和行为化。面对目前教材市场比较混乱的状况,为避免低水平教材进入会计教育课堂,首先各高校教学部门要加快形成一支高素质、专业化教材工作队伍,牢固树立精品意识,提高与大数据会计人才相适应的实验类教材、教学案例和习题集等的编写质量;其次要从内容质量、特色及创新和编印质量三个方面制定一套科学、合理、适用的教材评价体系,建立师生评价制度;最后是教育行政主管部门和学校要共同担当对教材的监管职责,使得教材能够经得起历史和实践的检验。

(五)创新教学方法

会计的授课方式较为落后、教学方法较为单一,缺乏教师与学生之间的互动,一定程度上制约了会计教育的发展,创新会计教学方法无疑成为改革会计教育的重要一环。而在当前以互联网为依托的一系列新技术出现的背景下,我们亟需重构教学方法以适应新的环境,在硬件上做好技术上的保证,进行会计教学一体化改革,将课堂真正"还给"学生(张多蕾等,2019)。

会计教学一体化改革不是单项的改革,而是综合改革。一体化是指:第一,线上与线下一体化,即线上线下的教学模式,线上学习知识点,线下应用知识,不仅注重学生对知识点的理解,同时注重分析和解决问题的能力。第二,理论教学与实践教学一体化,即将理论与实际联系起来,在教学中引入相关案例,创设具体的问题情境,让学生对案例进行分析,引导学生从多方面思考和解决问题。第三,课堂教学与其他教学环节一体化,即以课堂教学为中心,将实验教学、作业、考试、论文写作、课后教学活动、社会调查等和教学管理等教学环节有机结合在一起,全方面培养学生的团队协作意识、组织能力和语言表达能力等(张多蕾等,2019)。

高校要逐步实现产学研一体化,产学合作,产教融合,与时俱进更新授课方式,提升教学效率。比如,目前浪潮联合百余家知名高校共推浪潮产业学院,通过共建财务共享、数据商业智能实验室,充分发挥浪潮云 ERP 服务企业信息化 30 余年的经验,为高校培养跨界、复合型人才提供场景。会计教育要携手信息技术赋予教育崭新的内容、全新的观念和科学

---

[1] 程淮中."互联网+"背景下高职会计教育改革研究[R].北京:中国会计学会,2019.

的方法,重塑一个开放、共建、共享的教育生态系统,这是未来教育的重要形态和发展趋势,更是"互联网+教育"时代学习方式和会计人才培养模式的重大创新与变革。

五、本章小结

本章首先构建了数字经济时代下的会计人员能力框架,其次提出了以"新时代高教四十条"为主要指引的会计课程体系重构基本原则,最后提出了会计本科课程体系重构的实施思路及相关建议,较为完整地为我国会计教育课程体系的重构提供了参考。

重构会计本科课程体系需要以会计人员能力框架为导向。因此,我们首先在总结环境变迁对未来会计职业提出的新要求,即职业道德、国际视野、职业判断与管理会计以及数字能力四个方面的基础上,借鉴国外成熟的会计人员能力框架,结合我国会计职业以及人才发展的趋势,构建出能够适应目前会计教育发展的会计人员能力框架,包括职业道德、通用能力和专业能力三个方面,每个能力下又细分具体的子能力,重点突出对数据的处理能力。

会计本科课程体系的重构需要以原则作为指导,我们根据"新时代高教四十条"对会计专业建设教学改革指引和信息环境背景,制定了五条基本原则,具体包括:坚持立德树人,德育为先;坚持学生中心,全面发展;坚持服务需求,成效导向;坚持完善机制,持续改进;坚持分类指导,特色发展。

在重构的实施思路中,我们从培养目标、专业标准、专业融合和重构、课程体系、教学内容、教材体系以及教学方法七个方面进行了具体的阐述。其中,培养目标是在对未来数字环境的基础上进一步总结,以塑造综合高素质的会计人才为专业标准,专业融合和重构中,我们顺应当前的数字经济时代提出会计学专业(管理会计方向)、会计学专业(智能会计方向)、审计学和财务管理四个会计专业/方向,并对四个专业/方向的课程体系结构作了简要说明。此外,在具体的课程体系重构中,我们融入能力框架的内容,即职业道德、通用能力和专业能力三个方面。在教学内容方面,我们认为要注重管理型会计,加快会计专业的重构与融合,注重实验教学等。相应的,教材体系也应根据课程体系和教学内容的变化作出改变,教材体系要重点建设移动交互式教材、注重理论与新技术应用和实践的结合、拓宽教材体系的专业口径、构建产学研结合的教材体系。而教学方法要充分利用互联网等技术,采用翻转课堂教学模式、过程教学法、案例教学法、体验式教学法等方法进行授课,增加与学生之间的互动。

最后,针对我们构建的会计本科课程体系重构实施思路,我们分别从会计人才培养目标、课程体系、师资队伍、教材建设以及教学方法五个方面提出了相应建议。其中,我们认为高校会计人才的培养目标的转变要从三个方面着手,即加强职业道德中的职业价值观与诚信教育、加强通用能力培养,要以培养复合型人才为导向。课程体系重构要重视基础课程体系建设、加快重构会计类专业课程体系,增加数据管理或分析、智能化时代技术等相关课程,让新技术来赋能会计学科的发展。师资队伍的建设可以从转变教师的教育观念及角色定位、平衡教师队伍结构和适应新技术的发展要求三个方面着手,鼓励教师转型与跨界。教材建设不仅要实现职业化教材转型,还要健全教材监管和评价机制。教学方法要加快会计教学一体化改革,要逐步实现产学研一体化,产学合作,产教融合,与时俱进更新授课方式,提升教学效率。

此外,为了更好的展示本蓝皮书构建的会计本科课程体系重构思路,我们在附录6中列示了会计学专业(管理会计方向)、会计学专业(智能会计方向)、财务管理专业和审计学专业的课程体系重构方案,以期为高校(主要是应用型本科人才培养高校)重构会计本科课程体系提供一定的参考和借鉴。

结 束 语

随着人类社会的快速发展,我国教育体系日趋完善,大学教育作为我国社会的重要组成部分,其教育目标和效果受到社会各界的广泛关注和重视。本科教育作为高素质专业人才培养的最大载体,是一个人的世界观、人生观、价值观形成的关键阶段,是提高高等教育质量最重要的基础。因此,我们必须要结合新时代发展的趋势,不断地审视大学本科教育的目标和结果,为实现中华民族伟大复兴奠定坚实基础。

会计不仅是社会经济发展中重要的经济信息系统,在经济全球化发展的过程中也扮演着非常重要的角色。回顾中国的会计历史发展过程,科学技术对会计发展的影响是巨大的,几乎成为了"第一会计环境因素"。随着我国市场经济的深入发展和信息技术的快速进步,区块链、人工智能、大数据等新兴科技在会计、审计、税务等行业广泛运用,给会计本科教育带来了极大的挑战。

技术的发展与会计职能转变的需求正在迫切地呼唤着会计本科教育的变革。会计本科教育必须主动适应国家战略发展新需求和新兴科技发展趋势,牢牢抓住全面提高会计人才培养能力这个核心点,以"回归常识、回归本分、回归初心、回归梦想"为基本遵循,建设高水平会计本科教育,形成高水平会计人才培养体系,奋力开创会计本科教育新局面。

本蓝皮书通过收集、整理一千多所本科院校的相关数据,在充分梳理我国高校会计教育及专业改革的现状与思路的基础上,全面分析了当前新时代新技术宏观环境以及相关政策下会计教育面临的巨大挑战,结合高校和实务界的调研数据详细阐述了会计教育行业改革的必要性和紧迫性,从培养目标、培养方案以及课程设置等方面借鉴了走在会计教育改革前列的高校典型案例,最终以会计职业培养目标为基础构建了我国会计人员的能力框架,提出了以"新时代高教四十条"为主要指引的会计课程体系重构的基本原则,完成了我国会计本科教育体系重构的探索,并以会计学专业(管理会计方向)、会计学专业(智能会计方向)、财务管理专业、审计学专业的课程体系重构方案作为附录,详细地介绍了会计本科课程体系的重构过程,并据此提出了为保证课程体系重构的顺利进行和有效实施的改革建议。

随着社会各界对会计人才提出的要求越来越高,会计本科教育改革的进程势必会大大加快。协同育人机制,教师队伍协同机制、资源共享机制以及管理协同机制将全面形成。会计本科教育改革水平的进一步提升,需要从国家层面和高校自身层面共同努力。

从国家层面来讲,首先,应当积极推进会计课程改革示范点,为其他高校会计教育改革提供一定的经验,取长补短,结合各高校自身发展情况合理推进会计教育改革。其次,应当适度减少刚性专业课程设置,由各高校根据各自的专业人才培养目标,设立不同方向的专业课程,形成各高校不同的学科优势。第三,利用数字经济时代新技术对我国会计教育改革进行实时监控与指导,根据国家战略和市场人才需求,对高校会计课程体系进行不断改革,查漏补缺,与时俱进。

从高校自身层面来讲,首先,应当加快改革高校现有的会计人才培养目标理念和模式。要强调对高校所在地发展模式、创新实践、规则制度、文化习俗以及人才、资本、信息、技术等要素的嵌入,同时要密切关注人工智能背景下会计人才需求变化的新动态,结合新时代对会计人才的多样化需求,积极推动复合型、战略型、管理型高层次会计人才的培养,推进学科融合,将会计本科人才培养进一步从"1+X"和"X+1"模式转向"1*X"和"X*1"模式。其次,完善课程体系。各高校要加快创新和重构会计学相关课程教学体系,将人工智能、大数据、机器人等内容纳入课程体系,实现基础课和专业课结构的平衡,理论课与实践课的平衡,不断推进与政府、行业、兄弟院校之间新型合作模式。第三,加强师资队伍建设。一方面要转变现有会计教师的教育观念、改变角色定位、鼓励转型与跨界,另一方面要大力引进实务界以及具有大数据、人工智能教育背景的高水平全职或兼职教师,全面提升高校会计教师的综合素质和能力。第四,加速推动新时代教材建设。适时修订专业教材,实现职业化教材转型,组织专门的团队编写与数字经济时代会计人才培养目标相一致的优质教材,并引导教师编写实验类教材、教学案例和习题集,同时健全教材监管和评价机制。第五,改革教学内容和模式。加快会计教学一体化改革,逐步实现产学研一体化,产学合作,产教融合,与时俱进更新授课方式,提高教学效率,提升学生培养质量。

高校作为输出高级财会专业人员的主要场所,在会计教育改革上承担着任重道远的责任。各高校应当根据国家总体宏观政策,结合各地实际发展情况,制订适宜自身成长的教改方案,加快高校会计教育改革进程,有效提高会计本科教育改革质量,提升高校自身会计教育的权威性与契合性。

本蓝皮书旨在为我国会计本科教育未来的改革与发展探明方向,为建设高水平会计本科教育提供一定的借鉴和指引,转变高校传统核算型会计人才的培养观念,帮助其制订适应新时代发展的应用型本科会计人才培养方案,有效助力会计本科教育的高质量变革,保持时代先进性,实现为市场持续输送复合型、战略型、管理型高级会计人才的目标,为保障落实统筹推进"五位一体"总体布局和协调推进"四个全面"战略布局,建成社会主义现代化强国,实现中华民族伟大复兴的中国梦,提供强有力的智力支持。

主要参考文献

[1] APOSTOLOU B, DORMINEY J W, HASSELL J M, et al. Accounting Education Literature Review (2015)[J]. Journal of Accounting Education, 2016(35): 20-55.

[2] BASU S. How can accounting researchers become more innovative?[J]. Accounting Horizons, 2012, 26(4): 851-870.

[3] BEAUDRY P, CAGLAYAN M, SCHIANTARELLI F. Monetary Instability, the Predictability of Prices, and the Allocation of Investment: An Empirical Investigation Using U.K. Panel Data[J]. The American Economic Review, 2001, 91(3): 648-662.

[4] DUFF A, HANCOCK P, MARRIOTT N. The role and impact of professional accountancy associations on accounting education research: An international study[J]. The British Accounting Review, 2019 (52): 1-14.

[5] FIDRMUC J P, JACOB M. Culture, Agency Costs, and Dividends[J]. Journal of Comparative Economics, 2010, 38(3): 321-339.

[6] GERTLER M, GILCHRIRIST S. Monetary Policy, Business Cycles, and the Behavior of Small Manufacturing Firms[J]. Quarterly Journal of Economics, 1994(109): 309-340.

[7] GRAY S J. Towards a Theory of Cultural Influence on the Development of Accounting Systems Internationally[J]. Abacus, 1988, 24(1): 115.

[8] HUMPHREY R L, BEARD D F. Faculty perceptions of online homework software in accounting education[J]. Journal of Accounting Education, 2014, 32(3): 238-258.

[9] The Institute of Chartered Accountants in England and Wales. Blockchain and the future of accountancy [R/OL].(2018-09-18)[2020-08-15]. https://www.icaew.com/technical/technology/blockchain/blockchain-articles/blockchain-and-the-accounting-perspective.

[10] KAPLAN R S. Accounting Scholarship that Advances Professional Knowledge[J]. The Accounting Review, 2011, 86(2): 367-383.

[11] KORAJCZYK R A, LEVY A. Capital Structure Choice: Macro-Economic Conditions and Financial Constraints[J]. Journal of Financial Economics, 2003, 68(1): 75-109.

[12] MOSER D V. Is Accounting Research Stagnant?[J]. Accounting Horizons, 2012, 26(4): 845-850.

[13] RAGHAVAN K, THOMAS E R. Instability, Innovation and Accounting Education[J]. Journal of Accounting & Finance, 2014, 14(2): 76-83.

[14] STONE G, FIEDLER B A, KANDUNIAS C. Harnessing Facebook for Student Engagement in

Accounting Education: Guiding Principles for Accounting Students and Educators[J]. Accounting EduZcation, 2014, 23(4): 295-321.

[15] TIM C.Artificial intelligence and the future of accounting[EB/OL].(2018-07-10)[2020-05-18]. https://cloudtweaks.com/2018/07/ai-accounting-future/

[16] WARREN J D, MOFFITT K C, BYRNES P. How Big Data Will Change Accounting[J]. Accounting Horizons, 2015, 29(2): 397-407.

[17] WATTY K, MCKAY J, NGO L. Innovators or inhibitors? Accounting faculty resistance to new educational technologies in higher education[J]. Journal of Accounting Education, 2016(36): 115.

[18] 陈玮,刘峰.改革课程体系开展通才教育——中国会计学会会计教育改革组第三次研讨会综述[J].会计研究,1993(06):40-43.

[19] 陈小林,高滨.中国会计教育改革的历程、经验与未来发展——中国会计学会会计教育专业委员会2008年年会会议综述[J].会计研究,2008(10):88-90.

[20] 陈信元.本科层级的会计教育改革——智能化时代会计本科专业人才培养[R].北京:中国会计学会,2018.

[21] 陈毓圭.加强上市公司年报审计监管担当促进资本市场发展的责任[J].中国注册会计师,2012(05):18-21+2-3.

[22] 陈毓圭.职业化和信息化:注册会计师行业的双重任务——在"审计的未来:国际视角"高峰论坛暨CIMA百年庆典(北京)的主题演讲[J].中国注册会计师,2019(04):9-10.

[23] 程平,陶思颖.基于区块链技术的智能财务报告研究[J].会计之友,2020(05):156-160.

[24] 董南雁,张俊瑞,苏洋.我国国际化会计人才的概念框架、培养模式与质量提升[J].会计研究,2020(01):38-48.

[25] 杜兴强.人力资源会计的确认、计量与报告[J].会计研究,1997(12):11-14.

[26] 杜兴强.试论构建具有中国特色的会计理论体系[J].财会通讯,1997(04):34.

[27] 段红红,徐权.应用型本科院校学科、专业与课程一体化模式的构建[J].黑龙江高教研究,2012,30(09):168-170.

[28] 樊斌,李银.区块链与会计、审计[J].财会月刊,2018(02):39-43.

[29] 葛长银.企业财税会计[M].北京:高等教育出版社,2016.

[30] 郭宝龙."双一流"建设背景下IT类专业课程体系改革[J].中国大学教学,2020(01):9-12.

[31] 郭大伟.公司治理下的管理会计改革研究[J].上海立信会计学院学报,2006(01):18-22.

[32] 郭道扬.论产权会计观与产权会计变革[J].会计研究,2004(02):8-15+28-96.

[33] 韩东平,张鹏.货币政策、融资约束与投资效率——来自中国民营上市公司的经验证据[J].南开管理评论,2015,18(04):121-129+150.

[34] 何传添,刘中华,常亮.高素质国际化会计专业人才培养体系的构建:理念与实践——中国会计学会会计教育专业委员会2013年年会暨第六届会计学院院长论坛综述[J].会计研究,2014(01):91-93.

[35] 何瑛,杨孟杰,周慧琴.数字经济时代区块链技术重塑会计学科体系路径[J].会计之友,2020(11):153-160.

[36] 何永利.云计算在财务共享服务中心建设中的应用[J].财会通讯,2016(31):106-109.

[37] 胡国强,肖泽忠.会计环境与会计价值:Gray(1988)理论框架的一项拓展[J].会计研究,2015(09):

3-10+96.

[38] 胡玉明.中国管理会计理论研究:回归本质与常识[J].财务研究,2017(03):14-21.

[39] 黄世忠.旧标尺衡量不了新经济——论会计信息相关性的恶化与救赎[J].当代会计评论,2018,11(04):1-23.

[40] 靳庆鲁,孔祥,侯青川.货币政策、民营企业投资效率与公司期权价值[J].经济研究,2012,47(05):96-106.

[41] 奎君.信息化教学手段在高校会计专业课教学中的有效应用探究[J].纳税,2018(19):60+62.

[42] 李爱苓.移动互联网+背景下会计变革趋势探析[J].财会学习,2017(07):93+95.

[43] 李冰.移动互联网在传统会计业务中的应用探讨[J].财务与会计,2015(05):45-46.

[44] 李国运.企业的产权关系、治理模式与风险管理[C].中国会计学会2007年学术年会论文集(下册),2007.

[45] 李国运.论资本市场与会计的演化关系[J].会计研究,2007(05):46-52+95-96.

[46] 李心合.论会计教育目标[J].会计研究,1998(03):2-7.

[47] 李玉环.关于会计从业资格问题的研究[J].会计研究,2018(01):16-23.

[48] 梁钟文,张晨枫,杨妤妡.会计行业在"区块链"新经济蓝图中所面临的机遇和挑战[J].环渤海经济瞭望,2018(05):14-15.

[49] 刘峰,包琰,章永奎,孙丽影,袁红,余洋.国外会计教育改革对我们的启示与借鉴[R].北京:中国会计学会,2018.

[50] 刘峰,王华.为社会主义市场经济培养跨世纪的会计人才——中国会计学会会计教育改革研究组第四次会议纪要[J].会计研究,1996(07):40-42.

[51] 刘峰.会计教育界的一次盛会——中国会计学会会计教育改革第一次研讨会纪实[J].财务与会计,1988(09):61.

[52] 刘峰.中国会计学会会计教育改革组第二次讨论会纪要[J].会计研究,1992(01):54-57.

[53] 刘国城,董必荣."互联网+"时代我国高校本科会计教育的困境与变革[J].南京审计大学学报,2017,14(01):102-109.

[54] 刘慧凤,姜苏娱.我国会计教育研究文献评述——基于比较研究视角[J].会计研究,2015(06):80-86+97.

[55] 刘勤,杨寅.改革开放40年的中国会计信息化:回顾与展望[J].会计研究,2019(02):26-34.

[56] 刘永泽,池国华.中国会计教育改革30年评价:成就、问题与对策[J].会计研究,2008(08):11-17+94.

[57] 刘永泽,胡仁昱,郭永清,况玉书,张多蕾.互联网对会计教育的冲击[R].北京:中国会计学会,2018.

[58] 刘永泽,孙光国.我国会计教育及会计教育研究的现状与对策[J].会计研究,2004(02):75-81.

[59] 刘长翠.21世纪会计学专业方向课程体系建设展望[J].会计研究,1998(12):45-46.

[60] 鲁芳."双一流"建设背景下会计本科教育改革探索[J].财会月刊,2017(15):91-94.

[61] 陆兵,高大平.大力推进会计教育培养合格会计人才促进经济发展[J].会计研究,1996(02):33-35.

[62] 陆正飞,张会丽.会计准则变革与子公司盈余信息的决策有用性——来自中国资本市场的经验证据[J].会计研究,2009(05):20-28+96.

[63] 栾甫贵.论会计教育理念[J].会计研究,2013(04):20-25+95.

[64] 毛元青,刘梅玲."互联网+"时代的管理会计信息化探讨——第十四届全国会计信息化学术年会主要观点综述[J].会计研究,2015(11):90-92.

[65] 孟焰,李玲.市场定位下的会计学专业本科课程体系改革——基于我国高校的实践调查证据[J].会计研究,2007(03):55-63+94.

[66] 潘上永.论新技术下会计的转型升级和未来发展[J].会计之友,2016(23):18-20.

[67] 秦荣生."互联网+"时代会计行业的发展趋势[J].中国注册会计师,2015(12):20-24.

[68] 饶品贵,姜国华.货币政策波动、银行信贷与会计稳健性[J].金融研究,2011(03):51-71.

[69] 邵瑞庆.关于我国会计本科教育改革的思考.立信会计论丛第3辑[M].上海:立信会计出版社,2008:3-17.

[70] 石纬林,王轶.大数据时代的高校师资队伍建设研究[J].中国电化教育,2016(7):137-141.

[71] 宋长华,费世荣.网络教学平台在高校会计专业教学中的应用分析[J].魅力中国,2017(05):254.

[72] 孙百原,李倩,王先鹿.论资本市场与会计的关系[J].财会通讯,2009(21):38-40.

[73] 孙铮,李增泉.会计高等教育的改革趋势与路径[J].会计研究,2014(11):315+96.

[74] 索拉夫·杜塔.会计演变之我见[J].会计之友,2020(01):2-9.

[75] 佟岩.环境变迁对会计职业的影响研究报告[R].北京:中国会计学会,2019.

[76] 汪祥耀,叶正虹.执行新会计准则是否降低了股权资本成本——基于我国资本市场的经验证据[J].中国工业经济,2011(03):119-128.

[77] 王昌荣,马红,王元月.基于宏观经济政策视角的我国企业负债融资研究[J].中国管理科学,2016,24(05):158-167.

[78] 王华,蔡祥,张程睿,刘善敏,陈明.互联网时代会计人员能力框架分层构建[J].财会月刊,2021(02):16-24.

[79] 王开田,胡晓明.大众化背景下我国会计教育改革的思考[J].经济管理,2009,31(09):180-183.

[80] 吴联生.会计信息失真的"三分法":理论框架与证据[J].会计研究,2003(01):25-30+65.

[81] 吴世农.人工智能科技对财会学科教学与科研的挑战[EB/OL].(2020-01-06)[2020-05-18] 2020. https://sm.xmu.edu.cn/info/1025/7811.htm.

[82] 吴晓晖,王攀,李玉敏.70年来中国财务会计研究的演进与发展[J].经济管理,2019,41(08):197-208.

[83] 吴玉梅,张卫国,陈利."大智移云"下会计人才数商塑造[J].财会月刊,2020(07):81-85.

[84] 夏立军,陈虎,彭娟,王泽霞.新冠肺炎疫情加速会计审计行业数字化转型[J].中国管理会计,2020(02):56-65.

[85] 项怀诚.新中国会计50年[M].北京:中国财政经济出版社,1999.

[86] 徐经长.人工智能和大数据对会计学科发展的影响[J].中国大学教学,2019(09):39-44.

[87] 徐玉德,马智勇.我国会计教育与人才培养四十年成就与未来展望[J].财务与会计,2019(06):43-47.

[88] 许金叶,朱莺莺.区块链信息技术对会计监督的影响研究[J].会计之友,2018(01):156-160.

[89] 阎达五,王建英.21世纪本科会计教育改革设想[J].江西财经大学学报,1999(02):7-12+80.

[90] 阎达五,王化成.面向21世纪会计学类系列课程及其教学内容改革的研究[J].会计研究,1998(09):8-13.

[91] 杨涛,王斌.去中心化金融与区块链[J].金融博览(财富),2016(06):18-19.

[92] 殷俊明,李佳林,潘俊.政府善治驱动下会计助力国家治理的机理与路径[J].审计与经济研究,2020,

35(01):12-13+3.

[93] 余鹏翼,王满四.国内上市公司跨国并购绩效影响因素的实证研究[J].会计研究,2014(03):64-70+96.

[94] 苑泽明,李田,孙钰鹏.互联网新技术时代会计高等教育的改革路径——基于供需错配的分析视角[J].会计研究,2018(08):80-86.

[95] 张多蕾,刘永泽,池国华,况玉书.中国会计教育改革40年:成就、挑战与对策[J].会计研究,2019(02):18-25.

[96] 张林,丁鑫,谷丰."互联网+"时代会计改革与发展——中国会计学会2015年学术年会观点综述[J].会计研究,2015(8):93-95.

[97] 张为国.我所亲历的我国会计制度改革和会计准则国际趋同过程[J].会计研究,2019(10):5-14.

[98] 张新民,祝继高.会计学本科专业核心课程建设:突围之路[J].会计研究,2015(08):80-85+97.

[99] 张雪英."互联网+"环境下高校《会计信息系统》课程教学改革研究[J].产业与科技论坛,2017,16(19):158-159.

[100] 钟玮,贾英姿.区块链技术在会计中的应用展望[J].会计之友,2016(17):122-125.

[101] 朱凯,赵旭颖,孙红.会计准则改革、信息准确度与价值相关性——基于中国会计准则改革的经验证据[J].管理世界,2009(04):47-54.

[102] 朱蕾.财务云共享模式构建与应用[J].财会通讯,2018(26):79-82.

[103] 朱元午.新时代的会计担当与会计思想思辨——基于会计信息质量、会计理论和研究方法缺陷的分析[J].会计之友,2020(15):2-8.

[104] 朱云来.改革开放、经济发展40周年志记——暨资本市场助力发展、提升行业的28年[A].中国证券业协会.创新与发展:中国证券业2018年论文集(上册)[C].中国证券业协会,2019:15.

[105] 诸波,张明薇,干胜道.论高校会计本科教育供给侧结构性改革——基于大数据的会计人才需求调查[J].财会月刊,2019(07):55-60.

附录 1

会计类国家级一流专业建设点院校名单※

国家级会计学一流专业建设点（62 所）			
序号	院校名称	院校类型	所在省、自治区、直辖市
1	安徽财经大学	财经类	安徽省
2	安徽工业大学	理工类	安徽省
3	北京工商大学	财经类	北京市
4	对外经济贸易大学	财经类	北京市
5	首都经济贸易大学	财经类	北京市
6	中央财经大学	财经类	北京市
7	北京化工大学	理工类	北京市
8	北京交通大学	理工类	北京市
9	中国石油大学（北京）	理工类	北京市
10	中国人民大学	综合类	北京市
11	福州大学	理工类	福建省
12	厦门大学	综合类	福建省
13	兰州财经大学	财经类	甘肃省
14	兰州理工大学	综合类	甘肃省
15	广东财经大学	财经类	广东省
16	广东外语外贸大学	语言类	广东省
17	暨南大学	综合类	广东省
18	中山大学	综合类	广东省
19	中山大学南方学院	综合类	广东省
20	贵州财经大学	财经类	贵州省
21	河北经贸大学	财经类	河北省
22	河北地质大学	理工类	河北省
23	河南财经政法大学	财经类	河南省
24	郑州航空工业管理学院	财经类	河南省
25	河南大学	综合类	河南省

※ 由于各省、自治区、直辖市教育厅（教委）及各院校披露一流本科专业建设点详略状况不同，国家级一流本科专业建设点参照"会计学术联盟汇总数据"，此数据截至 2019 年：会计学术联盟. 会计学入选国家级一流本科建设点高校名单［OL］．（2020-01-04）［2020-08-15］．https://mp.weixin.qq.com/s/ufAi_92EeKThdQhwcDUAEA.

(续表)

序号	院校名称	院校类型	所在省、自治区、直辖市
26	哈尔滨商业大学	财经类	黑龙江省
27	黑龙江科技大学	理工类	黑龙江省
28	湖北经济学院	财经类	湖北省
29	中南财经政法大学	财经类	湖北省
30	长沙理工大学	理工类	湖南省
31	吉林财经大学	财经类	吉林省
32	南京财经大学	财经类	江苏省
33	南京审计大学	财经类	江苏省
34	南京信息工程大学	理工类	江苏省
35	南京大学	综合类	江苏省
36	中国矿业大学	综合类	江苏省
37	江西财经大学	财经类	江西省
38	华东交通大学	理工类	江西省
39	东北财经大学	财经类	辽宁省
40	沈阳大学	综合类	辽宁省
41	内蒙古财经大学	财经类	内蒙古自治区
42	山东财经大学	财经类	山东省
43	济南大学	综合类	山东省
44	中国海洋大学	综合类	山东省
45	山西财经大学	财经类	山西省
46	西安石油大学	理工类	陕西省
47	西藏民族大学	民族类	陕西省
48	上海财经大学	财经类	上海市
49	上海对外经贸大学	财经类	上海市
50	上海立信会计金融学院	财经类	上海市
51	复旦大学	综合类	上海市
52	西南财经大学	财经类	四川省
53	西南交通大学	理工类	四川省
54	天津财经大学	财经类	天津市
55	云南财经大学	财经类	云南省
56	浙江财经大学	财经类	浙江省
57	浙江工商大学	财经类	浙江省
58	杭州电子科技大学	理工类	浙江省

（续表）

序号	院校名称	院校类型	所在省、自治区、直辖市
59	浙江万里学院	理工类	浙江省
60	重庆工商大学	财经类	重庆市
61	重庆理工大学	理工类	重庆市
62	重庆大学	综合类	重庆市

国家级财务管理一流专业建设点（20所）

序号	院校名称	院校类型	所在省、自治区、直辖市
1	安徽财经大学	财经类	安徽省
2	北京联合大学	综合类	北京市
3	厦门大学	综合类	福建省
4	兰州财经大学	财经类	甘肃省
5	广东外语外贸大学	语言类	广东省
6	暨南大学	综合类	广东省
7	贵州财经大学	财经类	贵州省
8	河南财经政法大学	财经类	河南省
9	中南财经政法大学	财经类	湖北省
10	湖南财政经济学院	财经类	湖南省
11	江西财经大学	财经类	江西省
12	东北财经大学	财经类	辽宁省
13	山东财经大学	财经类	山东省
14	山西财经大学	财经类	山西省
15	西南财经大学	财经类	四川省
16	天津科技大学	理工类	天津市
17	云南财经大学	财经类	云南省
18	浙江财经大学	财经类	浙江省
19	宁波诺丁汉大学	综合类	浙江省
20	重庆工商大学	财经类	重庆市

国家级审计学一流专业建设点（3所）

序号	院校名称	院校类型	所在省、自治区、直辖市
1	广东财经大学	财经类	广东省
2	南京审计大学	财经类	江苏省
3	上海立信会计金融学院	财经类	上海市

附录 2

会计类省级一流专业建设点院校名单※

会计学省级一流专业建设点（105 所）			
序号	院校名称	院校类型	所在省、自治区、直辖市
1	安徽财经大学商学院	财经类	安徽省
2	铜陵学院	财经类	安徽省
3	安徽农业大学	农林类	安徽省
4	淮北师范大学	师范类	安徽省
5	淮南师范学院	师范类	安徽省
6	宿州学院	综合类	安徽省
7	集美大学	综合类	福建省
8	集美大学诚毅学院	综合类	福建省
9	西北民族大学	民族类	甘肃省
10	兰州大学	综合类	甘肃省
11	西北师范大学知行学院	综合类	甘肃省
12	广东财经大学华商学院	财经类	广东省
13	广东金融学院	财经类	广东省
14	广东技术师范大学	师范类	广东省
15	中山大学新华学院	综合类	广东省
16	广西财经学院	财经类	广西壮族自治区
17	广西民族大学	民族类	广西壮族自治区
18	河北金融学院	财经类	河北省
19	石家庄铁道大学	理工类	河北省
20	河南财经政法大学	财经类	河南省
21	河南财政金融学院	财经类	河南省
22	郑州航空工业管理学院	财经类	河南省
23	郑州升达经贸管理学院	财经类	河南省
24	河南工程学院	理工类	河南省
25	郑州轻工业大学	理工类	河南省

※ 由于各省、直辖市、自治区教育厅（教委）及各院校披露一流本科专业建设点详略状况不同，省级一流本科专业参照各省市自治区教育厅及各院校网络资源信息手工搜集，此数据截至 2019 年。

附录2

（续表）

序号	院校名称	院校类型	所在省、自治区、直辖市
26	黄淮学院	综合类	河南省
27	哈尔滨金融学院	财经类	黑龙江省
28	哈尔滨商业大学	财经类	黑龙江省
29	黑龙江财经学院	财经类	黑龙江省
30	黑龙江工程学院	理工类	黑龙江省
31	黑龙江科技大学	理工类	黑龙江省
32	东北林业大学	农林类	黑龙江省
33	黑龙江八一农垦大学	农林类	黑龙江省
34	湖北经济学院法商学院	财经类	湖北省
35	武汉纺织大学	理工类	湖北省
36	武汉工程大学	理工类	湖北省
37	湖北民族大学	综合类	湖北省
38	江汉大学	综合类	湖北省
39	武昌工学院	综合类	湖北省
40	长江大学	综合类	湖北省
41	中南民族大学	综合类	湖北省
42	湖南工商大学	财经类	湖南省
43	湖南工学院	理工类	湖南省
44	湖南工业大学	理工类	湖南省
45	长沙理工大学	理工类	湖南省
46	湖南农业大学	农林类	湖南省
47	湖南大学	综合类	湖南省
48	南华大学	综合类	湖南省
49	邵阳学院	综合类	湖南省
50	中南大学	综合类	湖南省
51	长春财经学院	财经类	吉林省
52	东北电力大学	理工类	吉林省
53	东北师范大学	师范类	吉林省
54	长春大学	综合类	吉林省
55	长春大学旅游学院	综合类	吉林省
56	南京财经大学	财经类	江苏省
57	南京审计大学	财经类	江苏省
58	常州大学	理工类	江苏省

(续表)

序号	院校名称	院校类型	所在省、自治区、直辖市
59	江苏理工学院	理工类	江苏省
60	金陵科技学院	理工类	江苏省
61	南京理工大学泰州科技学院	理工类	江苏省
62	南京理工大学紫金学院	理工类	江苏省
63	南京信息工程大学	理工类	江苏省
64	盐城师范学院	师范类	江苏省
65	东南大学成贤学院	综合类	江苏省
66	无锡太湖学院	综合类	江苏省
67	中国矿业大学徐海学院	综合类	江苏省
68	江西财经大学	财经类	江西省
69	江西理工大学	理工类	江西省
70	九江学院	综合类	江西省
71	辽宁对外经贸学院	财经类	辽宁省
72	沈阳工业大学	理工类	辽宁省
73	宁夏理工学院	理工类	宁夏回族自治区
74	北方民族大学	民族类	宁夏回族自治区
75	青海大学	综合类	青海省
76	中国石油大学(华东)	理工类	山东省
77	山东大学	综合类	山东省
78	山西财经大学	财经类	山西省
79	西安财经大学	财经类	陕西省
80	西安财经大学行知学院	财经类	陕西省
81	西安工程大学	理工类	陕西省
82	西安工业大学	理工类	陕西省
83	西安交通大学城市学院	理工类	陕西省
84	西安交通工程学院	理工类	陕西省
85	西安邮电大学	理工类	陕西省
86	西安外国语大学	语言类	陕西省
87	西安培华学院	综合类	陕西省
88	西南财经大学天府学院	财经类	四川省
89	四川轻化工大学	理工类	四川省
90	成都大学	综合类	四川省
91	四川大学	综合类	四川省

(续表)

序号	院校名称	院校类型	所在省、自治区、直辖市
92	西华大学	综合类	四川省
93	天津财经大学珠江学院	综合类	天津市
94	云南民族大学	民族类	云南省
95	西南林业大学	农林类	云南省
96	浙江财经大学东方学院	财经类	浙江省
97	浙江农林大学	农林类	浙江省
98	浙江农林大学暨阳学院	农林类	浙江省
99	宁波大学	综合类	浙江省
100	重庆工商大学融智学院	财经类	重庆市
101	重庆邮电大学	理工类	重庆市
102	西南政法大学	政法类	重庆市
103	西南大学	综合类	重庆市
104	重庆大学城市科技学院	综合类	重庆市
105	重庆三峡学院	综合类	重庆市

财务管理省级一流专业建设点(42所)

序号	院校名称	院校类型	所在省、自治区、直辖市
1	铜陵学院	财经类	安徽省
2	安徽科技学院	综合类	安徽省
3	安徽新华学院	综合类	安徽省
4	合肥师范学院	综合类	安徽省
5	黄山学院	综合类	安徽省
6	皖西学院	综合类	安徽省
7	北京工商大学	财经类	北京市
8	对外经济贸易大学	财经类	北京市
9	中央财经大学	财经类	北京市
10	北京第二外国语学院	语言类	北京市
11	中国社会科学院大学	综合类	北京市
12	福建商学院	财经类	福建省
13	河北科技学院	理工类	河北省
14	河北农业大学现代科技学院	农林类	河北省
15	张家口学院	师范类	河北省
16	河北北方学院	综合类	河北省
17	河南牧业经济学院	财经类	河南省

（续表）

序号	院校名称	院校类型	所在省、自治区、直辖市
18	中原工学院信息商务学院	财经类	河南省
19	南阳理工学院	理工类	河南省
20	湖北民族大学科技学院	综合类	湖北省
21	湖南财政经济学院	财经类	湖南省
22	吉林财经大学	财经类	吉林省
23	吉林农业科技学院	农林类	吉林省
24	吉林工程技术师范学院	师范类	吉林省
25	长春大学	综合类	吉林省
26	长春科技学院	综合类	吉林省
27	盐城工学院	理工类	江苏省
28	宿迁学院	综合类	江苏省
29	大连海事大学	理工类	辽宁省
30	宁夏大学新华学院	综合类	宁夏回族自治区
31	山西财经大学	财经类	山西省
32	西安石油大学	理工类	陕西省
33	西安翻译学院	语言类	陕西省
34	西安欧亚学院	综合类	陕西省
35	保山学院	综合类	云南省
36	红河学院	综合类	云南省
37	昆明学院	综合类	云南省
38	浙江工商大学	财经类	浙江省
39	杭州电子科技大学	理工类	浙江省
40	浙江工业大学	理工类	浙江省
41	重庆工程学院	理工类	重庆市
42	重庆理工大学	理工类	重庆市

审计学省级一流专业建设点（8所）

序号	院校名称	院校类型	所在省、自治区、直辖市
1	广东财经大学	财经类	广东省
2	广东外语外贸大学	语言类	广东省
3	贵州财经大学	财经类	贵州省
4	南京审计大学金审学院	财经类	江苏省
5	山东工商学院	财经类	山东省
6	山东管理学院	综合类	山东省
7	浙江财经大学	财经类	浙江省
8	西南政法大学	政法类	重庆市

附录 3

教育部高等教育国家级教学成果奖获奖项目名单※

序号	获奖年份	成果名称	完成单位	获奖人员	获奖等级
1	1989	会计学专业教学改革	上海财经大学	娄尔行	优秀奖
2	1989	电子计算机在会计中的应用课程开创与改革	中国人民大学	郭雪亭　王景新　张孟春	优秀奖
3	1989	创建独树一帜的财务会计教材体系	厦门大学	葛家澍	优秀奖
4	1993	会计教学改革的新路	东北财经大学	欧阳清　陈国辉　杨立颖	二等奖
5	1993	发挥两校优势　培养高质量国际会计人才	上海财经大学　上海外国语学院	汤云为　戴炜栋　张次博　薛蓄康　钱嘉福　金绳曾	二等奖
6	1993	创立和优化军队审计学科体系　培养合格的军队审计人才	军事经济学院	肖文八　曲阜来　董大宏　董继和　于健球	二等奖
7	1997	深化院校会计教学改革	上海财经大学	张为国　孙铮　谢荣　陈美华　刘海兰	二等奖
8	2001	面向21世纪会计学类系列课程及其教学内容	中国人民大学	阎达五　王化成　朱小平　耿建新	二等奖
9	2001	会计学专业研究生教学改革	上海财经大学	陈信元　王玲　潘飞　张鸣　冯润民	二等奖
10	2005	全方位、立体化财务分析教学资源系统	东北财经大学	张先治　秦志敏　陈友邦　王玉红　张晓东	二等奖
11	2005	中英合作培养ACCA人才	上海财经大学	陈信元　潘飞　徐金殊　张鸣　王薇松	二等奖
12	2005	会计实验教学的实施及成果	上海立信会计学院	姚津　张维宾　沈亚香　汪慧华　周陈莲	二等奖
13	2005	《中级财务会计学》（教材）	厦门大学	葛家澍　杜兴强　桑士俊	二等奖
14	2009	财政金融专业国际性人才培养模式探索	中国人民大学	陈雨露　郭庆旺　张杰　何平　汪昌云	二等奖

(续表)

序号	获奖年份	成果名称	完成单位	获奖人员	获奖等级
15	2009	财经类院校创业教育模式研究与实践	中央财经大学	孙国辉 葛建新 周卫中 柴庆春 傅晓霞	二等奖
16	2009	产学研合作 打造管理会计学精品课程	中央财经大学 中国钢研科技集团公司 北京诺亚舟财务咨询有限公司	孟 焰 林秀香 刘俊勇 李 玲 李连清	二等奖
17	2009	会计学专业国际化办学模式的理论与实践	东北财经大学	刘永泽 吴大军 陈文铭 孙光国 陈艳利	二等奖
18	2009	开拓创新 培养具有国际竞争力的会计学专业人才	上海财经大学	陈信元 王蔚松 潘 飞 朱红军 钱逢胜	二等奖
19	2009	审计高等教育理论探索与实践创新	南京审计学院	王家新 尹 平 李凤鸣 时 现 曾晓红 齐兴利	二等奖
20	2009	财经类人才培养目标、培养过程优化的研究与实践	河南财经学院	随新玉 詹克波 蔺全丽 王永昭 岳彩军	二等奖
21	2009	基于国际化人才培养定位的ACCA教学模式创新与实践	西安交通大学	汪应洛 张俊瑞 田高良 汪方军 赵 红 欧佩玉 张晓红 王建玲	二等奖
22	2014	以立体化教材建设支撑会计学专业教学改革(教材)	中国人民大学	荆 新 支晓强 宋建波 周 华 叶康涛	二等奖
23	2014	以行动学习为导向 打造知行合一的会计硕士专业学位研究生人才培养模式	中央财经大学	孟 焰 袁 淳 刘俊勇 吴 溪 朱继光	二等奖
24	2014	本科层次卓越国际化会计及金融人才培养模式的创新与实践	东北财经大学	王庆石 方红星 邢天才 史 达 刘 波 陈艳利 孙 磊 吕 宁 孟 妹	二等奖
25	2014	会计学专业国际化人才培养的实践与创新	上海财经大学	陈信元 朱红军 薛 爽 赵子夜 徐金妹 黄 莎 邰颂倩	二等奖
26	2014	创新机制 集成资源 构建应用型复合型卓越财经法律人才培养模式	西南财经大学	高晋康 喻 敏 辜明安 杨春禧 吴 越 冯亚东 鲁 篱 江 波 吴元元 雷 芸	二等奖
27	2014	民族地区会计学本科专业教学体系的改革与实践	新疆财经大学	姜锡明 朱 宇 杨立芳 汤琦瑾 李宇立	二等奖

附录 3

教育部高等教育国家级教学成果奖获奖项目名单

(续表)

序号	获奖年份	成果名称	完成单位	获奖人员	获奖等级
28	2018	跨学科卓越财经人才培养的十年探索与实践	西南财经大学	汤火箭 李永强 张桥云 寇 纲 郭建军 甘 犁 陈 昊 冉茂瑜 徐 琳 余 会	二等奖
29	2018	"互联网+"背景下会计人才信息技术能力培养体系构建与实践	重庆理工大学	陈 旭 张志恒 朱谱熠 程 平 邱 杰 毛华扬 黄娇丹 吴花平	二等奖
30	2018	科教融合 产学协同 理实一体 构筑财会专业研究生教育特色资源共享平台	中国海洋大学 山东财经大学 江西财经大学 南京理工大学 山东科技大学	王竹泉 綦好东 孙建强 曹玉珊 温素彬 张月玲 孙 莹 杜 媛 王贞洁 王苑琢 程六兵 杜 瑞	二等奖
31	2018	整合资源与技术的会计学专业创新型仿真教学体系建设与应用	东北财经大学	方红星 王景升 张 娆 耿云江 甄红线 常 丽 付 伟	二等奖
32	2018	高素质会计人才"商能识"培养模式的探索与实践	南京财经大学 淮海工学院	王开田 胡晓明 何 玉 吴艾莉 管亚梅 姚学峰 孙月琴 姚文韵 李连军 段伟伟 吴价宝	二等奖
33	2018	理论素养与实践技能并重的 MPAcc 人才培养模式	中国人民大学	支晓强 王化成 周 华 戴德明 徐经长 赵西卜 宋建波 孙茂竹 耿建新	一等奖
34	2018	智能化环境下战略型会计人才培养创新	上海财经大学	陈信元 李增泉 朱红军 朱 凯 饶艳超	一等奖

※ 部分信息来源如下：

中华人民共和国教育部. 第五届高等教育国家级教学成果奖获奖项目名单[EB/OL].(2005-08-30)[2020-08-15]. http://www.moe.gov.cn/srcsite/A08/s7206/s3880/200508/t20050830_110222.html.

中华人民共和国教育部. 第六届高等教育国家级教学成果奖获奖项目名单[EB/OL].(2009-09-07)[2020-08-15]. http://www.moe.gov.cn/srcsite/zsdwxxgk/200909/t20090907_64410.html.

中华人民共和国教育部. 2014年国家级教学成果奖获奖项目名单[EB/OL].(2014-09-04)[2020-08-15]. http://www.moe.gov.cn/s78/A10/jss_left/s6999/201409/t20140905_174749.html.

中华人民共和国教育部. 2018年国家级教学成果奖获奖项目名单[EB/OL].(2018-12-31)[2020-08-15]. http://www.moe.gov.cn/srcsite/A10/s7058/201901/t20190102_365703.html.

附录 4

财政部 2013—2019 年"会计名家培养工程"入围人员名单※

序号	年份	姓名	所在单位
1	2013	陈信元	上海财经大学
2	2013	黄世忠	厦门国家会计学院
3	2013	李建发	厦门大学
4	2013	陆正飞	北京大学
5	2013	王化成	中国人民大学
6	2013	魏明海	中山大学
7	2013	夏冬林	清华大学
8	2013	杨雄胜	南京大学
9	2013	赵德武	西南财经大学
10	2013	张龙平	中南财经政法大学
11	2014	蔡 春	西南财经大学
12	2014	戴德明	中国人民大学
13	2014	刘 峰	厦门大学
14	2014	刘明辉	东北财经大学
15	2014	吴联生	北京大学
16	2014	伍中信	湖南财政经济学院
17	2014	宋献中	暨南大学
18	2014	谢志华	北京工商大学
19	2014	张秋生	北京交通大学
20	2014	张新民	对外经济贸易大学
21	2015	李心合	南京大学
22	2015	吕长江	复旦大学
23	2015	栾甫贵	首都经济贸易大学
24	2015	谭劲松	中山大学
25	2015	王竹泉	中国海洋大学
26	2015	谢德仁	清华大学
27	2015	徐经长	中国人民大学

附录4

财政部2013—2019年"会计名家培养工程"入围人员名单

(续表)

序号	年份	姓名	所在单位
28	2015	杨　丹	西南财经大学
29	2015	杨有红	北京工商大学
30	2015	张俊瑞	西安交通大学
31	2016	王　斌	北京工商大学
32	2016	王永海	武汉大学
33	2016	王善平	湖南师范大学
34	2016	刘　斌	重庆大学
35	2016	刘志远	南开大学
36	2016	陈汉文	对外经济贸易大学
37	2016	林　斌	中山大学
38	2016	胡玉明	暨南大学
39	2016	赵西卜	中国人民大学
40	2016	唐国平	中南财经政法大学
41	2017	马永强	西南财经大学
42	2017	田高良	西安交通大学
43	2017	祁怀锦	中央财经大学
44	2017	杨兴全	石河子大学
45	2017	沈洪涛	暨南大学
46	2017	宋建波	中国人民大学
47	2017	陈　红	云南财经大学
48	2017	胡奕明	上海交通大学
49	2017	储一昀	上海财经大学
50	2017	雷光勇	对外经济贸易大学
51	2018	方红星	东北财经大学
52	2018	洪剑峭	复旦大学
53	2018	姜付秀	中国人民大学
54	2018	蒋尧明	江西财经大学
55	2018	刘俊勇	中央财经大学
56	2018	夏立军	上海交通大学
57	2018	辛　宇	中山大学
58	2018	徐玉德	中国财政科学研究院
59	2018	薛　爽	上海财经大学
60	2018	苑泽明	天津财经大学

(续表)

序号	年份	姓名	所在单位
61	2019	程小可	北京交通大学
62	2019	崔学刚	北京师范大学
63	2019	胡国柳	浙江工商大学
64	2019	刘运国	中山大学
65	2019	钱爱民	对外经贸大学
66	2019	孙光国	东北财经大学
67	2019	温素彬	南京审计大学
68	2019	辛清泉	重庆大学
69	2019	张敦力	中南财经政法大学
70	2019	支晓强	中国人民大学

※ 2013—2019 年"会计名家培养工程"入围人员名单信息来源如下：

中华人民共和国财政部. 2013 年"会计名家培养工程"入选人员名单[EB/OL].(2013-12-27)[2020-08-15]. http://www.asc.net.cn/News/NewsContent.aspx? NewsID = 34bcb6d6－aa5d－4de0－b530-1570e4a1fb02.

中华人民共和国财政部. 2014 年"会计名家培养工程"入选人员名单[EB/OL].(2014-9-23)[2020-08-15]. http://www.asc.net.cn/News/NewsContent.aspx? NewsID = d025d7bd-ba9b－4f2e-a9dd-cad44297cee2.

中华人民共和国财政部. 2015 年"会计名家培养工程"入选人员名单[EB/OL].(2015-07-29)[2020-08-15]. http://www.asc.net.cn/News/NewsContent.aspx? NewsID = f9a468d3－4c7e－47a3－a2d8-246df7f550ed.

中华人民共和国财政部. 2016 年"会计名家培养工程"入选人员名单[EB/OL].(2016-08-25)[2020-08-15]. http://www.asc.net.cn/News/NewsContent.aspx? NewsID = 695623a5－86fa－41df－a3e1-8f58d18e8be7.

中华人民共和国财政部. 2017 年"会计名家培养工程"入选人员名单[EB/OL].(2017-11-11)[2020-08-15]. http://www.asc.net.cn/News/NewsContent.aspx? NewsID = 156f6b0e－bdce－4706－9544-86e1dbf0f11d.

中华人民共和国财政部. 2018 年"会计名家培养工程"入选人员名单[EB/OL].(2018-11-01)[2020-08-15]. http://www.asc.net.cn/News/NewsContent.aspx? NewsID = cfad1678－63f5－4612－8686-343b8aaf12c8.

中华人民共和国财政部. 2019 年"会计名家培养工程"入选人员名单[EB/OL].(2019-12-02)[2020-08-15]. http://www.asc.net.cn/News/NewsContent.aspx? NewsID = 7050b484－ec5c－4771－b2eb-948b7d28f36d.

附录5

财政部学术类全国会计领军(后备)人才及国际化高端会计人才名单※

序号	入选期次	评选年份	姓名	单位
1	会计领军人才第一期	2005	陈冬华	南京大学
2	会计领军人才第一期	2005	陈志斌	东南大学
3	会计领军人才第一期	2005	崔学刚	北京工商大学
4	会计领军人才第一期	2005	方红星	东北财经大学
5	会计领军人才第一期	2005	韩晓梅	南京理工大学
6	会计领军人才第一期	2005	何玉润	北京工商大学
7	会计领军人才第一期	2005	黄京菁	厦门国家会计学院
8	会计领军人才第一期	2005	姜国华	北京大学
9	会计领军人才第一期	2005	姜英兵	东北财经大学
10	会计领军人才第一期	2005	雷光勇	对外经贸大学
11	会计领军人才第一期	2005	李晓慧	中央财经大学
12	会计领军人才第一期	2005	刘运国	中山大学
13	会计领军人才第一期	2005	卢文彬	上海国家会计学院
14	会计领军人才第一期	2005	陆宇建	南开大学
15	会计领军人才第一期	2005	沈洪涛	暨南大学
16	会计领军人才第一期	2005	宋衍蘅	浙江大学
17	会计领军人才第一期	2005	孙蔓莉	中国人民大学
18	会计领军人才第一期	2005	王建新	财政部财政科学研究所
19	会计领军人才第一期	2005	王仲兵	北京工商大学
20	会计领军人才第一期	2005	王竹泉	中国海洋大学
21	会计领军人才第一期	2005	谢盛纹	江西财经大学
22	会计领军人才第一期	2005	杨 丹	西南财经大学
23	会计领军人才第一期	2005	张敦力	中南财经政法大学
24	会计领军人才第一期	2005	张宜霞	浙江工商大学
25	会计领军人才第一期	2005	支晓强	中国人民大学

(续表)

序号	入选期次	评选年份	姓名	单位
26	会计领军人才第一期	2005	朱国泓	上海交通大学
27	会计领军人才第一期	2005	朱锦余	云南财经大学
28	会计领军人才第二期	2007	吴 溪	中央财经大学
29	会计领军人才第二期	2007	郑建明	对外经贸大学
30	会计领军人才第二期	2007	刘启亮	华中科技大学
31	会计领军人才第二期	2007	张奇峰	上海立信会计学院
32	会计领军人才第二期	2007	马永强	西南财经大学
33	会计领军人才第二期	2007	邓 川	浙江财经大学
34	会计领军人才第二期	2007	周 华	中国人民大学
35	会计领军人才第二期	2007	童 盼	北京工商大学
36	会计领军人才第二期	2007	李青原	武汉大学
37	会计领军人才第二期	2007	温素彬	南京理工大学
38	会计领军人才第二期	2007	池国华	南京审计大学
39	会计领军人才第二期	2007	毛洪涛	西南财经大学
40	会计领军人才第二期	2007	丁友刚	暨南大学
41	会计领军人才第二期	2007	陈小林	九江学院
42	会计领军人才第二期	2007	李 翔	南京大学
43	会计领军人才第二期	2007	张艳辉	石家庄铁道学院
44	会计领军人才第二期	2007	肖作平	杭州电子科技大学
45	会计领军人才第二期	2007	袁 淳	中央财经大学
46	会计领军人才第二期	2007	岳 衡	新加坡管理大学
47	会计领军人才第二期	2007	曾繁荣	桂林理工大学
48	会计领军人才第二期	2007	王雄元	中南财经政法大学
49	会计领军人才第二期	2007	薛清梅	南京大学
50	会计领军人才第二期	2007	孙光国	东北财经大学
51	会计领军人才第三期	2009	杨棉之	安徽大学
52	会计领军人才第三期	2009	章铁生	安徽工业大学
53	会计领军人才第三期	2009	张 然	北京大学
54	会计领军人才第三期	2009	张继德	北京工商大学
55	会计领军人才第三期	2009	陈宋生	北京理工大学
56	会计领军人才第三期	2009	杜美杰	北京语言大学

(续表)

序号	入选期次	评选年份	姓 名	单 位
57	会计领军人才第三期	2009	叶康涛	中国人民大学
58	会计领军人才第三期	2009	卢 闯	中央财经大学
59	会计领军人才第三期	2009	于李胜	厦门大学
60	会计领军人才第三期	2009	邓建平	厦门国家会计学院
61	会计领军人才第三期	2009	张荣武	广东商学院
62	会计领军人才第三期	2009	黎文靖	暨南大学
63	会计领军人才第三期	2009	卢 锐	中山大学岭南学院
64	会计领军人才第三期	2009	张 琦	中南财经政法大学
65	会计领军人才第三期	2009	聂 萍	湖南大学
66	会计领军人才第三期	2009	林 树	南京大学
67	会计领军人才第三期	2009	李志斌	扬州大学
68	会计领军人才第三期	2009	常 丽	东北财经大学
69	会计领军人才第三期	2009	房巧玲	中国海洋大学
70	会计领军人才第三期	2009	田高良	西安交通大学
71	会计领军人才第三期	2009	方军雄	复旦大学
72	会计领军人才第三期	2009	刘 浩	上海财经大学
73	会计领军人才第三期	2009	张 川	上海海事大学
74	会计领军人才第三期	2009	万华林	上海立信会计学院
75	会计领军人才第三期	2009	罗 宏	西南财经大学
76	会计领军人才第三期	2009	白 俊	石河子大学
77	会计领军人才第四期	2011	贾 宁	清华大学
78	会计领军人才第四期	2011	毛新述	北京工商大学
79	会计领军人才第四期	2011	杨德明	云南财经大学
80	会计领军人才第四期	2011	唐雪松	西南财经大学
81	会计领军人才第四期	2011	夏 宁	华北电力大学
82	会计领军人才第四期	2011	张俊生	中山大学
83	会计领军人才第四期	2011	张 敏	中国人民大学
84	会计领军人才第四期	2011	佟 岩	北京理工大学
85	会计领军人才第四期	2011	王艳艳	厦门大学
86	会计领军人才第四期	2011	贺建刚	南京财经大学
87	会计领军人才第四期	2011	吉 利	西南财经大学

（续表）

序号	入选期次	评选年份	姓名	单位
88	会计领军人才第四期	2011	江 伟	暨南大学
89	会计领军人才第四期	2011	万良勇	华南理工大学
90	会计领军人才第四期	2011	罗党论	中山大学岭南学院
91	会计领军人才第四期	2011	袁蓉丽	中国人民大学
92	会计领军人才第四期	2011	潘红波	武汉大学
93	会计领军人才第四期	2011	向 锐	四川大学
94	会计领军人才第四期	2011	郑国坚	中山大学
95	会计领军人才第四期	2011	李颖琦	上海立信会计学院
96	会计领军人才第四期	2011	翟胜宝	安徽财经大学
97	会计领军人才第四期	2011	李百兴	首都经济贸易大学
98	会计领军人才第四期	2011	胡本源	新疆财经大学
99	会计领军人才第四期	2011	孙 健	中央财经大学
100	会计领军人才第四期	2011	蔡 宁	厦门大学
101	会计领军人才第四期	2011	李晓东	郑州航空工业管理学院
102	会计领军人才第四期	2011	许 闲	复旦大学
103	会计领军人才第五期	2013	陈德球	对外经贸大学
104	会计领军人才第五期	2013	邓 路	北京航空航天大学
105	会计领军人才第五期	2013	李 丹	清华大学
106	会计领军人才第五期	2013	李思飞	北京外国语大学
107	会计领军人才第五期	2013	廖冠民	中国人民大学
108	会计领军人才第五期	2013	申慧慧	首都经济贸易大学
109	会计领军人才第五期	2013	王彦超	中央财经大学
110	会计领军人才第五期	2013	曾雪云	北京邮电大学
111	会计领军人才第五期	2013	张伟华	北京工商大学
112	会计领军人才第五期	2013	姚立杰	北京交通大学
113	会计领军人才第五期	2013	戴 璐	中国人民大学
114	会计领军人才第五期	2013	吴昊旻	石河子大学
115	会计领军人才第五期	2013	李 成	厦门大学
116	会计领军人才第五期	2013	吴育辉	厦门大学
117	会计领军人才第五期	2013	张瑞琛	福建农林大学
118	会计领军人才第五期	2013	雷 宇	广东财经大学

(续表)

序号	入选期次	评选年份	姓 名	单 位
119	会计领军人才第五期	2013	柳建华	中山大学
120	会计领军人才第五期	2013	郭 飞	中南财经政法大学
121	会计领军人才第五期	2013	冉明东	中南财经政法大学
122	会计领军人才第五期	2013	曹 越	湖南大学
123	会计领军人才第五期	2013	陈 骏	南京审计学院
124	会计领军人才第五期	2013	权小锋	苏州大学
125	会计领军人才第五期	2013	廖义刚	江西财经大学
126	会计领军人才第五期	2013	耿云江	东北财经大学
127	会计领军人才第五期	2013	刘媛媛	东北财经大学
128	会计领军人才第五期	2013	陈胜蓝	内蒙古大学
129	会计领军人才第五期	2013	汪方军	西安交通大学
130	会计领军人才第五期	2013	孙剑非	上海交通大学
131	会计领军人才第五期	2013	赵子夜	上海财经大学
132	会计领军人才第五期	2013	步丹璐	西南财经大学
133	会计领军人才第五期	2013	余怒涛	云南财经大学
134	会计领军人才第五期	2013	裘益政	浙江工商大学
135	会计领军人才第五期	2013	杜 勇	西南大学
136	会计领军人才第六期	2015	祝继高	对外经贸大学
137	会计领军人才第六期	2015	朱 滔	暨南大学
138	会计领军人才第六期	2015	周泽将	安徽大学
139	会计领军人才第六期	2015	周冬华	江西财经大学
140	会计领军人才第六期	2015	张 新	复旦大学
141	会计领军人才第六期	2015	张会丽	北京师范大学
142	会计领军人才第六期	2015	应千伟	四川大学
143	会计领军人才第六期	2015	吴 娜	天津财经大学
144	会计领军人才第六期	2015	王 新	西南财经大学
145	会计领军人才第六期	2015	王少飞	上海财经大学
146	会计领军人才第六期	2015	王春飞	中央财经大学
147	会计领军人才第六期	2015	唐大鹏	东北财经大学
148	会计领军人才第六期	2015	石桂峰	上海交通大学
149	会计领军人才第六期	2015	潘 越	厦门大学

(续表)

序号	入选期次	评选年份	姓名	单位
150	会计领军人才第六期	2015	潘 俊	江苏大学
151	会计领军人才第六期	2015	纳超洪	云南财经大学
152	会计领军人才第六期	2015	罗进辉	厦门大学
153	会计领军人才第六期	2015	路军伟	山东大学
154	会计领军人才第六期	2015	逯 东	西南财经大学
155	会计领军人才第六期	2015	刘 行	东北财经大学
156	会计领军人才第六期	2015	刘笑霞	河海大学
157	会计领军人才第六期	2015	刘 婷	北京工商大学
158	会计领军人才第六期	2015	李文贵	浙江财经大学
159	会计领军人才第六期	2015	蹇 薇	厦门国家会计学院
160	会计领军人才第六期	2015	郝 颖	重庆大学
161	会计领军人才第六期	2015	邓德强	南京理工大学
162	会计领军人才第六期	2015	陈运森	中央财经大学
163	会计领军人才第六期	2015	陈 琳	西北工业大学
164	会计领军人才第六期	2015	陈丽红	中南财经政法大学
165	会计领军人才第六期	2015	陈建林	广东财经大学
166	会计领军人才第七期	2017	朱振梅	复旦大学
167	会计领军人才第七期	2017	周中胜	苏州大学
168	会计领军人才第七期	2017	张 路	北京工商大学
169	会计领军人才第七期	2017	张金若	重庆大学
170	会计领军人才第七期	2017	张洪辉	江西财经大学
171	会计领军人才第七期	2017	张 博	中国人民大学
172	会计领军人才第七期	2017	叶小杰	上海国家会计学院
173	会计领军人才第七期	2017	杨海燕	广西大学
174	会计领军人才第七期	2017	杨 丹	北京师范大学
175	会计领军人才第七期	2017	武恒光	山东财经大学
176	会计领军人才第七期	2017	魏志华	厦门大学
177	会计领军人才第七期	2017	王玉涛	中国人民大学
178	会计领军人才第七期	2017	王亮亮	东南大学
179	会计领军人才第七期	2017	王国俊	南京大学
180	会计领军人才第七期	2017	唐松莲	华东理工大学

(续表)

序号	入选期次	评选年份	姓名	单位
181	会计领军人才第七期	2017	孙 岩	兰州大学
182	会计领军人才第七期	2017	孙 亮	中山大学
183	会计领军人才第七期	2017	宋云玲	内蒙古大学
184	会计领军人才第七期	2017	沈永建	南京财经大学
185	会计领军人才第七期	2017	齐堡垒	西安交通大学
186	会计领军人才第七期	2017	柳光强	中南财经政法大学
187	会计领军人才第七期	2017	刘凌冰	东北财经大学
188	会计领军人才第七期	2017	刘慧龙	对外经贸大学
189	会计领军人才第七期	2017	林 乐	首都经济贸易大学
190	会计领军人才第七期	2017	梁上坤	中央财经大学
191	会计领军人才第七期	2017	李宇立	新疆财经大学
192	会计领军人才第七期	2017	李四海	中南财经政法大学
193	会计领军人才第七期	2017	解维敏	东北财经大学
194	会计领军人才第七期	2017	胡志颖	北京科技大学
195	会计领军人才第七期	2017	胡国强	天津财经大学
196	会计领军人才第七期	2017	窦 欢	暨南大学
197	会计领军人才第七期	2017	陈 俊	浙江大学
198	会计领军人才第七期	2017	曹 丰	湖南大学
199	国际化高端会计人才	2018	戴天婧	对外经济贸易大学
200	国际化高端会计人才	2018	傅仁辉	上海交通大学
201	国际化高端会计人才	2018	顾水彬	江苏大学
202	国际化高端会计人才	2018	韩 菲	北京国家会计学院
203	国际化高端会计人才	2018	李 琳	上海对外经贸大学
204	国际化高端会计人才	2018	李越冬	西南财经大学
205	国际化高端会计人才	2018	李宗彦	浙江财经大学
206	国际化高端会计人才	2018	刘 婷	北京工商大学
207	国际化高端会计人才	2018	谈多娇	湖北经济学院
208	国际化高端会计人才	2018	谭洪涛	西南财经大学
209	国际化高端会计人才	2018	王 莉	山东财经大学
210	国际化高端会计人才	2018	王 鑫	中央财经大学
211	国际化高端会计人才	2018	王艳艳	厦门大学
212	国际化高端会计人才	2018	魏 紫	中央财经大学
213	国际化高端会计人才	2018	姚立杰	北京交通大学

（续表）

序号	入选期次	评选年份	姓 名	单 位
214	国际化高端会计人才	2018	张馨艺	首都经济贸易大学
215	国际化高端会计人才	2018	周 芸	北京国家会计学院
216	国际化高端会计人才	2018	朱 丹	重庆大学
217	国际化高端会计人才	2019	蹇 薇	厦门国家会计学院
218	国际化高端会计人才	2019	李 璐	中南财经政法大学
219	国际化高端会计人才	2019	刘宁悦	北京理工大学
220	国际化高端会计人才	2019	刘雪娇	对外经济贸易大学
221	国际化高端会计人才	2019	王 艳	广东外语外贸大学
222	国际化高端会计人才	2019	谢诗蕾	浙江工商大学
223	国际化高端会计人才	2019	杨 宝	重庆理工大学
224	国际化高端会计人才	2019	曾亚敏	暨南大学
225	国际化高端会计人才	2019	郑 颖	中山大学
226	国际化高端会计人才	2019	周煜皓	山东工商学院

※ 部分信息来源如下：

中国会计学会. 第二批全国学术类会计领军（后备）人才培训班录取名单公布［EB/OL］.（2017-10-29）［2020-08-15］. http：//www.asc.net.cn/News/NewsContent.aspx？NewsID = 67d88165 - aa64 - 42f9 - bcfd-34f645baafc9.

中国会计学会. 2011 年全国会计领军（后备）人才（学术类）培训班录取名单［EB/OL］.（2011-10-21）［2020-08-15］. http：//www.asc.net.cn/News/NewsContent.aspx？NewsID = 8df338ba - 8262 - 4918 - ae82-cf53520eba91.

中国会计学会. 2013 年全国会计领军（后备）人才（学术类）培训班录取名单公布［EB/OL］.（2013-12-27）［2020-08-15］. http：//www.asc.net.cn/News/NewsContent.aspx？NewsID= f68429bf-42d7-41dc-857f-6f09ebf90f59.

中国会计学会. 2015 年全国会计领军（后备）人才培养工程（学术类）［EB/OL］.（2019-12-02）［2020-08-15］. http：//www. asc. net. cn/News/NewsContent. aspx？NewsID = 8c50877e - 87ca - 4f26 -9b08-2ee804f1bd60.

中国会计学会. 2017 年全国会计领军人才（学术类）选拔公示［EB/OL］.（2017-12-05）［2020-08-15］. http：//www.canet.com.cn/info/593637.html.

中华人民共和国财政部. 2018 年度国际化高端会计人才入选名单［EB/OL］.（2018-10-16）［2020-08-15］.http://kjs.mof.gov.cn/gongzuotongzhi/201810/t20181016_3046432.htm.

中华人民共和国财政部. 2019 年度国际化高端会计人才拟入选人员名单［EB/OL］.（2019-07-03）［2020-08-15］. http://kjs.mof.gov.cn/gongzuotongzhi/201907/t20190702_3289563.htm.

附录6
本科院校会计类专业课程体系重构示例

一、会计学专业（管理会计方向）人才培养方案示例※

（一）基本认识及设计思路

随着数字经济时代的到来以及人工智能的发展，财务机器人、税务机器人陆续问世，大公司纷纷成立"财务共享中心"，为小微企业服务的财务公司也愈来愈多，可见财务会计独立存在的空间正逐渐被压缩，管理会计在企业的地位越来越重要。财政部于2014年在《关于全面推进管理会计体系建设的指导意见》中指出：全面推进管理会计体系建设，是建立现代财政制度、推进国家治理体系和治理能力现代化的重要举措；是推动企业建立、完善现代企业制度，推动事业单位加强治理的重要制度安排；是激发管理活力，增强企业价值创造力，推进行政事业单位加强预算绩效管理、决算分析和评价的重要手段；是财政部门更好发挥政府作用，进一步深化会计改革，推动会计人才上水平、会计工作上层次、会计事业上台阶的重要方向。因此，大学作为培养会计人才的主要基地，亟需融合和重构会计专业，以适应国家治理和数字经济环境的要求。

一直以来，中国的会计本科教育把财务会计作为主要的培养内容，而把"管理会计"作为一门陪衬性的课程。但现在我们越来越认识到"管理会计"是会计学科的重要分支，作为会计专业的一个方向始终遵循"管理会计＝管理＋会计"或"为管理服务的会计"的逻辑思路。在具体的设置过程中，我们将成本会计、成本与管理会计内容合并，统称为"会计学专业（管理会计方向）"，属于核算的内容纳入财务会计，属于管理的内容纳入成本与管理会计；同时改变把管理会计知识简单分为"初级""中级""高级"的做法，遵照知识发展的递进逻辑和管理会计在实践中的作用过程，将其划分为成本控制、运营管理、绩效评价等不同模块，形成会计学专业（管理会计方向）的课程体系。

（二）培养方案总体架构

该培养方案按照"教是核心，学是根本"的理念，围绕"需要怎样的管理会计人才""如何培养管理会计人才""怎样评价管理会计人才质量"三个层次进行设计。

具体来说，在会计学专业（管理会计方向）的培养方案中，为了达到提高学生综合素质和能力、熟练掌握并运用管理会计各种工具方法的目标，我们将数字经济时代会计人员能力框架作为知识体系构建的基础，立足"应用型"设置有特色的课程体系，并运用行之有效

※ 方案负责人：广东财经大学王华教授。

的立体化教学手段和方法来实现。而为了了解学生的能力,我们改变了过去对教师"教学效果"的评价模式,通过完整的评价体系,对学生的学习效果进行评价,以检验管理会计人才的质量。具体的培养方案总体架构见图7-1。

图7-1 会计学专业(管理会计方向)人才培养方案

(三)课程体系设计

会计学专业(管理会计方向)的课程体系设计除了通识教育,还将专业教育分为五个方面,即专业基础课、专业核心课、专业方向课、实验实训课及专业拓展课(见表7-1)。其中,专业基础课和专业核心课应涵盖会计专业本科学生需掌握的经济、管理、会计等基础知识,专业方向课和实验实训课则更加聚焦于成本与管理会计,包括管理会计中涉及的战略分析、成本管理、绩效管理等内容,并且通过模拟商业环境实训(VBSE)等实践课,进一步强化学生的数据处理能力和业财融合的实践操作能力。

此外,我们还创造性地采用模块划分的方式设置了专业拓展课,并在每个模块中设置相应的课程。如在行业特色模块中,将其分为具体的金融业、房地产业、事业单位等,从而根据不同行业的特点来进行相应的课程设置;人文素养模块中,设置商业伦理与职业道德、财经写作及管理沟通等课程等。通过如此模块划分的方式,各学校可以根据自身培养管理会计人才的目标选择其中的模块作为本校的特色课程,从而培养综合素质更高且更专业的管理会计人才。

表 7-1　　　　　　　　　会计学专业(管理会计方向)课程体系

专业基础课	专业核心课	专业方向课	实验实训课	专业拓展课
微观经济学 宏观经济学 管理学 统计学 大数据基础 经济法学	商业伦理与道德 会计学 财务管理学 成本与管理会计 审计学 会计信息系统 税务合规与筹划	战略管理会计 企业运营管理 管理控制与业绩评价 管理会计报告与可视化 数据分析与挖掘	企业价值创造管理实训 管理会计实验 模拟商业环境实训 (VBSE)	行业特色模块 人文素质模块 管理科学模块 数据智能模块 现代管理模块 系统设计模块 工程项目模块

其中,专业拓展课(选修)7门(本页 * 指推荐课程):

行业特色模块(金融业、房地产、事业单位、政府部门、非营利组织、新经济业态……)

人文素质模块(财经写作*、商务谈判、管理沟通*、团队组织管理、商务礼仪、跨文化交流……)

管理科学模块(组织行为学*、市场营销学、管理心理学、人力资源管理、运筹学*……)

数据智能模块(大数据思维与决策、(商业智能系统)应用、大数据技术与应用、AR 和 VR 技术、数据共享服务、区块链原理、设计与应用……)

现代管理模块(企业价值管理、现代企业制度、公司治理、税收筹划、财务报表分析、企业重组并购、内部控制与风险管理*……)

系统设计模块(商业计划书*、商业模式创新*、项目管理、流程管理、质量管理、组织架构设计*……)

工程项目模块(生产工艺学、产品设计、流程再造、商业情景分析……)

(四)课程—能力矩阵图

为了更清晰地体现出会计学专业(管理会计方向)的培养目标、专业能力与课程之间的关系,我们进一步做了课程—能力矩阵图(见表 7-2)。

1. 素质要求,包括:(1)职业道德素质:是指具有道德、诚信和专业精神,树立社会主义核心价值观,具有良好的道德修养和社会责任感、积极向上的人生理想、符合社会进步要求的价值观念和应有的爱国主义情怀,注重人文素养、树立法制观念、公民意识和科学态度,具有事业心、责任感和严谨的工作态度,以及遵纪守法、诚实守信和勇于奉献的精神。(2)体魄心理素质:是指具备良好的心理素质和健康的体魄,能够有效的控制和稳定情绪、抵御挫折和承受压力,具有冷静、谦虚的气质和自信、积极向上的品格。(3)专业技能素质:是指爱岗敬业,坚守诚信原则,熟悉国家财经纪律和政策,执行有关的会计法规,积极钻研会计业务,精通专业知识,掌握会计技术方法,熟悉单位业务活动,能够熟练运用管理会计知识和工具方法分析问题、解决问题。

2. 能力要求，包括：（1）专业能力：具备参与战略制定、规划、控制和实施的管理能力，从事财务会计工作的能力，完成特定管理会计工作的能力，成本计算与控制的能力，全面预算管理能力，内部控制与风险管理能力，税务筹划与合规性审查能力，运用会计信息系统的能力，编制管理会计报告以及绩效管理等方面的能力。（2）职业能力：具备人际交往与语言文字沟通能力，自主学习、终身学习和创新能力，团队协作能力、环境适应能力，以及心理承受能力、文献检索和资料查询等信息获取能力，分析问题和解决问题的能力，根据单位实际情况熟练运用管理会计方法和工具的能力。（3）数据能力：具备数据获取、管理和分析等方面能力，能借助大数据、云计算、人工智能系统技术手段，以财务和业务数据为基础，进行业财融合系统分析，应用定量技术，包括时间序列分析、回归分析等统计技术与方法以及计量经济模型，以提高分析和预测能力和水平，为单位提供管理决策支持。

3. 知识要求，包括：（1）学科基础知识及技能：系统掌握管理学、经济学和统计学等学科基础知识和方法，以及外语和计算机等方面的知识和技能。（2）管理会计专业知识：熟练掌握会计以及管理会计基本理论、方法和技能，了解本学科的理论前沿和发展动态，熟练运用管理会计知识解决企事业单位管理决策问题，如经营预测、经营决策、战略管理、预算管理、成本管理、绩效管理、风险管理等。（3）人文社科知识：具备文学、社会学、心理学、历史学、政治学、伦理学、哲学和艺术学等方面的人文社会科学知识，学习思想政治理论知识。

在该矩阵图中，我们把每一门课程对培养目标的重要性划分为重要(P)和次要(S)并把培养目标又细分为素质要求、能力要求以及知识要求（来源于图 7-1）。由于每个学校设置的课程与培养目标存在差异，在此，我们仅将部分课程与培养目标的重要性评价作为示例展示，各学校在各自的矩阵图中，可以自行选择和改变。

表 7-2　会计学专业（管理会计方向）培养目标、专业能力与课程设置矩阵示例

课程模块	培养目标 课程	善沟通、多技能、会管理、有远见、敢担当									
		素质要求			能力要求			知识要求		
		职业道德素质	体魄心理素质	专业技能素质	专业能力	职业能力	数据能力	学科基础知识及技能	管理会计专业知识	人文社科知识
专业基础课	微观经济学			S	P			P		
	宏观经济学			S	P			P		
	管理学			S	P	P		P		
	统计学			S	P	S	P	P	S	
	大数据基础			P	P	P	P	P	P	
	经济法学	P		S	P	P		S		

附录 6
本科院校会计类专业课程体系重构示例

（续表）

课程模块	培养目标 / 课程	善沟通、多技能、会管理、有远见、敢担当							
		素质要求			能力要求			知识要求		
		职业道德素质	体魄心理素质	专业技能素质	专业能力	职业能力	数据能力	学科基础知识及技能	管理会计专业知识	人文社科知识
专业核心课	商业伦理与道德	P	P	P						P
	会计学			S	P	S		P	S	
	财务管理学			S	P	S		P	S	
	成本与管理会计			P	P	P		S	P	
	审计学	P		P	P	S		P	P	
	会计信息系统			S	P	P	P	P	S	
	税务合规与筹划	P			P	P			P	
专业方向课	战略管理会计			P	P	S			P	
	管理控制与业绩评价			P	P	S			P	
	企业运营管理			P	P	P	S		P	
	管理会计报告与可视化			P	P	P	P		P	
	数据分析与挖掘			S	P	S	P		S	
实验实训课	企业价值创造管理实训		S	P	P	P	P		P	
	管理会计实验		S	P	P	P	P		P	
	模拟商业环境实训（VBSE）		S	P	P	P	P		P	
专业拓展课	行业特色模块			P	P	P	P			P
	人文素质模块									P
	管理科学模块						P		P	
	数据智能模块						P			
	现代管理模块			S		P			P	
	系统设计模块						S			
	工程项目模块						S			

注：培养目标、专业能力与课程设置的支撑分别用"P(重要)、S(次要)"表示，各个高校可以根据自身特点进行相应调整，此表仅作为示例展示。

(五)专业课学期安排及学程规划

1. 会计学专业(管理会计方向)专业课课程结构分析表示例(见表 7-3)

表 7-3　　　　会计学专业(管理会计方向)专业课课程结构分析表

课程性质		必修/选修	学分数	占总学分比例	学时数(18×学分数)	含实践教学学分
通识教育课程	必修课	必修	60	37.50%	18×60	
	选修课	选修	10	6.25%	18×10	
	小计		70	43.75%	18×70	
公共基础课程		必修	18	11.25%	18×18	
		选修				
	小计		18	11.25%	18×18	
专业教育课程	专业基础课	必修				
	专业核心课	必修	26	16.25%	18×26	
	专业方向课	必修	10	6.25%	18×10	
	专业拓展课	必修				
		选修	10	6.25%	18×10	
	小计		46	28.75%	18×46	
专业综合实践	实验课	必修	16	10.00%		
		选修				
	小计		16	10.00%		
第二课堂活动		必修				
		选修	10	6.25%		
	小计		10	6.25%		
必修模块合计			114	71.25%		
选修模块合计			20	12.50%		
实践教学环节合计(专业综合实践+第二课堂活动)			26	16.25%		
毕业应修总学分			160	100.00%		

2. 会计学专业(管理会计方向)专业课课程设置与学期安排表示例(见表 7-4)

表 7-4　　会计学专业(管理会计方向)专业课课程设置与学期安排表

| 课程类别 | 课程模块 | 课程名称 | 学分 | 各学期学分分配 |||||||| 学时分布(学时) ||| 开课单位 | 备注 | 是否必选 |
				1	2	3	4	5	6	7	8	讲课	实验	线上	合计			
必修课	专业基础课	微观经济学	3	3								54			54			
		宏观经济学	3		3							54			54			
		管理学	3	3								48	6		54			
		统计学	3		3							48	6		54			
		经济法学	3			3						42	12		54			
		大数据基础	3				3					36	18		54			
		小计(学分)	18	6	6	3	3	0	0	0	0	282	42		324			
	专业核心课	商业伦理与道德	2				2		0			36			36			
		会计学	6	4	2							84	24		108			
		成本与管理会计	6			3	3					72	36		108			
		财务管理学	3			3						42	12		54			
		会计信息系统	3					3				30	24		54			
		审计学	3					3				42	12		54			
		税务合规与筹划	3						3			36	18		54			
		小计(学分)	26	4	2	6	5	6	3	0	0	342	126		468			
	专业方向课	战略管理会计	2				2					24	12		36			
		企业运营管理	2					2				24	12		36			
		管理控制与业绩评价	2						2			24	12		36			
		管理会计报告与可视化	2					2				24	12		36			
		数据分析与挖掘	2						2			24	12		36			
		小计(学分)	10	0	0	0	2	4	4	0	0	120	60		180			
必修课合计(学分)																		
选修课	通识教育选修课																	

(续表)

课程类别	课程模块	课程名称	学分	1	2	3	4	5	6	7	8	讲课	实验	线上	合计	开课单位	备注	是否必选
选修课	专业选修课	行业特色模块	金融业																
		房地产业																	
		事业单位																	
		政府部门																	
		非营利组织																	
		新经济业态																	
		……																	
		人文素质模块	财经写作*	2							2								
		商务谈判	2						2										
		管理沟通*	2						2										
		团队组织管理																	
		商务礼仪																	
		跨文化交流																	
		……																	
		管理科学模块	组织行为学*	2						2									
		市场营销学	2						2										
		管理心理学	2							2									
		人力资源管理	2							2									
		运筹学*	2							2									
		……																	
		数据智能模块	大数据思维与决策																	
		(商业智能系统)应用	2							2									
		大数据技术与应用																	
		AR 和 VR 技术																	
		数据共享服务	2							2									
		区块链原理设计与应用																	
		……																	

(续表)

课程类别	课程模块		课程名称	学分	各学期学分分配								学时分布(学时)				开课单位	备注	是否必选
					1	2	3	4	5	6	7	8	讲课	实验	线上	合计			
选修课	专业选修课程	现代管理模块	企业价值管理																
			现代企业制度																
			公司治理																
			税收筹划																
			财务报表分析	2						2									
			企业重组并购	2						2									
			内部控制与风险管理*	2						2									
			……																
		系统设计模块	商业计划书*	2					2										
			商业模式创新*	2							2								
			项目管理	2							2								
			流程管理																
			质量管理																
			组织架构设计*																
			……																
		工程项目模块	生产工艺学																
			产品设计																
			流程再造																
			商业情景分析																
			……																
选修课合计(学分)				10	0	0	0	2	2	4	2	0	0	0	0	0			
合计																			

注：(1) 由于每所院校的专业基础课不同，本部分仅作示例展示，仅强调专业核心课、专业方向课和专业拓展课。
(2) 选修课合计(学分)为10，指的是学生在专业拓展课中选修相关课程以达到学分要求。*为推荐课程。

二、会计学专业(智能会计方向)人才培养方案示例 I ※

(一) 基本认识及设计思路

1. 基本认识：转型升级，坚守根本

第一，转型升级：会计须从核算反映型向智能决策型转型。人类社会正在进入智能化时代，智能时代所出现的新技术、新业态、新产业、新模式对会计提出了极大挑战的同时，也为会计提供了极好的转型机遇。特别是，大数据、人工智能、移动互联网、云计算、物联网、区块链等新的信息技术的发展，使会计所依赖的技术手段发生了极大的变化；新业态、新产业、新模式的不断涌现，使对会计服务的对象发生极大的变化。因此，随着智能时代的到来，会计从传统的核算反映型会计向智能决策型会计转型已成必然。

第二，坚守根本：变的是技术的"形"，不变的是会计的"魂"。智能时代会计的技术手段、服务对象、方式方法、组织形式、服务内容、效率和质量等都发生了很大变化。但是，无论技术如何变化，会计的根本并没有变，即会计的"监督、反映、决策支持"的核心功能没有变。并且，随着新技术的不断应用，会计的功能将更加强大。事实已经证明，每一次的技术革命，会计不是消亡而是变得更加重要。所以，智能时代，变的是技术的"形"，不变的是会计的"魂"。会计仍然是会计，当前所谓的"智能会计"(或智慧会计、大数据会计等)只是过渡性称呼，只是为了强调其转型升级的要求。

2. 基本定位：面向多数，行之有效

本培养方案注重推广应用的普适性和可行性，因此，综合考虑了大多数高校，特别是财经类院校和应用型本科院校的特点，同时兼顾理工院校和综合院校的特点，以便能够在大多数院校先行实施，行之有效。

3. 设计思路：面向需求，科学规划，分步实施

第一，面向需求，系统设计。智能会计人才的培养方案，是以国家战略发展和智能时代的会计实务需求为导向，以会计的核心功能为根本，结合大多数院校的特点，特别是财经类院校的特点，形成"智能会计"专业方向的人才培养目标体系，从而形成"智能会计"专业方向的学生能力体系，进而构建"智能会计"专业方向的课程体系，建设"智能会计"专业方向的系列教材、教学课件和实验体系，并根据教学内容形成相应的教学手段和方法体系。

第二，广泛调研，科学规划。为了更好地设计培养方案，本项目组进行了面向高校会计师资的广泛问卷调查、面向企业的广泛访谈、针对现有培养方案的比较研究等活动，同时重点分析比较了具有代表性的特色方向培养方案。在此基础上，结合大多数高校，特别是财经类院校的办学条件、人才培养定位等，进行科学规划，提出一套培养方案。

第三，面向多数，分步实施。本培养方案以主要适用于大多数高校，特别是财经类院校为基本目标，同时兼顾理工院校和综合性大学的需求。国内外关于智能时代会计转型以及人才培养等问题的讨论正在进行中，且尚未形成成熟统一的规范化体系，本培养方案也存

※ 方案负责人：南京审计大学温素彬教授。

在诸多不足,但基本目标是当前可推广实施。智能会计人才培养方案的制定和实施是一个循序渐进、分步实施、不断完善的过程。所以,当前提出的培养方案并不是一套非常严谨和科学的方案,但应该是一套行之有效的方案。

(二)培养方案总体架构

本培养方案按照"教是核心,学是根本"的理念,围绕"需要怎样的智能会计人才?""如何培养智能会计人才?""怎样评价智能会计人才质量?"三个层次进行设计。

具体来说,在智能会计人才的培养方案中,将数字经济时代会计人员能力框架作为知识体系构建的基础,立足"应用型"设置有特色的课程体系,并运用行之有效的立体化教学手段和方法来实现。本专业方向培养具备良好的伦理精神和职业道德、人文素养和科学精神,德、智、体、美、劳全面发展,具有坚实的人文经管基础、扎实的会计理论与实务能力、突出的大数据分析能力和智能决策能力的应用型、复合型和创新型会计专门人才。在课程体系中,以智能时代会计的核心功能为根本,将大数据分析、人工智能与会计专业相融合,并通过线上线下混合教学、翻转课堂、案例教学等多种方法相结合,以慕课、微课等多种教学资源和实验实训平台为支撑,通过多维度的学习效果和能力评价,形成"一体两翼四协同"的培养体系。其中,一体即目标—能力—课程体系;两翼即教学资源体系、实验实训体系;四协同即产学研用协同体系。

具体的培养方案总体架构见图 7-2。

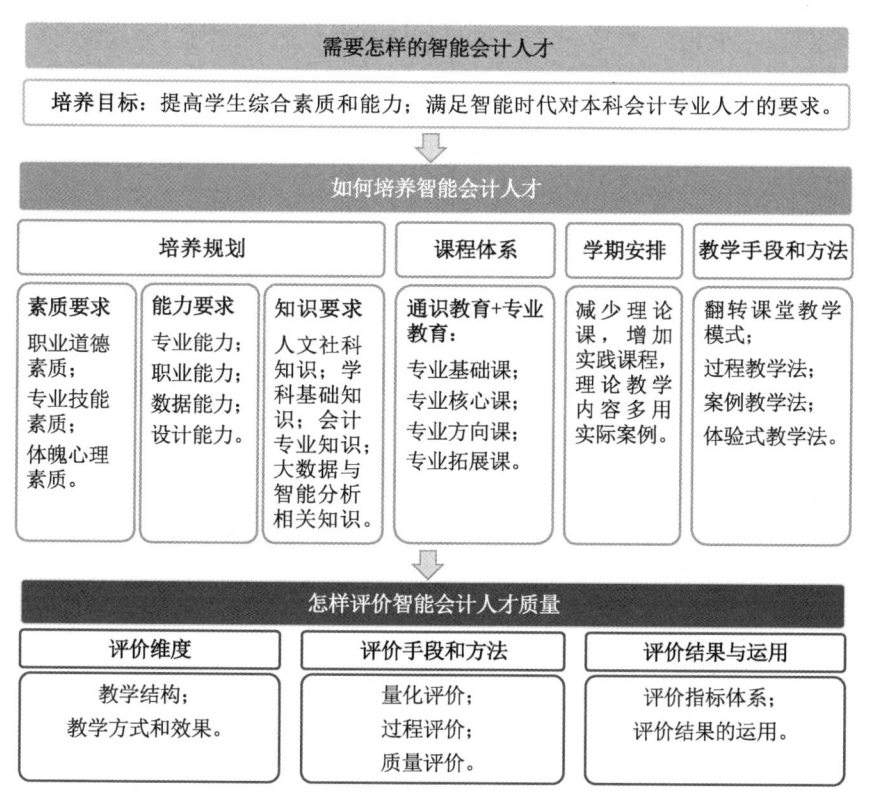

图 7-2 智能会计方向培养方案

(三) 课程体系设计

智能会计的课程体系设计除了通识教育,还将专业教育分为四个方面,即专业基础课、专业核心课、专业方向课及专业拓展课(具体见表7-5)。其中,在通识教育课中建议开设"计算机基础"课程,公共基础课中建议开设"计算机程序设计语言""数据库原理与应用"课程;专业基础课中建议开设"大数据分析基础""机器学习与数据挖掘"课程;专业方向课则更加聚焦于智能化会计,构建"智能会计"的核心课程体系,搭建"智能会计"的实验平台,形成数据赋能的会计与财务决策支持系统,形成"一体两翼四协同"的课程体系和"理实一体"的教学模式。此外,专业拓展课中建议各学校根据自身需求和办学特色分别开设行业特色模块、人文素质模块、管理科学模块、数据智能模块、现代管理模块、系统设计模块、工程项目模块等课程。

表7-5 会计学专业(智能会计方向)课程体系

专业基础课	专业核心课	专业方向课	专业拓展课
微观经济学	商业伦理与道德	高级数据分析与可视化	行业特色模块
宏观经济学	会计学	大数据分析技术与工具	人文素质模块
管理学原理	财务管理学	智能财务共享服务	管理科学模块
战略管理	成本与管理会计	商业智能分析	数据智能模块
统计学	审计学	基于大数据的财务决策	现代管理模块
运筹学	会计信息系统	IT审计	系统设计模块
税法	企业税务管理		工程项目模块
经济法			
管理信息系统			
大数据分析基础			
机器学习与数据挖掘			
其他			

注:专业方向课均包括理论授课与实验环节,建议开设为校企共建课。

会计学专业(智能会计方向)课程之间的逻辑关系如图7-3所示。

(四) 课程—能力矩阵图

为了更清晰地体现出智能会计方向的培养目标、专业能力与课程之间的关系,我们进一步做了课程—能力矩阵图(见表7-6)。

其中,素质要求是指:(1)职业道德素质:具有道德、诚信和专业精神,树立社会主义核心价值观,具有良好的道德修养和社会责任感、积极向上的人生理想、符合社会进步要求的价值观念和应有的爱国主义情怀,注重人文素养、树立法制观念、公民意识和科学态度,具有事业心、责任感和严谨的工作态度,以及遵纪守法、诚实守信和勇于奉献的精神。(2)体魄心理素质:具备良好的心理素质和健康的体魄,能够有效的控制和稳定情绪、抵御挫折和承受压力,具有冷静、谦虚的气质和自信、积极向上的品格。(3)专业技能素质:爱岗敬业,坚守诚信原则,熟悉国家财经纪律和政策,积极钻研会计业务,精通专业知识,掌握会计技术方法,熟悉单位业务活动,能够熟练借助大数据分析工具,运用会计知识和工具方法分

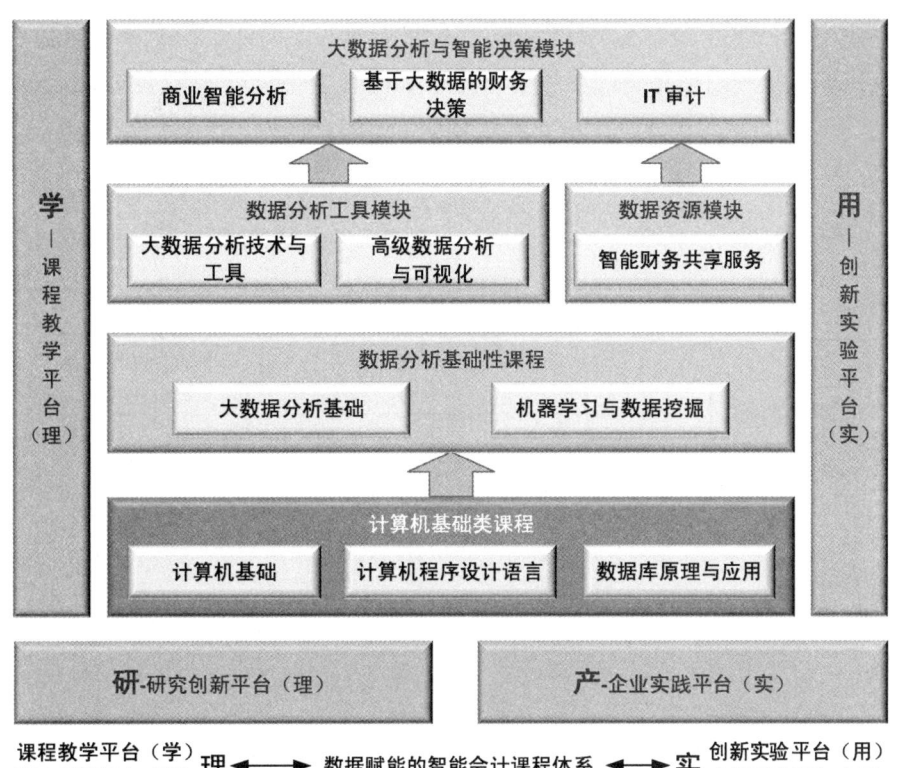

图 7-3　会计学专业(智能会计方向)课程结构

析问题、解决问题。

　　能力要求是指：(1)专业能力：具备参与战略制定、规划、控制和实施的管理能力，从事会计工作的能力，特别是借助大数据分析方法和工具，具有突出的数据分析与基于数据分析的智能决策能力。(2)职业能力：具备人际交往与语言文字沟通能力，自主学习、终身学习和创新能力，团队协作能力、环境适应能力，以及心理承受能力，文献检索和资料查询等信息获取能力，分析问题和解决问题的能力，根据单位实际情况熟练运用管理会计方法和工具的能力。(3)数据能力：具备突出的数据获取、数据管理和数据分析等方面能力，能借助大数据、云计算、人工智能等技术手段，以财务和业务数据为基础，进行数据分析与数据展示，为单位提供智能管理决策支持。(4)设计能力：具有系统设计思维，具备在大数据和人工智能的背景下，面向现实经济管理活动，对于管理决策提出解决问题的设计能力。

　　知识要求是指：(1)具备文学、社会学、心理学、历史学、政治学、伦理学、哲学和艺术学等方面的人文社会科学知识，学习思想政治理论知识。(2)系统掌握管理学、经济学、统计学等学科基础知识和方法，以及外语和计算机等方面的知识和技能。(3)熟练掌握会计学基本理论、方法和技能，了解本学科的理论前沿和发展动态，熟练运用会计知识解决企事业单位管理决策问题。(4)较好地掌握大数据分析技术与工具方面的知识，能够运用大数据分析工具开展问题分析,并基于大数据和人工智能背景提出解决问题的系统性方案。

在该矩阵图中,我们把每一门课程对培养目标的重要性划分为重要(P)和次要(S),其中把培养目标又细分为素质要求、能力要求以及知识要求(见表7-6)。由于每个学校设置的课程与培养目标存在差异,所以表7-6只是一个示例,各学校在此基础上按照本学校的特点和要求自行选择和设计。

表7-6　　会计学专业(智能会计方向)培养目标、专业能力与课程设置矩阵示例

课程模块	课程	素质要求			能力要求				知识要求			
		职业道德素质	体魄心理素质	专业技能素质	专业能力	职业能力	数据能力	设计能力	人文社科知识	学科基础知识及技能	会计专业知识	数据分析知识
公共基础课	微观经济学			S	P			S		P		
	宏观经济学			S	P			S		P		
	管理学	S	S	S				S		P		
	统计学			S	P		P	S				P
	运筹学			S	P		P	S				P
	计量经济学			S	P		P	S				P
	计算机程序设计语言				P							
	数据库原理与应用				P							
专业基础课	经济法	P		S	P	P				S		
	税法	P		S	P	P				S		
	战略管理											
	组织行为学		S	S			P		P			
	人力资源管理											
	管理信息系统											
	生产运作管理											
	大数据分析基础	S		P	P	P	P	P				P
	机器学习与数据挖掘			P			P					P
专业核心课	商业伦理与道德	P	S	P					P	S	S	
	会计学	S			P	P					P	
	财务管理学				P	P					P	
	成本与管理分析				P	P					P	
	审计学	P			P	P					P	
	会计信息系统			P	P	P	S	P			P	
	企业税务管理				P	P					P	

(续表)

课程模块	课程 \ 培养目标	满足智能时代新技术新产业新业态新模式对会计专业人才的培养要求									
		素质要求			能力要求				知识要求			
		职业道德素质	体魄心理素质	专业技能素质	专业能力	职业能力	数据能力	设计能力	人文社科知识	学科基础知识及技能	会计专业知识	数据分析知识
专业方向课	高级数据分析与可视化				P	P	P	P				P
	大数据分析技术与工具				P	P	P					P
	智能财务共享服务				P	P	P	P				P
	商业智能分析				P	P	P	P				
	基于大数据的财务决策				P	P	P	S				P
	IT审计(选修)				S	S	P					S
专业拓展课	行业特色模块	P			P				P			
	人文素质模块								P			
	管理科学模块					P					P	
	数据智能模块				P		P	P				P
	现代管理模块	S	P									
	系统设计模块					P	P			P		
	工程项目模块						P			P		

注：培养目标、专业能力与课程设置的支撑分别用"P（重要）、S（次要）"表示，各个高校可以根据自身特点进行相应调整。

（五）专业课学期安排及学程规划

1. 会计学专业（智能会计方向）专业课课程结构分析表示例（见表7-7）

表7-7　　　　会计学专业（智能会计方向）专业课课程结构分析表

课程性质	必修/选修		学分数	占总学分比例	学时数（学时）	含实践教学学分
通识教育课程	必修课	必修	51	32.28%		
	选修课	选修	10	6.33%		
	小计		61	38.61%		
公共基础课程		必修	21	13.29%		
		选修				
	小计		21	13.29%		

(续表)

课程性质		必修/选修	学分数	占总学分比例	学时数（学时）	含实践教学学分
专业教育课程	专业基础课	必修	20	12.66%		
	专业核心课	必修	20	12.66%		
	专业方向课	必修	10	6.33%		
	专业拓展课	必修				
		选修	10	6.33%		
	小计		60	37.98%		
专业综合实践	实验课	必修	6	3.78%		
		选修				
	小计		6	3.78%		
第二课堂活动		必修				
		选修	10	6.33%		
	小计		10	6.33%		
必修模块合计			122	77.21%		
选修模块合计			20	12.66%		
实践教学环节合计			16	10.11%		
毕业应修总学分			158	100.00%		

2. 会计学专业(智能会计方向)专业课课程设置与学期安排表示例(见表7-8)

表7-8　　　会计学专业(智能会计方向)专业课课程设置与学期安排表

课程类别		课程名称	学分	学期分布								学时分布				开课单位
				1	2	3	4	5	6	7	8	讲课	实践	线上	合计	
必修课	通识教育课程	军事训练	2	2												
		军事理论	2			2										
		马克思主义基本原理	3	3												马院
		思想品德修养与法律基础	2	2												马院
		毛泽东思想和中国特色社会主义理论体系概论	5		5											马院
		中国近现代史纲要	2		2											马院
		大学英语	8	2	2	2	2									

(续表)

课程类别		课程名称	学分	学期分布								学时分布				开课单位
				1	2	3	4	5	6	7	8	讲课	实践	线上	合计	
必修课	通识教育课程	高等数学	8	4	4											理学院
		线性代数	4			4										理学院
		概率论与数理统计	4				4									理学院
		大学语文	2	2												
		计算机基础	2	2												计算机学院
		创业基础	1	1												创业学院
		体育	4	2	2											体育部
		形势与政策	2	分布于8个学期												马院
	小计（学分）		51	20.25	15.25	8.25	6.25	0.25	0.25	0.25	0.25	0.25	0.25			
必修课	公共基础课程	微观经济学	3		3											
		宏观经济学	3			3										
		管理学	3	3												
		统计学	2			2										
		运筹学	2						2							
		计量经济学	2					2								
		计算机程序设计语言	3	3												计算机学院
		数据库原理与应用	3				3									计算机学院
	小计（学分）		21	6	3	5	3	2	2	0	0	0	0			
	专业基础课程	经济法	2				2									
		税法	3			3										
		战略管理	2				2									
		组织行为学	2		2											
		人力资源管理	2				2									
		管理信息系统	3				3									信息学院
		生产运作管理	2					2								
		大数据分析基础	2						2							
		机器学习与数据挖掘	2						2							
	小计（学分）		20	0	2	3	9	2	4							

(续表)

课程类别		课程名称	学分	学期分布								学时分布				开课单位
				1	2	3	4	5	6	7	8	讲课	实践	线上	合计	
必修课	专业核心课程	商业伦理与道德	2			2										
		会计学	4		4											
		财务管理学	3			3										
		成本与管理会计	3				3									
		审计学	3					3								
		会计信息系统	3					3								
		企业税务管理	2						2							
		小计（学分）	20	0	4	5	3	6	2	0	0					
	专业方向课程	高级数据分析与可视化	2				2									
		大数据分析技术与工具	2					2								
		智能财务共享服务	2						2							
		商业智能分析	2							2						
		基于大数据的财务决策	2							2						
		小计（学分）	10	0	0	0	2	2	2	4	0					
	必修课合计（学分）		122	26.25	24.25	21.25	23.25	12.25	10.25	4.25	0.25					
选修课	通识教育选修课	人文社会科学类	2													
		自然科学类	2													
		方法论类	2													
		艺术素养类	2													
		身心健康类	2													
		创新创业类	2													
		小计（学分）	10													
	专业拓展课程	**行业特色模块**														
		金融业														
		房地产														
		事业单位														
		政府部门														
		非营利组织														

(续表)

课程类别		课程名称	学分	学期分布								学时分布				开课单位
				1	2	3	4	5	6	7	8	讲课	实践	线上	合计	
选修课	专业拓展课程	新经济业态														
		……														
		人文素养模块														
		财经写作*	2													
		商务谈判	2													
		管理沟通	2													
		团队组织管理														
		商务礼仪														
		跨文化交流														
		……														
		管理科学模块														
		市场营销														
		管理心理学*	2													
		预测与决策														
		综合评价理论与方法														
		……														
		数据智能模块														
		IT审计*	2													
		RPA技术	2													
		区块链原理与应用	2													
		人工智能及产业应用														
		数据挖掘中的统计方法														
		智能知识管理														
		大数据供应链成本管理														
		AR和VR技术														
		……														
		现代管理模块														
		企业价值管理														
		现代企业制度														
		公司治理														
		财务报表分析*	2													
		综合报告														

(续表)

课程类别		课程名称	学分	学期分布								学时分布				开课单位
				1	2	3	4	5	6	7	8	讲课	实践	线上	合计	
选修课	专业拓展课程	企业重组并购														
		内部控制与风险管理*	2													
		市场营销														
		……														
		系统设计模块														
		商业计划书														
		商业模式创新														
		项目管理														
		流程管理														
		质量管理														
		组织架构设计														
		……														
		工程项目模块														
		生产工艺学														
		产品设计														
		流程再造														
		项目成本管理														
		……														
		选修课合计(学分)	20													
其他		劳动与安全教育														
		第二课堂活动														
		专业实验(必修)														
		毕业实习(必修)														
		毕业论文/毕业设计（必修）														
		小　计														

注：选修课学分合计为20，指的是学生在通识教育选修课中选修10学分的课程，并在专业拓展课程中选修10学分的课程以达到学分要求。＊为推荐课程。

三、会计学专业(智能会计方向)人才培养方案示例 II ※

(一)基本认识及设计思路

随着信息科学进步与数据技术革新,互联网、大数据、人工智能与实体经济深度融合,会计教育逐步落后于智能化经济的快速发展,会计人才传统的知识框架和专业技能被迅速颠覆替代。2016年6月7日,教育部颁布实施《教育信息化"十三五"规划》,以期加快推动信息技术与教学教育的融合发展。此类政策的出台为高校人才培养模式的改革与发展提供了明确的实施导向和政策支持。核算会计向智能会计过渡、传统会计人才培养模式向智能会计人才培养模式转型,势在必行。

本培养方案以确立智能化时代会计人才为培养标准,注重智能化会计学特色性、参考性、融合性的培养方案,希望为同类高等学校会计专业学变革提供依据与路径。

(二)培养方案总体架构

该培养方案按照"教是核心,学是根本"的理念,围绕"需要怎样的智能会计人才""如何培养智能会计人才""怎样评价智能会计人才质量"三个层次进行设计。

具体来说,在会计学专业(智能会计方向)的培养方案中,加入智能化会计元素,通过提升专业和技能提升培养学生综合素养与商业精神,构建适应人工智能时代下复合型会计人员能力框架。我们在智能会计人才培养方案的核心能力培养方面,专门加入了人工智能版块(包括大数据技术、RPA技术等)与会计培养目标相结合。课程体系方面,将会计专业课程和新一代信息技术相融合,并依托翻转课堂、线上线下混合教学等教学方法与手段实现,进一步促进应用型、复合型会计人才的养成。

具体培养方案总体架构见图7-4。

(三)课程体系设计

智能会计方向的课程体系设计除了通识教育以外,将专业教育分为四个方面,即专业基础课、专业核心课、专业拓展课及专业实践课(见图7-5)。其中,在通识教育课中开设信息技术类课程,分别为"计算机基础""人工智能概论""Python程序设计",专业基础课中开设"会计大数据基础",专业核心课程中的选修方向主要集中在会计信息与数据方面,专业拓展课程的必修课与选修课则更加聚焦于智能化会计,选修课程分为"高级智能技术模块""智能会计应用模块""智能审计应用模块"三大"智能模块"。此外,在专业实践课程中也加入"区块链大会计实训""智能会计应用综合实训"等"智能"课程。

其中:专业拓展课有6门(必修2门+选修4门)。

必修课程(共2门):管理会计大数据、商业数据分析报告写作。

选修课程(共4门):高级智能技术模块(深度学习与智能会计、模式识别与价值发现、专家系统与智能决策、区块链与财会审);智能会计应用模块(智能资金管理、智能成本管理、智能预算管理、智能绩效管理、智能投资管理);智能审计应用模块(审计数据分析、信息

※ 方案负责人:重庆理工大学程平教授。

图 7-4　会计学专业(智能会计方向)培养方案

系统审计、大数据智能审计、大数据智能风控)。

（四）专业课学期安排及学程规划

1. 会计学专业(智能会计方向)专业课课程结构分析表示例(见表7-9)

表 7-9　　会计学专业(智能会计方向)专业课课程结构分析表

课程性质		必修/选修	学分数	占总学分比例	学时数	含实践教学学分
通识教育课程	必修课	必修	44	26.19%	768	40
	选修课	选修	7	4.17%	112	16
	小计		51	30.36%	880	56
专业教育课程	专业基础课	必修	38	22.62%	608	24
	专业核心课	必修	34	20.24%	544	64
		选修	9	5.35%	144	72
	专业拓展课	必修	5	2.98%	80	32
		选修	7	4.17%	112	56
	专业实践课	必修	9	5.35%	144	144
		选修	5	2.98%	80	80
	小计		107	63.69%	3 472	648

(续表)

课程性质	必修/选修	学分数	占总学分比例	学时数	含实践教学学分
必修模块合计		130	77.38%		
选修模块合计		28	16.67%		
实践教学环节(专业实践课)合计		14	8.33%		
毕业设计(含实习)		10	5.95%		
毕业应修总学分		168	100.00%		

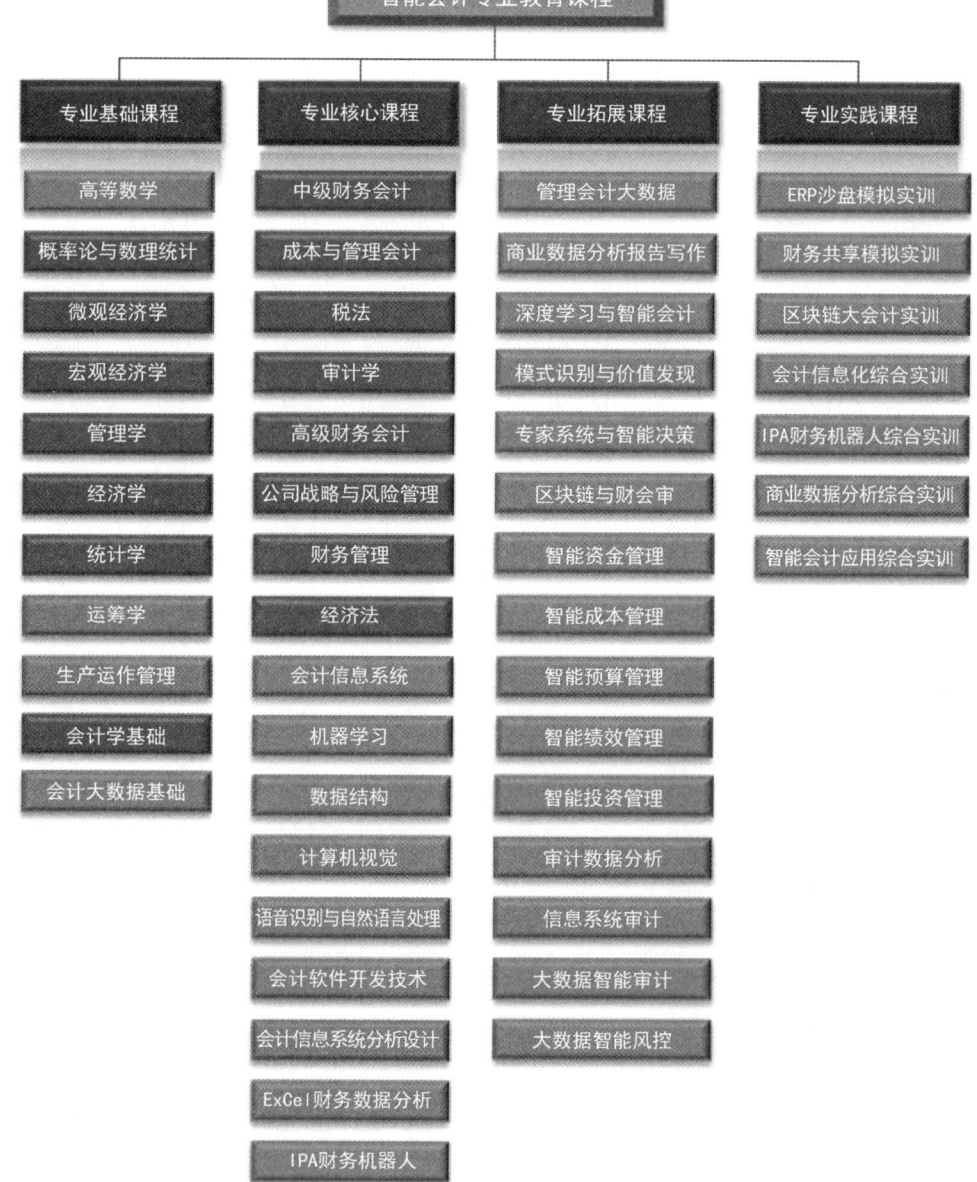

图 7-5 会计学专业(智能会计方向)课程体系

2. 会计学专业(智能会计方向)专业课课程设置与学期安排表示例(见表7-10)

表7-10　会计学专业(智能会计方向)专业课课程设置与学期安排表

课程类别	课程名称	课程性质	学分	学期分布								学时分布				开课单位
				1	2	3	4	5	6	7	8	讲课	实践	线上	合计	
通识教育课程	思想道德修养与法律基础	必修	2.5	2.5								40			40	
	中国近现代史纲要	必修	2.5				2.5					40			40	
	马克思主义基本原理概论	必修	2.75			2.75						44			44	
	毛泽东思想和中国特色社会主义理论体系概论	必修	4.25					3.25				68			68	
	形势与政策	必修	2	0.5	0.5	0.5	0.5					64			64	
	思想道德修养与法律基础实践教学	必修	0.5	0.5								8			8	
	中国近现代史纲要实践教学	必修	0.5				0.5					8			8	
	马克思主义基本原理概论实践教学	必修	0.25			0.25						4			4	
	毛泽东思想和中国特色社会主义理论体系概论实践教学	必修	0.75					0.75				12			12	
	大学体育	必修	4	1	1	1	1					144			144	
	大学英语	必修	12	3	3	3	3					144			144	
	人工智能概论	必修	1		1							16			16	
	计算机基础	必修	2	2								16	16		32	
	Python程序设计	必修	4			4						40	24		64	
	创业基础	必修	2				2					32			32	
	大学生职业生涯规划与就业指导	必修	1		1							16			16	
	创业与财务	必修	1						1			16			16	
	创新创业实践	必修	1						1			16			16	
	大学生心理健康教育	选修	1.5	1.5								16	8		24	
	军事训练	选修	2	2								32			32	
	写作与沟通	选修	1.5		1.5							24			24	
	素质拓展课程	选修	1.5				1.5					24			24	
	素质拓展实践	选修	0.5				0.5						8		8	
	小计(学分)		51													

(续表)

课程类别	课程名称	课程性质	学分	学期分布								学时分布				开课单位
				1	2	3	4	5	6	7	8	讲课	实践	线上	合计	
专业教育课程	微观经济学	必修	3		3							48			48	
	宏观经济学	必修	2.5			2.5						40			40	
	高等数学[经管类]Ⅰ	必修	3.5	3.5								56			56	
	高等数学[经管类]Ⅱ	必修	4		4							64			64	
	线性代数	必修	3		3							48			48	
	概率论与数据统计	必修	3.5			3.5						56			56	
	管理学	必修	3	3								48			48	
	统计学	必修	3			3						48			48	
	运筹学	必修	3.5									56			56	
	生产运作管理	必修	3									48			48	
	会计学基础	必修	3		3							48			48	
	会计大数据基础	必修	3				3					24	24		48	
	小计(学分)		38													
专业教育课程 专业核心课程	中级财务会计	必修	4			4						64			64	
	成本与管理会计	必修	4				4					64			64	
	财务管理	必修	4					4				56	8		64	
	税法	必修	3.5			3.5						56			56	
	经济法	必修	2.5		2.5							40			40	
	高级财务会计	必修	3				3					48			48	
	审计学	必修	3						3			48			48	
	公司战略与风险管理	必修	3						3			48			48	
	会计信息系统	必修	3				3					24	24		48	
	机器学习	必修	4							4		32	32		64	
	数据结构	选修	3						3			32	16		48	
	计算机视觉	选修	3						3			24	24		48	
	语音识别与自然语言处理	选修	3							3		24	24		48	
	Excel财务数据分析	选修	3					3				24	24		48	
	IPA财务机器人	选修	3						3			24	24		48	
	会计软件开发技术	选修	3				3					24	24		48	
	会计信息系统分析设计	选修	3						3			24	24		48	
	小计(学分)		43													

(续表)

课程类别		课程名称	课程性质	学分	学期分布								学时分布				开课单位
					1	2	3	4	5	6	7	8	讲课	实践	线上	合计	
专业教育课程	专业拓展课程	管理会计大数据	必修	3						3			24	24		48	
		商业数据分析报告写作	必修	2						2			24	8		32	
		高级智能技术模块															
		深度学习与智能会计	选修	3						3			24	24		48	
		模式识别与价值发现	选修	3						3			24	24		48	
		专家系统与智能决策	选修	3						3			24	24		48	
		区块链与财会审	选修	3						3			24	24		48	
		智能会计应用模块															
		智能资金管理	选修	2							2		16	16		32	
		智能成本管理	选修	2							2		16	16		32	
		智能预算管理	选修	2							2		16	16		32	
		智能绩效管理	选修	2							2		16	16		32	
		智能投资管理	选修	2							2		16	16		32	
		智能审计应用模块															
		审计数据分析	选修	2						2			16	16		32	
		信息系统审计	选修	2						2			16	16		32	
		大数据智能审计	选修	2							2		16	16		32	
		大数据智能风控	选修	2							2		16	16		32	
		小计(学分)		12													
	专业实践课程	专项实训模块															
		ERP沙盘模拟实训	必修	2				2						32		32	
		财务共享模拟实训	选修	2					2					32		32	
		区块链大会计实训	选修	2						2				32		32	
		综合实训模块															
		会计信息化综合实训	必修	3			3							48		48	
		智能会计应用综合实训	必修	4						4				64		64	
		IPA财务机器人综合实训	选修	3										48		48	
		商业数据分析综合实训	选修	3				3						48		48	
		小计(学分)		14													
		毕业实习	必修	1							1						
		毕业设计	必修	9							9						
		总计(学分)		168													

注：学生在选修课中选择相应的课程满足相关学分要求即可。

四、财务管理专业人才培养方案示例※

(一) 基本认识及设计思路

1. 基本认识

近年来,以互联网为依托的大数据、财务共享、云计算、人工智能等新兴技术的不断涌现,彻底改变了以往数据生成、挖掘、清洗以及分析的过程与方法,从而也对以数据为基础的财务管理职业产生重大影响。与此同时,新兴技术不仅催生了一系列新的商业模式,也不断带来金融市场的创新,这既给财务管理职业提供了更加广阔的发展空间,也让财务管理工作面临更加复杂的环境,财务管理从业人员比以往任何时候都需要更加多元的知识储备,以适应已经到来的智能化时代。财务管理职业正在或将要面临的挑战,也必将快速映射到与其唇齿相依的财务管理专业人才培养中。事实上,无论是高等院校还是财务管理专业的教师,都已经感受到教育变革的巨大挑战,传统的财务管理专业在培养理念、培养目标、课程体系[1]、教材体系、教学模式、教学方法、评价体系等方面都已经不能很好地适应智能化时代发展的需要,财务管理专业唯有顺势而为,主动创新人才培养体系,才能够适应时代的发展。

2. 设计思路

本培养方案主要满足应用型本科财务管理专业人才培养需求,兼顾理工类大学、综合性大学、财经类大学等不同院校的特点,构建"厚基础、宽口径、强能力、高素质"的人才培养模式,紧紧围绕智能化时代财务管理职业能力框架进行课程体系设计。具体而言,智能化时代财务管理职业能力框架应包括三个层次、九大能力。首先,应具有扎实的理论分析能力、数据处理能力与文字表达能力,这体现了财务管理从业人员的实际操作能力,是财务管理从业人员必须掌握的硬技能;其次,应具有较好的交流沟通能力、合作协调能力与团队领导能力,这是财务管理工作顺利开展的前提与有效助力,是财务管理从业人员应当掌握的软技能;最后,应具有一定的学习领悟能力、知识整合能力与探索创新能力,这是最能体现财务管理从业人员价值的能力,是财务管理从业人员应当具备的创造力。作为应用型本科财务管理专业培养方案,对学生能力的培养要分层次,要有侧重点,重在夯实学生的硬技能,在此基础上提升学生的软实力,并适当激发学生的创造力。上述能力框架体系见图 7-6。

(二) 培养方案总体架构

财务管理专业培养方案按照"教是核心,学是根本"的理念,专业人才培养方案必须解决以下三个基本问题:"培养怎样的财务管理人才以满足经济社会需求?""如何培养优秀的财务管理人才?""怎样评价财务管理人才培养质量?"

具体而言,财务管理专业培养适应智能化时代社会主义市场经济建设需要,能够在工商企业、金融机构、中介机构、政府机构、事业单位及其他相关部门胜任财务管理工作的复

※ 方案负责人:中国人民大学王化成教授。
[1] 以往很多高校的财务管理专业课程体系,与会计学专业、审计学专业差异度不大,辨识度不高,不能很好地体现专业特色。

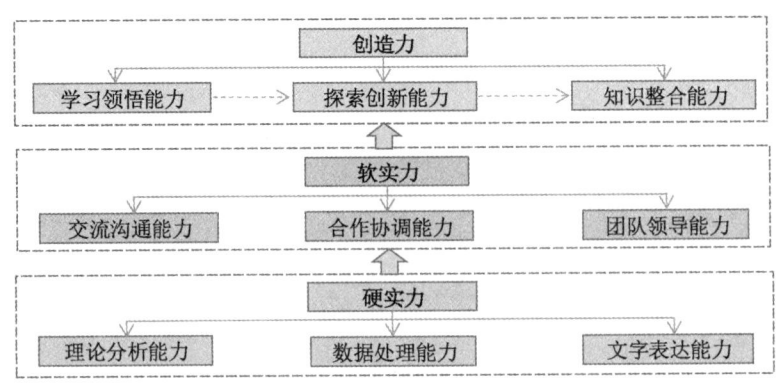

图 7-6　财务管理职业能力框架图

合应用型财务管理人才。在具体的课程体系设计中,要充分考虑近年来新兴技术、新商业模式、金融创新等对财务管理环境的影响,将大数据科学、财务共享、智能财务、商业模式与企业创新、互联网金融等融入财务管理专业课程体系中,以体现智能化时代的特色,满足智能化时代的需要。与此同时,在线上线下一体化教学模式逐渐趋于新常态的背景下,综合运用任务驱动教学、仿真实验教学、协作式教学、探究式教学等多种教学方法,借助智能教学平台与科学评价体系,实现学生学习效果与能力培养的多阶段、多维度、多方法的综合评价。具体培养方案见图 7-7。

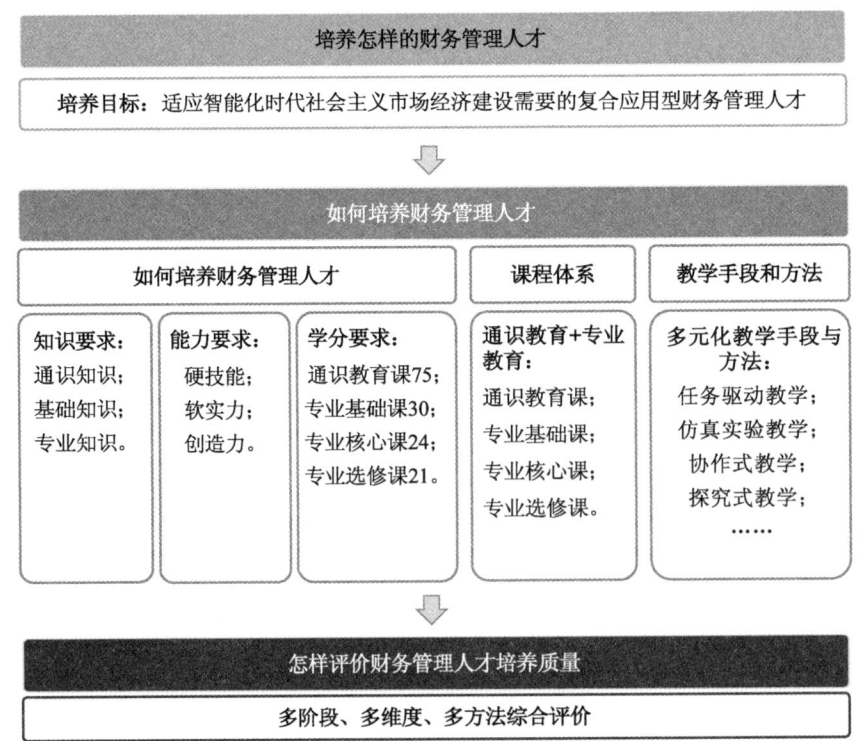

图 7-7　财务管理专业培养方案

（三）课程体系设计

财务管理专业的课程体系设计除了通识教育课程以外，专业课程分为三个层面，即专业基础课、专业核心课和专业选修课（见表7-11）。

表7-11　　　　　　　　　　　　财务管理专业课程体系

专业基础课	专业核心课	专业选修课			
		新经济新技术模块	管理整合模块	专业精深模块	国际运营模块
管理学基础 微观经济学 宏观经济学 金融市场与 金融机构 经济法基础 统计学 大数据科学 管理信息系统 基础会计 财务管理概论	中级财务会计 中级财务管理 高级财务管理 财务分析 成本管理 纳税筹划 证券投资 公司战略与 风险管理	商业模式与 企业创新 互联网金融 大数据与 互联网公司估值 智能财务 基于大数据的 财务决策 EXCEL在财务 管理中的应用 Python在财务 管理中的应用 区块链技术基础 财务共享实训	市场营销 组织行为学 绩效管理 创业管理 质量管理 信用管理 人力资源管理 物流管理 供应链管理 企业经营沙盘 模拟实训	高级财务会计 审计学 公司治理 政府与非营利 组织财务管理 经营分析与估值 期权交易 期货交易 IPO上市实务 企业并购案例 企业价值创造 综合实训	国际财务管理 国际会计 国际经济学 国际贸易 国际金融 国际税收 国际商法 国际结算 国际商务谈判 与沟通 国际商务礼仪实训

注：(1) 不同课程在内容设计上要尽量避免重复，例如："统计学"课程内容应尽量避免与通识课中的"概率论与数理统计"重复；"财务管理"课程内容应尽量避免与"财务分析"课程内容重复。
(2) 如果是非大类招生（即按具体专业招生），专业基础课中的"基础会计"可以与专业核心课中的"中级财务会计"合并为"会计学"，作为专业基础课，建议为6学分，分上、下两个学期开设；专业基础课中的"财务管理概论"可以与专业核心课中的"中级财务管理"合并为"财务管理"，作为专业核心课，建议为6学分，分上、下两个学期开设。

专业基础课层面，主要围绕工商管理学科特点和财务管理专业人才培养的需要，设置了"管理学基础""宏观经济学""微观经济学""金融市场与金融机构""统计学""基础会计"等课程。同时在"大智移云"背景下，增设"大数据科学"课程，引导学生认识与理解大数据，培养学生基础的大数据挖掘与分析能力，树立学生的大数据思维。

专业核心课层面，从完备知识体系的角度出发，在传统的"中级财务会计""中级财务管理""高级财务管理""财务分析"等课程的基础上，将"纳税筹划""证券投资""公司战略与风险管理"等课程纳入专业核心课程中，以弥补以往课程体系中对企业纳税、资本市场投融资以及企业风险管理不够重视的缺陷，并进一步提升财务管理专业课程体系的辨识度。

专业选修课层面，结合理工类大学、综合性大学、财经类大学等不同类型院校的背景和特色，契合财务管理专业人才培养的需要，分设新经济新技术模块、管理整合模块、专业精深模块和国际运营模块。其中，针对理工类大学在新兴技术领域的优势，设置"新经济新技术模块"，涵盖"商业模式与企业创新""互联网金融""大数据与互联网公司估值""智能财务"等课程；针对综合类大学学科门类齐全，强调人才培养广度的特点，设置"管理整合模块"，涵盖"组织行为学""绩效管理""创业管理""人力资源管理"等课程；针对财经类大学专业底蕴深厚的特点，设置"专业精深模块"，涵盖"高级财务会计""审计学""公司治理""政府与非营利组织财务管理"等课程；针对语言类大学等其他高校国际视野较为广阔的特点，设置"国际运营模块"，涵盖"国际财务管理""国际会计""国际贸易""国际金融"等课程。各高校可结合自身特点与优势，对各模块的课程进行自由组合，也可以在各模块中开设新的特色课程。

（四）课程—能力矩阵图

为了更清晰的体现本培养方案的内部逻辑关系，进一步构建了课程—能力矩阵图（见表7-12）。

表7-12　　　　　财务管理专业培养目标、专业能力与课程设置矩阵图

课程模板	培养目标/课程	素质要求				能力要求									知识要求		
		道德素质	文化素质	专业素质	身心素质	理论分析能力	数据处理能力	文字表达能力	交流沟通能力	合作协调能力	团队领导能力	学习领悟能力	探索创新能力	知识整合能力	基础性知识	专业性知识	通识性知识
通识教育课		P	P		P	S	S	P	P	P		S		P			P
专业基础课	管理学基础		S	S		P			P	P	S			S	P		
	微观经济学			S		P									P	P	
	宏观经济学			S		P									P	P	
	金融市场与金融机构			P											P	P	P
	经济法基础			S										S	P	S	
	统计学			S		P	S								P	P	
	大数据科学			S			P						S		P		
	管理信息系统		S	S			S								P		
	基础会计	P		P		S									P	P	
	财务管理概论	S	S	P		S				S					P	P	
专业核心课	中级财务会计	P		P		S										P	
	中级财务管理	S	S	P		S	S	P		P						P	
	高级财务管理	S	S	P	P	S	P		S		P	S				P	
	财务分析	S		P		P	P	P					S			P	

（续表）

课程模板	培养目标 / 课程	适应智能化时代社会主义市场经济建设需要的复合应用型财务管理人才															
		素质要求				能力要求										知识要求		
		道德素质	文化素质	专业素质	身心素质	理论分析能力	数据处理能力	文字表达能力	交流沟通能力	合作协调能力	团队领导能力	学习领悟能力	探索创新能力	知识整合能力	基础性知识	专业性知识	通识性知识
专业核心课	成本管理	S		P		S	P	S	S	S						P	
	纳税筹划	P	S	S			S	P	P	P			S	S		P	
	证券投资	P		S		P	P							S				
	公司战略与风险管理	P		S						S		S						
专业选修课	新经济新技术模块		S			P						P	P	S				S
	管理整合模块	P	S			P	P		P		S				S		P	
	专业精深模块		P			S	S	S										
	国际运营模块	S	S			P	S					P	P					S

注：培养目标、专业能力与课程设置的支撑分别用"P(重要)、S(次要)"表示，各个高校可以根据自身特点进行相应调整。

1. 素质要求

（1）道德素质。具有社会责任感，具备良好的诚信品德、财会职业道德素养、端正的职业态度，理解并遵守职业道德和规范。具备正确的世界观、价值观、人生观，自觉弘扬和践行社会主义核心价值观。

（2）文化素质。具有较高的审美情趣、文化品位、人文素养；具有时代精神和较强的国际跨文化交往能力，积极乐观的生活，充满责任感地工作。

（3）专业素质。具有理财意识、风险意识、价值意识、期权意识以及科学财务决策意识，系统掌握财务管理预测、决策、控制、评价的专业基础知识，掌握基于现代信息技术的财务管理决策方法，能够综合运用管理学、经济学等学科的理论和方法，对企业等经济主体面临的财务问题进行系统性分析、科学性决策。

（4）身心素质。具有健康的体魄和良好的心理素质，具备稳定、向上、坚强、恒久的情感力、意志力和人格魅力。

2. 能力要求

（1）硬技能。1）理论分析能力：多变的外部环境使企业面临的问题越来越复杂，这就要求财务管理从业人员应对整个企业经营生产活动有着全方位的理解，运用理论知识进行事前预测、事中控制和事后考核，分析并解决企业面临的实际问题；2）数据处理能力：财务管理工作面对大量的数据和冗杂的信息，需要利用技能挖掘处理，实现"现存"数据到"有用"数据的转化,为企业发展提供实时决策,解决企业在经营管理中存在的问题;3)文字表达能力:对于财务管理从业人员而言,就是把财务工作中平时积累的经验、思考的问题,实践中的探索形诸于文字,条理清楚,措施得力,能够实施并达到预期目标。

(2)软实力。1)交流沟通能力:财务部门是一个综合性的管理部门,财务管理从业人员作为该部门信息的掌握者与提供者,需要与企业内部、外部各类人员进行沟通与交流;2)合作协调能力:财务管理从业人员作为管理队伍成员,还必须担负起团队的组织、管理与监督职责,团结、鼓励所有成员相互配合,共同完成社会、企业、本部门以及岗位本身所赋予的职责;3)团队领导能力:具体包括财务团队组建、项目管理、组织和委派任务、人力资源管理、激励和培养人才能力、专业判断和识别能力等。

(3)创造力。1)学习领悟能力:财务管理作为一门社会学科,必然会随着社会实践的发展而不断地发展和更新,因而客观上要求财务管理从业人员必须不断地进行知识的更新,要养成学习的习惯,也要具备学习的能力;2)知识整合能力:企业外部环境变化迅速,技术变革速度加快,发展方式不断创新,企业中的问题变得更加复杂,更具有不确定性,单一学科知识无法提供有效的解决方案,这就要求财务管理从业人员具备广博的知识储备,多维的知识结构以及较强的知识整合能力,能够运用跨学科知识分析解决实际问题,满足实际决策应用的实效性;3)探索创新能力:对于创新性财务管理从业人员而言,必须拥有更广的知识面和更独特的思维方式,需要具备创新意识,充分了解新技术、新变化和新趋势,分析行业发展关键因素,发掘企业价值链的关键环节。

3. 知识要求

(1)基础性知识。系统掌握管理学、经济学、金融学、统计学、会计学等基础学科的理论和方法。

(2)专业性知识。系统掌握财务管理学、财务分析、成本管理、纳税筹划、证券投资等专业理论知识与方法;熟练掌握财务管理决策、经营分析与估值、会计处理等方面的基本方法和技巧;了解企业运营的基本流程;了解国内外资本市场的基本情况;熟悉基本财经法规和纪律;掌握本学科的前沿理论和发展动态。

(3)通识性知识。具备科学、文学、历史、哲学、艺术、法律等方面的通识性知识。

(五)专业课学期安排及学程规划

1. 财务管理专业课课程结构分析表示例(见表7-13)

表7-13　　　　　　　　财务管理专业课课程结构分析表

课程性质		必修/选修	学分数	占总学分比例	学时数(18×学分数)
通识教育课程	必修课	必修	60	40%	18×60
	选修课	选修	15	10%	18×15
	小计		75	50%	18×75

（续表）

课程性质		必修/选修	学分数	占总学分比例	学时数（18×学分数）
专业教育课程	专业基础课	必修	30	20%	18×30
	专业核心课	必修	24	16%	18×24
	专业选修课	选修	21	14%	18×21
	小计		75	50%	18×75
必修模块合计			114	76%	18×114
选修模块合计			36	24%	18×36
毕业应修总学分			150	100%	18×150

2. 财务管理专业课课程设置与学期安排表示例（见表7-14）

表7-14　　　　　　　财务管理专业课课程设置与学期安排表

课程体系	课程名称	学分	各学期学分分配								学时分布				开课单位	备注	是否必选
			1	2	3	4	5	6	7	8	讲课	实验	线上	合计			
专业基础课程	管理学基础	3			3						54			54			是
	微观经济学	3			3						54			54			是
	宏观经济学	3				3					54			54			是
	金融市场与金融机构	3				3					54			54			是
	经济法基础	3					3				54			54			是
	统计学	3					3				42	12		54			是
	大数据科学	3						3			42	12		54			是
	管理信息系统	3						3			42	12		54			是
	基础会计	3		3							42	12		54			是
	财务管理概论	3			3						42	12		54			是
	小计（学分）	30		3	9	6	6	6									
专业核心课程	中级财务会计	3			3						42	12		54			是
	中级财务管理	3				3					42	12		54			是
	高级财务管理	3						3			42	12		54			是
	财务分析	3						3			42	12		54			是
	管理会计	3						3			42	12		54			是
	纳税筹划	3							3		42	12		54			是
	证券投资	3							3		42	12		54			是
	公司战略与风险管理	3							3		42	12		54			是

（续表）

课程体系		课程名称	学分	各学期学分分配								学时分布				开课单位	备注	是否必选
				1	2	3	4	5	6	7	8	讲课	实验	线上	合计			
		小计（学分）	24			3	3	9	9									
专业选修课程	新经济新技术模块	商业模式与企业创新																否
		互联网金融																否
		大数据与互联网公司估值																否
		智能财务																否
		基于大数据的财务决策																否
		EXCEL在财务管理中的应用																否
		Python在财务管理中的应用																否
		区块链技术基础																否
		财务共享实训																否
		……																否
	管理整合模块	市场营销																否
		组织行为学																否
		绩效管理																否
		创业管理																否
		质量管理																否
		信用管理																否
		人力资源管理																否
		物流管理																否
		供应链管理																否
		企业经营沙盘模拟实训																否
		……																否
	专业精深模块	高级财务会计																否
		审计学																否
		公司治理																否
		政府与非营利组织财务管理																否
		经营分析与估值																否
		期权交易																否

(续表)

课程体系		课程名称	学分	各学期学分分配								学时分布				开课单位	备注	是否必选
				1	2	3	4	5	6	7	8	讲课	实验	线上	合计			
专业选修课程	专业精深模块	期货交易																否
		IPO上市实务																否
		企业并购案例																否
		企业价值创造综合实训																否
		……																否
	国际运营模块	国际财务管理																否
		国际会计																否
		国际经济学																否
		国际贸易																否
		国际金融																否
		国际税收																否
		国际商法																否
		国际结算																否
		国际商务谈判与沟通																否
		国际商务礼仪实训																否
		国际财务管理																否
		国际会计																否
		国际经济学																否
		国际贸易																否
		国际金融																否
		国际税收																否
		国际商法																否
		国际结算																否
		……																否
选修课合计(学分)			21															

注：选修课学分合计为21，指的是学生在专业选修课程中选修21学分的课程以达到学分要求。

五、审计学专业人才培养方案示例※

(一) 基本认识及设计思路

审计专业人才的培养,应体现审计学科发展规律、审计职业发展要求、审计专业教学规律。目前全国开设审计学专业高校类型有财经、综合、理工、师范、文法、农林六类,其中近40%为财经类大学。审计学方向涉及政府审计、内部审计、注册会计师审计三个方向,其中只有个别高校开设政府审计方向,绝大多数高校开设内部审计、注册会计师审计方向。工商管理类专业的人才培养目标主要有应用型、复合型、外向型、创新型四大类,应用型、复合型、创新型应该是适应新技术变革的主要培养目标。

近年来我国信息技术的进步,大数据、智能化、移动互联网、物联网技术、云计算技术、区块链技术在审计领域的应用越来越广泛,推动了审计质量的提高,促进了审计模式转型,也激发了审计方法创新。为了适应当下的环境,高等院校对审计专业的培养方式也务必有所改变,理应将信息技术与审计结合起来。

因此,审计学专业应培养适应现代市场经济需要,具备良好审计职业道德,熟悉国际国内审计准则,掌握注册会计师、注册内部审计师、信息系统审计师的业务知识、专业技能和职业素质,具有利用大数据及人工智能分析解决审计问题的思维能力,胜任在企事业单位和政府机关以及社会中介机构从事审计业务、其他鉴证业务、咨询服务和相关管理工作的应用型、复合型、创新型专业人才。

(二) 培养方案总体架构

审计学专业人才培养方案按照"教是核心,学是根本"的理念,该培养的方案必须解决如下三个基本问题:"培养怎样的审计人才?""如何培养优秀的审计人才?""怎样评价审计人才的培养质量?"

具体来说,该培养方案以培养能够胜任在企事业单位和政府机关以及社会中介机构从事审计业务、其他鉴证业务、咨询服务和相关管理工作的应用型、复合型、创新型专业人才为最终目标,满足我国目前对于审计发展的需要。在课程体系中,除了必要的理论课程之外,增加了多种形式的实践教学,并在通识教育课、专业基础课以及专业实践课中均设置了"创新创业"模块,多方面扩充了学生的理论知识,提高了实践能力。具体培养方案总体架构见图7-8。

(三) 课程体系设计

审计学专业的课程体系设计除了通识教育课和公共基础课,将专业教育分为五个方面,即专业基础课、专业核心课、专业拓展课、专业综合实践与创新创业教育(具体见表7-15)。其中,在专业核心课中设置了"管理信息系统""IT审计技术与工具",在专业拓展课中设置"IT审计模块"以适应信息技术背景下审计的变化。在此基础上又设置了实验实训课、创新创业教育,旨在培养学生的应用能力、实践操作能力和创新创业能力。在公共基础课中,建议开设"Excel经济统计分析与应用""大数据基础""Python大数据分析"等大数据相关课程。

※ 方案负责人:南京财经大学时现教授。

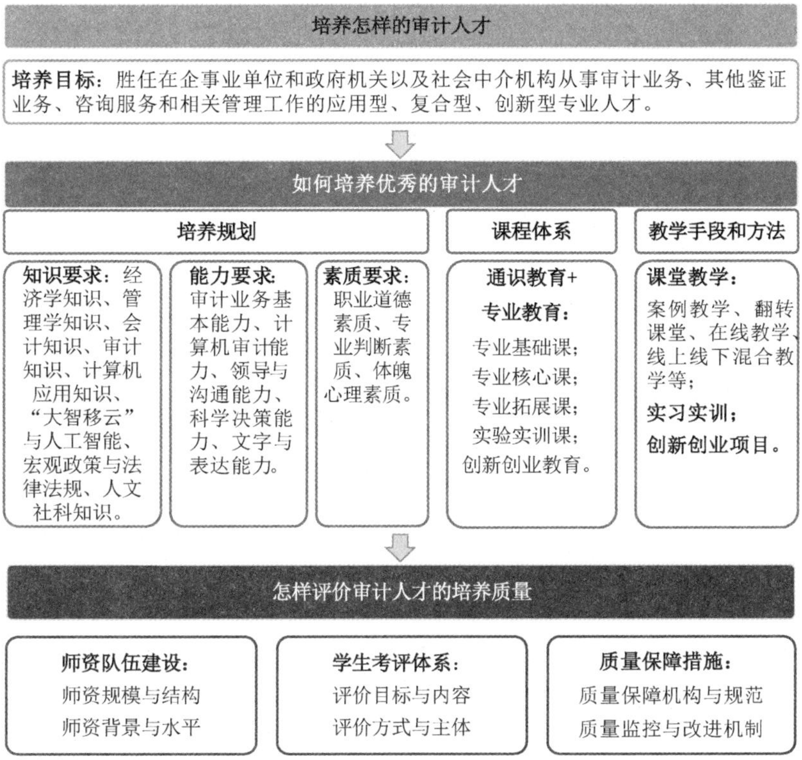

图 7-8 审计学专业培养方案总体框架

表 7-15 审计学专业课程体系

专业基础课	专业核心课	专业拓展课	专业综合实践与创新创业教育
管理学原理 基础会计 财务管理 微观经济学 宏观经济学 税收学 金融学 统计学 经济法	中级财务会计 高级财务会计 审计学原理 财务审计 绩效审计 风险管理与内部控制 审计职业道德 管理信息系统 IT 审计技术与工具	IT 审计模块：数据库技术与应用、人工智能基础及应用、IT 治理与风险管理、信息系统审计、IT 审计实务操作、大数据审计、区块链审计 资本市场模块：资本市场法律与监管规则、审计项目管理、IPO 审计、尽职调查、并购重组审计、公司清算审计、资本市场策划 鉴证业务与咨询服务模块：业务流程再造、会计咨询与会计服务、税收筹划、法务会计与审计、内部控制设计、风险评估技术与应用、绩效评价 政府审计模块：政府综合财务报告、建设项目审计、环境审计、金融审计、自然资源资产审计、重大政策措施落实情况跟踪审计、经济责任审计	专业综合实践： 创新创业实践 文献综述 会计综合实验 审计综合实验 毕业论文 毕业实习 创新创业教育： 通识教育课程中的"创新创业与素质拓展" 公共基础课程中的"创新创业公共选修" 专业综合实践中的"创新创业实践" 第二课堂中的"大学生挑战杯"等

值得说明的是，在该课程体系中增加了创新创业教育，由通识教育课程中的"创新创业与素质拓展"模块、公共基础课程中的"创新创业公共选修"模块、专业综合实践教学环节中

的"创新创业实践"模块以及第二课堂活动中的"大学生挑战杯、科技作品竞赛、大学生创新创业训练计划"等构成,以创新教育为基础,以创业教育为载体,将创新教育与创业教育有机结合、整体推进,全面提升学生的创新精神和实践能力。

(四)课程—能力矩阵图

为了更清晰的体现出审计学专业的培养目标、专业能力与课程之间的关系,我们进一步做了课程—能力矩阵图(见表7-16),其中的专业能力包括知识要求、能力要求和素质要求。

表7-16 审计学专业培养目标、专业能力与课程设置矩阵图

课程模块	课程设置	培养目标:胜任在企事业单位和政府机关以及社会中介机构从事审计业务、其他鉴证业务、咨询服务和相关管理工作的应用型、复合型、创新型专业人才。													
		知识要求							能力要求				素质要求		
		经济学知识	管理学知识	会计知识	审计知识	计算机应用知识	"大智移云"与人工智能	宏观政策与法律法规	人文社科知识	审计业务基本能力	计算机审计能力	领导与沟通能力	科学决策能力	文字与表达能力	职业道德素质	职业判断素质	体魄心理素质
公共基础课	具体课程根据培养目标设置					P	P	P	P			P	P	P	P		P
专业基础课	管理学原理		P									P	P	S			
	基础会计			P						S					P		
	财务管理		P	S						S					P		
	微观经济学	P								S							
	宏观经济学	P						S		S			S				
	税收学	P						S		S							
	金融学	P						S		S							
	统计学		P							S			P		P		
	经济法							P					S	P	P		
专业核心课	中级财务会计			P						P					P		
	高级财务会计			P						P					P		
	审计学原理				P					S	S			S	P		
	财务审计				P					P	P			S	P		
	绩效审计				P					P					P		
	风险管理与内部控制				P					P				S	P		
	审计职业道德				P					S				P	P		
	管理信息系统		P							S							
	IT审计技术与工具				P					S	P		S		S		

附录 6 本科院校会计类专业课程体系重构示例

（续表）

课程模块	课程设置	培养目标：胜任在企事业单位和政府机关以及社会中介机构从事审计业务、其他鉴证业务、咨询服务和相关管理工作的应用型、复合型、创新型专业人才。												
		知识要求						能力要求				素质要求		
		经济学知识	管理学知识	会计知识	审计知识	计算机应用知识	"大智移云"与人工智能	宏观政策与法律法规	人文社科知识	审计业务基本能力	计算机审计能力	领导与沟通能力	科学决策能力	文字与表达能力	职业道德素质	职业判断素质	体魄心理素质
IT审计模块	数据库技术与应用					P					P						
	人工智能基础及应用						P				P						
	IT治理与风险管理					P					S	S			P	S	
	信息系统审计				P	S	S			P						P	
	IT审计实务操作				P	S	S			P							
	大数据审计				P		P			P							
	区块链审计				P		P			P							
专业拓展课	资本市场法律与监管规则							P						S	S		
资本市场模块	审计项目管理	S	P									P	S	P			
	IPO审计			P				S	S	P			S	S			
	尽职调查			P					S	P			S				
	并购重组审计			P				S		P			S	S			
	公司清算审计			P				S		P			S	S			
	资本市场策划	S	P						S				S				
鉴证业务与咨询服务模块	业务流程再造		P	S					S			P	S	S			
	会计咨询与会计服务	S	P	S					S			P	P		S		
	法务会计与审计			P					P			S	S	P			
	税收筹划			S				S				S					
	内部控制设计	S							P		P		S		S		
	风险评估技术与应用	P	S						P	S				S			
	绩效评价	P	S						S		P	S					

（续表）

课程模块		培养目标	胜任在企事业单位和政府机关以及社会中介机构从事审计业务、其他鉴证业务、咨询服务和相关管理工作的应用型、复合型、创新型专业人才。													
			知识要求							能力要求					素质要求		
		课程设置	经济学知识	管理学知识	会计知识	审计知识	计算机应用知识	"大智移云"与人工智能	宏观政策与法律法规	人文社科知识	审计业务基本能力	计算机审计能力	领导与沟通能力	科学决策能力	文字与表达能力	职业道德素质	职业判断素质	体魄心理素质
专业拓展课	政府审计模块	政府综合财务报告			P						S							
		建设项目审计				P					P			S		S	P	
		环境审计				P					P			S		S	P	
		金融审计				P					P			S		S	P	
		自然资源资产审计				P					P			S		S	P	
		重大政策落实情况跟踪审计				P					P			S		S	P	
		经济责任审计				P					P			S		P	P	

注：培养目标、专业能力与课程设置的支撑分别用"P(重要)、S(次要)"表示，各个高校可以根据自身特点进行相应调整。

知识要求包括经济学知识、管理学知识、会计知识、审计知识、计算机应用知识、"大智移云"与人工智能、宏观政策与法律法规、人文社科知识。其中，经济学知识包括经济学、财政学、金融学、统计学；管理学知识包括管理学原理、战略管理、运筹学、公关管理、组织行为学、人力资源管理、公司治理；会计知识包括会计学、税务原理与税务计划、财务管理与理财、财务报告编制与合并、成本管理会计；审计知识包括审计技术方法、审计法律、审计准则、风险管理、内部控制学、舞弊审计、经济责任审计、固定资产投资审计、公共政策审计、资源环境审计；计算机应用知识包括计算机技术与应用、管理信息系统、财务会计软件、数据挖掘、数据库原理与应用；"大智移云"与人工智能包括 XBRL 技术的应用、互联网及网络安全、区块链技术及应用、大数据分析、人工智能的应用、云平台和云计算、IT 审计、新媒体应用；宏观政策与法律法规包括宏观政策与宏观经济、相关法律法规和政策；人文社科知识包括文化历史哲学、社会学、心理学等。

能力要求包括审计业务基本能力、计算机审计能力、领导与沟通能力、科学决策能力、文字与表达能力。其中，审计业务基本能力包括关键控制点确定、风险分析、数据分析、调查取证、逻辑思维能力、沟通技巧、控制审计质量、识别与控制审计风险、制定与执行审计计划；计算机审计能力包括信息系统审计、使用审计软件、利用大数据审计、人工智能辅助审计、建设云审计平台；领导与沟通能力包括团队建设与管理能力、指导能力、职业发展规划能力、整合各项资源、统筹驾驭全局、增强团队凝聚力和积极性、处理应急情况、外部单位协调沟通能力、管理沟通能力、外语沟通能力、信息和知识共享能力;科学决策能力包括宏观分析和判断、决策思路清晰、发现与分析问题;文字与表达能力包括文字综合与写作能力、文字表达能力。

素质要求包括职业道德素质、职业判断素质、体魄心理素质。其中,职业道德素质包括诚信正直、独立、客观公正、专业胜任能力、保密、良好的职业行为;职业判断素质包括精神独立性、胜任能力、职业关注;体魄心理素质包括健康的体格、全面发展的身体耐力与适应性、合理的卫生习惯与生活规律、稳定向上的情感、坚强恒久的意志、鲜明独特的人格。

在该矩阵图中,我们把每一门课程对培养目标的重要性划分为重要(P)和次要(S),由于每个学校设置的课程与培养目标存在差异,所以表 7-16 只是一个示例,各学校在此基础上按照本学校的特点和要求自行选择和设计。

(五)专业课学期安排及学程规划

1. 审计学专业课课程结构分析表示例(见表 7-17)

表 7-17　　　　　　　　　　审计学专业课课程结构分析表

课程性质		必修/选修	学分数	占总学分比例	学时数（18×学分数）	含实践教学学分
通识教育课程	选修模块	选修	12	7.36%	204	≥0
	小计		12	7.36%	204	≥0
公共基础课程	必修模块	必修	60	36.81%	1 124	7
	选修模块	选修	4	2.45%	68	0
	小计		64	39.26%	1 192	7
专业教育课程	专业基础课	必修	27	16.56%	459	0
	专业核心课	必修	27	16.56%	459	7
	专业拓展课	选修	16	9.82%	272	≥0
	小计		70	42.94%	1 190	≥7
实验实训课程	必修模块	必修	11	6.75%		11
	小计		11	6.75%		11
第二课堂活动	必修模块	必修	5	3.07%		5
	选修模块	选修	1	0.61%		1
	小计		6	3.68%	—	6
必修模块合计			130	79.75%	—	—
选修模块合计			33	20.25%		
实践教学环节合计			—	≥19.02%		≥31
毕业应修总学分			163	—		

2. 审计学专业课课程设置与学期安排表示例(见表 7-18)

表 7-18　　　　　　审计学专业课课程设置与学期安排表

课程模块		课程名称	学分	含实践教学学分	学时	含实践教学学时	学期 一	二	三	四	五	六	七	八
专业基础课		管理学原理	3		51		3							
		基础会计	3		51			3						
		财务管理	3		51						3			
		微观经济学	3		51		3							
		宏观经济学	3		51			3						
		税收学	3		51			3						
		金融学	3		51						3			
		统计学	3		51							3		
		经济法	3		51							3		
应修学分小计			27											
专业核心课		中级财务会计	3	1	51	17			3					
		高级财务会计	3		51						3			
		审计学原理	3		51				3					
		财务审计	3	1	51	17					3			
		绩效审计	3	1	51	17							3	
		风险管理与内部控制	3	1	51	17						3		
		审计职业道德	3		51								3	
		管理信息系统	3	1.5	51	25			3					
		IT 审计技术与工具	3	1.5	51	25					3			
应修学分小计			27	7										
专业拓展课	IT审计模块	数据库技术与应用	2	1	34	17			2					
		人工智能基础及应用	2	1	34	17				2				
		IT 治理与风险管理	2	1	34	17						2		
		信息系统审计	2	1	34	17						2		
		IT 审计实务操作	2	1	34	17							2	
		大数据审计	2	1	34	17							2	
		区块链审计	2	1	34	17							2	

(续表)

课程模块		课程名称	学分	含实践教学学分	学时	含实践教学学时	学期							
							一	二	三	四	五	六	七	八
专业拓展课	资本市场模块	资本市场法律与监管规则	2	1	34	17				2				
		审计项目管理	2	1	34	17					2			
		IPO审计	2	1	34	17						2		
		尽职调查	2	1	34	17						2		
		并购重组审计	2	1	34	17							2	
		公司清算审计	2	1	34	17							2	
		资本市场策划	2	1	34	17							2	
	鉴证业务与咨询服务模块	业务流程再造	2	1	34	17				2				
		会计咨询与会计服务	2	1	34	17					2			
		内部控制设计	2	1	34	17						2		
		风险评估技术与应用	2	1	34	17						2		
		税收筹划	2	1	34	17							2	
		法务会计与审计	2	1	34	17							2	
		绩效评价	2	1	34	17							2	
	政府审计模块	政府综合财务报告	2	1	34	17				2				
		建设项目审计	2	1	34	17					2			
		环境审计	2	1	34	17						2		
		金融审计	2	1	34	17						2		
		自然资源资产审计	2	1	34	17							2	
		重大政策措施落实情况跟踪审计	2	1	34	17							2	
		经济责任审计	2	1	34	17							2	
应修学分小计			16											
专业课学分合计			70											

注：(1) 在专业拓展课中，学生选择16学分的选修课以满足学分要求即可。
　　(2) "管理信息系统""IT审计技术与工具"这两门课程采用"2＋2"模式，即2节理论课加2节实验课。